선교학의
구성 요건과 인접 학문

선교학의
구성 요건과 인접 학문

김상근 지음

연세대학교 출판부

선교학의

구성 요건과 인접 학문

저자 김상근

▌펴낸곳▌ 연세대학교 출판부
등　　록 1955년 10월 13일 제9-60호
주　　소 서울시 서대문구 신촌동 134
전　　화 392-6201, 2123-3380~2
팩　　스 393-1421
E-mail ysup@yonsei.ac.kr
홈페이지 http://www.yonsei.ac.kr/press
연세대학교출판부
인쇄 동화인쇄

2006년 9월 1일 1판 1쇄
ISBN 89-7141-747-1 (03230)

값 15,000원

차례

서문

선교학은 즐겁고 신나는 학문이다. 이론과 실천이 합일(合一)하는 학문이며, 선교 현장의 경험에 대한 신학적 분석 작업을 통해 새롭게 등장하고 있는 하나님 나라의 모습을 그려내는 역동적인 학문이다. 선교를 통해 하나님의 나라는 확장된다. 일선의 선교사들이 하나님 나라의 경계선을 허물고 새로운 땅을 개척해 나가는 동안 선교학자는 하나님 나라의 영역이 확장되어 갈 때 나타나는 제반 현상에 대한 신학적 숙고(熟考)를 담당한다. 세계 구석구석에서 일어나고 있는 하나님 나라의 확장에 관심을 가져야 하기에 선교학자는 세계를 향해 마음의 창문을 열어야 한다. 새로운 하나님의 나라를 목격하기 위해 언제든지 떠날 준비를 하고 있어야 한다고 할까. 지금 아프리카에서는 어떤 모습으로 하나님의 나라가 확장되고 있는가? 라틴아메리카에서 등장하고 있는 기독교 현상은 어떤 종교적인 모습으로 표현되고 있는가? 선교학자의 여권에는 세계 각국의 비자 도장이 찍혀 있어야 한다. 하나님의 나라가 확장되는 곳이면 어디든지 선교학자가 달려가야 하기 때문이다. 세계 최대의 무슬림 국가인 인도네시아의 비자 도장이 찍혀 있어야 하고, 라틴아메리카의 산악 오지인 페루에서 산소 결핍으로 숨을 헉헉대면서도 안데스 기독교(Andean Christianity)의 모습이 어떻게 전개되고 있는지 가슴 벅찬 기대를 가지고 먼 여행을 떠날 수 있어야 한다. 기독교 대륙이었던 유럽이 왜 급속하게 탈(脫)기독교화되고 있는지, 밀라노 대성당의 어두컴컴한 뒷좌석에 앉아서 화려했던 유럽 기독교시대의 마감을 애도할 수 있는 문화적 감수성도 요구된다. 유럽에서 전통적인 신학 분야를 연구하는 학자들을 만나면, 냉철한 지성에 대한 경외보다 싸늘한 그들의 감수성이 먼저 느껴지는 것은 어떤 이유 때문일까? 그들의 사고는 이미 이론(理論)의 절대 우위성에 경도(傾倒)되어 있기 마련이다. 따라서 그들의 이론(理論)은 이론(異論)에 대해 매우 배타적일 수 밖에 없다. 그러나 처음 만나는 다른 대륙의 전혀 다른 인종과도 스스럼없이 대화를 시작할 수 있는 많은 선교학자들과 교제의 범위를 넓혀가면서, 이들은 이론(Theory)과 실천(Praxis)을 겸비할 수 있는 학자란 생각이 들 때가 많다. 그리고 이들은 항상 이론(異論)의 가능성에 마음의 빗장을 열어놓는다. 서아프리카의 요루바(Yoruba) 문화에서 나타나고 있는 기독교의 새로운 모습을 어떻게 독일이나 영국의 대학 연구실에서 분석할 수 있는가? 21세기의 기독교는 어차피 유럽의 전통 신학적 관점에서 볼 때, 이단(異端)에 해당할 경우가 많고, 최소한 이론(異論)일 수밖에 없다. 그러나 선교학자는 서아프리카의 요루바 기독교를 통해 기독교가 새로운 모습으로 변화되고 있음을 목격하며, 기쁨에 전율하는 사람이다.

달리 말하자면 선교학은 다학제간(Multi-disciplinary) 연구를 통해서만 그 학문적 진가가 드러나는 난해한 학문에 속한다. 복음의 종교적 의미를 다른 문화권에 전달하는 작업은 말처럼 그렇게 녹녹한 작업이 아니다. 우선 다른 문화에서 의미의 전달이 어떻게 가능한지에 대한 통찰력이 요구되며, 언어의 장벽에 포함되어 있는 상이한 세계관의 충돌을 극복할 수 있어야 한다. 말이 쉽지 이러한 문화와 언어의 장벽을 극복한다는 것은 거의 불가능한 일에 가깝다. 이러한 외부적 장애를 극복한다고 해도, 복음의 종교적 의미를 "효과적으로" 전달한다는 것은 결코 쉬운 일이 아니다. 기독교 복음의 전반에 대한 이해와 확신을 기본 전제로 할 뿐 아니라, “종교적 의미 전달”을 위한 매개 또한 효과적이어야 하기 때문이다. 따라서 선교학은 문화인류학(Cultural Anthropology), 언어학(Linguistic Studies), 지역학(Regional Studies), 종교학(Religious Studies) 등의 도움과 교류가 없이 절대로 자립할 수 없는 학문이다. 더구나 언어체계와 문화구조가 다른 문화권에 기독교의 종교적 의미를 효과적으로 전달하는 것으로만 선교학의 의무는 끝나지 않는다. 실천적인 영역이 강조되는 선교학의 의무는 복음이 전달된 다른 문화권의 “종교적 변혁(Religious Transformation)”을 추구한다. 이것이 바로 선교학과 일반 신학분야와의 가장 큰 차이점이다. 전통적인 신학체계는 해석학적 전통 위에 서 있다. 하나님의 말씀을 어떻게 “이해”할 것인가(성서학), 하나님의 뜻은 무엇이며 인간은 하나님의 뜻을 어떻게 “이해”할 수 있는가(조직신학), 혹은 하나님의 뜻은 인간의 역사에서 어떻게 나타났으며 우리는 그것을 어떻게 “이해”할 것인가(교회사)의 문제는 선교학에서는 오히려 간단한 문제이다. 선교학은 하나님의 말씀을 어떻게 “이해”할 것인가의 문제를 넘어서 하나님의 말씀이 어떻게 중국 길림성의 조선족들의 삶의 양식을 “변혁”시킬 수 있을지를 고민해야 한다. 선교학은 하나님의 뜻을 어떻게 이해하느냐의 문제를 넘어서 과테말라의 커피농장에서 힘겨운 노동에 시달리는 산체스와 모니카가 어떻게 하나님의 뜻에 따라 그들의 삶을 “변혁”시키는지에 주된 관심을 둔다. 일반 이론 신학분야가 이해(Understanding)와 연관된 해석학적 관점에 서 있다면, 선교학은 사회와 개인의 변혁(Transformation)을 꿈꾸는 학문이기 때문이다.

다소 외람된 표현이지만 이 책은 선교학자인 필자가 한국의 신학계에 내어놓는 도전장이다. “이해”의 범주에 머물러 있는 기존의 신학자들에게 “변혁”을 통한 하나님 나라의 확장을 소망하는 한 젊은 학자의 도전으로 간주될 수 있다면 이보다 더한 영광이 없겠다. 필자의 이 작은 소망이 종내에는 신학의 학문 영역이 확장되는 방향으로 발전되었으면 하는 바람이다. 필자는 이를 위해서 "한국적 선교학"의 가능성을 먼저 타진할 것이다. 선교학의 학문적 범위를 설정하고 인접 학문과의 연계 가능성에 대한 시론적 연구와 더불어 "남반부 기독교의 등장(The Rise of Southern Christianity)" 현상과 함께 제기되고 있는 한국적 선교신학의 당위성과 가능한 연구 영역에 대해 논구할 것이다. 또한 전체 신학의 학문적 담론 안에서 선교학과 이론 신학과의 상관관계를 모색할 것이다. 앞에서 언급한 대로 문화인류학, 지역학(페루, 인도, 중국), 리더십 연구, 인구통계학, 의학, 기호학 등과 선교학의 학문적 교류 가능성을 모색함으로써 선교학뿐만 아니라, 신학체계 전반의 학문적 경계를 확장시키는 작업을 시도할 것이다.

120여 년 전, 척박하고 어둡기만 했던 이 땅에 복음의 밝은 빛을 전해 주었던 언더우드 선교사가 설립한 연세대학교에서 선교학 학술서가 출간되게 된 것은 만시지탄(晩時之歎)이나마 크게 기뻐할 일이라 사료된다. 언더우드 선교사는 복음의 "이해"에 머무르지 않고 이국만리(異國萬里)에서 자신의 삶을 "변혁"시키고, 어둠의 땅 조선에서 새로운 하나님의 나라를 꿈꾸던 사람이었다. 그의 생애와 선교 사역을 추모하며, 한국을 지극히도 사랑했던 언더우드 선교사와 그의 가문에 속한 가족들에게 이 책을 헌정한다.

신촌에서

김 상 근

제1부

한국적 선교학의 구성 요건

한국 기독교와 선교

한국 기독교를 특징짓는 몇 가지 요소가 있다. 신구교(新舊教)의 구별 없이 외국 선교사들의 본격적인 선교 활동 이전에 이미 자생적인 조선의 기독교인이 존재했다는 사실은 세계 교회사에 기록될 만한 특이한 선교 과정이라고 할 수 있다.[1] 또한 새벽기도와 철야기도 등으로 대표될 수 있는 한국인의 종교 심성을 바탕으로 한 독특한 신앙 형태와 이러한 종교 현상의 밑바닥에 자리잡고 있는 샤머니즘적 세계관도 빼놓을 수 없는 한국 기독교의 특징으로 보여진다.[2] 외형적인 면에서 본다면, 세계 최다(最多) 교인 수를 자랑하는 여의도 순복음교회를 위시한 수많은 대형 교회의 존재도 한국교회의 특이한 종교 현상으로 기록될 수 있을 것이다. 물론 대형 교회가 내부적으로 가지고 있는 문제점과 교회 세습이나 기업화의 부작용은 심각한 교회론의 위기를 제기하고 있지만, 종교사회학적 입장에서 볼 때 한국 기독교인들의 대형교회 선호 현상은

1) 한국 천주교회의 시작에 대한 이런 관점은 김상근, 『교회사를 바꾼 30인의 인물들』 (서울: 은성출판사, 2003), pp. 213-217. 초기 개신교인들의 자발적 신앙에 대한 연구는 이덕주, 『한국 그리스도인들의 개종 이야기』 (서울: 전망사, 1990). 또한 이덕주, 조이제 편, 『한국 그리스도인들의 신앙고백』 (서울: 한 들, 1997).

2) 샤머니즘과 한국인의 종교성을 분석한 최근의 연구는 김열규, 『동북 아시아 샤머니즘과 신화론』 (서울: 아카넷, 2003). 한국 무교에 대한 고전적 연구는 유동식, 『한국 무교의 역사와 구조』 (서울: 연세대출판부, 1975).

한국 교회의 또 다른 특징으로 자리잡고 있다. 1960년대부터 시작된 개발독재와 30년 군부통치 기간 동안 한국의 진보적인 신학자들에 의해 연구 발전된 민중신학 역시 세계 교회에 당당히 내놓을 수 있는 한국 교회의 신학적 업적이다. 급격한 도시화와 더불어 증가하기 시작한 도시빈민의 좌절과 슬픔을 신학적 논구의 대상으로 삼고, 맹목적인 개발논리에 떠밀려 살던 이름 없는 민중을 신학적 사고의 한복판으로 이끌어 올린 민중 신학자들의 공헌은 세계 교회가 인정하고 있는 한국교회의 신학적 자부심이기도 하다.

최근 한국 기독교에서 발견되고 있는 또 다른 특징은, 한국교회의 뜨거운 해외 선교의 열기이다. 이제 타문화권 선교에 대한 열정적 비전과 해외 선교를 위한 엄청난 인적 물적 투자를 언급하지 않고 한국 교회의 현상을 설명할 수 없게 되었다. 문상철(Steve Moon) 박사가 2003년에 발표한 논문에 의하면 한국은 이제 미국에 이어 세계에서 두번째로 많은 선교사를 세계로 파송하고 있다.[3] 많은 한국의 교회들이 해외 선교사들을 경쟁적으로 파송하면서 공식적인 선교단체에 등록하지 않고 독자적인 선교 활동을 펼치고 있는 것을 고려할 때, 문상철의 통계 숫자보다 훨씬 많은 한국의 선교사들이 해외에서 선교 사역을 펼치고 있음을 미루어 짐작할 수 있다. 이러한 폭발적인 선교의 열기를 고려할 때, 각 교단의 신학교에서 선교학을 전공한 교수들을 채용하고, 중형 이상의 규모를 가진 교회에서 선교담당 부목사와 같은 선교 사역만을 담당하

3) Steve Moon, "The Recent Korean Missionary Movement: A Record of Growth and More Growth Needed," *International Bulletin of Missionary Research*, vol. 27, no. 1 (January, 2003), 1-17. 2001년을 기준으로, 한국 교회는 총 8,103명의 선교사를 해외에 공식 파견하고 있으며, 136개의 각종 선교단체가 활동하고 있고, 세계 162개 국에 한국의 선교사들이 복음 전파 사역에 임하고 있다.

는 전문 사역자나 선교 기관을 별도로 운영하는 것은 당연한 결과이다. 선교학을 전문적으로 연구하는 신학자들의 선교학회가 구성되어 학문교류를 시도하는 것도 반가운 일이다.[4)]

한국교회와 신학계에서 펼쳐지고 있는 해외 선교의 열기와 증대되고 있는 선교학 연구의 최근 관심은 우리에게 새로운 학문적 도전을 제기하고 있다. 한국 교회의 해외선교는 세계 교회의 선교 활동에 어떤 공헌을 하고 있는지, 그리고 현재 한국의 선교학은 어떤 학문적 자리매김을 통하여 신학의 한 학문영역으로 그 전문성을 획득할 수 있는지에 대해 검토할 때가 이르렀다. 전통적인 신학교육의 체계 안에서 선교학의 학문적 위치는 어디에 있는지, 그리고 타 인접 학문과 어떤 학문적 관계를 정립해야 하는지에 대한 근본적인 질문이 대두되고 있다. 선교학은 복음 전파의 효율성을 높이기 위한 실천신학의 한 연구 영역인가, 아니면 타문화권에 전파된 기독교의 종교적 의미를 추구하는 조직신학 연구의 한 분야인가? 선교학은 전도학(Evangelism Studies)과 어떤 유사점과 상이점을 가지고 있는가? 선교학은 교회성장학(Church Growth Studies)인가? 문화인류학(Cultural Anthropology)과 선교학은 어떤 관련이 있는가? 선교학과 에큐메닉스(Ecumenics) 연구의 차이점과 공통점은 무엇인가? 교회사(Church History)와 선교학(Missiology)은 선교역사(History of Mission)라는 학문 분야를 통해 어떠한 학문적 교류를 이루어 낼 수 있는가?

4) 한국의 선교학자들은 복음주의 선교학회와 선교신학회에서 활동하고 있다. 소위 복음주의 진영과 에큐메니칼 진영이 확연히 분리되어 있는 타 신학 관련 학회와는 달리 복음주의 선교학회와 선교신학회에 소속된 한국의 선교학자들은 공동 학술대회를 개최하는 등 비교적 활발한 교류 활동을 하고 있다.

이 책은 이러한 제반 문제에 답함으로써 한국적 선교학의 구성 요건과 인접 학문과의 교류 가능성을 모색하기 위해 기획되었다. 이 책을 통해서 필자는 선교학의 근본적 학문성을 모색하고 한국 교회와 선교 신학계가 당면하고 있는 선교학 연구의 새로운 과제와 도전을 확인코자 한다. 더 나아가, 최근 급격히 변화하고 있는 세계 종교 인구와 기독교 인구의 동향을 예의 주시하며, 한국의 선교 신학계가 "남반부 기독교시대의 도래(The Rise of Southern Christianity)"를 어떻게 평가하고 대응할 것인지에 대해 논구할 것이다. 21세기의 기독교가 새롭게 동터오는 이 시점에 선교학에 대한 학문적 자리매김과 인접 학문과의 교류 가능성을 타진하는 작업은 한국교회가 지금 선교 현장에서 직면하고 있는 여러 가지 과제와 도전들에 대한 분석과 함께 시급히 전개되어야 할 부분이다.

한국 교회가 선교 현장에서 직면하고 있는 과제와 도전들

위에서 언급한 문상철 박사의 선교 통계가 무조건 고무적인 사실로 받아들여지지 않는 이유는, 한국 선교사들의 양적인 증가가 반드시 한국 교회가 추구하는 선교 사역의 질적인 수월성으로 직접 연결되지 않을 수 있다는 우려 때문이다. 많은 한국의 선교사들이 오늘도 언어와 문화가 다른 세계 각국의 선교 현장에서 땀과 눈물을 흘리고 있다. 벌써 한국 교회의 선교를 대표할 만한 선교 지도자들의 공헌과 사역이 전문적인 연구 과정을 거쳐 소개되고 있을 만큼, 아름다운 선교의 열매를 맺고 있는 지역이 등장하고 있다. 그러나 이런 수많은 선교사들의 감동적인 이야기와 더불어 아름답지 못한 소식들이 세계 각국의 선교 현장에서 들려온다.[5] 특별히 선교 현장의 문화와 원주민들의 종교를 백안시(白眼視)하고,

성급한 선교의 열매를 위해 강압적인 방법이나 금전을 살포하는 등의 일부 몰지각한 행동으로, 한인 선교사 간의 갈등과 원주민과의 문화적 충돌이 빚어지고 있는 소식을 접할 때도 있다. 한국이나 미주 한인교회에서 파송되어 오는 단기 선교단의 일정을 위해서, 선교사 본연의 사명은 잊은 채 단기 선교단의 가이드 역할로 만족하는 선교사도 있고, 성과주의에 매달려 일주일 만에 무엇인가 가시적인 선교의 결실을 맺겠다는 단기 선교단의 조급성이 오히려 장기 체류 선교사들의 사역에 피해를 주는 경우도 쉽게 목격할 수 있다. 이러한 장단기 선교사들의 성과주의는 원주민들로 하여금 자신들에게 돌아올 금전적인 혜택을 먼저 생각하게 만드는 부작용을 낳는다. 또한 부적절하고 불충분한 선교 훈련을 받고 파송된 선교사들이 외롭고 힘든 선교 현장에서 실족하고 낙심하는 모습을 보임으로써, 그를 물질과 기도로 후원했던 많은 사람들의 마음을 아프게 하는 일도 있다. 선교 현장에서 은퇴한 선교사들의 귀국이 시작된 요즈음, 이 분들을 수용할 수 있는 주택 시설의 부족과 은퇴 후의 재정적인 후원의 문제가 점차 대두되고 있다. 또한 이 노장 선교사들의 경험과 선교의 노하우를 유용하게 활용할 수 있는 선교회나 연구기관이 부족한 것도 문제이다.[6]

5) 필리핀 교회의 어느 목회자가 한국 선교사들의 전횡을 세계교회협의회에 고발하는 부끄러운 사건도 있었다. 그 필리핀 목회자의 비판이 논문으로 출간되었다. Cobble Palm, "Toward a World Mission Tribunal," in *International Review of Mission*, vol. 86, no. 342 (July, 1997). 또한 필리핀에서 사역하는 한 중진 선교사의 성 추문이 문화방송의 PD수첩(2006년 5월 16일 방송)을 통해 고발되기도 했다.

6) 선교 현장에 새내기 선교사가 경험하는 문화적 충격과 사역 초기에 느끼는 갈등, 그리고 은퇴 선교사의 초라하고 막막한 현실을 정확하게 묘사한 글은 전재옥, "타문화권 선교," 한국 선교신학회 편, 『선교학 개론』 (대한기독교서회, 2001), pp. 132-148.

이러한 모든 문제의 시작은 철저하고 효과적인 선교사 훈련 과정의 부족에서 기인한다. 한국 교회가 선교 현장에서 대면하고 있는 여러 가지 문제들의 원인을 살펴보면 거의 대부분 선교사들이 부적절하거나 불충분한 선교 훈련을 받고 현지로 파송되었기 때문임을 알 수 있다. 적절한 선교사 훈련의 필요성은 비단 한국 교회에 국한된 고민거리가 아니었다. 400년의 선교 역사를 자랑하는 가톨릭교회와, 200년의 선교 역사를 가진 서구 개신교회의 선교정책 결정자들은 늘 이 문제 때문에 고민해 왔다. 예를 들면, 1910년 스코틀랜드 에딘버러에서 열렸던 에딘버러 세계 선교대회(Edinburgh World Missionary Conference)에서 이미 효과적인 선교사역을 위한 철저한 선교사 교육이 반드시 전제되어야 한다고 강조된 바 있다.[7] 1793년 윌리엄 캐리가 인도의 캘커타에 도착함으로써 시작된 근대적 의미의 개신교 해외 선교는 1910년 에딘버러 세계 선교대회에서 지난 백 여 년 동안의 선교 결과에 대한 과학적 분석과 선교 현장에서 제기된 문제들을 심도 있게 논의하였는데,[8] 더글라스 매켄지(Douglas Mackenzie) 박사가 의장으로 활동한 "선교사 훈련" 분과는 이러한 선교사 훈련의 당위성과 선교사 교육과정 문제를 집중적으로 논의하였다. 에딘버러 세계 선교대회의

7) 1910 에딘버러 세계 선교대회에 대한 정보는 김상근, 『세계사의 흐름을 바꾼 기독교 역사』 (서울: 평단문화사, 2004), pp. 226-241. 보다 상세한 내용은 W. Gairdner, *Echoes from Edinburgh 1910: An Account and Interpretation of the World Missionary Conference* (London: Fleming H. Revell Company, n. d.).

8) 물론 에딘버러 세계 선교대회 이전에도 이와 비슷한 지역별 선교대회가 개최되었다. 예를 들면 1900년의 뉴욕 대회, 1902년의 마드라스 대회, 그리고 1907년의 상하이 대회 등이다. 에딘버러 세계 선교대회는 1907년 상하이 대회에서 세계 각국의 선교 현장에서 제기되고 있는 각종 문제점들을 국제 규모로 점검하기 위해 자료조사위원회가 결성됨으로써 시작되었다.

결론은 효과적인 선교사 훈련을 위해서 비교종교학, 선교신학, 선교역사, 종교사회학, 교육학, 선교 현지 언어훈련을 선교사 교육 프로그램의 기본 골격으로 하고, 분야별로 선교사 교육 프로그램을 강화할 것을 결의하였다.[9] 효과적이며 충분한 선교사 훈련이야말로 세계 선교를 위해 "가장 시급하고, 상호 협조가 가능한 분야"라고 강조되었던 것이다.[10]

한국 교회 선교의 각종 현안과 문제점을 고려할 때, 가장 시급한 선교 신학적 과제는 효과적인 선교사 훈련을 위한 철저한 선교사 교육 프로그램의 정립에 있다. 각 신학 대학이나 선교사 훈련 기관들은 선교사 교육을 위한 커리큘럼을 점검하고, 약 100년 전 에딘버러 세계 선교대회에서 결의했던 선교사 훈련 과정의 최소 커리큘럼 규정을 준수해야 한다. 그렇지 않으면, 우리는 이미 서구 교회가 세계 선교 현장에서 경험한 어려움과 실패를 되풀이 할 수밖에 없을 것이다. 부적절하고 불충분한 선교사 교육으로 인해 빚어졌던 선교 현장의 많은 문제점을 예리하게 파헤친 윌리엄 호킹의 『선교를 재조명 한다: 선교 백 년에 대한 평신도의 분석』(Re-Thinking Mission: A Laymen's Inquiry After 100 Years)의 교훈을 통해 우리는 효과적이며 충분한 선교사 교육을 실시해야 할 것이다.[11]

선교 현장의 문제점은 보다 철저한 선교사 교육을 통해 미연에 방지할 수 있다. 가장 쉬운 예를 들자면 "선교지 지역 분할

9) W. Gairdner, *Echoes from Edinburgh 1901*, pp. 215-237.

10) *Ibid.*, 215.

11) William Hocking, *Re-Thinking Missions: A Laymen's Inquiry After 100 Years* (New York: Harper & Brothers Publishers, 1932). 이 책은 록펠러 재단의 재정적인 후원을 받아 세계 선교의 문제점을 분석한 당시 하버드 대학의 신학교수 윌리엄 호킹의 선교 현황 분석서이다.

(Missionary Comity Agreement)"을 통한 선교사들 간, 혹은 선교사 파송기관 간에, 혹은 선교사 파송 교단 간의 갈등 방지와 상호 협조의 가능성이다. 동일한 지역에 한인 선교사들이 함께 활동하면서 개인이나 선교단체, 혹은 교단별로 과도한 경쟁을 하게 되고 이로 인해서 선교사 간의 불협화음이 선교의 장애가 되는 경우를 쉽게 목격할 수 있다. 이런 선교지역 중첩과 중복투자의 문제는 이미 서구 선교사들의 경험을 통해 문제의 심각성이 논의되었고, 이 문제의 해결을 위한 여러 가지 타협의 가능성들이 시행되어 왔다.[12] 선교 역사를 연구하면서 이런 문제를 주의 깊게 관찰해보면, 서구 교회가 시도했던 선교지 지역분할 정책을 어떻게 한인 선교의 현장에 도입할 수 있을지에 대한 역사적 교훈을 얻게 될 것이다. 선교 역사에 대한 충분한 이해나 연구가 없을 때, 한국 교회는 이미 서구 교회가 경험했던 실수나 시행착오를 되풀이하게 된다는 것을 잊지 말아야 할 것이다.

그러나 철저한 선교사 교육을 위해 선교사 훈련 프로그램과 효과적인 커리큘럼을 보강하는 것은 선교학(Missiology) 자체의 학

12) 국제 규모의 선교 컨퍼런스에서 선교지 분할정책(Comity)에 대한 심도 있는 논의가 진행된 것은 1900년 뉴욕 카네기 홀에서 개최된 "뉴욕 에큐메니칼 선교 컨퍼런스(New York Ecumenical Missionary Conference)이다. 주로 영미권의 162개 선교단체의 공식대표 2,500명이 참석한 이 선교 컨퍼런스에서 선교단체나 교단별 경쟁이나 불협화음을 막기 위해, 상호 중복 투자 금지, 선교사간 상호 존경, 과도한 경쟁 지양, 타 교단 교인들에 대한 포교활동 금지, 같은 지역에 선교구 설치 금지 등이 제안되었다. 1900년 뉴욕 선교 컨퍼런스에 대한 역사적 분석은 Thomas Askew, "The New York 1900 Ecumenical Missionary Conference: A Centennial Reflection," in *International Bulletin of Missionary Research*, vol. 24: 4, 146 ff. 한국의 선교지 분할 정책과 관련된 최근의 학술논문은 Chang Uk Byun, "Comity Agreements Between Missions in Korea from 1884 to 1919: The Ambiguities of Ecumenicity and Denominationalism" (Ph. D. diss., Princeton Theological Seminary, 2003).

문적 자리매김 없이는 불가능한 일이다. 선교학의 학문적 계통이 불분명한 한국 신학계의 학문적 현실 가운데서, 선교 훈련의 커리큘럼을 재정립한다는 것은 단지 이론적인 구호에 그칠 위험이 있다. 먼저 선교학의 학문적 자리매김을 신학이라는 전체 학문 안에서 이루어 낼 수 있을 때, 선교학 연구과 선교사 훈련을 위한 구체적인 커리큘럼이 재정립될 수 있을 것이다.

선교학의 학문적 자리매김

사실 선교학처럼 광범위한 학문영역을 다루는 신학분야도 드물 것이다. 선교학은 복음의 종교적 의미가 문화권과 언어영역을 넘어서 전달되는 과정과 방법을 총괄적으로 연구하는 학문으로 출발했기 때문에 기독교 신학의 모든 기본적 요소를 골고루 포함하고 있다고 해도 과언이 아니다. 성서에 기초한 복음의 종교적 의미가 전달되기 위해서는 성서신학에 대한 기본적 이해가 요구되며, 조직신학 연구를 통한 신학적 사고 능력을 배양하여 선교 현장에서 부딪히는 여러 가지 문제들을 신학적으로 분석해 낼 수 있는 능력을 길러야 한다. 또한 선교사는 목회적 품성(Pastoral Heart)을 가져야만 효과적인 선교사역을 펼칠 수 있다. 선교사는 복음 전파의 전문가일 뿐 아니라 현지 교회에서 목회자로서의 기능도 동시에 수행하는 경우가 많기 때문이다.[13] 또한

13) 이런 입장에 대해, 약간 다른 견해를 가지고 있는 선교학자는 로랜드 알렌이다. Roland Allen, *Missionary Methods: St. Paul's or Ours?* (Grand Rapids: Eerdmans, 1962). 알렌의 주장에 의하면 선교사의 사명은 선교 교회의 설립에 있지, 목회에 있지 않다는 견해를 제시한다. 선교사는 목회자가 아니기 때문에, 선교 교회가 설립되면 바울처럼 곧바로 다른 선교지를 찾아 이동할 것을 권한다.

선교학은 실천 신학의 여러 분야와 밀접한 연관을 맺고 있기 때문에 목회상담학, 기독교 교육학, 예배학, 설교학 등에 대한 기본적인 교류도 게을리할 수 없다. 선교의 현장은 곧 실천 신학의 현장이기 때문이다. 그렇다면, 이처럼 신학 전체의 학문적 영역을 다루어야 하는 선교학은 어떻게 선교학 자체의 고유한 학문적 자리매김을 할 수 있을까?

독자적 학문으로서의 선교학은 다음에 열거하는 다섯 가지 하부 연구영역을 가지고 있다. 우선 선교학은 선교사역을 위한 학문으로부터 출발하기 때문에, 선교 현장에서 당연히 만나게 되는 "타문화권"에 대한 연구와 이해(Cross-Cultural Understanding)를 요구한다. 선교학은 우선 "타문화권"을 이해하기 위해 "타문화권"의 언어를 가르칠 필요가 있다. 그 지역 언어의 숙달 없이 그 지역의 문화를 이해한다는 것은 불가능한 일이다. 비록 선교지 언어에 대한 교육은 특수한 선교 훈련기관이나 선교 현지의 생활을 통해 교육받게 되는 것이 통례이지만, 선교학을 가르치는 신학교나 선교 훈련 기관에서는 최소한 영어의 자유로운 소통을 위한 훈련이 필요하다. 선교 현장에서 정기적으로 참석해야 하는 세계 각국의 선교 회의나 선교 지역별 컨퍼런스가 영어로 진행되는 일이 많고, 또한 희귀 언어를 습득하기 위해서는 대부분 영어권 학자들의 자료(문법책, 사전)에 의존해야 하는 것이 현실이기 때문에, 능통한 영어 실력이 요구된다. 또한 선교 현장에서 늘 만나게 되는 "타종교"에 대한 연구도 선교학에서 매우 중요한 하부 연구 영역이다. 이 부분에서 선교학은 종교학(Religious Studies)이라는 하부 연구영역을 가지게 되는데, 이때 종교사학적(History of Religions) 측면과 기독교와 타종교의 상관관계를 연구하는 비교 종교학적(Comparative Religion) 분석이 함께 시도되어야 한다.[14] 또한 선교 현장의 타문화와 접하게 되는 선교학의 특성상 "문화인류학(Cultural Anthropology)"에 대한 연구도 필요 불가결한 하부 연구 영역이다. 사실 많은 문화인류학자들은 선교학자들의 연구나 선교사들의 활동에 대해 배타적이거나 부정적인 태도를 가지고 있었다. "타문화권"의 전통적 생활 관습이나 가족 구조, 민속지(Ethnography) 등을 연구하는 문화인류학자들에게, 선교사들은 원주민들의 전통과 문화를 파괴하는 서구 제국주의의 하수인으로 간주되어 온 것이 사실이다. 그러나 초기 문화인류학의 학문적 성과는 선교사들의 선교 현장 보고서에 의존한 경우가 많았다는 사실을 감안한다면 선교학과 문화인류학은 과거의 활발했던 학문적 교류를 다시 시도할 수 있는 역사적 근거를 마련하게 된다.[15] 결국 타문화권과의 만남을 가장 기본적인 학문적 전제로 삼고 있는 선교학은 언어학, 종교학, 문화인류학과의 교류를 통해 그 학문적 자리매김을 시도해야 할 것이다. 이 분야의 학문적 자리매김은 선교학의 인문학적 부분이라고 할 수 있다.

신학의 다른 분야와 마찬가지로 선교학 역시 "선교 신학

14) 비교 종교학(Comparative Religion)적 방법을 통해 세계 종교를 연구하는 방법에 반대하며, 가치 중립적인 입장에서 각 종교현상을 역사적 전개 양식으로 보는 종교사학적(History of Religions) 입장은 시카고 대학의 멀치아 엘리아데의 학문전통에서 비롯되었다. 종교사학적 연구 방법론에 대해서는 Joachim Wach, *Introduction to the History of Religions* (New York: MacMillan, 1988). 그러나 선교학 연구에 있어서 종교학은 비교 종교학을 통한 기독교와 타종교의 비교분석도 매우 중요한 연구 방법론적 가치를 지닌다.

15) 예를 들면, 현대 종교 인류학과 종교사회학의 기초를 놓은 Emile Durkheim, *The Elementary Forms of Religious Life* (New York: Free Press, 1995)의 기초 연구 자료는 오스트레일리아 원주민들의 생활양식과 종교행위를 보고한 선교사들의 선교자료와 보고서를 바탕으로 연구되었다.

(Theology of Mission)"이라는 기본적인 조직 신학적(Systematic Theology) 전제 조건을 충족시켜야 한다. 물론 이것은 선교신학의 범위와 논의의 대상을 규정하는 "거대 담론(Meta-Discourse)"을 제시하고, 그 형식논리의 잣대로 선교학의 학문적 범위와 성격을 규정하자는 뜻이 아니다. 앞에서 언급한 선교학의 인문학적 구성 요건과 더불어 선교신학은 선교 현장을 신학화 하는 작업과 분리될 수 없다는 의미이다.

바른 "선교 신학"이란 바른 성서적 권위에 기초한 선교 신학을 말한다. 따라서 선교학 연구는 선교의 성서적 기초(Biblical Foundation of Mission)로부터 출발하지 않을 수 없다. 현재 선교학 연구의 가장 기본적인 도서로 사용되고 있는 데이빗 보쉬의 『변화하는 선교: 선교 신학의 구조적 변동』이 신약성서의 선교적 모델을 모색함으로써 그 학문적 논의를 시작하는 데서 우리는 바른 선교 신학의 전형적인 모습을 발견하게 된다.[16] 또한 선교 신학은 "선교하는 교회 공동체" 혹은 "교회 안의 하나 된 선교 공동체"를 이루기 위한 교회론적 탐구도 게을리하지 말아야 한다. 선교는 교회 안에서 하나 된 선교 공동체에 의해 추진될 때만 효과적인 선교사역을 펼칠 수 있다는 점에서, 교회, 선교단체, 혹은 파송 교단 내의 하나 된 선교 공동체를 위한 세심한 "선교 교회론"적 접근이 요청되고 있다.

앞에서 잠시 언급했지만 선교학은 또한 실천 신학적인 학문

---

16) David Bosch, *Transforming Mission: Paradigm Shifts in Theology of Mission* (Maryknoll: Orbis, 1995). 총 3부로 구성되어 있는 이 책에서 보쉬는 신약성서에서 발견되는 선교모델을 제일 먼저 취급함으로써 (pp. 15-180), 선교신학의 성서적 기초를 다시 한 번 확인하였다. 한국어 번역은 데이비드 보쉬, 김병길 외 번역, 『변화하고 있는 선교』 (서울: 기독교문서선교회, 2000).

적 요소를 가지고 있다. 복음의 전달이라는 가장 기본적인 선교의 목적을 달성하기 위해 선교학자는 효과적인 복음전도를 위한 실천 신학적인 요소를 함께 연구해야 한다. 최근 미국의 신학교나 선교 단체에서 활발히 연구되고 있는 전도학(Evangelism Studies)은 지속적인 기독교인 감소를 경험하고 있는 미국의 대다수 전통적인 교단의 실제적인 필요에 의해서 새로 개척되어 있는 학문 분야이다.[17] 한국에서는 "교회성장학(Church Growth Studies)"이라는 이름으로 소개되고 있는 학문 분야가 있는데 최근 침체 국면에 접어들고 있는 한국 교회의 일부 목회자들에게서 관심을 끌고 있다. 선교학자는 이 분야의 연구도 선교학의 커리큘럼에 포함시켜야한다. 또한 선교학의 실천신학적 요소에는 커뮤니케이션 이론(Communication Theory)에 대한 연구를 포함한다. 특별히 선교학의 특성상 "문화권간의 커뮤니케이션(Cross-Cultural Communication)"을 연구하기 위한 집중적인 학문적 투자가 필요하다.[18] 문화권 별로 커뮤니케이션의 방법과 매체가 다를 뿐만 아니라, 의미가 전달되기 위한 문화코드가 지역과 인종에 따라 다르기 때문에 문화권 간의 커뮤니케이션 이론에 대한 연구가 반드시 수행되어져야 한다. 또한 종교사회학적(Sociology of Religion) 분석 능력을 배양하여 선교 현지의 종교적 토양을 정확

17) "전도학(Evangelism Studies)"은 미국 연합 감리교회(UMC)의 2000년 총회의 결정에 따라, 각 신학교에 전도학을 연구하는 교수를 채용하고 전도학 수업을 목회학 석사 과정의 의무 과목으로 채택함으로써 최근 활발히 연구되고 있는 학문이다. 물론 그 배경에는 계속해서 감소하고 있는 연합감리교회 교인숫자에 대한 교단적 우려와 위기의식이 잠재되어 있다.

18) 예를 들면 Nancy Bonvillain, *Language, Culture and Communication: The Meaning of Messages* (Upper Saddle River: Prentice Hall, 2000)나 Hugh Silverman, ed., *Cultural Semiosis: Tracing the Signifier* (New York: Routledge, 1998) 등의 연구나 자료는 선교학 연구를 위한 문화권간의 커뮤니케이션 이론 수립을 위해 많은 것을 제시할 수 있다.

하게 분석하고 종교 구성원 간의 사회학적 역학관계를 이해할 수 있어야 한다.

네번째 선교학의 큰 줄기는 흔히 "에큐메닉스(Ecumenics)"라는 명칭으로 불리는 데, 교회일치 운동과 보편교회(Universal Church)를 향한 화합과 일치를 위한 신학적 노력을 연구하는 학문 분야이다.[19] 사실 현대적 의미의 에큐메니칼 운동은 선교 현장에서 제일 먼저 그 중요성이 인식되기 시작했으며, 1910년 에딘버러 세계 선교대회의 결의에 따라 구성된 1921년의 국제선교협의회(International Missionary Council)는 20세기 에큐메니칼 운동의 시발점이라고 할 수 있다. 이 기관의 초교파적 활동을 통해 세계 각국의 각 교단 소속 선교사들 간의 상호 협력과 지원이 시작되었다는 것을 고려할 때, 선교학과 에큐메닉스는 학문적으로 매우 가까운 위치에 놓여 있다.[20] 또한 1910년 에딘버러 세계 선교대회 이후 결성된 "생활과 실천(Life and Work: 교회의 사회적 책임에 대한 전담 위원회)"과 "신앙과 직제(Faith and Order: 교회의 신학적 입장을 전담하는 위원회)"라는 두 단체가 1948년 암스테르담에서 세계 145개 교단의 참여와 함께 범국제적으로 출범시킨 세계교회협의회(World Council of Churches)를 통해 현대 에큐메니칼 운동이 본 궤도에 오르게 되었다. 결국 국제선교협의회(IMC)와 세계교회협의회(WCC)가 통합을 선언한 1961년 뉴델리 대회의 결정은 세계를 향해 하나 된 교회의

19) "에큐미닉스(Ecumenics)"가 선교학의 한 분야로 정착된 계기는 프린스턴 신학대학원의 총장이었으며 선교학 교수였던 존 멕케이 교수의 공헌이 크다. 그의 에큐메니칼 사상은 John Mackay, *Ecumenics: The Science of the Church Universal* (Englewood Cliffs: Prentice-Hall, 1964).

20) 선교학과 에큐메닉스의 학문적 상관관계를 잘 정리한 책은 김은수, 『현대 선교의 흐름과 주제』 (서울: 대학기독교서회, 2001) 이다.

모습을 보여주기 위한 에큐메니칼 역사의 중요한 분기점을 이룬다. 현대 에큐메니칼 운동의 시발점인 1910년 에딘버러 세계선교대회와 1961년 세계교회협의회(WCC)와 국제선교협의회(IMC) 통합의 산파역할을 감당했던 선교 현장의 신학적 당위성은 선교학 연구에 있어서 에큐메니칼 운동의 신학과 역사에 대한 연구를 정당화한다.

끝으로 선교학은 선교 역사(History of Mission)라는 중요한 하부 연구 영역을 포함한다. 16세기 중반 예수회(Society of Jesus)로부터 시작된 가톨릭교회의 본격적인 해외선교와 1793년 인도의 캘커타에 도착한 윌리엄 캐리(William Carey)의 선교부터 시작된 개신교회의 선교 역사에 대한 이해 없이 선교학을 연구한다는 것은 불가능한 일이다. 비록 세계선교를 위한 서구 교회의 영향력이 현저하게 감소했다 하더라도, 가톨릭교회의 400년, 그리고 개신교회의 200년 선교역사는 한국의 선교학 연구를 위해 절대 불가결한 연구 분야이다. 400년 서구교회의 선교 역사를 통해 우리는 그들의 공과(功過)를 객관적으로 조명하면서 우리에게 맡겨진 선교의 사명과 선교학 연구의 학문적 자리매김을 시도할 수 있을 것이다. 그런 점에서 선교 역사에 대한 연구는 일반 교회사(Church History)의 연구 맥락과 밀접한 학문적 연관성을 가진다.

위의 내용을 간단히 요약하면 신학의 한 전문 분야로서의 학문적 자리매김을 위해 선교학은 다음과 같은 다섯 가지 하부 연구 영역을 가지고 있다. (1) 타문화 이해를 위한 종교사학 (History of Religions), 비교종교학 (Comparative Religion), 문화인류학 (Cultural Anthropology) 분야; (2) 선교의 성서적 기초와 교회론적 접근을 위한 선교신학 (Theology of Mission) 분야; (3) 전도학 (Evangelism Studies), 교회성장학(Church Growth Studies), 다른 문화 간의 커뮤니케이션 이론 (Cross-Cultural Communication Theory), 종교사회학

(Sociology of Religions); (4) 에큐메닉스 (Ecumenics); (5) 선교 역사 (History of Mission).

이러한 선교학의 학문적 자리매김을 통하여 한국의 선교신학은 한국 교회와 세계선교를 위해 신학적 공헌을 할 수 있을 뿐 아니라 효과적인 선교사 훈련을 위한 커리큘럼을 재정립할 수 있을 것이다. 선교학 고유의 정확한 학문적 자리매김을 통해 타 인접 학문과 활발하게 교류하면서 동시에 선교학만이 추구해야 할 고유의 학문적 연구·영역을 개척해 나가야 할 것이다. 선교학은 실천신학의 한 분야가 아니라, 신학 전체의 학문적 구성과 함께 상호 교류해야 하는 종합적이며 동시에 독자적인 신학 체계이다.[21] 또한 국제화 시대를 살아가고 있는 우리는 "타문화권"과의 만남을 학문의 기본적인 전제조건을 삼고 있는 선교학의 연구를 통해 여러 가지 다른 문화권이 공존하는 현대사회에서 "타자(他者)"와의 관계를 어떻게 정립할 것인가를 배울 수 있다.[22]

가톨릭교회 선교 200주년과 개신교회 선교 100주년을 이미 오래 전에 기념한 한국 교회가 "선교학"이란 이름으로 세계 교회와 선교에 공헌할 수 있는 분야에 대해 진지한 검토를 해야 한다. 급변하고 있는 세계 기독교의 모습을 주의 깊게 관찰해볼 때, 한국 선교학계가 세계 교회와 선교에 공헌할 수 있는 고유의 연구 영역이 아래와 같이 존재하기 때문이다.

---

21) 이 분야에 대한 보다 전문적인 연구 자료는 J. Dudley Woodberry, et al. eds., *Missiological Education for the 21st Century: The Book, The Circle and the Scandals* (Maryknoll: Orbis Books, 1996).

22) 세계화 시대의 신학 교육 전체에 대한 학문적 조감은 Alice Evans, et al. eds., *The Globalization of Theological Education* (Maryknoll: Orbis Books, 1993).

세계 종교 인구 변동 지표가 제시하고 있는 21세기 기독교의 모습

교회와 선교를 위한 광범위한 신학적 분석을 감당해야 할 한국의 선교학은 지금 진행 중인 세계 종교 인구의 급격한 변동을 주의 깊게 살펴볼 필요가 있다. 세계 기독교의 판도가 바뀌고 있는 오늘의 변화 추이를 선교학적 시각으로 세밀히 검토함으로써 한국의 선교학이 세계 교회와 선교에 공헌할 수 있는 영역을 발견할 수 있기 때문이다. 지난 세기동안 세계 각국에서 추진되어온 기독교 선교가 어떤 객관적인 결과로 나타나고 있는지 살펴봄으로써 보다 구체적인 선교 현장의 신학적 분석 작업이 가능해 질 수 있다.

지난 20세기는 세계 선교의 가능성에 대한 장밋빛 전망과 함께 시작되었다. 1900년, 새로운 20세기가 시작되던 바로 그 해, 뉴욕의 카네기 홀에서 열린 "뉴욕 에큐메니칼 선교 컨퍼런스(New York Ecumenical Mission Conference)"는 이러한 낙관적인 시대정신을 잘 반영하고 있었다. 좌석을 매운 청중들은 해외 선교를 통해 세계 구석구석으로 확대되어 가고 있는 "기독교 제국(Christendom)"을 통하여 인류가 지금까지 경험하지 못했던 문명의 발전과 진보를 이룩하고 있음을 확신하고 있었다. 기독교와 서구의 선진문명은 같은 의미를 지닌 동일한 언어로 받아들여졌으며, 세계 선교에 부름 받은 서구 교회는 인류의 진보를 위해 하나님께서 선택하신 "거룩한 도구(The Divine Agent)"라는 확신이 팽배해 있었다.[23] 당시 유행하던 선교 구호인 "이 세대가 가기 전에 온

23) 이러한 서구인들의 의식은 비(非) 서구인들을 복음과 서구 문명으로 계몽시켜야 한다는 "백인 남성의 책무(White Men's Burden)" 의식으로 발전되었다. 이러한 의무감이 기독교 선교에 미친 영향에 대한 분석은 William Hutchison, *Errand to the World: American Protestant Thought and Foreign Missions* (Chicago: University of Chicago Press, 1987).

세계를 복음화하자(Evangelization of the World in This Generation)"는 20세기 초반 서구 교회의 선교 낙관주의를 잘 대변하고 있다.[24)]

1900년 뉴욕 선교 컨퍼런스가 열린지 100년이 조금 지난 지금, 우리는 지난 100년 동안 진행된 세계 선교의 결과가 무엇인지를 구체적인 도표로 확인해볼 필요가 있다. 과연 "이 세대가 가기 전에 온 세계를 복음화하자"던 선교 구호는 성취되었는가? 지난 100년 동안 그렇게 많은 선교사들이 땅 끝까지 달려가 그리스도의 복음을 전했고, 그토록 많은 선교 후원자들의 중보 기도가 있었고, 그렇게 많은 선교 자금과 물질적 후원이 투입되었는데, 과연 그 선교 구호대로 전 세계는 복음화 되었는가?

결론은 전혀 그렇지 않다는 것이다. 최근 발표된 세계 종교 인구의 변동 지표에 의하면 세계는 복음화 되지 않고, 오히려 전체 세계 종교 인구 중 기독교 인구의 비율은 감소했음을 알 수 있다. 2001년에 발표된 세계 종교 인구 통계에 의하면, 세계 기독교 인구의 비율이 점진적으로 감소하고 있는데 반하여 오히려 이슬람 인구는 지속적으로 증가하고 있으며, 이런 이슬람 인구의 점진적인 증가는 앞으로 최소한 25년 동안 계속될 것으로 예상되고 있다.[25)] 아래 도표는 이러한 21세기 세계 종교 인구의 변동 추이를 잘 보여주고 있다.

---

24) 이러한 선교 낙관주의에 대해 독일의 선교학자인 구스타브 바르넥(Gustav Warneck)은 회의적이었기 때문에 뉴욕 선교 컨퍼런스에 불참을 선언했다. 그의 논문은 다른 사람에 의해 대독되었다.

25) 이 통계 숫치는 David Barrett and Todd Johnson, "Annual Statistical Table on Global Mission, 2001," in *International Bulletin of Missionary Research* (January 2001), p. 25의 통계를 도표화 한 것이다. 이 통계 자료의 한 가지 단점은 중국 종교(유교, 도교, 샤머니즘)를 세부항목으로 따로 분류하지 않았다는 데 있다. 아래 분류에 나오는 "타종교"란 무신론자(Atheists), 신흥종교(New-Religionists), 민속종교(Ethnoreligionists), 시크교, 유대교의 숫자를 합한 것이다.

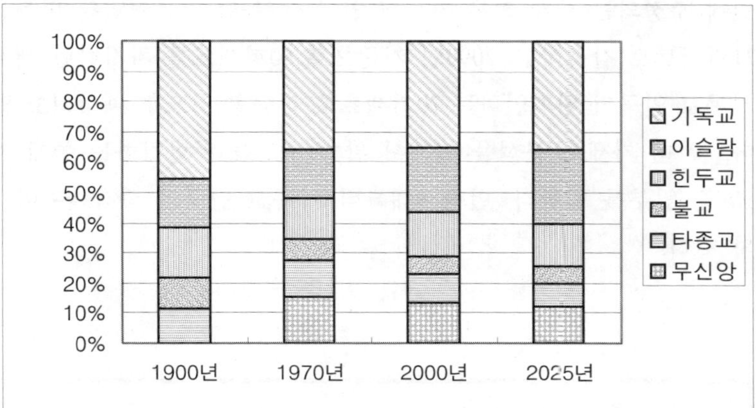

세계 종교 인구의 변동 추이

세계 종교 인구별 기독교 인구의 비율 감소와 더불어 우리가 주목해야 할 중요한 변화가 또 하나 있다. 그것은 대륙별 기독교 인구의 증감 현황이다. 100년 전 기독교는 절대적으로 유럽인의 종교였다. 1900년을 기점으로 볼 때, 유럽 전체의 기독교인 숫자가 세계 기독교 인구 총 숫자의 약 70퍼센트를 차지하고 있었다. 절대 다수의 기독교인이 유럽 사람이었으며, 아프리카 기독교인의 숫자는 약 2퍼센트에 불과했다. 그러나 100년 전 절대 다수를 차지하던 유럽 기독교인의 비율은 2000년을 기점으로 볼 때 29퍼센트로 급격히 감소한 반면, 100년 전 미미한 숫자에 불과했던 아프리카, 라틴아메리카, 그리고 아시아의 기독교 인구는 전체 세계 전체 기독교인구의 약 60퍼센트를 차지하고 있다. 이런 현저한 "기독교인의 비백인화(Becoming Non-White Christianity)"현상은 시간이 가면 갈수록 심화될 전망이다. 최근 발표된 통계 분석 자료에 의하면, 2025

년에 추정되는 세계 전체 기독교 인구 중 유럽 기독교인의 비율은 21퍼센트로 감소하고, 2000년 기준으로 60퍼센트를 차지하던 세계 기독교 인구의 비백인화는 70퍼센트로 상승할 것으로 예상되고 있다. 좀 더 자세한 분석을 위해서 위의 주장을 뒷받침하는 통계 자료 중 일부를 밝힌다. 먼저 <대륙별 기독교 인구의 증감>은 아래와 같다.

	1900년	2000년	2025년
아프리카	8,756,000(명)	335,116,000	600,526,000
아시아	20,759,000	307,288,000	459,029,000
유럽	368,210,000	536,832,000	532,861,000
남미	60,027,000	475,659,000	635,271,000
북미	59,570,000	212,167,000	235,112,000
오세아니아	4,322,000	21,375,000	28,152,000

대륙별 기독교 인구의 증감

100년 전, 3억 6천만 명의 기독교 교인을 자랑하던 유럽 대륙은 이제 더 이상 유일한 기독교 대륙이 아니다. 이미 2000년을 기준으로 유럽보다 더 많은 기독교인들이 남미와 아프리카에서 발견되었으며, 시간이 지날수록 유럽의 탈(脫)기독교화와 기독교 중심축의 다변화가 가속화 될 것임을 위의 통계에서 확인할 수 있다. 보다 정확한 분석을 위해서 지난 100년 동안 세계 각 대륙에서 진행된 기독교 인구의 증감과 20년 후(2025년)의 추정치를 도표화해 보기로 한다.

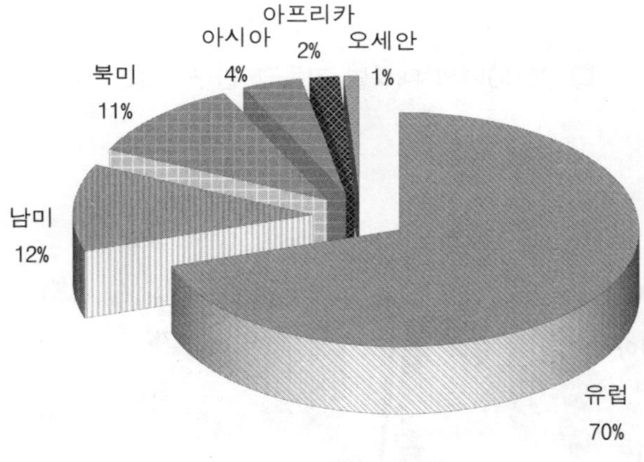

1900년의 대륙별 기독교 인구 분포

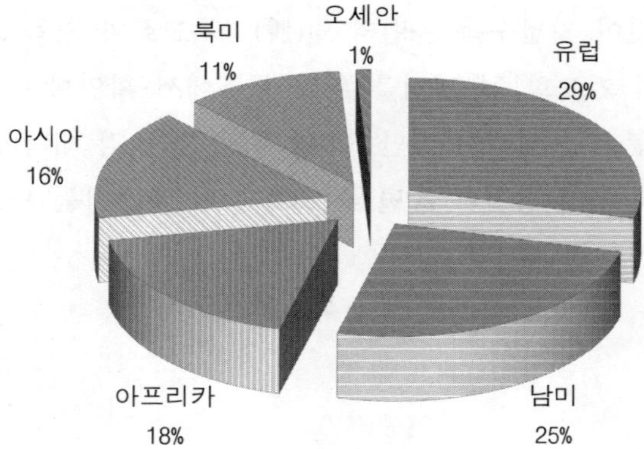

2000년의 대륙별 기독교 인구 분포

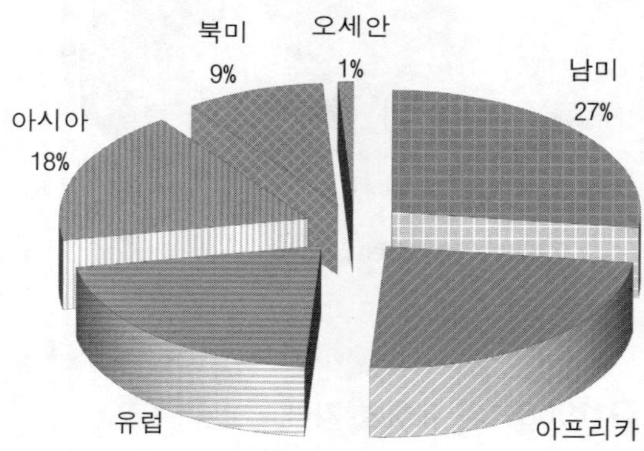

2025년의 대륙별 기독교 인구 분포 예상

위 도표에 나타난 통계 지표상의 변화를 우리는 어떻게 해석할 수 있을까? 세계 종교 인구의 변동 추이와 대륙별 기독교 인구의 증감을 나타내는 도표를 통해서 우리는 지금까지 볼 수 없었던 기독교 역사의 새로운 장(場)이 전개되어 가는 것을 목격하게 된다. 지난 20세기의 전반기까지 그렇게 많은 선교사가 세계 곳곳으로 파송되었고 엄청난 규모의 선교 자금과 인력이 투입되었지만, 아쉽게도 전체 인구 대비 기독교 인구 비율은 감소하고 있으며, 만약 아프리카, 라틴아메리카, 그리고 아시아 일부 지역의 기독교가 지금과 같은 폭발적인 성장세를 지속하지 못하면, 세계 기독교 인구가 더욱 빠른 속도로 감소할 것이 분명하다. 이렇게 급변하고 있는 21세기 세계 기독교의 현실은 선교학 연구에 새로운 과제와 도전을 제시하고 있다. 이러한 통계지표상의 변화를 예의 주시하던 일단의 선교학자들에 의해서 최근에 연구되고 있는 "남반부 기독교의 등장(The Rise of Southern Christianity)"이라는 선교학의 주제를 통해서 이 문제를 더 자세하게 다룰 필요가 있다.

"남반부 기독교의 등장"과 한국적 선교학의 도전과 과제

21세기 기독교의 미래는 이제 아프리카, 라틴아메리카, 그리고 아시아의 일부 지역에 달려있다는 새로운 선교학적 주제가 강력하게 제시되고 있다. 적도 이남의 "남반부 기독교(Southern Christianity)"에서 세계 교회의 미래가 새롭게 그려지고 있다는 선교 신학적 통찰을 제일 먼저 제시한 학자는 앤드류 월스(Andrew Walls) 교수이다. 그는 이미 1987년에 발표한 "현대 사회에서의 기독교 전통(The Christian Tradition in Today's World)"이라는 논문에서 유럽 기독교 인구의 급격한 감소와 더불어 진행되고 있는 "남반부 기독교의 등장(The Rise of Southern Christianity)"에 대해 정확한 의견을 제시했다. 월스 박사는 "1945년부터 세계 기독교에서 확연하게 드러나고 있는 변화는 기독교 인구의 근본적인 남반부를 향한 이동"이라고 주장하면서 기독교의 중심축이 유럽과 북아메리카 중심의 북반부에서 아프리카와 라틴아메리카 중심의 남반부로 이동할 것이라고 예견했다.[26] 앤드류 월스 박사에 의하면 2천 년 기독교 역사는 세 번에 걸쳐 중대한 중심축의 이동이 일어났는데, 오늘 우리가 목격하고 있는 남반부를 향한 기독교 중심축의 이동은 20세기 후반기에 매우 빠른 속도로 진행되고 있다.

> "생각했던 것보다 더 오랜 기간의 변동을 초래하면서, 이 세번째 이동은 우리가 살고 있는 세기[20세기]에 클라이맥스로 나타나고 있다. 기독교 신앙의 이러한 대규모의 중심축 이동은 모든 남반부에 위치한 대륙에서 목격되고 있다. 사하라 사막 이남의 아프리카, 라틴아메리카, 그리고 아시아의 일부 지역, 남태평양 군도의 여러 나라들을 향한 대규모의 중심축 이동이다. 이 때 "대규모의 중심축 이동"이란 남반부 지역의 기독교인의 숫자가 북반부에 속한 기독교인의 숫자를 훨씬 능가한다는 의미이다."[27]

기독교의 중심축이 남반부로 이동하고 있다는 앤드류 월스 박사의 선교학적 진단은 많은 학자들의 추가 연구를 촉발시켰다.[28] 이

---

26) Andrew Walls, "The Christian Tradition in Today's World," in *Religion in Today's World* ed. Frank Whaling (Edinburgh: T & T Clark, 1987), pp. 80-81.

27) Andrew Walls, *The Missionary Movement in Christian History: Studies in the Transmission of Faith* (Maryknoll: Orbis Books, 1996), p. 68.

28) 예를 들면, Dana Robert, "Shifting Southward: Global Christianity Since 1945," in *International Bulletin of Missionary Research*, vol. 24 (April, 2000), pp. 55-58. 또한 Lamin Sanneh, *Whose Religion Is Christianity: The Gospel Beyond the West* (Grand Rapids: Eerdmans, 2003).

분야의 가장 대표적인 최근 연구는 펜실베이니아 주립대학의 역사학자 필립 젠킨스(Philip Jenkins) 교수의 『새로운 기득교 제국 : 전 지구적인 기독교의 등장』(The Next Christendom : The Coming of Global Christianity)이다. 이 책에서 젠킨스 교수는 세계 각국의 정치 경제적 상황을 기독교와의 상관관계에서 분석한 다음, 월스 교수가 예견했던 남반부 기독교시대의 도래를 인정하고 이에 적합한 서구 교회의 신학적 반성과 준비를 촉구하였다. 예를 들면, 최근 북반부 (유럽과 미국) 기독교에서 심각한 문제로 떠오르고 있는 성직자 부족현상을 해소하기 위해 남반부 지역의 성직자를 훈련시켜 유럽이나 미국 교회에 파송하는 것은 "남반부 기독교시대의 도래"에 오히려 역행하는 위험한 해결책이라고 비판한다.[29] 이러한 성직자 부족 현상은 북반부보다 오히려 남반부에서 일어나고 있으며, 이 현상은 가까운 장래에 더욱 심화될 것으로 예상되기 때문이다. 젠킨스 교수는 계속해서 미국 대학의 일반 교과 과정에서 기독교에 대한 인문학적 연구를 도외시하는 것을 비판하고, 특별히 아프리카, 라틴아메리카, 그리고 아시아 지역의 기독교 연구를 외면하는 진보적인 인문학자들의 학문적 태도를 강력하게 비난하면서, 이제 세계 기독교에 대한 연구야말로 세계 각국의 다른 문화를 이해할 수 있는 가장 중요한 인문학적 텍스트임을 강조하고 있다. 지금은 남반부 기독교의 등장과 더불어 서구의 전통에만 의존해 왔던 기존의 기독교 문화 이해에 대한 전면적인 수정이 요구되고 있으며, 세계 각국의 기독교가 각자 고유하고

29) 가톨릭교회의 경우, 세계 가톨릭 인구의 35%가 미국과 유럽에 거주하는데, 가톨릭 사제의 68%가 북미대륙에서 사목 활동을 하고 있다. 반대로 라틴아메리카의 경우, 세계 가톨릭 인구의 42%가 라틴아메리카에 살고 있음에도 불구하고, 오직 20%의 가톨릭 사제가 라틴아메리카에서 사목 활동을 펼치고 있을 뿐이다. Philip Jenkins, *The Next Christendom: The Coming of Global Christianity* (Oxford: Oxford University Press, 2002), p. 213.

다양한 문화체계를 통해 표현되는 기독교야말로 세계문화의 전시장이라고 주장한다. 계속해서 그는 고질적인 내란과 가뭄, 그리고 에이즈(AIDS)에 의해 유린되고 있는 아프리카 기독교인들의 가난한 현실을 외면하는 서구교회의 무사안일을 경고하면서, 황무한 아프리카 땅에서 새롭게 읽혀지는 남반부 기독교의 성서와, 죽음과 삶의 경계선에서 절박하게 신앙을 고백해야 하는 아프리카 기독교인들의 위기 상황에 대한 새로운 신학적 관심을 촉구한다. 여러 가지 이유로 서구 교회가 애써 외면하는 『요한 계시록』이야말로 남반부 기독교에서는 삶의 정황가운데서 전개되고 있는 일상사이기 때문에, 우리는 남반부 기독교의 모습을 통해 진정한 기독교, 아니 "원래의 기독교"의 모습을 다시 발견하게 되는 것이다.[30] 대표적인 아프리카의 신학자 존 음비티(John Mbiti)에 의하면, 이런 점에서 아프리카 기독교에는 서구의 신학 전통과는 다른 새로운 방법의 "아프리카 신학"이 요구되고 있다.

> "신학은 편안한 자, 안전한 자, 고등교육을 받은 자, 부유한 자들의 독점물로 남지 않는다. 밭을 가는 농부들이 부르는 노래와 가사에 신학이 있다. 병든 자녀를 간호하는 부모가 즉흥적으로 드리는 기도에 신학이 발견된다. 마을 전도자의 체계가 잡혀져 있지 않은 설교 속에 신학이 있다. 문맹이면서 독립교회를 세운 사람의 카리스마적 지도력에서 신학이 발견된다. 전통적인 종교인의 삶을 평생 살았으나, 예수님을 만나 일곱 명의 아내와 자녀들과 함께 기독교로 회심한 어느 노인의, 신앙인으로서의 고민 속에서 신학이 발견된다. 사실 아프리카 교회에 속한 수많은 사람들의 삶과 고민들 속에 이미 신학이 들어있다. 그것은 비공식적 신학, 조용한 신학, 쓰여 지지 않은 신학, 세련되지 않은 신학이다. 그러나 그 나름의 독자적인 방식의 신학이다. 동시에 전 세계 기독교의 삶 가운데 당당히 자리가 인정되어야 할 그런 신학이다."[31]

30) *Ibid*., pp. 214-217.

기독교 남반부 시대의 도래를 인정하면서 새로운 시대의 부름에 응답할 수 있는 새로운 신학적 전망을 제시하고 있는 서구 신학자들과 아프리카 신학자의 반응을 주의 깊게 관찰하면서, 우리는 한국 교회의 입장에서 이 문제에 창조적으로 접근할 필요가 있다. 기독교의 중심축이 아프리카, 라틴아메리카, 그리고 아시아 일부지역으로 이동하고 있는 이 때, 우리가 한국에서 선교학 연구를 통해서 세계 교회와 선교를 위해 공헌할 수 있는 것은 무엇일까? 우리는 어떤 분야에 한국적 선교학 연구의 초점을 맞출 것인가? 남반부 기독교시대를 열어가고 있는 아프리카 기독교에서 "비공식적 신학, 조용한 신학, 쓰여 지지 않은 신학, 세련되지 않은 신학"을 추구하고 있다면, 우리는 한국에서 어떤 선교 신학을 펼쳐가야 할 것인가?

한국 선교학의 새로운 과제와 도전 : 아시아 기독교의 역사적 관점을 찾아서

한국 교회가 선교학 연구를 통하여 세계 교회와 선교에 공헌할 수 있는 분야가 많다고 주장하는 학자는 바로 "남반부 기독교의 등장"을 예견했던 앤드류 월스 박사이다. 그는 스코틀랜드 에딘버러 대학과 미국의 프린스턴 신학대학원에서 이미 많은 한국의 선교학자를 배출해 내었을 뿐 아니라, 학문적 저술을 통해 한국 기독교의 비약적인 발전과 세계 선교에서의 공헌을 높이 평가해 왔다. 그는 최근 남반부 기독교의 등장에 따른 자신을 선교학적 견해를 밝히면서 한국의 선교열정을 구체적으로 언급하고 있다.

31) 존 음비티, "세계 기독교와 신학적 지평의 확장," 『목회와 신학』 (2002년 1월호), p. 88.

"선교 자체만이 이러한 기독교의 인구통계상의 변동을 주도한 것은 물론 아니다. 그러나 선교는 이런 거대한 폭발적인 증가의 뇌관과 같은 역할을 해왔다. 이런 점에서 선교운동의 역사는 서구 기독교의 역사에서 가장 중요한 역사적 전개라고 볼 수 있다. 그러나 선교운동의 역사는 서구의 교회사가들에 의해 소홀하게 취급되어져 왔고 지금도 여전히 잘못 이해되고 있는 측면이 많다. [중략] 선교운동의 역사를 통해 나타나고 있는 세계 교회의 인구통계상의 변동은 우리에게 동전의 양면과 같은 두 가지 도전을 주고 있다. 그것은 "기독교 후기의 서구사회(Post-Christian West)"에 대한 문제와 "서구사회 후기의 기독교(Post-Western Christianity)"이다. [프린스턴의 신학자] 데니스 교수의 1893년 견해에 의하면, 당시 한국 교회는 미미한 존재에 불과했으며, 라틴아메리카는 아무런 종교적 활력이 없는 잊혀 진 대륙이었다. [아프리카에서 선교사로 활동한] 낙관주의자인 나와 같은 학자도, 실제적으로 지금 아프리카에서 일어나고 있는 현상을 미리 예측하지 못했다. 그러나 오늘 우리 주위에서 일어나고 있는 현상을 비교해 볼 때, 서구 기독교의 쇠퇴를 목격할 수 있고, 전통적인 기독교적 기반이 무너져 내리고 있음을 확인할 수 있다. 데니스 교수의 1893년 전망이 내려질 때도 여전히 유럽은 가장 많은 선교사들을 파송하고 있었다. 그러나 이제 기독교 신앙이 전 세계로 퍼져 나감에 따라 오늘날 기독교는 현저한 "비서구의 종교(Non-Western Religion)"가 되었다. 이제 아프리카와 라틴아메리카는 두드러진 기독교의 중심지역이 되었고, 아시아의 몇 지역은 특별히 주목할 지역인데, 그 중에서도 한국 기독교의 경우는 매우 중요한 사례이다.[32]

앤드류 월스 박사에 의하면, 서구 선교사들의 역할은 지난 세기동안 "기독교 신앙을 전 세계로 전파하기 위한 복음의 연결 통

32) Andrew Walls, *The Cross-Cultural Process in Christian History* (Maryknoll: Orbis Books, 2002), pp. 65-66. 이 책에 실린 논문 "From Christendom to World Christianity: Missions and the Demographic Transformation of the Church"은 프린스턴 신학대학원의 Students' Mission Lecture Series for 2001 강연에서 발표된 내용이다.

로(Connecting Terminal)"였는데 이러한 서양 선교사들의 역할을 통해 기독교가 "비서구의 종교(Non-Western Religion)"로 전환되어 가는 과정 가운데 한국의 기독교가 매우 중요한 역사적 사례를 남겼다는 것이다.

앤드류 월스의 논지는 매우 중요한 두 가지 시사점을 우리에게 제시하고 있다. 그것은 먼저 기독교는 이제 "비서구의 종교(Non-Western Religion)"라는 분명한 사실이다. 더 이상 기독교는 유럽인의 종교가 아니다. 한 번도 고향을 가져보지 못한 기독교는 팔레스타인 지역에서 지중해로, 그리고 유럽의 중심도시로 계속해서 이동하면서 성장해 온 종교였다.[33] 1492년 콜럼버스의 소위 "신대륙 발견"과 포르투갈과 스페인의 해상 무역로 개척을 통해 기독교는 다시 한 번 새로운 고향을 찾아 순례의 길에 올랐다. 스페인과 포르투갈의 해상로를 따라 기독교는 아시아와 라틴아메리카라는 새로운 고향으로 이동하기 시작했다. "위대한 선교의 세기(Great Century of Mission)"였던 19세기는 기독교 선교의 황금기를 이루며 유럽과 미국이 세계 기독교 선교의 중심축으로 우뚝 솟았던 시대였다. 그러나 20세기 중반 이후부터 시작된 기독교 중심축의 남반부로의 이동은 새로운 기독교의 모습을 우리에게 제시하고 있다. 기독교는 이제 아프리카, 라틴아메리카, 그리고 아시아에서 새로운 고향을 발견하고 그 문화와 언어를 통해 지금까지와는 다른 기독교의 모습을 그려내고 있기 때문이다.

그렇다면 우리는 한국적 선교학 연구를 통해 아시아 지역에 터전을 잡기 시작한 기독교의 모습을 새롭게 그려내고 아시아 기

33) "고향 없는 기독교"와 언제나 "순례의 길"에 올랐던 기독교 역사에 대한 분석은 Andrew Walls, *The Missionary Movement in Christian History: Studies in the Transmission of Faith* (Maryknoll: Orbis Books, 1996), pp. 8-9.

독교의 모습을 분석할 뿐 아니라 "기독교의 아시아성"을 모색해야 할 것이다. 기독교 신앙이 아시아적 문화 토양 가운데서 어떻게 뿌리를 내리고 어떤 과정을 통해 아시아인의 신앙고백으로 변화되는지에 대한 신학적 분석을 시도해야 할 것이다. 기존의 "토착화 모델(Contextualization Model)"은 여러 가지 이론적 한계를 가지고 있다. "토착화"의 개념은 여전히 기독교가 서구의 종교라는 전제조건을 가지고 있기 때문에, 남반부 기독교시대에 맞지 않는 구태의연한 선교 신학적 개념이다. "토착화"란 서구의 기독교가 어떤 과정을 통해 비서구 문화에 소개 또는 적응될 수 있을지에 대한 피상적인 질문이기 때문에, 결국 예배시간에 "한복 입고 징 치고 꽹과리 치면" 복음이 토착화 된 것이라는 성급한 결론을 제시해 왔다. 그러나 우리에게 주어진 새로운 선교학적 사명은, 징 소리와 꽹과리 소리가 의미하는 "문화적 텍스트(Cultural Text)"에 대한 분석과 더불어, 징 소리와 꽹과리 소리가 울려 퍼지는 예배를 통해 드러나고 있는 기독교의 아시아적 혹은 한국적 본질을 파악하는데 있다. 기독교의 핵심은 토착화 과정을 통해서 다른 문화권에 정착되는 것이 아니라, 문화권 사이의 이동을 통해서 새로운 기독교의 모습을 드러내는 것이다. 복음은 토착화되는 것이 아니라 토착화를 통해서 끊임없이 새로운 모습을 드러내고 새로운 종교적 의미로 전환(Transformation)되어 가는 것이다.

따라서 우리의 선교학은 아시아의 문화와 전통, 한국의 문화와 전통을 해체시키는 과정을 연구하는 것이 아니라 오히려 우리 문화와 전통이 얼마나 기독교적일 수 있을지에 대한 논의에서부터 출발해야 할 것이다. 복음이 선교지의 문화와 전통을 해체하는 것이 아니라 그 문화와 전통을 기독교화(Christianization) 시키고, 그 기독교화의 전환 과정을 통해서 새로운 아시아의 기독교, 한국 기독교의 모습이 드러나는 과정을 연구하는 것이 우리에게 맡겨진 선교학의 과제인 셈이다.

또한 한국의 선교학은 아시아 기독교 역사를 재발견하는 작업과 병행되어져야 한다. 앞에서 선교학의 학문적 자리매김을 위해서 이미 언급하였거니와, 한국의 선교학은 현재 학문적 미개척 분야인 아시아 기독교 역사(History of Asian Christianity)를 재구성하는 작업을 위해서 선교 역사 연구에 더 많은 인력과 자원을 투자할 필요가 있다. 세계 지도를 펴면 가장 넓은 지역을 차지하고 있는 대륙, 가장 많은 인구가 살고 있는 지역이 바로 우리가 살고 있는 아시아 대륙이다. 기독교는 아시아 대륙의 서쪽 끝에서 시작된 종교임에도 불구하고, 지난 2000년 동안 고향을 떠나 머나 먼 순례의 길에 올랐다. 이제 "남반부 기독교의 도래"와 더불어 기독교는 오랜 고향, 아시아로 귀향하고 있다. 비록 우리가 살고 있는 한반도와 팔레스타인 지역의 상거(相距)가 멀기만 하지만, "비서구 종교"로서의 기독교가 그 종교적 자리매김을 하는데 중요한 역할을 감당하고 있는 한국 기독교에서 잊혀진 아시아 기독교의 역사를 회복하고 아시아 기독교에 적합한 새로운 신학과 영성을 발견해 나가는 작업이 우리들의 선교학적 과제가 되어야 할 것이다.

제2부

선교학과 이론 신학의 학문적 상관관계

제1장

선교학과 조직신학

조직신학과 선교학은 어떻게 교류할 것인가?

최근 한국 대학과 지식 사회에서 자주 회자(膾炙)되고 있는 "인문학의 총체적 위기론"은 전체 신학체계의 이론적 바탕을 제공해 왔던 조직신학자들의 위기의식과 일정부분 닮아있다. 조직신학이라는 학문의 이름으로 신학적 현상과 이론의 인과 관계를 조직적인(Systematic) 체계로 설명해왔던 신학의 거대 담론들이 급속도로 파편화되고 국소화(局所化) 되어가는 최근의 현상을 목도하면서, 조직신학자들은 전통적 학문방법론과 연구대상의 설정 등에 대한 반성을 시도하고 있다.[1] 조직신학과 선교학의 교류 가능성을 타진할 첫번째 장의 시론적인 연구를 통해 새로운 학문적 대상 설정과 학문방법론을 모색하고 있는 조직신학자들에게 새로운 학문

1) 예를 들어, 니클라스 루만(Niklas Luhmann)의 시스템 이론을 이용해서 신학체계의 전통적 구성을 재검토하는 문영빈의 시도는 인상적이다. 문영빈, "정보화시대의 신학", 『종교연구』, vol. 31 (2003, 여름), pp. 163-185.

적 돌파구가 제시 될 수 있기를 소망해 본다.

선교학과 연관된 조직신학자들의 전통적인 연구대상의 설정은 소위 토착화신학(Contextualization Theology) 논의로 집중되거나, 종교다원론(Religious Pluralism)과 타종교와의 대화(Religious Conversation with Other Religions) 등의 주제로 한정되어져 왔다.[2] 한국 신학계에서 토착화 신학의 기초를 놓은 윤성범, 김광식, 변선환 등의 신학연구가 조직신학자들의 이러한 학문적 경향을 대변하고 있다. 이들은 전통적인 서구의 조직신학 체계 안에서 신학적 수련을 받은 신학자들이지만 학문대상을 서구신학의 주제에만 한정하지 않고 기독교와 한국 문화와의 만남을 중심으로 다양한 토착화 신학을 발전시켜 왔다. 소위 "토착화 신학자"들의 선교학 이해는 외부에서 유입된 복음이 한국문화 내부에 어떤 유기적인 변화를 초래했는지에 대한 현상학적 관심으로 집중되었는데, 이는 그들의 학문적 출발점이 서구 신학에 기초했기 때문이라고 할 수 있다.[3] 그러나 이들의 토착화 신학은 선교를 통한 복음의 유입이라는 선교학의 연구 영역을 전제하고 있

2) 일부 조직신학자는 선교학의 연구 과제를 조직신학의 하부학문으로 간주하고 독자적인 연구를 실험적으로 시도한 적도 있다. 예를 들면, 김광식, "선교개념의 발전에 대한 연구", 김경재 외, 『종교다원주의와 한국적 신학: 변선환 학장 은퇴기념논문집』 (서울: 한국신학연구소, 1992), pp. 145-163.

3) 풍류신학(風流神學)이란 독창적인 한국의 신학을 발전시킨 유동식의 학문작업은 엄밀한 의미에서 위에서 언급한 학자들과 다른 출발점에 서 있다고 볼 수 있다. 비록 『한국종교와 기독교』(1965)를 출간했을 당시 초기의 유동식이 파울 틸리히(Paul Tillich)의 "궁극적 관심"에 대한 한국적 모색으로부터 출발했다 할지라도 『한국무교의 역사와 구조』, 『도와 로고스』 그리고 『풍류도와 한국 신학』 등의 저술을 통해 점진적으로 발전시켜간 유동식의 풍류신학은 초기의 종교학과 선교학의 학문적 구획을 넘어서 한국 조직신학의 구성을 재편시킬 만큼의 신학적 영향력을 남겼다. 서구의 신학의 무분별하게 도입과 번역 신학이 난무하는 시점에서 유동식의 풍류신학은 한국 선교신학과 종교학의 가능성을 시사하고 있다.

기 때문에 직간접적으로 선교학의 연구 영역과 중첩되어 있다고 볼 수 있다.

선교학의 과제나 연구영역에 대해 학문적 관심을 표시하는 조직 신학자들의 경향은 한국 신학자들에게만 국한되지 않는다. 이미 조직 신학자로서 세계 신학계의 명성을 획득했지만 최근 선교 신학적 주제들에 대해 지대한 관심을 보이고 있는 한스 큉(Hans Küng)의 연구 동향은 이러한 조직신학자들의 학문적 관심을 단적으로 보여주고 있다. 한스 큉 교수는 최근 기독교와 타종교와의 대화 가능성을 모색한 『기독교와 세계종교: 이슬람, 힌두교 및 불교와의 대화의 길』(Christianity and the World Religions: Paths of Dialogue with Islam, Hinduism and Buddhism)이나 중국 출신 유학(儒學)전문가와 함께 편집한 기독교와 중국 종교 간의 유사점과 차이점을 분석한 『기독교와 중국종교』(Christianity and Chinese Religions) 등을 통해서 선교학적 주제들에 대한 조직신학자로서의 학문적 관심을 넓혀가고 있다.[4)]

그러나 국내외를 막론한 조직신학자들의 선교학 이해는 토착화 신학의 학문적 전제가 시사하고 있는 것처럼, 외부로부터 전래된 기독교의 복음이 선교지 현장의 문화와 종교 심성 가운데서 어떻게 "독특하게" 표현되고 "종전과는 다르게" 전개되었는지에 대해 그 관심을 집중하고 있다. 선교의 과정을 통해 외부에서 전래되

---

4) Hans Küng, *Christianity and the World Religions: Paths of Dialogue with Islam, Hinduism and Buddhism* (Maryknoll: Orbis Books, 1993); Hans Küng and Julia Ching, *Christianity and Chinese Religions* (New York: Doubleday, 1989). 이는 말년의 파울 틸리히(Paul Tillich) 교수가 시카고 대학에서 멀치아 엘리아데 교수와 종교학과 조직신학의 대화를 시도했던 것을 연상시킨다. 폴 틸리히의 마지막 신학 작업은 종교학과 선교 신학적 주제들과 연관되어 있다. 이에 대한 자료는 Paul Tillich, *The Future of Religions* (New York: Harper & Row, 1966).

거나 (조선의 경우처럼) 자체 수용의 과정을 거쳐 수입된 복음이 선교지 내부의 문화와 종교 심성, 혹은 표현양식 등에 어떤 변화를 초래했는지를 분석하기 위해 이들은 주로 파울 틸리히의 문화신학(Theology of Culture)을 원용하거나, 가다머 등의 해석학을 이용한 종교철학적 접근을 시도하며, 일부 젊은 세대의 학자들은 후기 구조주의나 포스트모더니즘 등을 학문의 도구로 왔다. 그러나 이들 모두에게 복음은 언제나 외부에서 틈입해 들어오는 "변하지 않는 그 무엇"이었고, 토착문화는 언제나 외부로부터의 충격에 "반응해야 하는 그 무엇"이었다. 이들에게 "복음의 외부성과 불변성"이 논의의 출발점이 될 수밖에 없었던 이유 중의 하나는 그들이 분석의 도구로 사용했던 조직신학적 방법론들이 모두 서구신학자들의 논리체계였기 때문이었다. 서구의 오랜 해석학 연구사는 이러한 논리체계를 대표한다.

선교 현장에서 제기되는 선교학 연구의 학문적 과제들은 "복음의 외부성과 불변성"을 극복하는 데 매우 중요한 조직신학적 분석자료를 제공하고 있다고 믿는 필자는 다음과 같은 두 가지 질문을 조직신학자들에게 던지고 싶다. 전통적인 서구 조직신학의 틀로 선교학적 주제를 다룰 것이 아니라, 선교학적 주제들을 통해 전통적 서구 조직신학의 한계를 발견하고 이를 수정할 수는 없는 것일까? 선교 현지의 신학적 반성을 통해서 드러난 복음의 새로운 의미와 서구 교회의 신학적 한계가 수정되었던 선교 역사를 검토하면서 조직신학과 선교학의 학문적 교류를 시도할 수 있지 않을까?

선교학 연구를 통한 조직신학 체계의 수정을 시도하기 위해 선교학과 조직신학간의 학문적 교류를 시도해 보기로 한다. 이를 위해 필자는 16세기 라틴아메리카에서 제기된 선교 신학적 주제에 대한 연구를 통해 당대 스페인과 이탈리아의 조직신학자들이 토마스 아퀴나스의 신학을 재해석했던 기독교 역사의 한 장면을 소개함으로써 선교학과 조직신학의 학문적 교류 가능성에 대한 역사적 전례를 살펴보기로 한다. 복음의 전달이라는 선교의 과정을 통해 복음이 전달된 토착문화에만 기독교적 문화가 전래되고 영향을 미치는 것이 아니라, 이와 반대방향, 즉 선교 현장의 신학적 반성을 통해 서구 조직신학 자체에 대한 수정이 불가피했던 기독교 역사를 들추어내는 것이 이 연구의 주된 목적이다. 선교를 통해서 "그들을" 변화시키고자 했던 16세기 유럽 선교사들의 노력을 통해, 유럽의 신학자들이 "우리도" 기존의 조직신학체계를 바꾸어야 한다는 결론에 도달할 수밖에 없었던 16세기의 역사적 사례를 살펴봄으로써, 이미 세계선교의 새로운 강자로 떠오르고 있는 한국교회의 조직신학자들에게 선교학 연구의 중요성과 당위성을 환기시키고자 한다.[5] 16세기 라틴아메리카 선교의 결과가 스페인과 이탈리아의 조직신학자들을 반성시키고, 그들로 하여금 전통적 인간이해를 수정하게 만들었다면, 21세기의 "세계 기독교(Global Christianity)"와 "남반부 기독교의 등장(The Rise of Southern Christianity)"이라는 선교학적 주제를 보고받고 있는 조직신학자들에게도 전통적인 조직신학 체계를 재검토할 시점이 도래했음을 강조하고 싶다.

선교학은 기존의 서구신학자들이 규정해 놓은 "신학의 경계선(Theological Boundary)"에 대해 의문을 제기하고, 그 전통적 경계의 범위를 수정하거나 혹은 확대해야 할 학문적 의무가 있다. 예를

5) 한국 선교운동의 현황에 대한 최근 보고는 Steve Moon, "The Recent Korean Missionary Movement: A Record of Growth and More Growth Needed", in *International Bulletin of Missionary Research*, vol. 27, no. 1 (January, 2003), pp. 1-17.

들면, 최근 앤드류 윌스(Andrew Walls)나 필립 젠킨스(Philip Jenkins) 등에 의해 활발히 논의되고 있는 "남반부 기독교의 등장"에 따른 선교학적 관찰은 조직신학 체계를 포함한 전통적 신학방법론에 대해 의문점을 제기하고 있다.[6] 아프리카, 라틴아메리카, 오세아니아 지역을 포함한 일부 아시아 지역 기독교의 급속한 팽창이 21세기 기독교의 새로운 지평을 열어갈 것이란 선교학적 통찰은 전통적 신학방법론에 대한 반성으로 연결되는데 이는 서구 신학계가 전통적으로 사용해 왔던 신학 방법론으로는 "남반부 기독교"의 현상과 실제를 설명할 수 없기 때문이다.[7] 그러나 아쉬운 것은, 남반부 기독교의 등장에 대한 선교학적 보고가 이미 수차례 발표되었음에도 불구하고 남반부 기독교의 종교 현상을 신학적으로 규명할 만한 조직신학적 체계가 아직 발견되고 있지 않다는 것이다. 새 시대의 변화를 수용하고 진단할 만한 조직 신학체계의 전환이 아직 시도되고 있지 않다. 남반부 기독교에서 공통적으로 목격되고 있는 독립교단적(Independent) 경향이라든지, 카리스마적(Charismatic) 리더십이나 오순절(Pentecostal) 신앙을 바탕으로 한 하나님과의 직접적 계시, 페티시(Fetish)와 현몽(現夢)을 통한 하나님과의 직접적인 접촉 등의 현상에 대해, 전통적 조직신학자들은 적절한 신학적 분석을 제시하지 못하고 있다. 사실 비어가고 있는 유럽의 교회에서 이미

6) Andrew Walls, *The Missionary Movement in Christian History: Studies in the Transmission of Faith* (Maryknoll: Orbis Books, 1996); Andrew Walls, *The Cross-Cultural Process in Christian History* (Maryknoll: Orbis Books, 2002); Philip Jenkins, *The Next Christendom: The Coming of Global Christianity* (Oxford: Oxford University Press, 2002).

7) 대표적인 아프리카 신학자 존 음비티 교수는 아프리카 신학의 학문적 방법론은 서구 교회의 방법론과 다를 수밖에 없음을 강조한다. 존 음비티, "세계 기독교와 신학적 지평의 확장", 『목회와 신학』 (2002년 1월호), p. 88.

시대의 소임을 다한 전통적 조직신학 연구방법론으로는 남반부 기독교에서 전개되고 있는 역동적인 종교현상을 설명하는데 한계가 있다.

따라서 필자의 주장은 이것이다. 남반부 기독교의 등장에 따른 선교학적 보고를 접한 조직신학자들은 이제 아프리카, 라틴아메리카, 그리고 아시아 지역의 일부에서 전개되고 있는 폭발적인 남반부 기독교를 전통적 서구신학의 잣대로 "분석"할 것이 아니라, 오히려 남반부 기독교의 새로운 모습에서 "서구신학의 전통적 조직신학 체계"를 역으로 분석할 때가 도래했다는 것이다. 물론 전통적인 서구의 조직신학 체계로 남반부 기독교를 분석하는 것이 아니라, 남반부 기독교에서 일어나고 있는 제반 현상을 통해서 서구신학 체계를 재분석하자는 필자의 주장에 제일 먼저 제기될 수 있는 반론은 숫자상의 증가가 곧바로 이론적인 분석의 틀을 제공해 주지 않는 상황에서 남반부 기독교에서 그런 분석의 틀을 발견할 수 있느냐의 질문일 것이다. 또한 2000년 기독교 역사에서 선교현장의 신학적 반성을 통해서 서구신학 자체에 대한 반성이나 재해석이 있었는가에 대한 의문도 함께 제기될 수 있을 것이다. 이 연구에서 필자는 논의의 범위를 후자의 문제, 즉 기독교 역사에서 선교 현장의 신학적 반성이 서구신학 자체를 재해석시켰던 선교사적(宣教史的) 문제로 한정시킬 것이다. 남반부 기독교가 가지고 있는 신학적 틀에 대한 선교학적 분석은 보다 광범위한 논의와 다양한 주제의 언급을 필요로 하기 때문에 다음 기회로 미루기로 하고, 우선 선교역사에서 선례로 남아 있는 선교 현장의 경험을 통한 전통적 조직신학체계의 재해석 과정을 논구함으로써 필자의 주장을 뒷받침할 것이다.

신대륙의 발견과 16세기 라틴아메리카 선교가 유럽교회에 미친 영향

1492년, 크리스토퍼 콜럼버스의 "신대륙 발견"은 세계사의 흐름을 바꾼 중대한 사건이었다.[8] 15세기 말까지 유럽인들은 아프리카와 아시아 대륙에서 살고 있던 비(非)기독교인들의 존재를 알고 있었지만, 당시까지 그 존재조차 알려져 있지 않았던 아메리카 대륙에 인류가 살고 있음을 알지 못했다. 미지의 대륙에서 새로운 인류가 "발견"됨으로써 유럽교회는 새로운 선교의 사명을 안게 된다.[9] 수많은 유럽의 선교사들이 식민정복자(Conquistadors)들과 함께 스페인과 포르투갈의 범선에 몸을 실었고, 신대륙을 발견했던 콜럼버스조차 유럽인들에게 위임된 새로운 선교적 사명을 항상 잊지 않았다.[10] 결국 신대륙의 발견은 유럽 교회에 선교의 불을 붙이는 도화선이 된 것이다. 이와 동시에 콜럼버스의 신대륙 발견은 당시 중세 유럽을 지탱하고 있던 기독교적 신앙관과 아리스토텔레스적 세계관에 큰 충격을 가하게 된다. 당시까지 존재가 알려져 있지 않던 대륙과 새로운 인류가 발견됨으로써 전통적인 기독교적 세계관이 일대 타격을 받게 된 것이다. 이 문제와 제일 먼저 고민해야 했을 콜럼버스 자신도 신대륙과 라틴아메리카 인디언의 발견

8) 신대륙 발견이 기독교 역사전개에 미친 영향에 대해서는 김상근, 『세계사의 흐름을 바꾼 기독교 역사』 (서울: 평단문화사, 2004), pp. 139-150.

9) 아이러니한 것은 새로 발견된 인류에 대한 선교적 사명이 시작된 바로 그 해에 유럽의 마지막 이교도 거주지였던 스페인의 그라나다가 정벌됨으로써 유럽의 지리적 기독교화가 완성되었다는 것이다. 유럽의 선교가 대단원의 막을 내리던 바로 그 해에 새로운 선교의 대상이 발견된 것이다.

10) 콜럼버스 항해의 선교적 동기에 대한 분석은 Samuel Morison, *Admiral of the Ocean Sea: A Life of Christopher Columbus* (Boston: Little, Brown and Company, 1942).

을 통해 자기가 가지고 있던 기독교적 세계관과 과학적 분석의 틀에 일정 부분 오류가 있음을 고백한다.

> "나는 프톨레미우스(Ptolemy)나 다른 학자들이 주장한 것처럼 이 세상의 대륙과 해양은 공처럼 둥글고, 월식을 일으키는 달이나 매일 운행하는 달의 움직임이 동에서 서로 이동하고, 북극성이 북쪽에서 남쪽으로 위치를 이동하는 것 등에 대해서 익히 알고 있었다. 그러나 나는 이런 견해들에 중대한 착오가 있다는 것을 발견했다. 나는 지구가 그들이 말한 것처럼 공(球)처럼 완전히 둥근 것이 아니라, 마치 먹는 배 모양처럼 중간 부분은 약간 평평하고, 나머지 부분만이 공처럼 둥글다는 사실을 발견했다."[11)]

식민지와 선교지라는 이중적인 관점에서 해석되던 신대륙으로부터 이처럼 새로운 지식과 정보들이 유럽으로 대거 유입되면서, 기존의 중세 유럽을 지탱시켜왔던 아리스토텔레스의 철학과 기독교적 세계관에 많은 사람들이 의문을 제기하기 시작했다. 당연히 유럽의 신학자들은 이 문제와 씨름할 수밖에 없는 처지에 놓이게 되었다. 프린스턴 대학교의 역사학자 앤서니 그래프턴 교수는 이 시대의 지성적 분위기를 "고전의 위기"라고 표현하면서 아래와 같이 그 시대의 위기의식을 설명한다.

> "더욱 충격적인 것은 그 [유럽의] 학자들이 신대륙에서 사람들이 살고 있다는 사실은 알게 되면서부터 초기 인류의 역사를 묘사한 성서나 미지의 다른 세계에 살고 있는 사람들에 대해 고전이 전해 주는 설명에도 분명히 같은 결함이 존재한다는 것을 깨달았다는 사실이다. 철학이라는 학문은 학문자체로서 완전히 정립되지 않은 채 서로 각각의 철학적 주장을 반박하면서 확산되어 갔다. 이제 고대의 책들은 그 힘과 권위

11) Columbus, *The Four Voyages of Columbus*, trans., Cecil Jane (London: Hakluyt Society, 1929), vol. 2, p. 28.

를 잃게 되면서, 학문 세계의 중심으로부터 점점 멀어져 갔다. [중략] 그들은 물리학적 계산을 통해서 이 우주는 고대인들이 생각했던 것보다 훨씬 크고, 이 지구상에서 사람이 살고 있는 지역은 이전에 프톨레미우스가 말한 유럽, 아시아, 북아프리카에 한정되지 않는 그 이상의 지역을 포함한다는 사실을 알게 되었다. 성서의 지식을 믿던 사람들조차 인류의 과거는 구약성서에서 설명된 것보다 더 오래되고 더 복잡하리라는 생각을 품을 수 있게 되었다."[12]

신대륙의 발견과 해양 항해술의 발달로 가속화되기 시작한 새로운 지식과 정보의 축적은 기존의 세계관과 학문체계에 심각한 도전을 제시할 뿐만 아니라, 중세 유럽을 떠받쳐 오던 기독교 세계관에 근본적인 의문을 제기하기에 이르렀다. 천지창조의 파노라마에서 라틴아메리카 인디언들은 어떤 역사적인 위치를 차지하고 있는가? 노아의 세 아들(셈, 함, 야벳)이 유럽인과 아시아인, 그리고 아프리카인의 조상이라는 전통적 견해(창세기 9:18-19)를 따른다면 아메리카 인디언들은 어느 계열에 속하는 인종인가? 라틴아메리카에서 발견된 그들의 종교 의식(儀式)과 기독교 의식의 유사점은 어떻게 설명될 것인가?[13] 1492년 이전에 기독교의 복음이 라틴아메리카에 전파되었을 가능성은 없는가?[14] "짐승처럼" 정글에서 벌거벗은 채 생활하고 있는 라틴아메리카 인디언들에게 과연 유럽인과

12) 앤서니 그래프턴, 서성철 역, 『신대륙과 케케묵은 텍스트들 *New Worlds, Ancient Texts*』 (서울: 일빛, 2000), pp. 16-17.

13) 라틴아메리카 종교의 제사 형식, 사제계급, 기도 행위, 사후 세계의 인정 등에서 발견된 기독교 의식과의 유사점에 대해 선교사들의 보고가 있었다. 예를 들면, Bernabe Cobo, *Inca Religion and Customs* (Austin: University of Texas Press, 1990), pp. 109-177.

14) 콜럼버스 이전에 성 도마(St. Thomas)가 라틴아메리카에서 선교했다는 주장도 제기되었다.

같은 "영혼"이 존재하는가? 그들은 구원에 이르는 "하나님에 대한 지식(Knowledge of God)"을 소유하고 있는가? 하나님의 원대한 인류 구원의 섭리 가운데 라틴아메리카의 인디언들도 포함되어 있는가? 이들에게 기독교로 개종할 의사가 전혀 없다면 스페인이나 포르투갈의 군대가 무력을 동원하여 강제적으로 세례를 받게 하는 것은 정당한 선교 방법인가? 이런 근본적인 신학적 질문들이 라틴아메리카에서 활동했던 선교사들에 의해 제기되면서 기존의 유럽 신학계는 심각한 신학적 도전에 직면하게 된다.

물론, 급변하던 세계관의 변화와 전통적 신학체계에 대한 도전은 일부 유럽인들의 보수적인 과거회귀 현상을 초래했다. 코르테스(Cortés)와 함께 초기 멕시코 정복에 참여했던 베르날 디아즈(Bernal Díaz)의 역사 기록에 나타나고 있는 확고한 중세 신앙으로의 복귀는 그 시대의 보수 반동을 상징적으로 드러내고 있다. 디아즈는 멕시코에서 벌어진 원주민과의 최초의 전투를 아래와 같이 전통적인 중세 신앙관으로 해석한다.

> "기병들이 말에서 내린 후 마을 옆에 늘어선 나무 그늘 밑으로 모여들었다. 우리는 이처럼 완벽한 승리를 안겨주신 하나님께 감사의 기도를 드렸다. 마침 그 날이 성모 마리아의 날이었기에, 우리는 정복한 그 마을의 이름을 "승리의 성모 마리아(Santa Maria de la Victoria)"라고 부르기로 했다. 그 날은 코르테스가 전투 지휘를 책임진 최초의 날이기도 했다. [중략] 고마라(Gomara)의 증언에 의하면, 그날 전투 중에 성 야고보와 성 베드로가 우리들 가운데 나타났다고 한다. 우리들의 모든 전투와 싸움은 모두 우리 주 예수 그리스도의 작품이었다. 인디언들의 엄청난 숫자와 우리들과의 치열한 전투 중에 일어났던 먼지들 때문에 우리는 장님처럼 한치 앞도 볼 수 없었지만, 하나님은 자비를 우리에게서 거두시지 않으셨다. 고마라의 증언처럼 성 야고보와 성 베드로가 정말로 우리 가운데 현현(顯現)했을지도 모르는데, 원래 죄인 된 나로서는 기적을 목격하지는 못했다."[15]

신대륙과 원주민의 발견, 그리고 피비린내 나는 식민지 정복의 과정에 참여했던 한 퇴역군인의 기억 속에, 미지의 세계에 대한 불확실성은 전통적인 견해의 강화와 보수적인 신앙의 과거 회귀로 나타나고 있음을 볼 수 있다. 숫자적인 열세와 열악한 전투 환경에도 불구하고 승리를 거둘 수 있었던 이유를 굳건한 기독교 신앙과 기적의 출현으로 설명하고 있는 디아즈의 회고록 속에서, 새로운 정보와 지식의 축적을 감당하지 못하던 16세기 보수파 퇴역군인의 과거회귀를 목격하게 된다.

그렇다면 유럽의 기독교는 신대륙의 발견을 통해서 어떤 신학적인 반응을 보였는가? 디아즈처럼 과거로 돌아가 기존의 중세적 신앙을 더욱 강화해 나갔는가? 아니면, 라틴아메리카에서 축적되기 시작한 새로운 선교학적 발견을 통해서 기존의 신학체계를 재분석하기 시작했는가? 이 부분에 대한 설명을 당시 남부 유럽의 신학계를 이끌어 가던 스페인의 명문 살라망카 대학과 예수회(Society of Jesus) 대학의 메카로 불리던 로마대학(Collegio Romano)의 조직신학자들이 보였던 신학적 반응을 살펴보기로 한다.

살라망카 대학의 새로운 토마스 아퀴나스 해석

새로운 정보의 유입을 통한 신(新)지식의 축적은 기존의 논리체계나 학문방법의 패러다임에 도전하기 마련이다. 신대륙 선교

---

15) Bernal Díaz, *The Conquest of New Spain* (Harmondsworth: Penguin Books, 1963), pp. 76-77. 이때 “고마라(López de Gómara)의 증언”이란 고마라가 쓴 『서인도의 역사 *Historia delle nuove Indie Occidentali*』(1552)에 기록되어 있는 내용을 말한다. 고마라는 식민정복자들의 관점에서 라틴아메리카 정복사를 쓴 인물이다.

현장에서 축적된 새로운 선교학적 정보는 중세 교회를 지탱하고 있던 기독교적 세계관에 충격을 가했지만 일부 유럽의 신학자들은 기존의 논리체계에서 벗어나지 못하고 오히려 "타인종의 피나 그들의 종교에 비해 백인들의 것이 훨씬 우월하다는, 유럽인들이 전통적으로 갖고 있던 편력을 무너뜨렸다기보다는 그 우월성을 확인"하는 경우도 있었다.[16] 위에서 언급한 베르날 디아즈의 경우처럼 기존의 신앙체계를 더욱 공고히 함으로써 신대륙이란 새로운 존재를 이해하고자 했던 노력이 그 대표적인 경우일 것이다. 사실 많은 경우에 당시의 유럽인들은 신대륙을 있는 그대로 보지 않고, 전통적으로 내려오던 아리스토텔레스적인 세계관과 기독교 신앙의 틀 가운데서 왜곡의 눈으로 분석했던 것이 사실이다.

그러나 신대륙에서의 정복 과정을 기록한 경험담, 그리고 초기 선교사들의 라틴아메리카 문명에 대한 보고서가 유럽으로 점차 유입되면서, 기존의 철학과 신학의 기본 전제들에 대한 의문이 쌓여가기 시작했다. 호세 데 아코스타(José de Acosta)나 베르나베 코보(Bernabe Cobo)의 글처럼 유럽 선교사들의 입장에서 기록된 보고서도 있었고, 펠리페 구아만 포마 데 아얄라(Felipe Guaman Poma de Ayala)나 "잉카"로 불렸던 가실라소 델라 베가(Garcilaso de la Vega, El Inca)의 글과 그림처럼 원주민의 입장에서 기록된 보고서도 있었다.[17] 이런 신

16) 그래프턴, 『신대륙과 케케묵은 텍스트들』, p. 18.

17) José de Acosta, *Natural and Moral History of the Indies* (New York: Burt Franklin, n. d. [1604])와 José de Acosta, *De Procuranda Indorum Salute* (Tayport: Mac Research, 1995-1996); Bernabe Cobo, *Inca Religion and Customs* (Austin: University of Texas Press, 1990); Felipe Guaman Poma de Ayala, *Nueva Cornica y Buen Gobierno* (Mexico: Fondo de Cultura Economica, 1993 [1612-1623]); Garcilaso de la Vega, El Inca, *Royal Commentaries of the Incas and General History of Peru* (Austine: University of Texas Press, 1966).

대륙 선교 현장의 새로운 정보는 유럽교회의 신학적인 기초를 흔들어 놓기에 충분한 것이었다. 이 시기에 초래되었던 유럽의 지적 위기에 대해 그래프턴 교수는 아래와 같이 설명하고 있다.

> "그들의 이런 보고서들이 점점 늘어가자 그에 대한 해석도 쏟아져 나왔고 동시에 기존의 전통적인 학문과 새롭게 등장한 경험적 사실들이 서로 충돌하는 상황이 빚어지게 되었다. 이렇게 유럽과 유럽 이외 지역의 학자들이 신대륙으로부터 건너온 어마어마한 양의 골치 아픈 자료들을 기존의 학문 틀 속에 끼워 맞추려고 애쓰는 동안, 그때까지 권위를 누렸던 고전들은 새로운 압력을 받게 되었고 동시에 새로운 역할을 담당하게 되었다."18)

라틴아메리카 선교 현장에서 보고된 각종 문제들과 현상들을 통해서 유럽의 신학자들은 그들의 전통적 신학체계를 재검토하기 시작했다. 그 중에서 가장 심각하게 제기되었던 선교 신학적 주제는, 신대륙에서 발견된 새로운 인류가 과연 기독교의 복음을 수용할 수 있는 인격적인 존재인가에 대한 물음이었다. 라틴아메리카 인디언들이 하나님을 인식할 수 있는 능력(Knowledge of God)을 가지고 있는지의 여부는 현장의 선교사뿐만 아니라, 선교사와 식민 개척자를 동시에 파견했던 스페인 교회와 정부에게도 심각한 신학적인 그리고 정치적인 고민거리였다. 이런 근본적인 선교학적 질문들이 스페인을 비롯한 남부 유럽의 대학에서 제기되면서, 기존의 신학체계와 고전 텍스트들은 부적절한 내용으로 밝혀지거나, 새로운 각도에서 재해석되기 시작하였다.

가장 널리 알려져 있는 16세기 중반의 유럽 기독교의 신학적

18) 그래프턴, 『신대륙과 케케묵은 텍스트들』, p. 114.

반성은 바톨로메 데 라스 카사스(Bartolomé de Las Casas)와 후앙 기네스 데 세풀베다(Juan Ginés de Sepúlveda) 간의 신학 논쟁으로 표면화된 아메리카 인디언의 본성에 대한 신학적 재평가 작업이다. 이들은 1550년 스페인의 바야돌리드에서 실시된 공개적인 신학 토론을 통해, 라틴아메리카 인디언들을 강제적으로 개종시키고 노예로 삼기 위한 식민지 전쟁이 신학적으로 정당화 될 수 있을지에 대해 격론을 벌렸다. 인디오들의 인간성(Human nature)을 부정하고, 무력을 동원한 식민지 전쟁을 정당화했던 세풀베다의 신학적 주장에는 강력한 선교적 동기가 포함되어 있었다. 라틴아메리카의 인디언들에게는 하나님을 인식할 수 있는 능력이 없으므로 스페인의 무력을 동원한 "정당한 전쟁(Just War)"을 통해 그들을 강제적으로 개종시켜야 한다는 것이 그의 일관된 주장이었다. 이때 동원되는 무력, 즉 라틴아메리카 인디언들과의 전쟁은 아리스토텔레스의 『정치학』과 아우구스티누스의 신학으로 정당화된다고 보았다.[19] 앤서니 그래프턴은 세풀베다가 이용한 아리스토텔레스의 『정치학』과 『성서』의 노예관을 다음과 같이 요약한다.

> "아리스토텔레스의 추종자였던 세풀베다는 아리스토텔레스의 『정치학』 속에서 식민주의자들의 입장을 정확하게 대변해 줄 내용, 다시 말해서 어떤 인종은 저능한 지적 능력에, 부적절한 육체, 그리고 그들의 원시적 문화가 보여 주듯 미개인이라는 선언적 내용을 발견해 냈다. 아리스토텔레스는 '복종해야만 할 인간으로 태어났으나 노역을 거부하는' 인간들을 향한 전쟁은 '본질적으로 정당하다'고 기술했다. 성서에 나오는

19) 어떤 특정한 인종은 본성적으로 열등하며 이런 열등한 인종은 노예(Slave)로 주인을 섬겨야 한다는 아리스토텔레스의 견해는 Aristotle, *The Complete Works of Aristotle* (Princeton: Princeton University Press, 1984), pp. 1986-87과 pp. 1998-99.

하나님의 율법, 예를 들어 잠언에 '바보들은 똑똑한 사람들을 위해 봉사해야 한다'고 기록되어 있는데, 인디언들은 기독교를 믿는 스페인인들을 위해 노예가 되어야 한다는 점에서 성서와 인문주의 철학은 서로 일치된 견해를 갖고 있었다."[20]

멍청하고 미개한 인간들은 문명을 이끌고 갈 책임을 지고 있는 똑똑하고 문명화된 인간들을 위해서 노예로서 봉사해야 한다는 아리스토텔레스의 정치적 견해를 원용해서 세풀베다는 아래와 같이 주장했다.

"위대한 철학자들은 이런 상상할 수도 없는 야만적인 인간들에게 문명국가가 무력을 동원한 전쟁을 선포할 수 있다고 선언했다. 왜냐하면, 야만적인 인간에게는 문명 지식에 대한 아무런 이해가 없으며, 화폐의 가치에 대한 아무 생각도 없고, 여자들조차 벌거벗은 채로 살고 있는, 야만의 무게를 어깨와 등에 짊어지고 살고 있는 짐승과 같은 야만인들이기 때문이다."[21]

세풀베다는 라틴아메리카에서 목격된 잔인한 비문명적 사건들, 예를 들어 식인 행위(Carnibalism)나 심장을 도려내어 피를 제단에 흘림으로써 우주의 평화를 기원하는 인간제사(Human Sacrifice) 풍습 등은 라틴아메리카 인디언들의 야만성을 단적으로 드러내는 것이라고 보았다. 라틴아메리카에서 선교하던 유럽의 선교사들이 죽임을 당한 몇 가지의 사례 또한 세풀베다로 하여금 무력을 동원

20) 그래프턴, 『신대륙과 케케묵은 텍스트들』, pp. 159-160.

21) Lewis Hanke, *All Mankind Is One: A Study of the Disputation Between Bartolomé de Las Casas and Juan Ginés de Sepúlveda on the Religious and Intellectual Capacity of the American Indians* (De Kalb: Northern Illinois University Press, 1974), p. 86에서 재인용.

한 강압적인 선교와 노예화를 위한 전쟁을 정당화시키는 구체적인 증거로 제시되었다.

세풀베다가 신학적으로 추론한 무력 동원을 통한 선교와 노예화를 위한 전쟁의 정당성에 대해 라스 카사스는 라틴아메리카를 직접 경험한 베테랑 선교사답게, 때로는 신학적인 논리를 동원하고 때로는 라틴아메리카 현실을 생생하게 보고하면서 세풀베다의 주장을 효과적으로 반박한다. 라스 카사스는 먼저 스페인의 군대가 라틴아메리카에서 군사 활동을 전개할 수 있는 아무런 국제법적인 근거가 없다고 주장한다. 라틴아메리카 지역의 군사 통치권이 없는 스페인의 군대는 아무리 인디오들이 위법적인 범죄를 저질렀다 해도 그들을 무력으로 처벌할 법적인 권리가 없다. 1492년 스페인 남부의 이슬람 도시 그라나다(Granada) 정복 이전에 스페인의 영토에 살고 있던 무슬림이나 유대인들에게조차 스페인 정부가 이교도들의 신앙행위를 허용해 왔던 전례를 들면서, 그는 라틴아메리카의 비(非)신앙에 대해 스페인 정부가 개입할 정치적, 종교적 권리가 없음을 주장했다.[22)]

또한 라스 카사스는 세풀베다가 아우구스티누스의 신학을 잘못 이해했다고 비판하면서, 기독교 군주의 신앙적 의무, 즉 이교도들을 개종시켜야 한다는 기독교 군주의 의무는 "이단자(Heretics)"와 "이교도(Pagans 혹은 Idolaters)"의 경우에 달리 적용된다고 역설한다. 이미 기독교 복음을 소개받았지만 의도적으로 이를 거부하

22) 라틴아메리카의 통치권과 연관된 신학적 분석은 Luis Rivera, "The Theological Juridical Debate", in *The Church in Colonial Latin America*, ed. John Schwaller (Wilmington: Scholarly Resources Inc., 2000), pp. 3-26. 리베라 교수는 이 글에서 신대륙에서 전개된 모든 신학적인 논쟁은 정치적 성격을 내포하고 있었고 반대로 모든 정치적 토론 역시 신학적인 의미를 내포하고 있었다고 본다.

고 있는 “이단자(Heretics)”들에게는 선별적인 무력 사용이 가능하지만, 한 번도 기독교 복음을 소개받지 못한 상태에서 하나님의 자연 계시를 통해 보편적 섭리 가운데 살고 있는 “이교도”들에게는 무력을 사용할 수 없다. 이때 라틴아메리카 인디언들의 경우는 후자, 즉 “이교도”에 해당하기 때문에 어떤 경우에도 스페인이나 포르투갈의 무력을 사용한 선교방법은 정당화될 수 없다는 것이다. 라스 카사스는 그의 주장을 아래와 같이 이어갔다.

> “이런 연유로 해서, 기독교의 복음을 전한다는 구실로 어떤 형태로 무력을 사용하는 것은 정당화될 수 없다. 설령 그들이 선교사들을 죽였다고 할지라도 그것은 설교자나 기독교인을 죽인 것이 아니라, 자기 생존을 위해서, 자기들의 목숨을 집단적으로 빼앗아가는 유럽인들에 대한 저항으로써 죽인 것이기 때문이다. 오히려 복음을 전한다는 구실로 침략하고 약탈하고 무력으로 남의 소유를 빼앗아 왔던 그들에게 하나님의 형벌이 기다리고 있음을 기억하고 두려워 떨기를 바란다.”[23)]

라스 카사스와 세풀베다 간의 논쟁이 주로 아리스토텔레스의 철학이론에 대한 상이한 해석에서 출발하였다면, 스페인의 명문 살라망카 대학의 도미니코 수도회 소속 신학자들에 의한 진행된 전통적 신학체계의 재평가 작업은 라틴아메리카 선교 상황과 연관된 토마스 아퀴나스의 신학에 대한 새로운 해석에서 출발한다. 토마스 아퀴나스의 신학, 특별히 하나님의 지식(Knowledge of God)과 연관된 아퀴나스의 인간 이해는 당시 16세기 선교학 연구에 중요한 논거를 제공하고 있었다. 『신학대전』 이전에 저술된 『이교도대전』 (Summa contra Gentiles)은 책 제목이 시사하고 있는 것처럼

---

23) Lewis Hanke, *All Mankind Is One*, p. 91에서 재인용.

당시 선교 현장에서 제기되고 있는 문제에 대해 신학자들이 참고할 수 있던 거의 유일한 신학적 지침서였다. 물론 널리 알려진대로 토마스 아퀴나스의『이교도 대전』은 저술 당시 스페인 지역을 3분의 2나 차지하고 있던 무슬림에 대한 선교 신학적 지침서의 성격으로 저술된 것이 아니었다.[24] 사실 이 책은 당시 파리 대학에서 아리스토텔레스 해석을 주도하고 있던 무슬림 철학자 아베로에즈(Averroes)에 대한 신학적 비판을 염두에 두고 저술된 책이었다. 그러나 이베리아 반도에 거주하던 무슬림을 상대로 활동 중인 선교사들은 이 책을 일종의 이론적인 선교 지침서로 사용하고 있었다.[25] 다른 인종에게 선교한다는 것에 대한 정확한 신학적 이해가 없던 당시의 유럽 선교사들에게『이교도 대전』은 거의 유일한 선교 신학적 지침을 마련해 주고 있었다. 따라서 16세기 초반, 살라망카 대학에서 활동하던 도미니코 수도회 소속 신학자들은 물밀듯이 밀려들어오는 라틴아메리카에 대한 각종 선교 보고서를『이교도 대전』을 중심으로 한 토마스 아퀴나스 신학의 틀로 해석할 수밖에 없었던 것이다.

토마스 아퀴나스의『이교도 대전』에 의하면, 비록 인간에게는 완벽하게 하나님의 본질을 이해할 수 있는 궁극적인 지식은 주어

24) 이런 전통적인 견해는 피터 마실리오(Peter Marsilio)의 연대기 (1313년 편찬)에서 레이몬드(Raymond of Penafort)가 토마스 아퀴나스에게 "불신자들을 선교하기 위한 강력한 희망을 가지고 탁월한 당대의 신학자였던 같은 수도회 소속 토마스 아퀴나스에게 불신자들의 잘못에 대해 설명"해 주기를 청원하면서 저술되어졌다는 데서 연유한다. Anton Pegis, "General Introduction", to Thomas Aquinas, *Summa Contra Gentiles, Book One: God* (Notre Dame: University of Notre Dame Press, 1975), p. 20.

25) Marie-Dominique Chenu, *Aquinas and His Role in Theology* (Collegeville: Liturgical Press, 2002), pp. 64-66.

져 있지 않지만, "하나님의 지식에 도달할 수 있는 특정한 길이 인간에게 주어져 있기 때문에, 모든 것의 최상점으로부터 특정한 순서에 따라 하나님의 완전하심이 내려오고, 낮은 것에서부터 출발하여 점차 높은 것으로 올라가는" 하나님 인식의 계층(Hierarchy)이 마치 계단처럼 존재한다고 보았다.[26] 인간에게 선천적으로 주어진 이성의 힘과 자연 계시를 통해서, 하나님에 대한 지식이 인간에 의해 이해될 수 있다는 토마스 아퀴나스의 신학은 새로 발견된 라틴 아메리카 인디언들을 신학적으로 규정하는 데 큰 도움을 주었다. 아래에 인용된 아퀴나스의 인간 이해는 인디언들의 존재를 신학적으로 해석해야했던 프란치스코 데 비토리아(Francisco de Vitoria, 1486-1546)를 포함한 스페인의 도미니코 수도회 소속 신학자들에 의해 주목을 받지 않을 수 없었다.

> "이런 방법을 통해서 우리들의 지성은 하나님의 지식에 이르게 된다. 그러나 우리들의 지성이 미약하기 때문에, 우리는 그런 길을 파악하지 못하는 것이다. 이 이유는 우리들의 지성이 색깔이나 냄새와 같은 감각으로 지배되는 외재적인 실재(External Accidents)들에 의해 제한되기 때문이다. 그 결과 감각을 통해서 외재적인 실재들을 완벽하게 이해한다 할지라도, 인간 지성의 힘으로는 겨우 낮은 수준(Lower Nature)의 완벽한 지식에 겨우 도달할 뿐이다. 대부분의 경우 감각을 통해 극히 소수의 본질에 대해 겨우 이해할 수밖에 없다. 그런 가능성은, 어떤 결합이 있는 방법으로 감각을 통해 외재적인 실재를 깨닫지 못하는 경우에 더욱 미

---

26) *Summa contra Gentiles*, 제4권 제1장 제2항목. 하나님 이해에 대한 토마스의 신학은 위(僞) 디오니시우스(Pseudo-Dionysius)의 신학으로 영향 받은 것이다. 이에 대한 분석은 Paul Rorem, *Pseudo-Dionysius: A Commentary on the Texts and an Introduction to Their Influence* (New York: Oxford University Press, 1993), pp. 52-53. 위 디오니시우스가 하나님 인식에 대해 "계층"이란 용어와 개념을 처음 사용하였다.

미해진다. 비록 사물의 본질이 우리들에게 이미 알려져 있다 하더라도, 우리들을 향한 하나님의 섭리를 충분히 이해할 수 없기 때문에, 그러한 본질을 우리는 일부분만 이해할 뿐이다. 만약 그러한 방법들이 불충분하게 우리에게 알려져 있다면, 우리는 어떻게 본질의 완벽한 지식을 알 수 있는가?"27)

토마스 아퀴나스는 여기서 하나님을 아는 지식(Knowledge of God), 즉 구원에 이르는 지식과 관련하여 세 가지 다른 단계(Hierarchy)의 인간이 존재하고 있음을 주장하고 있다. 첫째 단계는 하나님의 지식을 이미 내재(內在)한 사람이 감각(Sense)을 통한 외재적 실재 경험을 통해 하나님의 지식에 대한 낮은 수준을 가진 상태이고, 두번째 단계는 감각을 통해 일부분의 하나님의 지식을 이해하는 경우이다. 마지막 세번째의 경우, 즉 어떤 부류의 사람은 결함을 가진 방법 때문에 감각을 통해 외재적인 실재를 깨닫지 못한 경우가 있을 수 있다. 이러한 세 가지 단계를 인간 이해와 연결하여 요약하면 사람은 (1) 하나님의 지식을 낮은 수준으로 소유한 사람 (2) 하나님의 지식에 대한 일부분만을 소유한 사람 (3) 감각의 결함을 통해 하나님의 지식을 가지고 있지 못한 사람으로 분류된다. 살라망카의 신학자 프란치스코 데 비토리아는 토마스의 이러한 계층적 구분을 통한 인간 이해를 라틴아메리카에서 발견된 새로운 인류를 해석하는데 적용한다.

프란치스코 데 비토리아는 스페인의 명문인 살라망카 대학에 "제2 토미즘(Second Thomism)"을 도입한 도미니코 수도회의 신학자로 알려져 있다. 살라망카 대학에 부임하기 전 비토리아는 18년 동안 파리의 생작크 수도원(Convent of Saint-Jacques)에서 거주하면

27) *Summa contra Gentiles*, 제4권 제1장 제4항목.

서 토마스 아퀴나스의 신학을 가르쳤고, 그의 스승이었던 피터 크로캐아트(Peter Crockaert)와 함께 토마스의 『신학대전』(Summa Theologiae)을 다시 편찬(1512년)하였는데 이를 계기로 16세기의 "제2 토미즘(Second Thomism)"이 탄생한 것이다. 비토리아는 1526년 살라망카 대학의 신학교수로 임명된 다음 그때까지 사용되어 오던 신학 수업의 교재를 피터 롬바드(Peter Lombard, 1100-1160)의 『선언서』(Sententiarum)에서 토마스 아퀴나스의 『신학대전』으로 교체했던 장본인이다. 그의 결정은 유럽의 신학교육의 일대 전환을 일으키는 사건이었고 이런 토마스 아퀴나스 우월주의는 트리엔트 공의회(1545-1563년)를 통해 16세기 가톨릭교회의 신학적 특징을 이루게 된다.[28] 비토리아의 제2 토미즘은 그의 제자였던 도밍고 데 소토(Domingo de Soto, 1494-1560), 멜코르 카노(Melchor Cano, 1509-1560) 등에 의해 살라망카 대학의 신학적 전통으로 발전되었다.[29] 비토리아는 또한 제2 토미즘을 정착시킨 인물로서만 아니라 근대적 의미의 국제법(International Law)을 창시한 인물로 알려져 있다. 이 세상 모든 민족이나 인종이 하나님의 형상으로 지음 받았으므로 모든 인류가 평등한 국제법상의 권리를 누린다는 것이 그의 주장이었다.[30]

1526년부터 1546년까지 살라망카 대학에서 토마스 아퀴나스

28) Wilhelm Schmidt-Biggeman, "New Structure of Knowledge", in *A History of the University in Europe*, vol. 2, p. 494.

29) 도밍고 데 소토는 비토리아의 제자로서 1552년부터 1560년까지 살라망카 대학에서 신학을 가르쳤고 멜코르 카노는 1546년부터 1552년까지 살라망카에서 신학을 가르쳤던 인물이다.

30) 국제법을 포함한 비토리아의 법에 관한 저술은 Francisco de Vitoria, *Political Writings*, eds., Anthony Pagden and Jeremy Lawrence (Cambridge: Cambridge University Press, 1991)에 편집되어 있다.

의 신학을 가르치며 "크리스천 소크라테스(Christian Socrates)"라는 별명으로 불렸던 비토리아는 라틴아메리카에서 유입되어 들어오는 식민지 개척과 선교 현황에 대한 보고서를 면밀히 검토했다. 그는 1521년과 1536년에 편집된 『신학대전에 관한 해석』(Lecciones sobre la Suma Teológica)과 1538-39년에 출간된 『인디언과 연관된 문제들에 대한 재해석』(Relecciónes de Indis)에서 라틴아메리카 선교 현장에서 적용되고 있는 무력 동원을 포함한 각종 선교정책을 비판적으로 검토한다.[31] 비토리아에 의하면 라틴아메리카 인디언들은 하나님의 구원의 은총에서 제외된 인종이 아니라, 자신들의 판단에 의해서 종교집단을 구성할 수 있는 내적인 "하나님에 대한 지식"을 가지고 있는 인종이다. 그는 스페인 국왕의 통치권이나 교황의 종교적 권위가 아무런 조건 없이 라틴아메리카 선교 현장에서 적용될 수 없다고 보았다. 비토리아는 인디언들이 자연계시에 의거한 죄악의 굴레에 속해 있는 인종이기 때문에 스페인 선교사들의 강제적인 선교 활동이 정당화된다는 전통적 견해를 강력하게 부정했다. 그의 초기 주장들은 라스 카사스의 인디오 변호의 논리와 흡사했다. 유럽 선교사들의 강제적인 개종정책이나 스페인 군대의 식민지 전쟁에 대해 강력하게 반발하였던 초기 비토리아는 제2 토미즘에 의거하여 라틴아메리카의 원주민들을 재해석했다. 비토리아에 의하면 인디언들은 유럽인들과 마찬가지로 하나님을 아는 지식인 제1 본성(Prima Praecepta)을 소유하고 있다. 단지 그들이 복음을 받아들이지 않고 하나님을 알지 못하는 이유는 그들의

31) 전체 라틴아메리카의 역사에 차지하는 비토리아의 역할에 대해서는 카를루스 푸엔티스, 서성철 역, 『라틴아메리카의 역사』 (서울: 까치, 1997 [1992]), pp. 161-166. 여기서 비토리아는 "예수회 신부"로 잘못 표기되어 있다.

제2 본성(Secunda Praecepta)이 오염되어 있기 때문이다. 만약 그들이 교육과 주거환경을 개선하고 미신에 물들어 있는 무지몽매를 깨우치기만 한다면 그들도 유럽인들처럼 문명된 생활을 영위할 수 있을 뿐 아니라, 하나님의 자녀로서 살아갈 수 있는 모든 권리를 누릴 수 있다.[32] 비토리아는『이교도 대전』의 계층적 인간 이해에 의하면, 라틴아메리카 인디언들은 "하나님의 지식"을 일정 부분 소유하고 있는 사람으로 분류된다고 주장하였다.

이 세상 모든 인류가 하나님의 형상으로 지음 받았으므로 자연법(Natural Law)적 지위를 누릴 권리가 있음을 천명한 비토리아의 사상은, 토마스 아퀴나스의 인간 이해를 재해석함(Relecciónes)으로써 비롯되었다. 그가 인간의 본성을 제1 본성과 제2 본성으로 나누고, 계층적 구분을 통해 인간이 가지고 있던 "하나님에 대한 지식"을 새롭게 해석할 수 있었던 것은 신대륙에서 유입되어 들어온 선교 신학적 주제들에 대한 재검토를 통해서 발전된 것이다. 그의 새로운 신학 해석을 통해서 라틴아메리카의 무자비했던 식민통치에 대해 일대 경종이 울려지고, 실제로 스페인의 국왕이었던 필립 2세(Philip II)는 신대륙과 1569년부터 정복되기 시작한 필리핀에서 무분별한 무력의 사용을 금지하는 법률을 공포한다. 역사가들은 이를 비토리아의 직접적인 영향으로 본다.[33] 또한 1542년에

32) 그러나 후기 비토리아는 라틴아메리카에 매장되어 있는 자연 광물의 이용권과 연관하여 보다 친스페인 정부적인 견해로 선회한다. 세계 인류의 복지를 위해 자연 광물의 개발되어야하고, 스페인 식민정부가 라틴아메리카의 개발을 주도해야 한다는 견해가 성립되면서, 자연히 기독교 복음을 전달하기 위한 (무력동원을 포함한) 강제적 선교정책을 지지하게 되었다. 이런 후기 비토리아 사상에 대한 자세한 분석은 Gustavo Gutiérrez, *Las Casas: In Search of the Poor of Jesus Christ* (Maryknoll: Orbis Books, 1993), pp. 332-355.

비토리아가 서명한 프란시스칸 알폰소 데 카스트로(Alfonso de Castro)의 보고서는 라틴아메리카 인디언들에게 학습(Learning)의 가능성이 있음을 강력히 주장함으로써 멕시코의 트라테롤코 대학(Colegio de Tlatelolco)이 계속해서 스페인 정부의 원조를 받는데 도움을 주었을 것으로 추정되고 있다. 역사학자 크리스천 헐만은 비토리아의 신학적 공헌을 다음과 같이 긍정적으로 평가한다.

> "[인디언들의 권리를 인정한] 1542년의 "신법(New Law)"이 선포되기 몇 해 전에 이미 비토리아는 신본주의적 휴머니즘(Theocentric Humanism) 정신에 입각하여 자연법과 연관된 결과들을 발전시켰다. 어떤 권리로 스페인이 신대륙의 영토와 그 곳에 거주하고 있는 사람들에 대한 법적인 권리를 주장할 수 있는가? 비토리아는 전통적 견해를 모두 부정했다. 스페인에게는 어떤 권리도 하나님으로부터 부여된 것이 없으며, 교황이나 황제의 어떤 권위, 심지어 식인 행위와 성적인 타락이 발견되는 인디오들의 범죄를 빌미로도 그 권리는 주어질 수 없다. 신대륙의 발견이란 사건 자체를 통해서 스페인은 인디오들을 차지할 수 있는 권리가 전혀 없다. 왜냐하면 인디오들은 자신들의 고유한 종교적 권리를 행사하여 자신들만의 주권을 행사할 수 있으며, 인디오들이 비록 통치권을 스페인 국왕에게 이양했다 할지라도 그 권리는 주장될 수 없다. 인디오들을 통치할 수 있는 유일한 권리는(따라서 복음을 전파할 수 있는 유일한 권리는), 원주민들의 자발적인 선택에 의해서만, 그리고 좀 더 문명화된 사람들의 후원의 필요성에 의해서만 주어질 수 있다. 인디오들의 주권에 대한 이런 결론은 라스 카사스와 수아레즈와 함께, 비토리아가 남긴 가톨릭 종교개혁(Catholic Reformation)을 통한 가장 탁월한 스페인의 공헌이었다."[34]

---

33) 스페인 국왕 필립 2세의 식민지 정책에 미친 비토리아의 영향에 대해서는 Henry Kamen, *Philip of Spain* (New Haven: Yale University Press, 1997), p. 137.

34) Christian Hermann, "Settlement: Spain's National Catholicism", in *Handbook of European History 1400-1600,* et al., eds., Thomas Brady (Grand Rapids: William B. Eerdmans, 1995), p. 505.

비토리아에 의한 토마스 아퀴나스 신학의 재해석(Relecciónes)은 라틴아메리카 선교 현지의 보고서가 유럽 신학계에 미친 직접적인 영향이었던 것이다. 라틴아메리카 선교 현장의 보고서가 신학 체계 자체에 변화를 초래하게 된 동기에 대해 비토리아 자신이 아래와 같이 밝히고 있다.

> "완전히 새로운 신학적 논쟁과 재해석이 대두되고 있다. 그것은 흔히 '인디오'라고 불리는, 지금까지 우리가 그 존재를 알지 못했던 신대륙의 야만인(Barbarians)이 발견되었기 때문이다. 이들은 약 40년 전에 스페인의 통치권 아래에 귀속되었다."[35)]

제2 토미즘이 세계 선교 현장에 미친 영향

라틴아메리카 선교 보고를 통해 새롭게 재해석된 살라망카 대학의 제2 토미즘은 16세기 후반 가톨릭교회의 종교개혁(Catholic Reformation)을 이끌었던 예수회(Society of Jesus)의 핵심적인 신학 기조로 받아들여졌다.[36)] 프란치스코 톨레도(Francisco Toledo, 1532-1596), 프란치스코 수아레즈(Francisco Suarez, 1548-1617), 루이스 몰리나

35) 이 부분의 원래 출처는 *Corpus Hispanorum de Pace*, p. 2. 위에 번역한 영어 본문의 출처는 Gustavo Gutiérrez, *Las Casas: In Search of the Poor of Jesus Christ*, p. 333에서 인용. 이때 "야만인"은 경멸적 의미를 담고 있는 것이 아니라, 당시 인디오를 보편적으로 지칭하는 말이었다.

36) Christian Hermann, "Settlement: Spain's National Catholicism," p. 502. 1582년에 발표된 예수회 총장 아콰비바(Acquaviva)의 조례(Consultations and the Decree of Obligatory Society Donctrine, 1582)에서, "성 토마스 아퀴나스는 공인된 보편적 신학자"임을 천명하였다. 이에 관해, Ladislaus Lukacs, *Church, Culture and Curriculum: Theology and Mathematics in the Jesuit Ratio Studiorum* (Philadelphia: Saint Joseph's University Press, 1999), p. 28.

(Luis Molina, 1535-1600), 로베르토 벨라미노(Roberto Bellamino, 1542-1621)와 같은 탁월한 신학자들에 의해 살라망카 대학의 제2 토미즘은 예수회 대학의 모체로 알려진 로마대학(Collegio Romano)에 소개되면서, 장차 아시아와 라틴아메리카 대륙에서 활동하게 될 예수회 선교사들에게 중요한 선교 신학적 패러다임을 제공한다. 특별히 1580년부터 5년간 로마대학에서 신학을 가르친 프란치스코 수아레즈는 기존의 토마스 아퀴나스의 신학 체계를 보다 적극적인 관점에서 해석하면서, 복음을 소개받지 못한 이방인들에게 하나님이 어떻게 구원의 역사를 이루어 나가셨는지에 대해 분석한다.

> "인간은 누구나 본성적으로 신적인 존재를 믿게 된다. 누구에게나 자연적으로 주어진 그것은, 칭의(Justification)를 위해서 반드시 필요하다. 누구든지 이러한 본성 없이 하나님께로 돌아와, 칭의를 받을 수 없기 때문이다. 한편 그것이 필요하다면 그리스도를 통한 믿음은 하나님의 권리와 신성한 법(Divine Law)에 의해서만, 칭의를 위해서 필요한 것이다. 따라서 어떤 사람이 하나님의 은총을 통해서 구원을 받게 되는 것은, 자연적으로 주어진 본성이 그것을 방해하는 것이 아니라, 하나님의 계시하심을 통해, 초자연적인 하나님의 지식을 스스로 얻게 되는 것이다."[37)]

자연적으로 주어진 인간의 본성 가운데 하나님의 구원의 섭리가 포함되어 있고, 그리스도를 통한 칭의조차 하나님의 권리와 섭리에 따른다고 보았던 수아레즈는 신대륙 선교 현장의 원주민들에게도 하나님께서는 "계몽될 수 있고 신앙적 행동을 충분히 유도할 수 있는 길을 이미 허락하셨으며, 그들의 본성은 결코 이러한

37) Suarez, *De fide theologica*, Disp. 12, Sect 4, N. 11. Francis Sullivan, *Salvation Outside the Church?: Tracing the History of the Catholic Response* (New York: Paulist Press, 1992), p. 92에서 인용.

길을 방해하지 않는다"고 주장했다.[38] 이런 혁신적인 토마스 아퀴나스에 대한 이해가 로마 대학의 신학적 중심 기조로 받아들여짐으로써, 로마대학의 선교신학은 라틴아메리카 원주민들에게 이미 주어져 있는 "하나님의 지식"을 긍정하는 쪽으로 발전하게 된다.

로마대학에서 가르쳤던 예수회 신학자들의 새로운 토마스 아퀴나스 해석은 마테오 리치(Matteo Ricci, 1552-1610)나 로베르토 드 노빌리(Roberto de Nobili, 1577-1656)와 같은 초기 예수회 선교사에게 혁신적인 선교 신학적 패러다임을 제공했다. 1583년 중국 본토로 입국한 마테오 리치는 중국인의 본성 가운데 자리잡고 있는 제1 본성이 이미 고대 유교(儒教)의 절대신이었던 상티(上帝)에 대한 믿음으로 내재되어 있음을 주장하면서, "기독교의 하나님(Deus)과 유교의 상티는 이름만 다를 뿐(歷觀古書 而知上帝與天主特異以名也)"이라는 혁신적인 선교 이론을 펼쳤다.[39] 마테오 리치가 중국에서 시도한 유교의 절대신 상티와 기독교 하나님 데우스(Deus)의 동일화(Identification) 작업은 16세기 동안 진행된 토마스 아퀴나스 신학에 대한 재평가가 있었기 때문에 가능한 일이었다. 인도의 여신 미낙시(Minaksi) 성전이 위치한 힌두교의 유명한 순례지 마두라이(Madurai) 미션에서 활동했던 이탈리아 출신 예수회 선교사 로베르토 드노빌리의 혁신적인 선교신학 역시 제2 토마스 신학의 기본정신에서 출발한 것이었다. 힌두교의 전통적 "바르나 달마(Varna Dharma)"를 부정하지 않고, 오히려 자신을 "서구에서 온 브라민(Brahmin from the West)"이라고 소개했던 드노빌리의 선교정책은

38) *Ibid.*, 94에서 인용.

39) Matteo Ricci, *The True Meaning of the Lord of Heaven* (St. Louis: Institute of Jesuit Sources, 1985), pp. 124-125. 한글 번역은 마테오 리치, 송영배 외 역, 『천주실의』 (서울: 서울대학교출판부, 1999), p. 103.

남부 인도인들의 제1 본성을 부정하지 않고, 오히려 인도종교에서 내재하고 있는 "하나님의 지식"을 통해 기독교와 힌두교의 접촉점을 모색한 것이었다.[40] 이러한 마테오 리치와 로베르토 드노빌리의 제2 토미즘에 근거한 선교 신학은 탁발 수도회 소속 선교사들의 조직적인 반대에 부딪히기도 했지만,[41] 지금까지 가톨릭교회의 기본적인 선교신학으로 받아들여지고 있다.

라틴아메리카 선교 현장에서 보고된 신학적 난제들이 스페인의 살라망카 대학의 신학자들에 의해 전통적인 트마스 아퀴나스 신학의 재검토를 유도하고, 이런 조직신학적인 반성과정을 통해 새롭게 정립된 선교 신학적 견해가 중국과 인도를 포함한 아시아 및 라틴아메리카의 선교 현장에서 다시 적용되는 신학적 순환 과정을 확인하면서, 선교학과 조직신학이 어떻게 상호 교류하면서 신학적 논구를 주고받을 수 있을지에 대한 역사를 전례를 발견하게 된다.

40) 로베르토 드노빌리의 삶과 사상에 대해서는 A. Saulière, *His Star in the East* (Madras: De Nobili Research Institute, 1995). 최근 편집된 드노빌리의 저술은 Roberto de Nobili, *Preaching Wisdom to the Wise* (St. Louis: Institute of Jesuit Sources, 2000).

41) 마테오 리치의 혁신적인 선교정책은 그의 죽음(1610년)이후 탁발수도회 뿐만 아니라 예수회 내부에서도 반발에 부딪혔다. 중국 전례논쟁(Chinese Rites Controversy)이라고 불리는 이 논쟁의 역사적 전개에 대해서는 David Mungello, ed., *The Chinese Rites Controversy : Its History and Meaning* (Mettetal: Steyler Verlag, 1994). 인도사회의 바르나 달마를 인정하고 서구에서 온 브라만으로 자신을 소개하며 그들처럼 의식주를 해결함으로써 브라만 계층을 선교하고자 했던 로베르토 드노빌리의 선교정책 또한 포르투갈 출신 선교사들로부터 심각한 도전을 받았다.

선교학을 통한 조직 신학의 구획 넓히기

이미 기존의 조직신학자들이 선교학의 학문적 구획 정리에 일정 부분 참여하여 왔다. 토착화 신학에 대한 시론적인 분석이라든지, 타종교와의 대화를 위한 기독교의 인식론적 지평 융합 등을 시도했던 조직신학자들의 학문적 노고가 있었다. 그러나 이런 조직신학자들의 선교학에 대한 관심과 참여는 한국교회가 피선교지(彼宣教地)라는 전제 아래에서 진행된 신학 작업이었음을 부인할 수 없다. 한국교회가 세계 선교를 이끌고 있다는 진단의 사실 확인 여부를 떠나서, 이제 한국교회는 세계 각국의 선교 현장에서 유입되고 있는 새로운 기독교의 모습을 예의 주목하고, 이에 대한 신학적 분석 작업을 진행시켜야 할 때가 이르렀음을 강조하고 싶다. 필자의 주장은 선교학에 대한 조직신학자들의 관심 촉구에서 출발하여, 기존의 신학방법론으로 선교 현지의 제반 문제를 분석하는데 그치지 말고, 새롭게 축적되고 있는 선교 현장의 새로운 기독교 이해에 대한 분석을 통해, 전통적 신학 방법론까지도 수정할 수 있는 학문자세를 촉구하는 것으로 요약될 수 있다.

21세기의 기독교는 더 이상 백인들의 종교로 규정될 수 없다. 아프리카, 라틴아메리카, 그리고 일부 아시아 지역에서 전개되고 있는 급격한 남반부 기독교(Southern Christianity)의 팽창은 새로운 기독교시대의 도래를 알리고 있다. 따라서 신론(神論)에서부터 시작되던 전통적인 유럽식의 조직신학의 체계로는 아프리카와 라틴아메리카에서 태동하고 있는 남반부 기독교를 충분히 설명할 수 없는 지경에 이르고 있다. 남반부 기독교에서 하나님은 논의의 대상이 아니라 체험의 대상이며, 이 체험에 동반되는 여러 가지 현상들은 전통적인 신학체계로는 설명될 수 없는 것들이 허다하다. 남반부 기독교의 하나님 이해는 우리들의 신학적 분석의 대상이 아니라, 서구교회의 전통과 신학방법론에 익숙해져 있던 우리들의 전통적 하나님 이해에 대한 반성을 촉구하고 있는 것이다. 이런 점에서 조직신학자들은 이제 선교학을 통한 신학의 구획 넓히기에 선도적인 역할을 감당해야 할 것이다.

제2장

선교학과 성서신학

성서 신학, 성서 번역학, 그리고 선교학의 상관관계

성서 신학자들은 타문화권 선교 현장에서 시도되는 선교 번역(Missionary Translation)과 이 과정에서 부수적으로 파생하는 제반 문제에 대해 성서신학적인 관심을 가져야한다. 타문화권 선교의 출발점이기도 한 선교 번역은 단순히 A라는 기독교 문화권의 문서를 B라는 비(非) 기독교 문화권의 언어로 환치시키는 작업이 아니다. A지역의 성서 텍스트가 B지역의 언어로 번역되려고 할 때 심각한 신학적 변형 혹은 변화가 일어난다. A지역과 B지역의 언어가 다를 뿐 아니라, 이 다른 지역의 언어들 사이에서 동일한 의미론적 가치(Semantic value)를 가진 두 단어를 발견하는 일은 거의 불가능하기 때문이다. 널리 알려진 대로 "모든 번역은 반역(反逆)"이 될 수밖에 없는데 종교적 진리를 담고 있는 성서의 번역은 자칫 종교적 반역을 초래할 수 있을 정도이다. 선교 번역을 통해, 좀 더 구체적으로 말하자면, 선교사들이나 성서학자들의 번역 과정을 통해서 복음의 내용은 왜곡되거나 다른 의미가 첨가될 수밖에 없다. “모든 성경은 하나님의 감동으로 된 것”(디모데후서 3: 16)이지만 모든 성서의 번역은 번역자의 주관적인 단어 선택으로 된 것이다. 이러한 심각한 신학적 굴절이 보편적으로 발생하고 있음에도 불구하고 성서 신학자들의 관심은 문자주의, 혹은 원어 지상주의에 빠져있는 것처럼 보인다. 성서 신학자들 사이에는 번역된 성서 문장에 대한 경시(輕視) 풍조가 만연해 있다. 성서 주해를 가르치면서 대부분의 성서학자들은 히브리어나 헬라어 원전을 사용하고 있으며, 성서의 “본래적 의미”를 원어의 의미를 통해 발견하고자 노력한다. 그렇다면 아름다운 한글로 번역된 성서의 문장 가운데는 “하나님의 감등”이 부재한다는 말인가? 한국 기독교인들의 대부분은 히브리어나 헬라어로 성서를 읽지 않고 세종대왕께서 창제하신 한글을 통해서 성서의 세계로 진입함을 기억한다면 선교 현장에서의 번역 문제는 선교학자 뿐만 아니라 성서 신학자들이 관심을 가져야 할 분야임에 분명하다.

성서 신학자들이 관심 가져야 할 선교 번역의 문제를 선교 신학적 입장에서 분석한 학자를 들자면 앤드류 월스(Andrew Walls)의 견해를 먼저 소개할 수 있다. 하나님께서 친히 구체적인 문화권 가운데로 임재하셔서 스스로를 낮은 인간의 모습으로 “번역”하신 사건을 성육신적 선교(Incarnational Mission)의 출발점으로 보는 월스 교수는 단순히 타문화권 선교 현장에서 발생하는 선교 번역의 당위성이나 절차상의 중요성을 강조하는 차원을 지나, 기독교 선교가 지향해야 할 성육신적 선교신학(Mission Theology of Incarnation)의 방향을 제시하고 있다. 그의 주장은 복음이 선교 현장의 개별적 토착 언어로 번역되는 사건이야말로 성육신 사건의 구체적 전개라는 논리로 확대될 수 있다. 이러한 선교 신학적 의미에 대해 앤드류 월스는 아래와 같이 부연 설명한다.

"하나님의 신성(神性)이 인간성 가운데서 번역되어졌는데 이때의 번역은 구체적인 인간성 가운데 번역되어졌을 뿐 아니라, 특정 사회의 특수한 계층이 쉽게 받아들일 수 있도록 번역되었다. 만약 성자(聖子)께서 성육신 사건을 통해 하나님의 거룩한 번역을 상징적으로 나타내고 있다면, 이것은 어느 특정 사회가 처해 있는 현실의 다양하고 풍성한 의미로 그리스도를 다시 번역하는 일의 전주곡이라고 할 수 있다."[42]

오랜 기독교 선교 역사를 통해 끊임없이 전개되었던 타종교와의 지속적인 만남과 토착 언어로의 번역 과정을 통해서 기독교의 신앙 고백적 전통은 더욱 풍성하게 확대되어져 왔다.[43] 하나님께서 자기 자신을 "거룩한 번역"이신 예수 그리스도의 모습으로 우리 가운데 나타나셨고 이것이 바로 우리가 추구하는 선교의 "전주곡"이 되었기 때문이다. 다른 각도에서 보자면, 개별 토착 언어로 복음이 번역되는 과정을 통해서 서구 교회의 신조(Confessional Doctrines)는 늘 새로운 신학적 도전받으며 재해석되어 왔다. 선교사들이나 피선교지 원주민의 번역을 통해서 기독교 신앙은 "효과적으로 확대되었으며, 새로운 콘텍스트에 적용되기 시작"했을 뿐 아니라,

42) Andrew Walls, *The Missionary Movement in Christian History: Studies in the Transmission of Faith* (Maryknoll: Orbis Books, 1996), xvii 그리고 p. 267.

43) Walls, *The Missionary Movement*, pp. 16-25. 이 논점에 대한 앤드류 월스의 설명은 여러 곳에 확인할 수 있다. Walls, "African Christianity in the History of Religions", in *Christianity in Africa in the 1990s*, eds. Christopher Fyfe and Andrew Walls (Edinburgh: University of Edinburgh Press, 1996), p. 116; idem, "The Christian Tradition in Today's World", in *Religion in Today's World*, ed. Frank Whaling (Edinburgh: T & T Clark, 1987), p. 89; and idem, "Old Athens and New Jerusalem: Some Signposts for Christian Scholarship in the Early History of Mission Studies," in *International Bulletin of Missionary Research*, vol. 21, no. 4 (October 1997), p. 153.

"어떤 의미에서, 번역의 출처가 된 원어(原語)가 토착어로 번역되는 과정을 통해서 의미의 확대가 일어났다. 번역된 토착어가 나름대로의 역동적이며 새로운 의미를 내포하고 있었기 때문에 원어의 의미가 그때까지 한 번도 고려할 수 없었던 전혀 새로운 복음의 의미가 드러나게 된 것이다."[44]

선교 번역의 역동적 기능 분석에서 한걸음 더 나아가, 앤드류 월스는 토착 언어의 새로운 의미 생성 현상을 주의 깊게 관찰한다. 그의 선교학적 관찰에 의하면 선교 번역은 이방문화의 오래된 비기독교적 개념이 처음으로 소개된 기독교 개념을 통해 새로운 신앙적 의미로 대치(Substitution)되는 것이 아니라, 그 토착 문화권 안에 현존하고 있는 전통적 종교의미론(Religious Semantics)에 새로운 기독교적 의미가 첨가되는 종교적 의미의 "변화(Transformation)"가 초래되고 있다.[45] 월스 교수는 이러한 자신의 주장을 뒷받침하기 위해 최근 아프리카에서 전개되고 있는 기독교 신앙 판도의 변화가 선교 번역을 통한 토착 언어의 의미 변화 작용과 연관되어 있음을 상세히 설명하고 있다. 월스 교수는 "종교사학의 입장에서 본 아프리카 기독교"라는 논문에서 아프리카 사람들의 기독교 하나님 이해 과정을 아래와 같이 설명한다.

"서양 선교사들이 기독교 하나님에 대해서 선포했을 때 아프리카 사람들은 기독교 하나님의 신성(神性)을 이해하기 위해 오로룬(Olorun)이나 게보(Ngebo)와 같은 아프리카 절대신의 존재를 이용했다. 아프리카 사람들은 기독교 신앙의 메시지를 이해하기 위해서 '기독교 이전의 과거(Pre-Christian Past)'와 토속 언어에 의존할 수밖에 없었다."[46]

44) Walls, *The Missionary Movement*, p. 28.

45) *Ibid.*, p. 28

아프리카에서 각 부족의 토착 언어로 하나님의 이름이 번역된 과정은 매우 특이한 종교적 의미 생성 과정을 보여 주고 있다. 유럽 제국의 지리적 기독교화(Geographical Expansion of Christendom)가 진행되는 동안 전개되었던 기독교의 하나님 이름에 대한 번역이나 정착 과정과 비교할 때, 아프리카에서는 매우 상이(相異)한 현상이 나타났기 때문이다. 아프리카 기독교의 이러한 특이한 현상은 이슬람의 아프리카 확장 과정에 나타난 현상과도 상이한 모습을 보이고 있다.[47] 유럽의 경우, 그리스와 로마의 절대신이었던 제우스(Zeus)와 주피터(Jupiter), 혹은 스칸디나비아의 토착종교가 주신(主神)으로 신봉했던 쏘올(Thor) 신(神)의 이름이나 절대신의 일반적 개념은 강력한 기독교 신의 이름인 데우스(Deus)의 등장과 더불어 "대체(Substitution)"되었다.[48] 이들 그리스 로마 신화의 신들이나 유럽의 토착 민간 신앙의 신들의 존재는 기독교 하나님의 이름이 유럽에서 "데우스"로 번역되는 데 아무런 역할을 할 수 없었다. 기독교의 강력한 "데우스" 신에 밀려 유럽의 토착적 지역신들의 이름은 잡신(雜神)이나 이방의 무력한 신의 이름으로 전락되고 말았다. 그러나 기독교가 아프리카의 토착종교와 만났을 때는 이러한 대체(Substitution) 사건은 일어나지 않았다. 기독교 하나님의 등장과 더불어 토착종교의 신들의 이름은 유럽의 경우처럼 "대체"되거나 무기력한 모습으로 소멸되지 않았다. 앤드류 월스의 도전적인

46) Walls, "African Christianity on the History of Religions", p. 4.

47) Walls, "African Christianity on the History of Religions", p. 5. 또한 Walls, *The Missionary Movement*, pp. 70-71. 이슬람과 기독교의 확장 과정에서 발견되는 번역에 대한 상반된 견해 대해서는 Lamin Sanneh, *Translating the Message: The Missionary Impact on Culture* (Maryknoll: Orbis Books, 1989), pp. 211-216.

48) Walls, "African Christianity in the History of Religions", p. 45.

표현에 의하면, "복음을 전하던 선교사들은 이미 그곳에 토착적인 이름을 가지고 있던 하나님이 계심을 발견"한 것이다.[49] 기독교 하나님의 이름을 아프리카 토착 언어로 번역해야만 했던 선교사들은 자신들의 원하는바와 상관없이, 아프리카 사람들이 이미 자기들의 토속 언어에서 사용되던 절대자(Supreme Being)의 이름을 그대로 차용하여 기독교의 하나님으로 불렀기 때문이다.

성서신학자들에게 선교 번역의 중요성을 환기시킴으로서 성서신학과 선교학의 학문적 교류 가능성을 모색하는 이번 연구에서는 앞에서 언급한 앤드류 월스 교수의 선교 번역에 관한 선교학적 해석에서 출발하여 유진 나이다(Eugene Nida)의 번역이론(Translation Theory)적 측면과 자크 데리다(Jacques Derrida, 1930-2004)의 해체주의적 "차연(差延, Différance)"의 논점에서 이 문제를 분석해 보고자 한다. 특별히 최근 타계한 프랑스의 해체주의 철학자 자크 데리다의 번역이론과 앤드류 월스의 선교 번역이론을 비교 검토함으로써, 성서 신학자들에게 새로운 연구 영역과 연구 방법론의 가능성을 소개하고자 한다.

이미 선교 번역의 중요성에 대한 선교학적 논구는 상당한 수준에 도달해 있다.[50] 그러나 본 연구에서는 현재 선교학계에서 선교 번역에 관한 연구를 주도하고 있는 라민 싸네(Lamin Sanneh), 찰스 크래프트(Charles Kraft), 윌리엄 스말리(William Smalley) 등의

49) Walls, *The Missionary Movement*, p. 71.

50) 선교 번역에 관한 대표적인 연구는 William Smalley, *Translation as Mission: Bible Translation in the Modern Missionary Movement* (Macon: Mercer University Press, 1991); John Beekman and John Callow, *Translating the Word of God* (Grand Rapids: Zondervan Publishing, 1974); Lamin Sanneh, *Translating the Message: The Missionary Impact on Culture* (Maryknoll: Orbis Books, 1989); Eugene Nida, *Message and Mission: The Communication of the Christian Faith* (New York: Harper & Brothers, 1960).

구체적인 선교 번역 이론을 구체적으로 다루기보다는, 이들에게 이론적 바탕을 제공해 주었던 유진 나이다(Eugene Nida)의 번역이론을 중점적으로 다루면서, 그의 견해와 앤드류 월스의 일치점을 먼저 모색할 것이다. 이어서 자크 데리다의 번역이론을 소개하기 위해 그의 "차연(差延, Différance)" 개념을 분석하고, 『바벨탑』이라는 소논문에서 펼쳐지고 있는 데리다의 번역이론을 분석하고자 한다. 이 연구의 주된 목적은 데리다와 나이다, 그리고 월스의 견해를 종합적으로 비교하면서, 선교 번역의 신학적 중요성을 성서 번역학과 해체주의 언어학적 관점에서 분석하고 이를 성서 신학과 연계시키는 것이다. 따라서 이 글의 최종적인 목적은, 이 세 학자들이 언급하고 있는 번역의 중요성이나 번역의 (불)필요성과 (불)가능성이, 선교 현장에서의 타문화권에서 기독교적 용어나 개념이 번역될 때 어떠한 의미론적 개념의 재생성(Semantic Reconfiguration)을 유발하는지에 대해 검토하는 것이다. 번역 이론만을 다룰 때 발생할 수 있는 비현실성이나 추상적 사변의 전개를 극복하기 위하여 예수회 선교사 마테오 리치(Matteo Ricci, 1552-1610)가 명나라 말기에 시도했던 하나님의 이름의 중국어 번역 사례를 예증으로 제시할 것이다. 하나님의 이름이 중국에서 번역되는 과정과 이로 인해 초래된 의미론적 재개념화(Semantic Reconfiguration) 현상을 통해 성서 신학자들이 선교 번역의 중요성을 확인하는 기회가 되었으면 한다.

유진 나이다(Eugene Nida)의 성서 번역 이론

번역 이론에 관한 탁월한 저술과 수많은 관련논문의 발표를 통해 성서번역의 이론적 모델을 제시해 온 언어학자 유진 나이다의 "기능적 대응어 찾기(Functional Equivalence)" 방법은 현재 활동하고 있는 대부분의 선교 번역학자들이 수용하고 있는 고전적인 번역 이론이다.[51] 나이다는 저술과 강연 뿐만 아니라 케네스 파이크(Kenneth Pike)와 같이 활동한 하기 언어 연구소(Summer Institute of Linguistics)와 미국성서공회(American Bible Society), 그리고 연합성서공회(United Bible Societies)를 통한 지속적인 번역 관련 학술 활동을 통해, 자신의 번역 이론을 성서 번역 및 선교 번역에 구체적으로 접목시켜 왔다.[52]

나이다의 견해에 의하면, 번역의 일차적 의무는 "의미와 문체를 고려하면서, 원어(Source Language)의 의미와 가장 자연스럽게 근접하는 번역 대상어(Receptor Language)를 찾아내는 작업"이다.[53] 좀 더 구체적으로 말하자면 번역이란 "한 언어에서 다른 언어로 메시지가 전이(轉移)될 때 적절한 구문론적 조정(Syntactic Adjustment)"

51) Lamin Sanneh, *Translating the Message: The Missionary Impact on Culture* (Maryknoll: Orbis Books, 1989), 제6장에 유진 나이다의 영향이 자세히 언급되어 있다. 라민 사네가 인용하고 있는 유진 나이다의 저술 목록은 이 책의 참고문헌을 참조할 것. Sanneh, *Translating Message*, pp. 209-10.

52) 유진 나이다의 대표적 저술은 아래와 같다. Eugene Nida, *Bible Translating: An Analysis of Principles and Procedures*, revised ed. (New York: United Bible Society, 1961); idem, *God's Word in Man's Language* (New York: Harper & Row, 1952); idem, *Morphology: the Descriptive Analysis of Words* (Ann Arbor: University of Michigan Press, 1949); idem, *Religion Across Cultures: A Study in the Communication of the Christian Faith* (Pasadena: William Carey Library, 1968); idem, *Toward a Science of Translating* (Leiden: E. J. Brill, 1964); idem, *Customs and Cultures* (New York: Harper & Row, 1954). 또한 Eugene Nida and William Reyburn, *Meaning Across Cultures* (Maryknoll: Orbis Books, 1981); Eugene Nida and Charles Taber, *The Theory and Practice of Translation* (Leiden: E. J. Brill, 1969) 등도 참조할 수 있다.

53) Eugene Nida, "Principles of Translation as Exemplified by Bible Translating", in *On Translation*, ed. Reuben Brower (Cambridge: Harvard University Press, 1959), p. 19.

이 일어나는 현상을 수반하며,[54] 이러한 "구문론적 조정(Syntactic Adjustment)" 작업은 다음 네 가지 원칙에 의해 진행된다. (1) 언어는 발성(發聲)과 청력(聽力)을 상징하는 상징(Symbol)들이 체계적으로 조직화된 단위로 구성된다. (2) 언어를 상징하는 기호(Symbol)와 그 단어가 지시하는 대상물(Referent) 간의 상호관계는 본질상 임의적(Arbitrary)이다. (3) 발성기호에 의한 의미 전달의 경험 또한 본질적으로 임의적(Arbitrary)이다. (4) 그러나 다른 종류의 언어는 조직적인 언어기호의 통합적 체계에 의해(즉, 번역을 통해) 같은 의미를 가진 표현으로 절대 동일시 될 수 없다.[55]

언어기호(Symbol) 자체와 그 언어기호가 지시하는 대상물(Referent) 간의 이런 임의적인(Arbitrary) 결합으로 인해 모든 원어(Source Language)와 번역어는 상이한 의미론적 가치(Semantic Value)를 가질 수밖에 없는 운명에 처해 있다. 따라서 모든 종류의 번역 과정은 "불요불급한 의미의 약화(Skewing Loss of Information)와 의미의 첨가(Addition of Information)"를 유발한다는 것을 인정해야 한다.[56] 번역이 진행됨으로써 일어나는 이러한 의미의 약화 과정이나 의미의 첨가 과정은 다음 세 가지 경우에 더욱 두드러지게 나타난다. (1) 만약 원어에서 번역하고자하는 단어가 토착어에 존재하지 않고 단지 이와 유사한 기능어가 존재할 경우이다. 이때 번역자는 이 기능어 중에서 적절한 단어를 찾아야 하고 이때 의미의 약화나 의미의 첨가는 불가피하다. (2) 번역하고 싶은 유사한 토착어가 있다 하더라도 원어에서의 의미와 완전히 일치하지 않을 때

54) Nida, "Principles of Translation as Exemplified by Bible Translating", p. 31.

55) *Ibid.*, p. 13.

56) *Ibid.*, p. 13.

또한 이러한 의미의 약화와 의미의 첨가가 일어난다. (3) 가장 심각한 경우는 원어의 의미를 전달하기 위한 대응 토착어가 전혀 없는 경우이다. 이때 번역을 통한 의미의 약화나 의미의 첨가는 불가피하고 매우 심각한 의미론적 굴절 현상이 나타날 수밖에 없다.[57]

번역의 문제와 수반되는 이러한 의미의 약화나 의미의 첨가를 자세히 연구하기 위해서 언어학자인 나이다는 일반적인 "고등 언어(High Language)"의 번역 과정에서 발생하는 의미론적 구성을 차별화해서 접근한다. 나이다의 언어 의미론에는 "보편내재적 의미구조(Endocentric Structure)"와 이에 대응하는 "특수내재적 의미구조(Exocentric Structure)"로 양분될 수 있다. 이때 "특수내재적 의미구조"란 특정한 인종이나 문화권에서만 통용될 수 있는 배타적인 의미체계를 말한다. 이러한 구분이 필요한 이유는 "하나님(기독교의 절대자)"과 같은 특수하고 복잡한 개념을 가진 단어(High-level Language)를 번역하는 데 의미구조의 차이 분석이 실제적인 도움을 줄 수 있기 때문이다. 기독교에서 말하는 "하나님"을 타언어권에서 번역할 때 생기는 문제는 기독교 하나님을 지칭하는 대상물(Referent)의 의미가 번역될 타문화권에 존재하지 않을 경우 매우 심각한 의미의 약화나 첨가가 일어난다.[58] 뿐만 아니라, 어느 특정 문

57) *Ibid.*, pp. 29-30.

58) 이러한 의미구조의 차이를 인정하는 언어학자는 아나 비얼츠비카(Anna Wierzbicka)이다. 비얼츠비카는 나이다의 보편내재적 언어(Endocentric Language)를 "일반 의미론적 거대용어(Natural semantic metalanguage)"로 표현하고 특수내재적 언어(Exocentric Language)를 "일반 용어(Natural language)"로 표현한다. 비얼츠비카는 "이러한 일반 의미론적 거대용어와 일반용어의 차이점은 일반용어를 번역할 경우 정확하게 번역될 수 없다는 데서부터 발생한다"고 주장한 바 있다. Anna Wierzbicka, *Semantics Culture, and Cognition: Universal Human Concepts in Culture-Specific Configurations* (New York and Oxford: Oxford University Press, 1992), p. 21.

화권의 특수내재적 의미구조(Exocentric Structure)가 절대신에 대한 매우 특수한 이해를 가지고 있을 경우 [예를 들면 페루의 토속적인 절대신인 "비라코차"(Viracocha)는 태양 숭배와 밀접한 연관을 맺고 있다], 보편내재적 의미구조(Endocentric Structure)를 통한 기독교 하나님 이름의 수평적 번역에 매우 심각한 장애가 초래된다는 것이다.

예를 들면 1583년부터 중국 본토 선교에 착수한 예수회 선교사들의 첫번째 고민 중의 하나는 어떻게 기독교의 "하나님(Deus)"의 이름(神名)을 중국어로 번역하는가의 문제였다. 그들의 고민은 기독교의 데우스가 내포하고 있는 "특수내재적 의미구조"가 과연 중국어로 표현될 수 있는가에 대한 선교 신학적 의문에서 시작되었다. 동시대에 라틴아메리카에서 선교 활동을 펼치고 있던 동료 예수회 선교사들처럼 "데우스"를 글자 그대로 음역(音譯)하여 "디오스(Dios)"로 소개하는 방법도 고려의 대상이 되었다.[59] 17세기 초반에 라틴아메리카에서 활동했던 초기 예수회 선교사였던 베르나베 코보(Bernabé Cobo, 1580-1653)는 당시 페루에서 전개되고 있던 선교 번역상의 문제를 아래와 같이 기록하고 있다.

> "기독교 신앙을 인디오들에게 가르치기 위해서 저작된 교리문답의 내용 가운데, 우리 기독교의 용어인 데우스(Deus)는 '디오스(Dios)'로 번역되었다. 우리는 인디오들에게 강론할 때 언제나 이 용어를 사용했다. 왜냐하면 그들의 언어 가운데 우리 기독교 신앙의 '데우스'로 정확하게 번역될 수 있는 용어가 없었기 때문이었다. 이제 기독교를 믿는 인디오들은 그들의 언어체계 가운데 '디오스'를 우리들처럼 자신들의 단어로 사용하고 있다. 하지만 스페인어를 잘 모르는 인디오들은 우리말의 발음

59) 라틴어로 "하나님"은 데우스(Deus)이지만, 라틴아메리카 선교를 책임졌던 스페인과 포르투갈의 "하나님"은 스페인어인 디오스(Dios)로 정착되고 있었다. 유럽의 용어가 그대로 음역된 것이다.

을 좀 부정확하게 사용하고 있다. 그들의 언어에는 'D' 발음이 없기 때문에, 인디오들은 대게 '디오스(Dios)'라고 발음하지 않고 '티오스(Tios)'라고 발음한다."[60]

라틴아메리카에서의 경우처럼 데우스(Deus)를 그대로 중국어로 음역하여 사용하는 것도 한 방법이었을 것이다. 따라서 예수회 선교사 마테오 리치는 중국인들에게 자신들이 믿는 하나님의 이름이 서양에서는 "陡斯(데우스의 중국어 음역)"라고 불리고 있음을 그의 유명한 저술, 『天主實義』에서 밝히고 있다.

"그 분(중국 유교 고전에서 말하는 '上帝'가 바로)이 곧 天主이시니, 우리 서양 나라에서 말하는 '데우스(陡斯)'입니다 [夫即天主 吾西國所稱 陡斯是也]."[61]

그러나 마테오 리치는 기독교 하나님의 이름을 중국어로 번역할 때, 라틴어의 직접적인 중국어 음역인 "陡斯"를 사용하지 않았다. 그는 대신 유교의 절대신이었던 "상티(上帝)"를 기독교 하나님의 이름으로 번역 소개하면서 "수많은 [유교의] 고전을 검토한 결과 '상티(上帝)'는 결국 우리[유럽 사람들]가 믿는 하나님[天主]이며 단지 이름만 다를 뿐입니다 [歷觀古書 而知上帝與天主特異以名也]"라는 혁신적인 선교 번역을 시도한다.[62] 마테오 리치의 이러

60) Bernabé Cobo, *Inca Religion and Customs by Father Bernabé Cobo*, trans., Roland Hamilton (Austin: University of Texas Press, 1990 [1653]), p. 22.

61) 마테오 리치, 『천주실의』 (서울: 서울대학교 출판부, 1999), p. 45. 송영배 외 역.

62) Matteo Ricci, *The True Meaning of the Lord of Heaven* (St. Louis: Institute of Jesuit Sources, 1985), pp. 124-125.

한 제안은 기독교적 용어를 중국어로 번역할 때 발생하는 의미 전달의 정확성 문제나, 번역상의 착오라는 가치 판단을 넘어서는 중요한 선교 신학적 화두(話頭)를 제시하고 있었다. 당시의 많은 선교사들과 명나라 말기의 중국 지식인들은 상티(上帝)라는 단어가 중국 유교문화권에서 특수내재적 의미구조(Exocentric Structure)를 가지고 있다고 확신하고 있었기 때문에, 마테오 리치의 이런 혁신적 제안은 당시 많은 선교사들에게 논리적 혼란과 신학적 논쟁을 불러일으키게 되었다. 중국의 유교에서 이미 상티(上帝)는 오랜 의미론적 역사(Long Semantic History)를 가지고 있던, 이른바 "의미론적으로 매우 풍성한(Semantic Superabundance)" 단어였기 때문에 마테오 리치가 추구했던 보편내재적 의미구조(Endocentric Structure)의 연관성에 기초한 하나님 이름 번역을 받아들일 수 없었던 것이다.

유교의 절대신을 기의(記意)했던 상티(上帝)를 기독교 하나님의 중국 이름으로 동일화시킬 때, 마테오 리치는 유럽의 "데우스"가 중국의 "상티"를 통하여 중국의 보편내재적(Endocentric) 의미구조 속으로 환치가 가능하다고 보았다. 좀 더 세밀하게 말하자면, 서양의 "보편내재적(Endocentric) 개념"인 데우스는 중국의 "특수내재적(Exocentric) 의미구조"에서 이해되어 온 상티보다 훨씬 더 광범위한 의미론적 체계를 이루고 있다고 보았기 때문에 이런 과감한 번역이 시도될 수 있었던 것이다.[63] 마테오 리치는 유럽과 중국에 보편적인 절대신의 개념이 "보편내재적"으로 동시에 존재할

63) 물론 이러한 번역 시도가 가능했던 신학적 이유에 대해서는 마테오 리치를 비롯한 초기 예수회 선교사들이 로마 대학이나 예수회 소속 대학에 받았던 제2 토미즘의 영향이 있었기 때문이다. 이에 대한 연구는 김상근, "조직신학자를 위한 선교학: 16세기 라틴아메리카 선교가 제2 토미즘 등장에 미친 영향을 중심으로"『신학사상』2004년 8월호, pp. 143-174 참조.

수 있다고 확신했기 때문에 "상티"를 기독교 하나님의 중국 이름으로 번역할 수 있었다. 그러나 마테오 리치의 번역은 17세기 초 중국에서 활동하던 선교사들 간의 가장 첨예한 신학적 문제로 부상했다. 그와 함께 중국에서 선교 활동에 전념하던 선교사들은 물론 초기 중국 기독교 지도자들과 반(反)기독교 인사들에 의해, 마테오 리치의 "상티" 번역은 집중적인 공격의 대상이 되었으며, 이러한 혼란과 갈등은 결국 중국 전례논쟁(Chinese Rite Controversy)이라는 로마 교황청과 청(淸) 왕조 사이의 갈등으로까지 확대된 바 있다.[64] 하나님 이름의 중국어 번역 문제는 가톨릭교회만의 문제가 아니었다. 중국에서 활동한 최초의 개신교 선교사 로버트 모리슨(Robert Morrison)을 포함한 수많은 개신교 선교사들은 다시 이 문제와 씨름하지 않을 수 없었고, 하나님의 중국 이름 번역과 연관된 각 선교사들의 이견으로 중국선교는 하나님 이름 번역의 문제로 사분오열되는 어려움을 겪기도 했다.[65] 중국어로 표현된 상티

64) 중국 전례논쟁에 관한 자료와 연구는 Eloise Hibbert, *Jesuit Adventure in China during the Reign of K'ang Hsi* (New York: E. P. Dutton, 1941); William Milne, trans., *The Sacred Edict Contained Sixteen Maxims of the Emperor Kang-Hsi* (Shanghai: American Presbyterian Mission Press, 1870); Robert Jenkins, *The Jesuits in China and the Legation of Cardinal de Tournon*(London: Strand, 1894); David Mungello, ed., *The Chinese Rites Controversy: Its History and Meaning* (Nettetal: Steyler Verlag, 1994); George Minamiki, *The Chinese Rites Controversy: From Its Beginning to Modern Times* (Chicago: Loyola University Press, 1985); Arnold Rowbotham, *Missionary and Mandarin: The Jesuits at the Court of China* (Berkeley: University of California Press, 1942).

65) 개신교 선교사들에 의해 전개된 중국 전례용어 논쟁에 대해서는 Edwin J. van Kley, "Some Seventeenth Century European Protestant Responses to Matteo Ricci and His mission to China," in *Asia and the West: Encounters and Exchanges from the Age of Explorations: Essays in Honor of Donald F. Lach*, ed. Cyriac Pullapilly (n. p.: Cross Roads Books, 1986), pp. 195-203; D. MacGillivray, ed., *A*

(上帝), 천주(天主), 센(神) 등의 용어들이 가지고 있는 중국 의미론의 "특수내재적(Exocentric) 의미구조"를 기독교 하나님의 "보편내재적(Endocentric) 의미구조"로 환치할 수 있을지에 대한 신학적 논의가 끊임없이 제기되었기 때문이다.

이렇게 실제적인 용어 선택의 문제로부터 파생되는 선교 번역상의 문제는 곧 선교 신학적 이념논쟁으로 확대되어 왔다. 타문화권 선교 현장에 기독교 하나님을 알 수 있는 절대자에 대한 개념이 보편내재적으로 존재하는지에 대한 논쟁은 최근까지 소모전의 형태로 전개되어 왔다. 이 문제에 대해 언어학자 유진 나이다는 새로운 각도에서 접근한다. 그는 성서가 번역되는 과정에 대해서 보다 정밀한 언어학적 연구가 필요한데, 번역 과정에서 동반되는 문제점을 분명히 기억하면서, 특정 단어가 선교 번역 과정을 통해 "의미의 기독교화(基督教化)"사 진행된다는 것을 지적한다. 나이다의 이러한 견해를 요약해서 설명한다면, 성서의 내용이 토착화어로 번역되는 과정을 통해 번역된 단어들에게 새로운 기독교적 의미가 부여되고 그 번역된 단어는 기독교적인 의미론적 재(再)개념화가 진행된다는 것이다.[66] 흔히 "번역된 단어의 기독교화(Christianization of Vocabulary)"로 알려져 있는 나이다의 이러한 견해는 앤드류 월스 교수가 선교 번역 과정에서 일어난다고 주장하는 "기독교 신앙의 변화(Transformation of Christian Faith)"와 매우 흡사한 번역 이론이다.[67] 복음의 내용이 선교사들의 번역 과정을 통해 확장되고 더

Century of Protestant Missions in China (1807-1907) (Shanghai: American Presbyterian Mission Press, 1907); Jost O. Zetzsche, *The Bible in China: The History of the Union Version or the Culmination of Protestant Missionary Bible Translation in China* (Sankt Augustin: Monumenta Serica Institute, 1999); Geo Lillegard, *A History of the Term Question Controversy in Our China Mission and the Chief Documents in the Case* (Boston: n. p., 1930).

66) Nida, "Principles of Translation as Exemplified by Bible Translating", p. 301.

풍부한 의미를 획득하게 된다는 것이 앤드류 월스의 견해라면, 유진 나이다의 견해는 번역된 단어들이 기독교화의 과정을 거치게 되면서, 새로운 의미로 확대되는 가능성을 이론적으로 열어놓았던 것이다.

자크 데리다의 "차연(差延, Différance)"과 해체주의 번역이론

최근 타계한 프랑스의 철학자 자크 데리다(Jacques Derrida, 1930-2004)에 대한 한국학계의 연구는 주로 포스트모던 문예비평(Post-modern Literature Criticism)이나 페미니즘 연구자들에 의해 주도되어 왔다. 서구학계의 경우 일부 부정신학(Negative Theology)을 연구하는 학자들에 의해 신학계에서도 그의 철학이 논의된 경우가 있지만,[68] 한국 신학계의 경우 김승철, 김영한, 김명수 등에 의해 다원주의적, 복음주의적, 그리고 민중신학적 분석만이 간략하게 시도된 적이 있다.[69] 어떤 분야에서 연구하든지 자크 데리다의 사상이나 주장

67) 필자의 조사에 의하면 나이다의 이러한 견해를 선교 번역의 문제에 적용시켰던 학자는 마리아나 슬로컴(Marianna Slocum)이 유일하다. Marianna Slocum, "Christianization of Vocabulary in the Translation of the Tzetal New Testament", in *Bible Translator* vol. 9, no. 2 (April 1958), pp. 49-56. 또한 데이비드 커닝햄(David Cunningham)은 나이다의 이론과 비슷한 견해를 "변종의 다양성(Hybrid Variety)"이란 표현으로 설명한 바 있다. David Cunningham, "On Translating the Divine Name" in *Theological Studies* vol. 56 (1995), p. 424.

68) 예를 들면, Mark Taylor, *Erring: A Postmodern A/theology* (Chicago: University of Chicago Press, 1984); Harold Coward and Toby Foshay, eds., *Derrida and Negative Theology* (New York: SUNY Press, 1992); Thomas Altizer, et al., *Deconstuction and Theology* (New York: Crossroads, 1982).

69) 순서대로, 김승철, 『해체적 글쓰기와 다원주의로 신학하기』 (서울: 시공사, 1998); 김영한, "해체주의신학과 개혁신학 I, II, 『기독교사상』 1995년 8-9월 (39권 8-9호); 김명수, "민중신학의 해체주의적 경향" 『기독교사상』 1994년 11월 (38권 11호).

을 논지의 출발점으로 삼고자 하는 사람은 누구나 그의 사상이 연계되어 있는 삼중 국적에 당혹해 하기 마련이다. 알제리 출신의 유대계 프랑스 철학자인 데리다는 사유를 자유롭게 전개한다는 사상가적 기질로는 다분히 프랑스적인 인물이라고 할 수 있다. 그러나 해체(Deconstruction)를 기존의 질서(Established Order)를 공격하기 위한 첨단이론으로 환영하고 또 적절히 활용하고 있는 미국의 문예 비평가들에게 데리다는 다분히 "미국적인" 사상가로 보여진다.[70] 이러한 데리다의 학문적 이중 국적성은 다시 한국 지식인 사회에서 논의되어 온 "한국적 데리다"의 측면으로 인해 더욱 복잡하게 전개되어 왔다.[71] 선교 번역의 신학적 도전을 데리다의 "차연(差延, Différance)"의 측면에서 고찰하고자 하는 필자 역시 이러한 논의의 복잡성에 노출되어 있다. 따라서 필자는 이 논문에서의 데리다 논의를 그의 번역이론으로 국한하고자 한다. 필자가 주목하고자 하는 것은 해체(Deconstruction)를 전가의 보도처럼 휘두르며 기존의 질서를 파괴하고자 하는 학문적 열광주의자로 오해된 데리다가 아니며, 미국의 예일학파에 의해 강제 되다시피 한 텍스트(Text)의 의미가 한가지로 고착되지 않고 무한한 자유놀이(Freeplay)로 해석될 수 있음을 강조한 "포스트 모던" 문예비평적인 입장도 아니라는 것이다. 필자가 이 글에서 주목하고자하는 것은 "차연(差延, Différance)" 논의에서 파생한 데리다의 번역이론이며, 그의 논의가 앤드류 월스와 유진 나이다의 선교

70) 데리다의 학술 활동은 미국과 프랑스에서 동시에 진행되고 있으며 데리다가 미국에서의 학술활동의 중심으로 삼고 있는 대학은 예일 대학교와 존스 홉킨스 대학이다. 예일 학파에 미친 데리다의 영향에 대한 분석은 페터 지마, 『데리다와 예일 학파』 (서울: 문학동네, 2001 [1994]) 김혜진 역.

71) 한국에서의 진행된 데리다 연구는 김형효에 의해 주도되었다. 김형효, 『데리다의 해체철학』 (서울: 민음사, 1993); 김형효, 『데리다와 노장의 독법』 (서울, 한국정신문화연구원, 1994).

번역 이론과 어떤 연관이 있는지에 대해 분석하는 것이다.

물론 데리다의 번역이론 역시 해체(Deconstruction)의 수단을 통해 오랫동안 서구 철학사를 지배해 온 로고스 중심주의를 비판하고, 철학의 문학적 양상을 드러내고자하는 그의 의도적인 노력의 일환이자 연장(延長)임에 분명하다. 현재 세계 철학계의 한 사상적 축(軸)을 형성하고 있는 데리다의 철학은 1967년 한 해에 걸쳐 일시에 출간되었던 『목소리와 현상』(La Voix et le phénomène), 『글쓰기와 차이』(L'Écriture et la différence), 『그래마톨로지』(De la gramatologie)에 의해 프랑스의 지식인 사회에서 그 이름이 알려지기 시작했다. 그러나 데리다가 오늘날 누리고 있는 명성은 1966년 미국 존스 홉킨스 대학에서 열렸던 학술대회에서 그가 발표했던 문예 비평적 해체론으로부터 시작되었다고 해도 과언이 아니다.[72) 이때부터 "해체(Deconstruction)"가 데리다의 철학 방법론인 것처럼 소개되면서, 문예 비평적 이론을 제공한 철학자로 미국 대중들에 의해 이해되기 시작했다. 그러나 데리다 자신은 이러한 해체론에 대한 과도한 문예 비평적 접근에 대해 "나 자신을 불쾌할 정도로 놀라게 만든다"고 고백할 정도로 미국대중들의 자신에 대한 이해에 대해 불편한 심기를 드러낸 바 있다.[73) 소위 미국식 해체주의(American Deconstructionism)가 시도했던 데리다에 대한 오독(誤讀)를 시정하기 위해 그는『일본 친구에게 보내는 편지』라는 작은 논문을 통해 비판을 시도했다.[74) 데리다는 이 글에서 미국 해체주의

72) 미국의 문예 비평가들로부터 최고의 찬사를 받은 데리다의 논문은『인간 과학의 담론 속에서 본 구조, 기호, 그리고 놀이』였다.

73) 크리스토퍼 노리스,『데리다』(서울: 시공사, 1999), p. 17.

74) Jacques Derrida, "Letter to a Japanese Friend", in *A Derrida Reader: Between the Blinds,* ed., Peggy Kamuf (London: Harvester, 1991), pp. 270-276.

가 텍스트의 해석을 위해 고안해 낸 무제한적 해석의 방종 혹은 자유놀이(Freeplay)가 아님을 분명히 밝히면서 자신의 철학적 과제는 텍스트의 해석을 위한 문예 비평적 시도가 아니라, 지금까지 서양 철학체계를 지배해 온 "존재론에 대한 한계 설정이며 무엇보다 3인칭 현재 직설법, 즉 'S는 P이다'의 한계를 설정하는 것"임을 강조하고 있다.[75] 다시 말하자면 데리다에게 "해체"란 철학적 텍스트에 대한 "해체적 읽기 행위"이며, 무차별적 자유놀이에 노출된 해석의 방종이 아님을 강조한다. 해체란 읽기의 한 방편이지, 문예비평을 위한 도구나 방법론이 아니라는 것이 그의 주장이다.

언어작용에 대한 데리다 개념은 "차별(差別)된다"는 뜻과 "연기(延期)된다"는 이중적 의미를 가지고 있는 "차연(差延, Différance)"에 대한 논의에 잘 나타나 있다. 이 용어는 특정 언어 체계 속에서 의미가 자유롭게 이해되고, 다시 전혀 다른 각도에서 이해되는 언어의 자유놀이(Freeplay) 현상에 "시간적 요인(Temporization)"이 존재하고 있음을 강조하기 위해 고안되었다. 데리다 해설자로 명성을 얻고 있는 크리스토퍼 노리스(Christopher Norris) 교수는 현대 구조언어학의 교훈을 인용하면서 데리다의 "차연"을 아래와 같이 설명한다.

> "기호는 그 자체로는 아무런 의미를 갖지 아니하고, 특정 언어에서 벌어지는 대조와 차이의 체계적 그물망 속에서 차지하는 차별적 지위 때문에 의미를 갖게 된다는 것이 현대 언어학의 주요 교훈이다. 그런데 이러한 교훈이 데리다의 설명 속에서는 더욱 복잡해진다. 왜냐하면 의미는 언어 속에서 정확하게 현존하는 것이 아니라, 일종의 의미적 미끄러짐(혹은 延期)에 처해지기 때문에 그(의미) 안에 완전하고 잔여 없는 (의미) 확보의 순간을 간직할 수 없기 때문이다."[76]

75) 노리스, 『데리다』, p. 27.

1967년에 발표된 『목소리와 현상』에서 집중적으로 논의되고 있는 이 차연(差延, Différance)의 개념은 말의 의미나 개념이 "현재 상태로 고정된 하나의 말로서 기능하는 것이 아니라, 의미 사슬화(Signifying Chain) 속에서 몇 가지 표시로서 기능"하는 말과 언어의 특징을 설명해 주고 있다. "차연"의 프랑스 원어 표기인 "디페랑스(Différence)" 자체가 이러한 개념의 의미 사슬화 과정을 잘 드러내고 있다. 라틴어 동사 "Differre"에서 파생된 프랑스어 동사 "Différer"는 "차별되다"와 "연기되다"라는 두 가지 동사의 의미를 동시에 가지고 있다. 그러나 이 단어의 명사형에는 이 두 의미 중, "차별되다"의 의미만이 보존되어 있다. 명사화된 단어에 속하는 "연기되다"의 시간적 동사의 의미(Temporization)는 사라져 버린 것이다. 데리다는 이 단어의 축소된 의미에서 차연(差延, Différance)의 두 가지 작용, 즉 단어의 두 가지 다른 의미적 작용을 추적한다. 동사의 의미가 명사화되면서 이미 한 의미는 사라져 버렸는데, 데리다는 이를 문학적으로 표현하면서 마치 알파벳 A의 모습이 상징하는 죽은 자들의 무덤인 피라미드처럼, "디페랑스 (Différence)"에서 "e"의 뜻은 남고 "a"의 뜻은 죽었다고 표현한다.[77)]

데리다는 이러한 의미의 생성과 말의 뜻에 대한 해석의 연차적 전개를 차연(差延, Différance)이란 용어에만 한정하지 않고, 계속해서 새로운 신조어로 이를 대체해 나감으로써 그의 철학적 천재성을 드러냈다. 데리다가 의미 생성의 차별적 전개와 연기되어 가는 의미의 생성을 설명하기 위해 신조어를 통해 그 개념을 소개

76) 노리스, 『데리다』 pp. 19-20.

77) Jacques Derrida, *Margins of Philosophy*, trans., Alan Bass (Chicago: University of Chicago Press, 1982), p. 4. 원래 이 은유적인 표현은 헤겔이 먼저 사용했다.

하면 일반 대중은 그 신조어에 대한 이해나 즉각적인 활용에 과도하게 몰두함으로써 원래 데리다가 의도하고자 했던 의미 생성의 차별적 전개나, 연기되어 가는 명사의 시간적 의미 생성을 설명할 수 없었기 때문에 그는 신조어를 계속해서 새로운 신조어로 대치해 왔던 것이다. 산종(Dissemination), 대리보충(Supplement), 파르마콘(Pharmakon), 쓰기(Writing) 등의 새로운 신조어 대치는 데리다의 이러한 고차원적인 의도를 절묘하게 드러내고 있다.

의미는 확정되는 것이 아니라 차별(差別)되고 또한 연기(延期)된다는 차연(差延)의 방식은, 번역을 통해 새로운 의미가 생성되는 과정을 추적하는 데 적용될 수 있다. 한 문화권 속에서 특수내재적(Exocentric) 의미를 가지고 있는 특정 단어 X를 다른 문화권의 유사대응어인 Y로 번역하는 과정에서, 이런 차연(差延, Différance)의 현상이 나타나게 된다. X를 Y로 대치하고자 하는 번역자의 의도는 X의 의미를 Y를 통해 전달하기 위한 의도적인 판단과 의미론적 이상주의(理想主義)에 의해 좌지우지 된다. 여기서 번역자에게 중요한 것은 X의 기의(記意, Signified)이다. 문자 형상에 불과한 X의 기표(記標, Signifier) 그 자체보다 X의 기의(記意)를 통해서 드러내고자 하는 의미의 포착이 더 중요한 것이다. 그러나 번역자는 절대로 X의 기의를 Y라는 기표로 그 의미를 고착화 시킬 수 없으며, 모든 번역의 시도는 차연(差延)의 방식에 의해 그 번역된 의미를 연기(延期)해 나갈 수밖에 없는 현실에 처하게 된다.

데리다의 이러한 관찰을 16세기 말 중국 선교의 상황에서 재현해 볼 수 있다. 마테오 리치가 하나님의 중국 이름을 상티(上帝)로 번역했을 때, 그가 중요시 여겼던 것은 데우스(Deus)라는 기표(記標, Signifier)의 즉자대응적 번역보다, 그 데우스라는 단어가 내포하고 있는 보편내재적(Endocentric) 기의(記意, Signified)였다. 유럽 기독교인들이 믿고 있던 절대자(Supreme Being)로서, 무(無)로부터 천지만물을 창조하셨으며, 선과 악의 궁극적 심판자이신 “데우스”는 고대 중국인들이 이미 오래전부터 향유하고 있던 내재보편적 신개념에 의해 환치될 수 있다고 보았다. 마테오 리치가 선택한 번역의 방법은 상티(上帝)라는 중국 유교의 절대신이 가지고 있는 신성(神性)의 기의(記意)를 기독교 데우스의 기의(記意)와 결부시키는 것이었다. 그러나 마테오 리치가 시도한 의미의 내재보편적 신개념에 의한 즉자적 번역은 차연(差延, Différance)을 통해 전혀 다른 방향으로 전개되었다. 마테오 리치나 유럽 선교사들이 시도했던 “데우스”와 “상티”간의 기의(記意, Signified)의 포착은 “차별화되고 또한 연기(延期)되는” 과정을 거치며, 중국인들의 하나님(The Christian God for the Chinese)으로 정착되어 갔다. 기의(記意, Signified)의 포착이라는 번역의 시도를 통해 기독교적 의미가 고착화된 것이 아니라 오히려 의미론적 재해석(Semantic Reconfiguration)이 유도된 것이다. 마테오 리치는 상티가 의미하고 있는 내재보편적 의미구조에 주목했지만, 결과적으로는 상티가 가지고 있는 특수내재적 의미구조에 의해 기독교 하나님의 의미가 더욱 풍성하게 확대되었던 것이다.

상티(上帝)가 중국에서 기독교 하나님의 이름으로 “차별화되고 연기되는” 과정을 통해 기독교 하나님의 “특수보편적 의미구조”를 더욱 풍성하게 만드는 과정은 그리 순조롭지 않았다. 마테오 리치가 베이징에서 임종한 1610년 바로 직후부터, 중국에서 활동하던 서양 선교사들과 중국 기독교의 초기 인물들, 그리고 반(反) 기독교적 태도로 일관했던 유학자들과 불교승려들은 이 문제로 서로 날카롭게 대립할 수밖에 없었다. 하나님의 이름을 둘러싼 초기 전례용어 논쟁(Chinese Term Controversy)이 시작되면서,[78] 상티와 천주를 비롯한 기독교 하나님 이름의 중국 번역에 대한 치열한 신학적 논쟁이 전개되었다. 리치에 의해 중국 선교의 책임자로 임명된 이탈리아 출신의 니콜로 롱고바르디(Nicolo Longobardi)가 리치의 번역을 정면으로 반박하면서, 일부 선교사들은 상티나 천주의 사용을 금지하기 위한 대대적인 노력을 기울인다.[79] 상티라는 번역어는 17세기 초 중국의 의미론 속에서 잘된 번역, 혹은 잘못된 번역이라는 구조화된 대립체계 가운데서 고착화되는 운명에 처해졌다. 그러나 텍스트 속에서 언제나, 이미 작용하고 있는 차연의 과정을 통해 그 단어의 의미는 차별화되고 또한 연기(延期)되는 과정을 밟게 되었다. 이러한 과정을 통해서 중국어로 번역된 기독교 하나님 "상티"는 풍성한 특수내재적 의미구조속의 단어로 새롭게 발전되어 갔다.

이러한 차연(差延, Différance)의 과정을 번역 이론에 적용시킨 데리다의 소논문은 조셉 그래함(Joseph Graham)이 1985년에 출간한

78) 마테오 리치가 타계한 이후 제기된 선교 신학적 문제는 흔히 공자와 조상에 대한 제사 문제 등과 연관된 "중국 전례논쟁(Chinese Rites Controversy)"으로 확대되었다. 중국 전례논쟁에 대한 전문적인 연구는 앞의 각주 23(가톨릭)과 24(개신교)를 참조. 중국 전례논쟁의 여러 쟁점 가운데 "중국 전례용어 논쟁(Chinese Term Controversy)"에 대한 논의는 Sangkeun Kim, *Strange Names of God: The Missionary Translation of the Divine Name and the Chinese Responses to Matteo Ricci's Shangti in Late Ming China, 1583-1644* (New York: Peter Lang Publishing, 2004).

79) 중국 전례용어 논쟁에서 마테오 리치의 하나님 이름 번역방법을 반대했던 니콜로 롱고바르디는 초기 중국 기독교인들을 면담하고 상티나 천주 번역에 대한 자신의 견해를 교황청과 예수회 총장에게 보고했다. Nicolo Longobardi, *Responsio brevis super controversias de Xamti, hoc est de altissimo Domino, de Tien-chu, id est de spiritibus coelestibus, de Lim-hoen, id est de Anima rationali, De aliisque nominibus ac Terminis sinicis ad determinandum; qualia eorum uti possint vel non in hac Christianitate* (1623) 초기 중국기독교의 역사를 이해하는데 중요한 자료인 이 문서의 라틴어본은 로마의 예수회 고문서 보관실(APF, Indie Orientali, Cina, 1623-1674 I, ff. 171-97)에 소장되어 있다. 또한 Paul Rule, *K'ung-tzu or Confucius?: The Jesuit Interpretation of Confucianism* (Sydney: Allen & Unwin, 1986)에는 이 문서에 대한 자세한 분석이 제시되어 있다.

『번역상의 차연』(Difference in Translation)에 포함되어 있다. 데리다는 이 책의 일부인 "바벨탑"(Des Tour de Babel)이라는 번역에 관한 자신의 짧은 논문에서 한 단어나 개념을 다른 문화권의 적절한 단어나 개념으로 대치하는 번역의 불가능성을 강조하면서, 번역에 대한 자신 입장을 아래와 같이 설명한다.

> "한 언어에서 다른 언어로 번역하는 것의 불가능성을 말하는 것, 혹은 백과사전의 한 구석을 차지하고 있는 개념을 다른 언어로 바꾸는 것, 혹은 언어를 의미로 환치하는 작업 등의 불가능성을 말하는 것은, 사물의 구체화나 신화, 혹은 수사, 혹은 왜곡과의 혼동을 말하는 것이다. 왜냐하면 번역은 의미의 다양성이 우리를 뒤트는 것을 보상하는 데 부적절함을 가지고 있기 때문이다. 그런 점에서 번역이란 신화의 근원에 대한 신화이며, 은유의 근원에 대한 은유이며, 이야기의 근원에 대한 이야기이며, 또한 번역의 근원에 대한 번역이다."[80]

데리다는 구약성서의 바벨탑 설화가 표현하고자 하는 언어의 혼돈을 통해 번역의 불가능성을 상징적으로 표현한다. 언어의 혼란으로 공사가 중단된 바벨탑의 모습처럼, 번역은 "불완전성을 나타내고, 끝내는 것(finishing)이나 전체화(totalizing)하는 것, 혹은 의미를 포화시키는 것(saturating), 교화를 위해 종결시키는 것, 건축학적으로 완성하는 것"이 전적으로 불가능함을 선포한다.[81] 데리다에 의하면 번역은 전적으로 언어의 혼돈을 의미한다. 언어가 혼돈

80) Derrida, "From Des Tours de Babel", in *Theories of Translation: An Anthology of Essays from Dryden to Derrida*, eds., Rainer Schulte and John Biguenet (Chicago: University of Chicago Press, 1992), p. 218. 데리다의 이 논문은 또한 Jeseph Grahman, ed., *Difference in Translation* (Ithaca: Cornell University Press, 1985)에 편집되어 있다.

81) Derrida, "From Des Tours de Babel", p. 218.

되었던 바벨탑 설화의 사건처럼, 번역은 혼돈의 과정일 뿐이다. 그렇다면, 데리다의 견해대로 번역은 불가능한 혼돈이므로 번역되지 않은 채 내버려져야 하는가? 번역은 쌓아 올리다가 공사를 중단한 바벨탑처럼 미완성으로 남아있어야 하고, 또 종결되거나 전체화되지 않아야 하는가? 다른 문화권사이의 번역은 용도 폐기되어야 하는가? 데리다는 그렇지 않다고 말한다.

> "바벨이라는 적절한 이름은 적절한 이름으로 남기 위해 번역되어서는 안 된다. 그러나 특정 언어가 다른 의미로 표현될 수 있다는 그런 종류와 연관된 혼돈에 의해, 우리는 그 단어가 - 우리가 '혼돈'으로 번역하는 그 단어 - 번역될 수 있다고 생각 한다."[82)]

특정 단어가 다른 언어인식 체계에서 다르게 이해될 수 있다는 혼돈의 가능성은 "바벨"을 "혼돈"으로 번역될 때 이중적인 과정을 거치게 된다. "바벨"이 "혼돈"을 번역될 수 없다는 언어학적 혼돈을 무릅쓰고, 우리가 "바벨"을 "혼돈"으로 번역했을 때, 우리들의 번역은 결국 번역된 것에 대한 번역(Translation of translation), 즉 이중적인 번역을 시도하게 된다. 번역하는 것이, 번역된 것을 다시 번역하는 과정이라면 결국 번역은 "의미론적 대응어에 의해 이미 해석된(Interpreted) 다른 언어로 번역"하는 방법에 의해서만 가능한 것이다.[83)]

다시 17세기 중국의 역사적 상황으로 돌아가 보자. 데리다의 차연에 의한 번역의 과정, 즉 "의미론적 대응어에 의해 이미 해석된 다른 언어로 다시 번역"하는 과정은 17세기 초반 동안 중국인

82) *Ibid.*, p. 219.

83) *Ibid.*, p. 224.

들의 의미론적 재해석 과정을 통해 전개되었다. 중국의 초기 기독교 지도자 중의 한 사람이었던 서광계(徐光啓, 1562-1633)의 견해에 의하면, 마테오 리치의 "상티"는 이미 수 천 년의 중국 유학사(儒學史)를 통해서 이미 의미론적 가치를 확보하고 있던 용어였다. 따라서 이미 의미가 확보된 용어를 다시 다른 의미로 재해석하는 번역 행위는, 결국 확보된 의미에 새로운 의미가 추가되는 의미론적 재해석(Semantic Reconfiguration)을 유도한다. 마테오 리치의 "상티" 번역을 반대했던 니콜로 롱고바르디는 서광계의 이러한 입장을 아래와 같이 보고한다.

> "그[서광계]는 상티(上帝)가 자기들의 하나님이 될 수 없다는 견해를 가지고 있었다. 그는 고대나 지금의 어느 중국인도 기독교 하나님에 대한 이런 이해를 가지고 있지 않다고 믿고 있었다. 그러나 [마테오 리치를 위시한] 순수한 의도를 가진 신부님들이 그 상티를 기독교의 하나님으로 번역했기 때문에, 학식 있는 중국의 사대부들이 반대하지 않았던 것뿐이다. 자신도 그런 견해에 동조해 [선교사들의 의도를] 좋은 뜻으로 받아들이고 있다고 판단하고 있었다."[84)]

명나라 말기의 학식 있는 사대부들은 상티가 기독교 하나님의 중국 이름으로 번역될 수 없다고 보았지만 마테오 리치를 위시한 "순수한 의도를 가진" 선교사들의 좋은 뜻을 받아들여 상티를 기독교의 하나님 이름으로 받아들이고 있다는 롱고바르디의 관찰은 당시에 진행되고 있던 중국인들의 의미론적 재해석(Semantic Reconfiguration) 과정을 잘 설명하고 있다. 원래 상티가 가지고 있던 유교적 의미는 기독교적 의미로 대체될 수 없는 고착된 의미론적 가치(Semantic Value)를 가

84) *Longobardi, Responsio*, p. 222. Paul Rule, *K'ung-tzu or Confucius?: The Jesuit Interpretation of Confucianism*, p. 84 참조.

지고 있다. 그러나 상티의 의미는 "의미론적 대응어에 의해 이미 해석된(Interpreted) 다른 언어로 번역"하는 방법에 의해 중국에서 기독교의 하나님으로 받아들여지게 된 것이다. 즉 상티가 내포하고 있는 유교의 종교적 의미는 "차별됨"과 동시에 그 의미가 "연기(延期)"되면서 기독교의 하나님이란 새로운 개념으로 정착되어 갔던 것이다.

번역의 (불)가능성에 대한 데리다의 표현을 빌리자면, "번역은 필요하지만 불가능하다(Translation then becomes necessary and impossible)."[85] 왜냐하면 번역을 통해서 특수하고 다중적인 의미를 가진 기표(Signifier)에 대응할 수 있는 어떤 등가(等價)적인 기표를 찾을 수 없기 때문이다. 번역의 불가능성은 한 언어가 차지하고 있는 기의(Signified) 자체의 불확정성으로 인해 더욱 고착화된다. "번역은 필요하지만 불가능하다"고 언명(言明)하고 있는 데리다는 이러한 번역의 필요성과 불가능성의 전례로서 기독교 하나님께서 자기 이름을 드러냄과 동시에 감추는 "가능한 동시에 불가능한" 하나님 이름의 번역을 제시하고 있다. 하나님은 자신의 이름을 번역하면서 그 모순의 미학을 드러낸다. 이에 대한 페테 지마의 설명은 복잡한 모순의 미학을 신학적인 용어로 잘 설명하고 있다.

> "바벨신화에는 구약성서의 신(야훼)이 지상으로 내려와 보편 언어의 생성을 방해했기 때문에 언어 혼란이 초래되었다고 기록되어 있다. 데리다는 바벨 신화에 대한 해석을 근거로 다음과 같은 인식을 끌어낸다. '신은 번역을 명명하는 동시에 금지한다.' 신이 자신의 번역 불가능한 이름을 명명하는 동안, 신의 보편 언어와 보편 이성에 대한 희망을 파괴하지만, 동시에 보편 언어에 내재한 제국주의적 요청을 방해한다. '신은 이성의 투명성을 깨트리는 동시에 식민지적 폭력 혹은 언어의 제

85) Derrida, "From Des Tours de Babel", p. 223와 p. 226.

국주의를 붕괴시킨다. 그는 그들(셈족)에게 번역이라는 형벌을 선고하고 그들을 필연적인 동시에 불가능한 번역의 법에 예속시킨다. 신은 자신의 번역 가능하며 동시에 번역 불가능한 고유명사를 근거로 보편 이성을 실현시키는 동시에 그 보편성을 제한한다."[86]

"번역은 필요하지만 불가능하다"는 데리다의 모순의 미학이나 이를 구약성서의 야훼의 이름과 빗대어 설명한 페테 지마의 시도는 마치 데리다의 차연과 번역이론이 부정신학(Negative Theology)과 유사한 맥락을 가지고 있다는 점을 깨닫게 한다. 인간 본성의 범주에서 신에 대한 궁극적 이해(Knowledge of God)가 불가능하다는 부정신학과 데리다의 차연을 통한 고착되지 않는 의미를 가진 언어관이나, 번역의 불가능성을 확정한 그의 태도가 상당부분 부정신학과 닮아 있기 때문이다.[87] 우리는 데리다에 의해 하나님의 이름을 번역할 수 없다는 불가지론에 유도된 것일까? 아니면 차연을 통한 끊임없는 개념의 재생산이라는 번역의 새로운 가능성과 함께 새로 번역될 하나님의 이름을 고대할 수 있는 것일까?

데리다의 차연과 번역이론이 부정신학(Negative Theology)의 한 부류로 오해되는 것을 막고, "의미론적 대응어에 의해 해석된 언어를 다시 번역"하게 되는 차연의 법칙을 신학적으로 정리한 학자는 『데리다의 기도와 눈물』을 저술한 미국의 철학자 존 카푸토(John Caputo)이다. 데리다와 절친한 교분관계를 유지하며, 수차례에 걸쳐 성공적인 데리다 학술대회를 미국에서 주도한 바 있는 철

86) 페터 지마, 『데리다와 예일학파』 (서울: 문학동네, 2001 [1994]), p. 114. 김혜진 역.

87) 차연과 부정신학의 상관관계를 잘 설명하고 있는 최근의 논문은, 이경하, "데리다의 차연" (연세대학교 대학원 석사논문, 2002), pp. 23-28.

학자 카푸토는 아래와 같은 의미심장한 표현으로 "하나님"이란 용어에 대한 데리다의 "신학적" 차연 과정을 설명한다.

> "하나님은 차연(差延, Différance)을 통해서 그의 모습을 이 세상에 드러내기 위해서 영원토록 기다리지 않으셨다. 차연은 하나님에 대한 질문을 이렇게 혹은 저렇게 확정할 수 없다. 사실 더욱 중요한 것은 - 더욱 우리를 어렵게 만들지만 - 그것을 확정하지 않는다는 것이다. 우리는 하나님을 이름 짓는 것을 좋아하지만, 반드시 우리가 그 이름 짓는 과정을 통해서 무엇을 실제로 좋아하고 있는지 끊임없이 물어야 하기 때문에, 그것을 확정하지 않는다는 것이다. [중략] 차연은 우리들로 하여금 끊임없는 새로운 번역의 가능성(Translatablility)과 대체 가능성(Substitutability)으로 이끌 것이다."88)

성서 번역과 선교학의 교류 가능성

선교 번역의 신학적 중요성을 강조했던 앤드류 윌스 교수는 타문화권 선교 현장에서 발생하는 번역을 통해서 기독교 복음의 새로운 의미가 드러나고, 전통적 기독교 신앙의 재해석이 일어날 뿐 아니라, 복음의 핵심적인 내용에 변화(Transformation of Christianity)가 발생한다는 도전적인 명제를 신학계에 던진 바 있다. 그의 주장은 언어학과 성서 번역학의 태두(泰斗)였던 유진 나이다의 이론에 의해 재확인되었다. 선교 번역과 선교 현장에서의 성서번역을 통해, "번역된 단어의 기독교화(Christianization of Vocabulary)" 과정이 일어나고, 이러한 현상은 결국 "의미론적 재해석(Semantic Reconfiguration)"을 유발한다는 것이 나이다의 언어학

88) John Caputo, *The Prayers and Tears of Jacques Derrida: Religion without Religion* (Bloomington: Indiana University Press, 1997), p. 13.

적 관찰이었다. 이 두 학자의 선교학적 및 언어학적 관찰은 "현재 상태로 고정된 하나의 말로서 기능하는 것이 아니라, 의미 사슬화(Signifying Chain) 속에서 몇 가지 표시로서 기능"하는 텍스트의 특성을 예리하게 지적한 자크 데리다의 차연(差延, Différance)의 개념에 의해 재확인되었다. "차별"되고 "연기"되는 두 가지 의미작용의 연속성에 의해 번역된 기독교 용어는 새로운 의미론적 재해석 과정을 유발하게 된다는 것이 데리다의 번역이론을 통해 재확인된 것이다. 데리다의 차연은 우리로 하여금 끊임없는 새로운 번역의 가능성(Translatablility)과 용어의 대체 가능성(Substitutability)을 제시하고 있으며, 타문화권 선교 현장에서 끊임없이 새로운 이름으로 번역되었던 하나님의 이름을 통해서 기독교의 복음이 늘 새롭게 해석되어 왔음을 확인시켜 주고 있다. 타문화권 선교 현장에서의 번역은 전혀 낯선 이름으로, 아니 익숙하지만 전혀 새로운 의미로 우리에게 다가오시는 하나님의 이상한 이름을 만나게 해 주었다. 낯설지만 익숙했던 하나님의 이름은 우리에게 낯설지만 익숙한 새로운 기독교의 모습을 보여주고 있다. "바벨탑"에 시적으로 표현된 하나님의 이름에 대한 데리다의 탄원은 타문화 선교 번역의 중요성을 역설의 미학을 통해 드러내고 있다.

"우리에게 자신의 이름을 소개하시면서, 하나님은 자신의 이름이 번역되어야 함을 간청하고 있다. 이 때 번역은 갑자기 혼돈스럽고 복잡한 의미로 변하는 언어 간의 번역 뿐만 아니라, 하나님 이름의 첫번째, 이미 선포된 그 이름, 우리에게 주어진 이름, 이해되어져야 하는 혼돈으로서 번역되어야 할 이름의 번역이다. 따라서 (하나님의 이름은) 번역되기 힘들고 또 이해하기도 힘든 것임을 알아야한다. 그 백성들에게 번역을 요구하시면서 동시에 금지시키시는 순간, 하나님은 번역을 위해 탄원하고 계신다. 그는 번역을 금지시키시면서 동시에 그의 이름이 번역되어야 한다는 간청을 끝마치시지 않으셨다. 왜냐하면 바벨은 번역될 수 없기 때문이다. 하나님은 그의 이름 앞에서 지금 눈물을 흘리시고 계신다."[89)]

지금도 선교 현장에서는 하나님의 이름이 새로운 이름으로 번역되고 있고 이 모든 과정을 번역 선교사들(Translation missionaries)이 전적으로 책임지고 있다. 이들의 막중한 임무 수행을 통해서 복음의 핵심적인 내용에 변화(Transformation of Christianity)가 초래되고 있음을 우리는 언어학자 유진 나이다와 철학자 자크 데리다의 이론을 통해서 확인하게 되었다. 이 복잡하지만 중요한 다(多)학제간의 연구과제에 성서신학자들이 초대되어야 할 것이다. 선교 현장에서의 번역어 경시 풍조는 마땅히 시정되어야 할 것이다. 새로운 언어로 번역된 성서를 함께 읽으며 선교학과 성서신학은 마땅히 학문적 교류를 시도해야 한다.

89) Derrida, "From Des Tours de Babel," p. 227.

제3장

선교학과 교회사

교회사와 선교 역사의 학문적 교류 가능성

필자가 졸업한 프린스턴 신학대학원의 선교학 박사 과정은 교회사 분과에 소속되어 있다. 이 분과의 정확한 이름은 "역사와 에큐메닉스(History & Ecumenics)"로, 성서신학(Biblical Studies), 신학과 문화(Theology & Culture), 그리고 실천신학(Practical Theology) 분야와 함께 네 개의 큰 분과로 구성된 박사학위(Ph. D.) 프로그램의 일부이다. 따라서 필자에게는 교회사 분야의 세계적인 석학들이 개설하는 박사과정 세미나에 참여할 수 있는 기회가 주어졌다. 시리아 기독교 연구의 세계적인 권위자인 케서린 멕베이(Katherine McVey) 교수, 중세 신비주의와 위(僞) 디오니시우스(Pseudo- Dionysius) 연구의 권위자인 폴 로렘(Paul Rorem) 교수, 종교개혁과 루터 연구를 통해 세계적 명성을 얻고 있는 스캇 핸드릭스(Scott Hendrix) 교수 등으로부터 체계적인 교회사 연구수련을 받을 수 있었던 것은 필자에게 소중하고 값진 경험이었다. 프린스턴 신학대학원의 박사 과정 학생들에게는 목회학 석사 과정 1학년생들이 처음 두 학기동안 수강해야 하는 교회사 I, II 과정에 강사(Teaching Fellow) 자격으로 강의가 맡겨진다. 필자는 박사 과정 2년차부터 마지막 4년차까지 프린스턴 신학대학원 목회학 석사 과정 학생들에게 교회사를 가르친 경험이 있다. 프린스턴 신학대학원의 교회사 교수들이 개설하는 세미나와 직접 교회사를 가르쳐 본 경험을 통해서 필자는 교회사와 선교학 사이에 밀접한 연관이 있음을 깨닫게 되었다. 특별히 필자가 전공분야로 선택했던 선교 역사 연구에 있어서 교회사와의 학문적 교류는 절대적으로 필요하다. 예를 들어 마테오 리치의 중국 선교를 이해하기 위해서는 마테오 리치의 신학적 배경을 이루는 16세기 말 이탈리아 가톨릭 교회사와 당시의 신학적 흐름을 이해해야 하며(교회사 중 16세기 후반 가톨릭 종교개혁 부분), 리치의 중국 선교 역사에 대한 분석이 시도되어야 할 뿐 아니라(전통적으로 선교 역사에서 다루는 부분), 리치의 선교를 받아들였던 명나라 말기 중국의 종교 문화적 토양(중국학 혹은 중국 명나라 유학사에서 다루는 부분)이 함께 연구되어져야 한다. 이처럼 교회사와 선교역사, 그리고 지역학이 유기적으로 결합되어 연구될 때만 우리는 마테오 리치의 선교에 대해 보다 정확한 이해를 확보할 수 있다.

그러나 아쉬운 것은 위에서 열거한 각 연구 분야가 서로 격리되어 연구되고 있을 뿐만 아니라 연구 영역이나 연구 방법에 있어서 철저한 노동의 분화(Division of Labor)가 강조되고 있다는 점이다. 전통적인 기독교 역사가들은 지난 2천 년의 교회사를 초대, 중세, 종교개혁, 근대, 현대 교회사로 나누고, 각 분야를 연구하고 있다. 이는 기독교의 역사를 지중해와 유럽의 관점에서 보고 있기 때문이다. 더 이상 지중해와 유럽 대륙이 기독교의 중심축이 아님에도 불구하고 교회의 역사는 여전히 유럽대륙의 기독교 역사를 반복적으로 학습하고 있으며, 전문 학자의 연구도 이러한 유럽 중심주의(Eurocentrism)를 벗어나지 못하고 있다. 이들에게 아시아 대륙의 기독교 역사는 유럽 기독교사의 주변에서 일어난 일시적인 사건으로 간주되기 일쑤다.

필자의 의도는 아시아 기독교사를 유럽 교회사에서 독립시키자는 것이 아니다. 오히려 이 둘 사이의 유기적인 결합과 상호연구를 통해 보다 정확한 세계 교회사의 모습을 그릴 수 있다는 것이고, 이를 위해서 선교역사가 중대한 공헌을 할 수 있다는 것이다. 교회사와 선교학의 학문적 교류를 모색하는 이번 연구에서 필자는 이러한 "유기적인 결합"이 어떻게 가능할 것인지에 대한 연구의 모델을 제시하게 될 것이다. 유럽 교회사와 중국 선교역사의 유기적인 결합을 위해 마테오 리치의 중국 선교를 연구의 대상으로 선택했다. 더 정확하게 말하자면 마테오 리치의 중국 선교가 그런 식으로 추진될 수밖에 없었던 유럽 교회사적 배경을 분석함으로써, 결국 16세기 말 중국 명나라에 소개된 기독교는 유럽의 신학적 사조와 중국의 양명학적 전통이 결합되는 과정이었음을 밝히게 될 것이다. 이러한 분석 작업을 통해 우리는 교회사와 선교학이 서로 교류할 수 있는 가능성을 발견하게 될 것이다.

마테오 리치의 중국 선교와 유럽 기독교의 신학적 배경

동아시아 기독교 역사에서 마테오 리치(Matteo Ricci, 1552-1610)의 생애와 저술이 남긴 영향은 지도제작술(Cartography)에서부터 창의적인 선교방법론까지 다양하게 남아있다. 특별히 동(東)과 서(西)의 문명사적 만남이라는 시대의 화두(話頭)를 이미 명나라 말기의 중국에서 제기했던 마테오 리치의 역사적 중요성은 이미 여러 학자들의 탁월한 연구에 의해 규명되어 왔다. 세계 각국의 역사학자, 신학자, 선교학자들의 학문적 성취와 더불어, 한국의 학자들은 주로 마테오 리치를 통한 유학과 서학간의 접촉 과정이 조선 후기의 성리학과 초기 천주교회에 미친 영향을 주로 분석하여 왔다.[90] 이원순, 차기진, 최소자, 금장태, 최석우, 강재언, 배현숙, 최기복, 조광, 원재연 등의 학자들이 이 분야 연구를 선도하고 있다. 마테오 리치가 예수회 소속의 가톨릭 선교사였음에도 불구하고 일부 개신교 신학자들도 토착화(Contextualization)신학의 모델로서 마테오 리치의 생애와 사상을 연구한 바 있다.[91]

선교학과 교회사의 학문적 교류 가능성을 타진할 이 번 연구에서 필자는 마테오 리치 연구의 출발점이라고 할 수 있는 부분, 즉 그의 대표작인『천주실의』에 나타난 16세기 후반 예수회 대학의 교과 과정과 예수회 토미즘(Jesuit Thomism)의 신학적 영향을 분석하고자 한다. 마테오 리치가 16세기 후반의 이탈리아인이었고, 그가 당대의 신학적, 철학적 기조에 충실한 신학교육을 받은 예수회 소속 선교사였다면, 이 분야에 대한 연구는 마땅히 기본적인 출발점이 되어야함에도 불구하고, 그의 교육적인 측면과 사상사적

90) 예를 들면, 금장태,『조선후기 유교와 서학: 교류와 갈등』(서울: 서울대학교출판부, 2003); 원재연,『조선왕조의 법과 그리스도교: 동서양의 상호인식과 문화 충돌』(서울: 한들출판사, 2003); 차기진,『조선 후기 서학과 척사론 연구』(서울: 한국교회사연구소, 2002); 강재언,『서양과 조선: 그 이문화 격투의 역사』(서울: 학고재, 1998); 금장태, "조선후기 유학-서학간의 교리논쟁과 사상적 성격"『교회사연구』제1집 (1979), pp. 89-137; 최기복, "명말청초 예수회 선교사들의 보유론과 성리학 비판"『교회사연구』제6집 (1988), pp. 45-118; 이원순, "명청래 서학서의 한국사상사적 의의"『한국천주교회사논문집』제1집 (1976), pp. 137-156; 이향만, "마테오 리치 선교용어의 논리와 의미론적 문제점",『교회사연구』제15집, pp. 143-164.

91) 예를 들면, 이정배, "마태오 릿치와 최병헌의 보유론적 기독교 이해의 차이와 한계",『신학사상』122집 (2003년 가을), pp. 82-109.

배경에 대한 연구가 소홀하게 취급되어 왔다. 리치가 남긴 대부분의 저술들이 중국어로 기록되었고, 서한을 제외한 문서 중 유일한 사료인 그의 선교보고서가 중국에서의 선교 활동만을 기록하고 있기 때문에,[92] 이 분야에 대한 연구가 소홀해 질 수 밖에 없었던 것으로 사료된다. 세계 각국의 리치 연구가들은 지금까지 주로 중국에서 활동한 선교사 리치를 중심으로 연구하여 왔기 때문에, 그에게 영향을 미쳤던 16세기 후반 유럽 교회의 신학적 배경이 간과되어 왔던 것이 사실이다.

필자가 가지고 있는 견해의 출발점은 16세기 후반 유럽 가톨릭교회의 선교사였던 리치가 철저한 "예수회 토미스트(Jesuit Thomist)"였으며 그의 토미즘(Thomism)은 트리엔트 공의회의 신학적 결정, 헤로니모 나달(Jerónimo Nadal)에 의해 기초적 방향이 결정된 예수회 대학의 교과 과정, 예수회의 설립자 이냐시오 로욜라(Ignatius of Loyola)의 영성,[93] 스페인 토미즘에 영향 받은 예수회 토미즘의 등장, 『예수회 회헌』에 나타난 토마스 신학 우선주의 원칙

92) 마테오 리치의 선교보고서는 벨기에 출신의 예수회 선교사 니콜라스 트리고(Nicolas Trigault, 金尼閣, 1577-1628)에 의해 유럽에 전달되었다 (1614년). 트리고는 리치 임종(1610년) 전후의 기록을 첨가하여 그의 선교 보고서를 완성했는데, 1909년 그 원본이 발견되어 타치 벤투리(Tacchi Venturi)에 의해 출간되었다. 이탈리아어로 기록되어 있는 원본의 제목은 *Della' entrata della Compagnia 야 Gesù e christianità nella Cina* 이다. 현재 영역된 리치의 선교보고서는 니콜라스 트리고의 라틴어 번역본을 이용하였기 때문에 이탈리아어 원본과 차이가 있다는 점을 유의해야 한다. 영역본은 Matteo Ricci, *China in the Sixteenth Century: The Journal of Matthew Ricci,* trans. Louis Gallagher (New York: Random House, 1942).

93) 이냐시오 로욜라의 영성이 초기 예수회 선교신학에 미친 영향에 대해서는 이미 분석된 바 있다. 김상근, "도시와 문화를 거부하지 말 것!: 예수회 설립자 이냐시오 로욜라의 선교리더십 연구", 『한국기독교신학논총』 제 35집 (2004년 10월), pp. 335-361.

등에 의해 결정되었다는 것이다. 16세기 후반의 토마스 신학은 정통적인 토마스 아퀴나스의 신학 해석과 그 궤적을 달리 했다. 예수회 선교사들이 로마대학(Collegio Romano)에서 훈련받은 토마스 신학은 흔히 "제2 토미즘(Second Thomism)"이라고도 불리는 스페인 토미즘(Spanish Thomism)의 영향을 직접적으로 받았다는 것을 이 연구를 통해 확인할 것이다. 리치에 의해 이해된 예수회 토미즘(Jesuit Thomism)은 그의 유명한 저술 『천주실의』에 그대로 반영되었다. 따라서 이 번 장에서 필자는 리치가 신학적 영향을 받았던 16세기 예수회 대학의 교과 과정을 분석하면서, 제2 토미즘이 어떻게 초기 예수회 선교사들의 선교신학으로 받아들여졌는지를 논구함으로써 리치 선교의 유럽 교회사적 배경을 모색키로 한다. 또한, 『천주실의』의 핵심 내용을 중심으로 리치가 어떻게 "예수회 토미즘"을 명나라 말기 사대부들에게 소개했는지 살펴볼 것이다. 논의의 전개를 위해 리치의 『천주실의』와 더불어 토마스 아퀴나스의 『이교도 대전』과 『신학대전』의 일부분도 선별적으로 심층 분석될 것이다.

16세기 예수회 대학의 교과 과정이 미친 영향

마테오 리치를 위시한 초기 예수회 선교사들의 창의적인 선교신학은 그들이 인문학 교육과 철학 및 신학 교육을 받았던 16세기 예수회 대학의 교과 과정으로부터 직접적인 영향을 받았다. 토착화 신학의 이상적 모델로 칭송 받아온 리치나 로베르토 드노빌리(Roberto de Nobili)의 선교이론의 신학적 배경에 대해 저명한 예수회 역사가 존 오말리(John O'Malley)는 르네상스 인문주의(Renaissance Humanism)의 영향을 강조해 왔다.[94] 오말리 교수에 의하면, 초기 예수회 선교사들의 "중국과 인도의 고대문화에 대한 전향적인 태도"는 르네상스 인문주의의 직접적인 영향이었으며,95) 중국에서 펼쳐진 리치의 창의적인 선교신학은 이방문화에서 새로운 질서와 규범을 발견하는데 주저함이 없었던 르네상스 인문주의의 영향 때문이었다고 분석한다.96)

르네상스 인문주의는 14세기 이후 중세 대학의 교과 과정을 지배하던 아리스토텔레스와 토마스 아퀴나스의 스콜라적 전통에 대한 부정의 방편(方便)으로 발흥되었지만, 반(反)기독교적 지성운동과는 일정한 거리를 유지했던 인문주의 회복운동이었다. 르네상스 역사연구의 권위자들에 의하면 르네상스 인문주의는 반(反)기독교적 운동이 아니라 오히려 플라톤과 아우구스티누스의 사상을 이용해 순수한 원(原)기독교의 모습을 추구하던, "콘스탄티누스 대제와 수도원 제도정착 이전의 일반 대중 중심의 원래 기독교의 모습으로 돌아가자는 회복운동"이었다.97)

존 오말리의 분석에 의하면 이러한 르네상스 인문주의는 초기 예수회의 신학기조 형성에 지대한 영향을 미쳤다. 그는 중세대학이 이전에 추구하던 스콜라적 전통의 이론중심에서 벗어난 것

---

94) John O'Malley, "Renaissance Humanism and the Religious Culture of the First Jesuits", in *Heythrop Journal*, vol. 31, p. 471.

95) John O'Malley, *Religious Culture in the Sixteenth Century* (Hampshire: Variorum, 1993), p. 485.

96) John O'Malley, *The First Jesuits* (Cambridge: Harvard University Press, 1993), p. 244.

97) Paul Kristeller, *Eight Philosophers of the Italian Renaissance* (Stanford: Stanford University Press, 1964), p. 159. 본문의 인용은 Salvatore Camporeale, "Renaissance Humanism and the Origins of Humanist Theology" in *Humanity and Divinity in Renaissance and Reformation: Essays in Honor of Charles Trinkaus*, eds. et al. John O'Malley (Leiden: E. J. Brill, 1993), pp. 104-105.

과, 교육과 대학을 예수회 사역의 현장으로 받아들였던 것, 그리고 비 유럽적 문화와 세속사회에 대한 전향적 태도를 르네상스 인문주의가 예수회 신학에 미쳤던 세 가지 영향이라고 분석했다.[98] 특별히 르네상스 인문주의를 교과 과정의 일부로 받아들였던 초기 예수회 대학에서 이러한 현상은 두드러지게 나타났다.

1548년, 이탈리아의 메시나(Messina)에서 세워진 최초의 예수회 대학의 교과 과정에서부터 예수회는 르네상스 인문주의적 전통을 받아들였다.[99] 중세대학의 전통과 당대의 여타 유럽대학과는 달리 새로 설립된 예수회 대학에서는 그리스와 로마의 고전들이 정식으로 교과 과정에 포함되었다. 이러한 초기 예수회 대학의 교과 과정을 결정한 인물은 초기 예수회의 탁월한 행정가이자 "예수회의 두번째 설립자"로 일컬어지는 헤로니모 나달(Jerónimo Nadal)이었다. 헤로니모 나달은 초기 예수회 대학의 교과 과정을 결정한 핵심적인 인물이었다. 그는 최초의 예수회 대학이었던 메시나 대학의 설립(1548년)에 직접 참여했으며 그 대학의 초대 학장을 역임한 인물이다. 메시나 대학에서 나달이 작성한 예수회 대학의 기본 교과 과정은 초기 예수회 대학의 교과 과정을 확립하는데 결정적인 역할을 하였다.[100] 그가 1548년에 작성한 『일반 대학교육 과정』

98) John O'Malley, *Religious Culture in the Sixteenth Century*, pp. 478-485.

99) Aldo Scaglione, *The Liberal Arts and the Jesuit College System* (Amsterdam and Philadelphia: John Benjamins Publishing, 1986), p. 51. 스카글리오네는 이 글에서 16세기 후반의 예수회 대학에 영향을 미쳤던 인문주의를 "이탈리아 르네상스 인문주의"로 명명하고, 이를 "에라스무스적 북유럽 르네상스 인문주의"와 구별한다.

100) 초기 예수회 대학의 확장 과정에 대해서는, Ladislaus Lukacs, "A History of the Ratio Studiorum", in *Church, Culture and Curriculum: Theology and Mathematics in the Jesuit Ratio Studiorum*, et al. Ladislaus Lukacs

(De universitate studii generalis)은 르네상스 인문주의를 교과 과정의 핵심으로 받아들인 혁신적인 내용을 담고 있었다. 메시나 대학의 인문학 교육을 위해서 나달은 호레스, 키케로, 시이저, 에라스무스 등의 라틴어 저술과 이솝과 아리스토파네스 등의 헬라어 고전을 교과 과정으로 채택했다. 종교 개혁적 인물로 분류되어 당대 가톨릭교회에서 경원시되던 에라스무스의 라틴어 저술까지 메시나 대학의 교과 과정에 포함시켰던 나달의 전향적인 태도는 예수회의 설립자이자 초대총장이었던 이냐시오 로욜라(Ignatius Loyola)의 반대에 부딪힐 정도로 획기적인 접근방식이었다. 메시나 대학의 교수들은 총장의 지시에 의해 공식적인 에라스무스 저술의 사용을 자제하는 척 했지만 사실 저자의 이름이 기록되어 있는 책표지를 떼어내고 계속해서 에라스무스의 라틴어 저술(De octo orationis partium constructione)를 교과서로 사용할 정도였다.[101)] 이는 초기 예수회 대학의 개방적인 학문적 성격을 상징적으로 드러내는 장면이라고 할 수 있다.

이냐시오 로욜라는 1551년, 메시나 대학의 공식적인 대학 교과 과정을 상세하게 보고하라는 검열을 겸한 행정 지시를 나달에게 내렸다. 종교개혁자들과 같은 노선에 서 있는 에라스무스의 저술을 예수회의 교과 과정을 채택된다는 것을 있을 수 없는 일이었기 때문이다. 나달은 그의 동역자인 한니발 두 코두레(Hannibal du Coudret, 1525-1599)에게 로욜라의 지시를 다시 위임했는데, 이때 보고된 메시나 대학의 공식적인 대학 교과 과정은 초대 예수회 총

(Philadelphia: St. Joseph's University Press, 1999), p. 17; Thomas Lucas, *Landmarking: City, Church and Jesuit Urban Strategy* (Chicago: Loyola University Press, 1997), p. 119.

101) Scaglione, *The Liberal Arts and the Jesuit College System*, pp. 78-79.

장의 유능한 비서였던 후안 데 폴랑코(Juan de Polanco)에 의해 『메시나 대학의 교과 과정』(De ratione studiorum Collegii Messanae)이라는 문서로 1551년 정리, 발표되었다. 전체 예수회의 공식적인 교육 지침 문서로 채택되었던 이 1551년의 보고서는 이미 1548년에 작성된 나달의 지침서를 바탕으로 그리스 고전과 라틴 고전을 예수회 대학 인문교육의 중심교재로 채택하고 있다. 메시나 대학의 1551년 교과 과정은 1599년에 공식적인 예수회의 교과 과정(Ratio Studiorum)이 채택될 때까지 전 유럽과 선교지에 급속하게 확장되어가던 예수회 대학의 교과 과정으로 공인되어 지대한 인문학적 영향을 미치게 된다.

그러나 1548년 작성된 나달의 『일반 대학교육 과정 *De universitate studii generalis*』이나 한니발 두 코두레와 후안 데 폴랑코에 의해 1551년 작성된 『메시나 대학의 교과 과정』은 인문학적 수련을 위한 교과 과정의 내용만 담고 있었다. 당시 예수회 소속의 사제로 서품받기 위해서는 별도의 엄격한 철학과 신학의 교과 과정을 이수해야만 했다. 당시 엄격했던 사제 서품을 위한 예수회의 교과 과정은 이냐시오 로욜라의 『예수회 회헌 *Constitutions*』의 규정으로 명시되어 있다. 모든 예수회 사제들은 먼저 2년간 라틴어와 그리스어 수업을 이수하고 추가로 2년간 인문학적 수련을 더 받아야만 사제로 서품받기 위한 철학과 신학수업을 시작할 수 있었다. 철학 과정을 위해서는 3년의 교과 과정, 그리고 신학을 위해서는 모두 4년의 추가 교육 과정이 부과되었다. 따라서 모든 예수회 사제들은 최소한 12년의 엄격한 교과 과정을 이수해야만 사제 서품의 자격이 주어졌다. 마테오 리치와 같은 사제는 4년간의 기초적인 인문학적 훈련 외에 추가로 7년간의 철학과 신학적 수련을 받아야만 했는데, 이러한 장기간의 엄격한 교육 과정을 통해서 초기 예수회 선교사들은 그들의 선교 신학적 기초를 튼튼히 배양할 수 있었던 것이다.

물론 리치와 같은 초기 예수회 사제들에게 미친 르네상스 인문주의의 영향은 지대했으며 나달의 교육 정책수립 이후 채택된 교과 과정들이 이를 잘 증명하고 있다. 중세대학에서 이교도의 문학으로 간주되던 라틴어과 그리스어 고전이 공식적인 예수회 대학의 교과목으로 채택되었을 뿐 아니라, 에라스무스의 종교 개혁적 노선을 지지하는 저술도 과감하게 도입했던 초기 예수회 대학의 인문학적 수련은 리치가 중국 유교의 고전을 저항감 없이 사용할 수 있는 토양을 제공하였다. 초기 예수회 대학에서 채택되었던 혁신적인 교과 과정은『예수회 회헌』에서 공식적인 정책으로 확인될 정도였다.

> "인문학 수련을 위해서는, 이교도 저자들의 부도덕성은 반드시 지적되어야 하지만, 그 외의 나머지 교훈은 마치 '이집트의 전리품'들이 [광야의 이스라엘 사람에게] 사용된 것처럼 예수회에 적용될 수 있다."102)

그러나 문제는 리치와 같은 초기 예수회 사제들이 이수해야만 했던 철학과 신학의 7년 과정이 아리스토텔레스의 철학과 토마스 아퀴나스의 신학체계에 집중되어 있었다는 것이다. 비록 인문학적 수련을 위해서는 르네상스 인문주의라는 "이집트의 전리품(Spoils of Egypt)"이 사용될 수 있었지만, 사제들을 위한 철학과 신학수련은 여전히 아리스토텔레스와 토마스 아퀴나스의 가르침에

102) George Ganss, ed., *The Constitutions of the Society of Jesus* (St. Louis: Institute of Jesuit Sources, 1970), p. 189. 또한 Scaglione, *The Liberal Arts and the Jesuit College System*, p. 52.

근거하고 있었다. 이러한 초기 예수회의 철학적 방향과 신학적 기조가 결정된 동기는 나달의 1551년 문서『예수회 대학의 교과 과정』(De Studiis Societatis Iesu)과 이냐시오 로욜라의『예수회 회헌』의 규정에서 비롯되었다. 우선 나달의『예수회 대학의 교과 과정』은 4년간의 철학 수업을 규정하면서, 아리스토텔레스의 논리학, 자연철학, 도덕철학, 그리고 형이상학을 이수하도록 명기하고 있었다. 구체적으로 철학수업의 첫번째 해에 학생들은 아리스토텔레스의『니코메디안 윤리학』(Ethica Nicomachea)을 이수하고 향후 3년간『물리학 *Physica*, 8권』,『천계에 대하여』(De Caelo, 4권),『기상학』(De Meteorologica, 4권),『물질의 산출과 소멸』(De Generaione et Corrruptione, 2권),『영혼에 대하여』(De Anima, 3권),『자연에 대한 소 논고』(Parva Naturalia), 그리고『형이상학』(Metaphysica, 2권)을 교재로 수업하도록 규정했다.[103] 한편, 예수회 대학이 요구하던 4년간의 신학교육은 토마스 아퀴나스의『신학대전』을 가르치는 2명의 신학교수와『성서』를 가르치는 1명의 성서신학 교수에 의해 운영되어져야 한다고 규정하고 있다.

이냐시오 로욜라에 의해 1541년부터 1550년까지 초안된『예수회 회헌』의 네번째 규정은 예수회 사제를 위한 철학과 신학교육 과정을 재확인하고 있다. 이 중요한 문서에서도 아리스토텔레스의 철학과 토마스 아퀴나스의 신학이 예수회의 중심 사상 기조임을 못 박고 있다. 예수회 대학에서 가르쳐야 하는 논리학, 자연철학 및 도덕철학, 그리고 형이상학은 아리스토텔레스의 철학을 사용하고, 신학수업을 위해서는 토마스 아퀴나스의 스콜라적 전통을 사

103) Jerónimo Nadal, "De Studiis Societatis", in *Monumenta Historica Societatis Iesu, Monumenta Paedagogia Societatis Iesu, Quae Primam Rationem Studiorum* (1901), pp. 89-107.

용할 것을 『예수회 회헌』은 규정하고 있는 것이다.[104] 그러나, 여기서 우리가 주목해야 할 점은 초기 예수회 대학에서 교과 과정으로 채택되었던 토마스 아퀴나스 신학은 전통적 토미즘(Thomism)이기보다는 16세기 초 스페인의 살라망카 대학을 중심으로 태동했던 "제2 토미즘(Second Thomism)"의 영향을 받았다는 것이다.

예수회 토미즘(Jesuit Thomism)의 등장과 초기 예수회 선교사들의 선교신학

1492년 크리스토퍼 콜럼버스의 신대륙 발견과 더불어 시작된 라틴아메리카 선교를 통해 유럽의 전통적 토미즘은 일대 수정이 불가피했다. 라틴아메리카에서 발견된 원주민들에게 하나님을 알 수 있는 지식(Knowledge of God)이 주어져 있는지에 대한 신학적 고찰은 결국 토마스 아퀴나스의 신론과 인간론의 일대 수정을 요구하게 되었으며, 이 새로운 신학적 성찰을 주도했던 신학자는 스페인 살라망카 대학의 프란치스코 데 비토리아(Francesco de Vitoria, 1485/6-1546)였다.[105]

"크리스천 소크라테스(Christian Socrates)"라는 별명으로 불렸던 프란치스코 데 비토리아는 1524년부터 1546년까지 살라망카 대학에서 제2 토미즘을 강의하면서, 소위 "스페인 토미즘(Spanish

104) George Ganss, *Saint Ignatius's Idea of a Jesuit University* (Milwaukee: Marquette University Press), p. 45.

105) 프란치스코 데 비토리아의 사상과 제2 토미즘 등장의 시대적 배경에 관한 자세한 연구는 김상근, "조직 신학자를 위한 선교학: 16세기 라틴아메리카 선교가 제2 토미즘 등장에 미친 영향을 중심으로", 『신학사상』 vol. 125 (2004년 여름호), 143-174.

Thomism)" 시대를 열었다. 비토리아는 라틴아메리카 원주민들도 하나님을 아는 지식인 제1 본성(Prima Praecepta)을 소유하고 있다고 보았다. 그들이 복음을 받아들이지 않고 있는 이유는 단지 그들의 제2 본성(Secunda Praecepta)이 타락되어 있고 그 순수한 본성이 오염되어 있기 때문이었다. 만약 그들에게 유럽인들이 지금까지 누렸던 교육기회와 문명적인 주거환경을 보장하고, 미신과 우상숭배(Huacas)를 척결한다면, 다시 하나님을 알 수 있는 순수한 제1 본성을 회복할 수 있다는 것이 그의 견해였다. 따라서 이 세상 모든 인류가 하나님의 형상으로 지음 받았기 때문에, 누구를 막론하고 자연법(Natural Law)적 지위를 누릴 수 있다는 것이 비토리아의 토미즘적 신학의 출발점이었다.[106)]

비기독교 문화와 "이방인"들의 신(神)이해의 가능성을 인정했던 프란치스코 데 비토리아의 견해는 그의 제자였으며 같은 살라망카 대학에서 신학을 가르친(1552-1560년) 도밍고 데 소토(Domingo de Soto, 1494/5-1560)와 멜코르 카노(Melchor Cano, 1509-1560)에 의해 16세기 전반부 스페인의 대표적 신학기조로 정착되어 갔다.[107)] 16세기 후반에 접어들면서 유럽 각 지역에서 세워지기 시작한 예수회 대학은 이 스페인 토미즘을 받아들이기 시작했다. 특별히 마테오 리치와 로베르토 드노빌리와 같은 초기 예수회 선교사들이 신학 교육을 받은 예수회의 대표적 대학인 로마대

106) 자연법사상에 의거한 비토리아의 국제법에 관한 자료와 분석은 Francisco de Vitoria, *Political Writings*, eds., Anthony Pagden and Jeremy Lawrance (Cambridge: Cambridge University Press, 1991).

107) Christian Herman, "Settlements: Spain's National Catholicism" in *Handbook of European History 1400-1600*, vol. 2. eds., T. Brady, H. Oberman and J. Tracy (Grand Rapids, William B. Eerdmans, 1995), p. 503.

학(Collegio Romano)에 스페인 토미즘이 소개되었다.

마테오 리치는 로마대학에서 1573년부터 1575년까지 수사학(Rhetoric) 인문 과정을 이수하고, 계속해서 1577년까지 철학 수련 과정을 끝마쳤다.[108] 이 기간 동안 로마대학에서 철학과 신학을 가르쳤거나 사상적 영향을 미쳤던 인물은 야곱 레데스마(Jacob Ledesma, 1519-1575), 엠마누엘 사(Emanuel Sa, 1530-1596), 프란치스코 톨레도(Francisco Toledo, 1532-1596), 후안 데 마리아나(Juan de Mariana), 그리고 로베르토 벨라미노(Roberto Bellarmino, 1542-1621)였다.[109] 이들은 모두 스페인에서 유입된 16세기 후반의 제2 토미즘을 받아들여 로마대학에서 예수회 토미즘(Jesuit Thomism)을 발전시켰던 신학자들이었다. 자연히 이들의 관심은 전통적 토미즘의 구원관과 하나님 이해에서 벗어나, 초기 예수회 선교사들의 "이방문화와 종교"에 대한 보고를 통해 새로운 구원관을 모색하는데 큰 신학적 관심을 보였다. 이들의 전향적인 구원관과 이방문화에 대한 개방적 이해는 "이 세상 모든 것에서 하나님을 발견(Finding God in All Things)"이라는 이냐시오 영성과 결합하면서, 독특한 예수회 토미즘을 형성하게 된다. 자연히 로베르토 벨라미노와 같은

108) 리치의 신학 수업은 인도의 고아(Goa)에서 진행되었다. 당시의 교과 과정에 따라 로마대학에서 철학교육까지 마친 리치는 인도의 고아에 설립된 예수회 대학에서 신학교육을 추가로 받았다. 선교 현지에서의 신학교육이 로마대학의 예수회 대학의 교과 과정을 그대로 준수했는지에 대한 추가 연구가 필요하다. 16세기 말 일본 선교지의 경우 로마대학보다 간소화된 교과 과정이 적용되었다는 기록이 있음을 볼 때, 인도의 고아에서도 어느 정도 축소된 신학교육이 적용되었을 것으로 추정된다. 1580년대 초반, 고아의 예수회 대학에서 적용되었던 신학 교과 과정에 대한 역사적 연구가 필요하다.

109) 이들의 로마대학 재임 기간은 아래와 같다. 야곱 레데스마: 1557-1575년, 프란치스코 톨레도: 1559-1569년, 후안 데 마리아나: 1561-1565년, 로베르토 벨라미노: 1576-1595년.

신학자는 비록 선교 현장을 직접 방문한 경험은 없었지만 "중국선교 개척의 세 기둥(開教三大柱石)" 중의 한 명으로 불리던 서광계(徐光啓, 1562-1633)와 서신 교환을 통해 그의 신앙을 격려하기도 하였으며,[110] 인도 남부의 마두라이(Madurai)선교지에서 선교방법론으로 논쟁을 일으키던 로베르토 드노빌리와 수 차례에 걸쳐 서신을 교환을 하면서, 선교 현지에서 부각되는 문제들에게 대해 지대한 관심을 표시하기도 했다.[111]

이처럼 16세기 후반 예수회 토미즘의 신학적 영향을 받으며 철학과 신학을 공부한 마테오 리치를 비롯한 대부분의 초기 예수회 선교사들은 스페인 토미즘을 거쳐 "이냐시오적"으로 재해석된 예수회 토미즘(Jesuit Thomism)을 그들의 선교신학으로 응용하게 된 시대적 배경을 가지고 있었다. 이러한 초기 예수회의 신학적 전통은『예수회 회헌』에 의해 공식화 되었으며, 1593년의 제5차 총회(Jesuit Congregation) 의결에서도 다시 한번 확인된 바 있다.

> "스콜라적 신학을 가르치는 우리 (예수회의) 교수들은 반드시 성 토마스의 신학적 가르침을 따라야 한다. 성 토마스의 신학을 바르게 가르치지 못하는 교수는 절대 신학 교수로 모실 수 없다. 만약 어느 교수이든

110) 서광계와 함께 중국선교의 "3대 기둥"으로 불렸던 이지조와 양정균 세 사람의 역할과 역사적 중요성에 대해서는 P. M. D'Elia, ed, *Fonti Ricciane* (Rome: Liberia dello Stato, 1242-1249), vol. 2, p. 308과 徐宗澤,『明清間耶蘇會士譯著提要』(上海: 中華書局, 1949), p. 14. 벨라미노와 서광계의 서신교환에 대해서는 Joseph de la Servière, "Le Cardinal Bellarmin et la mission de Chine", in *Gregorianum,* vol. 2 (1921), pp. 614-621.

111) 벨라미노와 드노빌리의 서신 교환은 1607년 12월 1일, 1610년 11월 13일, 1610년 11월 28일, 1617년 12월 8일에 있었다. 모든 서신은 예수회 고문서 보관실에서 소장하고 있다. Archivum Romanum Societatis Iesu (로마의 예수회 고문서 보관실), *Goa* 51 (7-12, 170-171, 200-201, 259-160).

지 성 토마스의 신학을 연구하는 것을 게을리 하거나 그의 신학을 반대하면, 우리 예수회 대학에서 가르치는 일에서 퇴직당하여야 한다."[112]

이상의 논의를 통해 필자는 16세기 후반 유럽 남부 기독교의 시대적 배경과 초기 예수회 대학의 교과 과정 확립 과정을 살펴보았다. 존 오말리 교수가 주장한 것처럼 초기 예수회 선교사들의 선교신학을 르네상스 인문주의(Renaissance Humanism)의 틀로서만 보는데 문제점이 있음이 지금까지의 논의를 통해 드러났다. 르네상스 인문주의라는 시대정신과 더불어, 스페인 토미즘을 거쳐 로마대학으로 유입된 제2 토미즘(Second Thomism)이 초기 예수회의 이냐시오 영성(Ignatian Spirituality)과 결합하면서 독창적이며 혁신적인 토마스 신학 이해가 그 시대의 신학적 주류를 형성하였다. 프란치스코 톨레도(Francisco Toledo), 후안 데 마리아나(Juan de Mariana), 프란치스코 수아레즈(Francisco Suárez), 그리고 로베르토 벨라미노(Roberto Bellamino)에 의해 발전된 예수회 토미즘(Jesuit Thomism)은 초기 예수회의 중심 신학기조로 자리 잡았고, 이러한 교과 과정의 결정은 『예수회 회헌』과 『제5차 예수회 총회의 결의』를 통해서 재확인되었다. 물론 토마스 아퀴나스의 신학을 종교개혁자들의 도전에 직면해 있던 16세기 후반 가톨릭교회의 공식적인 신학기조로 공인했던 트리엔트 공의회의 결정 또한 외부적 요인으로 작용했음이 분명하다.[113]

---

112) 제5차 예수회 총회 기록 41번 항목. 원문은 John Padberg, eds., et al., *For Matters of Greater Moment: The First Thirty Jesuit General Congregations* (St. Louis: Institute of Jesuit Source, 1994), p. 198.

113) 트리엔트 공의회의 진행 과정과 종교개혁자들의 도전에 대한 가톨릭교회의 공식적 대응에 대해서는 Hubert Jedin, *A History of the Council of Trent* I-II (St. Louis: B. Herder, 1957, 1961); John O'Malley, *Trent and All*

『천주실의』에 나타난 예수회 토미즘의 영향

토마스 아퀴나스의 구원론이나 인간론을 논구하는 것은 이 글의 일차적 목적이 아니지만, 16세기 후반의 초기 예수회 선교사들에 의해 이해된 예수회 토미즘의 핵심내용을 간략하게나마 언급하는 것이 마테오 리치의 『천주실의』에 나타난 예수회 토미즘의 영향을 분석하는데 필요하리라고 본다. 리치를 포함한 초기 선교사들이 주목했던, 예수회 토미즘에 의해 강조된 토마스 신학의 핵심은 자연계시를 통한 구원의 가능성 확보와 하나님의 이름을 명명할 수 있는 가능성에 대한 긍정이었다. 프란치스코 데 비토리아나 프란치스코 수아레즈, 그리고 로베르토 벨라미노 등은 자연계시를 통한 구원의 가능성을 강조했던 토마스 아퀴나스의 논구를 주목했다. 16세기 전반부터 시작된 가톨릭교회의 선교 경험을 통해, 이방인들의 구원문제에 대한 신학적 고찰이 이미 상당한 수준에 올라있었기 때문에, 이들 예수회 토미스트(Jesuit Thomist)들은 토마스 아퀴나스의 아래 논구를 주목할 수밖에 없었다.

> "만약 어떤 사람이 어떤 형태의 진리를 알 수 있다면, 그 사람은 그러한 지혜를 얻기 위해서 하나님에 의해 움직여졌으며, 하나님의 도움을 받았다고 우리는 말할 수밖에 없다. 그러나 이 세상 모든 만물의 진리를 알기 위해서 이미 그 사람이 가지고 있는 자연계시적 조명 외에 새로운 조명이 필요하지 않는 것이 분명하다. 다만 그의 자연계시적 지식을 넘어서는 어떤 것에 대해서는 새로운 조명이 필요할 것이다. 그러나 어떤 경우에 하나님은 기적적으로 어떤 사람들에게 자연적 이성을 통해서만 조명하시는데, 이것은 마치 그 사람이 자연을 통해서 기적적으로 무엇인가를 성취하는 것과 같다."[114]

That: Renaming Catholicism on the Early Modern Era (Cambridge: Harvard University Press, 2000).

예수회 토미스트들은 자신들의 신학적 입장을 뒷받침해 줄 수 있는『신학대전』의 이런 구절을 강조했고 당대의 신학적 기조에 의해 신학교육을 받았던 마테오 리치 선교사는 이러한 "예수회 토미즘적" 신학을 자신의 선교신학에 접목시켰던 것이다. 리치의 이러한 "예수회 토미즘적" 선교신학은 그의 주저(主著)인『천주실의』에 잘 나타나 있다.

마테오 리치의『천주실의』는 그의 선교 동역자였던 같은 이탈리아 출신 예수회 선교사 미셸 루지에리(Michele Ruggieri)가 1584년에 저술한『천주실록 天主實錄』에 대한 개정판의 성격으로 출발했다.『천주실의』의 초판은 1593년이나 1594년경, 예수회의 아시아 선교를 총책임(Visitor)지고 있던 알레산드로 발리나뇨(Alessandro Valignano)의 지시에 의해 저술된 것으로 보인다. 당시의 관행에 따라 리치의『천주실의』초판은 라틴어 요약본의 형태로 1597년 발리냐뇨와 일본선교 교구를 책임지고 있던 루이스 세르퀘이라(Luis Cerqueira)에게 제출되었다. 발리냐뇨에 의해 이듬해(1598년) 리치의『천주실의』초판 간행이 승인되기 전에, 이미 중국 사대부들은 리치의『천주실의』를 돌려가면서 읽고 있었다.[115] 결국 발리냐뇨의 출간 승인이 있기 전이었던 1594년에, 남창(南昌)에서『천주실의』의 초판이 인쇄되었으며 1601년에는 베이징에서 소위『1601년 베이징 판 천주실의』가 출간되었다. 한편 마테오 리치는 발리냐뇨의 승인을 받은 후 몇 가지 내용을 첨삭(添削)한 다음, 1603년 베이징에서 공식적인『1603년 베이징 판 천주실의』를

114) 토마스 아퀴나스,『신학대전』제1권 질문 109, 제1항.

115) Pasquale d'Elia, *Fonti Ricciane*, vol. 2, pp. 299-300. 또한 Adrian Dudink, "A Previously Unknown Preface (1607) by Zhou Xianchen to Ricci's Tianzhu Shiyi", in *Sino-Western Cultural Relations Journal,* vol. 16 (1994), p. 19, no. 2.

출간했다. 1605년 혹은 1606년에 항주(杭州)에서 또 다른 판본이 인쇄되었는데 이를 『항주판 천주실의』로 부른다. 이 『항주판 천주실의』는 1629년 이지조(李之藻)에 의해 편집된 『천학초함 天學初函』에 포함되었다.

『천주실의』는 책의 제목이 의미하는 바와 같이 기독교의 절대신인 하나님(天主)에 대한 자세한 소개와 설명을 담고 있다. 마테오 리치는 이 책의 첫 장에서부터 그가 로마대학에서 배운 예수회 토미즘(Jesuit Thomism)을 이용하여 기독교 하나님을 중국인들에게 소개한다. "천지만물을 창조하시고 이를 유지하시는 하나님에 대한 논의 論天主始制天地萬物而主宰安養之"라고 붙여진 제목에 걸맞게 『천주실의』의 첫 장에서부터 이 세상 모든 사람들에게 내재되어있는 하나님을 알 수 있는 지식(Knowledge of God)에 대한 예수회 토미즘을 전개한다. 익명의 중국선비(中士)와 리치 자신의 입장을 설명하는 서양선비(西士)의 가상대화 첫 부분에서 이러한 "하나님을 알 수 있는 지식"의 문제가 언급되고 있다.

> "중국선비가 말한다: 그리스도교의 도리는 연원이 깊고 뜻이 현묘하여 몇 마디 말로는 다 알 수 없다고 들었습니다. 그러나 선생의 나라에서는 천주를 오로지 높이 받들고 그분이 천지와 인간과 다른 만물들을 처음으로 창제하고 그것을 주재하며 안양하신다고 말하는데, 저는 아직 그 점을 익히 들어 본 바 없고, 옛날 도학자들이 그런 것을 논의한 적도 없습니다. 저를 가르쳐 주시면 정말 다행이겠습니다. 서양선비가 말한다: 이 천주의 도리는 어느 한 사람, 한 가족, 한 나라의 도리가 아닙니다. 서방에서 동방에 이르기까지 여러 큰 나라들이 모두 그 도리를 몸에 익혀서 지키고 있습니다. 이는 성현들이 전한 바로서 천주께서 천지를 개벽하고 사람과 만물을 강생시키신 때부터 지금에 이르기까지 경전이 전수되었으므로 의심할 바가 없습니다. [중략] 저는 이제 천주의 보편적 교의(公教)를 해설하여 그것이 참된 교의(眞教)임을 증명해 보이고자 합니다."116)

리치는『천주실의』의 첫머리에서 하나님을 아는 지식을 동방과 서방의 모든 나라 사람들이 가지고 있음을 강조한다. 이것이야말로 기독교가 중국 사람을 포함한 모든 인류에게 선포될 수 있는 "보편적 교의(公敎)"의 핵심이며 기독교가 참된 교의(眞敎)가 될 수 있는 출발점이라고 역설하고 있다. 리치에 의하면, 중국인을 포함한 이 세상 모든 사람들은 태어날 때부터 진리를 알 수 있는 자연적인 능력(自然之誠情)을 가지고 있으며,[117] 이를 양능(良能)이라고 소개한다.[118] 이 세상 모든 사람들은 이 양능(良能)에 의해서,

116) 마테오 리치,『천주실의』(서울: 서울대학교출판부, 1999), pp. 40-41. 송영배 외 번역

117) "사람 중에 누가 눈을 들어 하늘을 바라보지 않으며, 하늘을 바로 볼 때에 '여기 이 한가운데 반드시 주재하는 분이 계신다'하고 가만히 스스로 감탄하지 않는 사람이 누가 있겠습니까?" 人誰不仰目觀天 觀天之際 誰不默自嘆曰 斯其中必有主之者哉?『천주실의』, p. 45.

118)『천주실의』p. 45. 리치의 양능(良能) 개념은 예수회 토미즘적 인간론에 바탕을 둔 이론이었다. 그러나 이를 받아들였던 당시의 중국 및 동아시아 사대부들은 양명학(陽明學)적으로 이 개념을 수용했다. 명나라 말기의 양명학적 전통에서 양능을 어떻게 이해했고, 리치와 같은 선교사들이 이 용어를 사용했을 때 어떠한 철학적 반응을 보였는지에 연구할 필요가 있다. 예수회 선교사들로부터 "중국 선교 개척의 세 대들보(開敎三大柱石)"로 불렸던 서광계(徐光啓, 1562-1633), 이지조(李之藻, 1565-1630), 양정균(楊廷筠, 1562-1627) 세 사람뿐만 아니라, 명나라 말기 중국 유학자들이 양명학적 입장에서 이해했던 기독교에 대한 분석이 요청되고 있다. 황종희(黃宗羲, 1610-1695)의『明儒學案』에 의하면 당시 왕양명의 철학적 전통은 7개의 학파로 나뉘어 있었지만, 최근 학자들의 연구결과에 따르면 당시의 양명학은 현성파(現成派, 혹은 좌파), 귀적파(歸寂派, 혹은 우파), 그리고 수증파(修證派, 혹은 정통파로 불림)로 나뉘어 있었다. 특별히 현성파의 양지(良知)에 대한 이론은 명대 말기의 유불혼합을 유도하는 사상적 기반이 되었던 바, 이들 양명학적 전통이 리치의 양능(良能)을 어떻게 수용 혹은 비판했는지에 대한 전문적인 연구가 요청되고 있다. 참고 문헌은 배영동,『명말청초사상』(서울: 민음사, 1992).

"지금 천하의 모든 나라 만민들에게는 각기 스스로 우러난 참 마음이 있어서 서로 일러 주지 않았어도 모두 하나의 최고존자(上尊)를 공경합니다. 어려움을 당한 이는 슬픔을 애소하며, 마치 인자한 부모에게 바라는 것처럼 구원을 바랍니다. 악을 저지른 이가 가슴을 부여잡고, 마치 적국을 두려워하듯이, 놀라서 두려워합니다."[119]

리치가 『천주실의』의 서두에서 반복해서 강조하고 있는 이 양능(良能)은 아리스토텔레스 철학에서 말하는 제1 원칙(The First Principle)이며 토마스 아퀴나스 신학에 나타나고 있는 제1 본성(Prima Praecepta)의 다른 이름이다. 즉 리치는 16세기 후반의 예수회 토미즘이 강조하던 모든 인간에게 내재적으로 부여되어 있는 하나님을 알 수 있는 제1 본성을 가지고 있다는 주장을 반복하고 있는 것이다.

『천주실의』의 두번째 장인 "기독교 하나님에 대한 잘못된 견해들에 대한 설명 解釋世人錯誤天主"에서 리치는 불교의 공(空) 개념과 도교의 무(無) 개념이 기독교의 하나님을 언명하거나 설명할 수 없다고 강조한다.[120] 첫번째 장에서 주장한 것처럼 중국인들에게도 하나님을 알 수 있는 양능(良能)이 주어져 있었는데, 한(漢)대에 인도로부터 수입된 불교의 공(空)의 개념과 도교의 무(無)의 개념, 그리고 신유학(新儒學)의 태극(太極)의 개념이 중국인 본래의 양능(良能)을 가로막고 있다고 보았다. 모든 중국인들에게 주어진 양능(良能)은 불교와 송대 신유학에 의해 "오염"되었는데, 본래의 순수한 중국인들의 양능(良能)은 고대 유교의 상티(上帝)신앙에 의해 나타나 있다는 것이 리치의 핵심적인 주장이었다. 이러한 자신의 견해를 뒷받침하기 위해 리치는 중용(中庸), 시경(詩經), 역

119) 『천주실의』 pp. 45-46.

120) 『천주실의』 pp. 73-81.

경(易經), 예기(禮記), 서경(書經) 등에 기록되어 있는 고대 유교의 상티 신앙을 인용한다. 아래 도표는 마테오 리치가 『천주실의』 상권 제2편에서 인용한 유교 고전의 상티 신앙의 출전 목록이다.[121)]

출전	인용구	해석
中庸	中庸引孔子曰 郊社之禮以事上帝也	중용에서는 공자의 말을 인용하여 "교사(郊社)"의 예는 상티를 섬기는 것이다"라고 말했습니다.
詩經 周頌	周頌曰執競武王 無競維烈 不顯成康 上帝是皇	쉬지 않고 일하는 무왕이여 쉬지 않고 애쓰셔서 그 공로는 비할 데 없이 크도다. 성왕과 강왕의 덕행이 어찌 빛나지 않으리오. 상티께서 그들을 왕으로 부르셨도다.
詩經 周頌	於皇來牟 將受厥明 明昭上帝	오, 밀과 보리여! 잘도 자랐구나. 장차 잘 익어 풍년이 들리니, 상티의 은덕이 밝게 빛나도다.
詩經 商頌	商頌云 聖敬日躋 昭假遲遲 上帝是祗.	상탕(商湯)의 성덕과 경건함은 더욱 증가하여 하늘에 다다른지 오래어도 그치지 않으니 일심으로 상티를 공경했네.
詩經 大雅	雅云 維此文王 小心翼翼 昭事上帝	아, 이 문왕께서는 오직 마음을 조심하고 행동을 삼가며, 밝은 덕으로 상티를 섬기셨네.
易經	易曰 帝出乎震	상티는 진(震, 동방)에서 나왔다.
禮記	禮云 五者備當 上帝其饗.	다섯가지 조건을 알맞게 갖추면 상티께서 그 제사를 흠향하신다.
禮記	天子親耕 粢盛秬鬯 以事上帝	천자께서 친히 농사를 지어 자성 거창으로 상티를 섬긴다.
尙書 湯誓	湯誓曰 夏氏有罪 予畏上帝 不敢不正	하나라 걸왕이 죄를 지음에 나(탕왕)은 상티가 두려워 감히 그의 죄를 바로잡지 않을 수 없었도다.
尙書 湯誥	惟皇上帝 降衷于下民 若有恒性 克綏厥猶 惟后.	위대한 상티께서는 이 땅의 백성들에게 올바른 마음을 내려주셨고 언제나 변치않을 사람의 본성을 따르게 하였다. 백성을 편안하게하고 법도를 제정할 수 있는 분은 오직 임금이다.
尙書 金縢	乃命于帝庭 敷佑四方	〔무왕은〕 마침내 상티의 조정에서 명을 받아 천하의 백성을 다스리고 돌보았다.

121) 『천주실의』pp. 100-103.

리치는 수많은 유교 고전의 인용을 통해 고대 중국유교의 상티 신앙에 하나님에 대한 신앙이 포함되어 있었음을 주장한다. 고대 중국인들에게 하나님을 알 수 있는 양능(良能)이 상티 신앙에 표현되어 있었음을 강조하면서, 고대유교의 상티야말로 기독교의 하나님(Deus)으로 번역될 수밖에 없는 단어라는 논리적 귀결에 도달한다. "수많은 [유교의] 고전을 검토한 결과 '상티(上帝)'는 결국 우리[유럽 사람들]가 믿는 하나님[天主]이며 단지 이름만 다를 뿐입니다 [歷觀古書 而知上帝與天主特異以名也]".122)

교회사와 선교학이 만났을 때

지금까지의 논의를 통해 필자는 마테오 리치의『천주실의』에 나타나 있는 초기 예수회 대학의 교과 과정과 예수회 토미즘(Jesuit Thomism)의 영향을 분석하였다. 스페인의 살라망카 대학에서 발흥한 제2 토미즘을 중심 신학기조로 받아들인 로마대학(Collegio Romano)에서 "예수회 토미즘"을 바탕으로 인간과 하나님의 관계를 이해한 리치는 16세기 말 예수회 소속 사제답게 "예수회 토미즘"에 충실한 선교신학을 중국에서 전개했다. 그의 예수회 토미즘적 선교신학은『천주실의』의 양능(良能)과 상티 신앙에 대한 분석에 잘 나타나 있다. 이러한 신학적 배경 가운데서 리치는 기독교 하나님의 중국이름을 상티로 번역하였던 것이다.

마테오 리치의 선교는 토착화 신학의 모범으로 소개되곤 한다. 그러나 이 번 장의 연구를 통해 리치의 선교신학은 결국 16세

122) 『천주실의』 pp. 103. 영문판은 Matteo Ricci, *The True Meaning of the Lord of Heaven* (St. Louis: Institute of Jesuit Sources, 1985), pp. 124-125.

기 후반 유럽의 가톨릭교회에서 강조되던 아리스토텔레스의 철학과 토마스 아퀴나스 신학에 기초하고 있었음이 밝혀졌다. 리치는 철저하게 유럽 가톨릭 사제라는 자신의 종교적 정체성을 잊지 않았던 것으로 보인다.

지금까지 선교학은 복음을 전달하는 사람의 입장에서 연구되어져 왔기 때문에 최근 학자들은 복음의 수용자, 즉 선교사를 통해 복음을 받아들였던(혹은 배척했던) 사람들의 반응에 대한 연구에 관심을 기울이기 시작했다. 물론 이러한 입장 변화의 원인에 유럽 제국주의에 대한 학문적 반성이 미친 영향도 부정할 수 없다. 그러나 이제는 "수용자 중심의 선교학" 우선이라는 최근의 학문적 방법론을 다른 각도에서 반성해 보아야 할 시점에 이르렀다. "전달자 중심의 선교학"을 무조건 배타시할 것이 아니라, "전달자(선교사)"가 복음을 그런 식으로 밖에 이해할 수 없었던 원초적인 교회사적 배경에 대한 연구가 진행될 때만, 그 전달자의 선교에 대한 총체적인 조명이 가능하게 된다는 것을 기억해야 할 것이다. 이 점에서 선교학자는 교회사 연구자와 학문적 협력을 시도해야 한다. 이 장에서 논구된 16세기 후반의 토미즘의 이해를 통해서 마테오 리치의 『천주실의』에 나타난 양능(良能)과 상티(上帝)에 대한 분석이 가능하였던 것처럼, 선교학자와 교회사가들도 끊임없는 협력과 교류를 통해 유럽 기독교사와 아시아 기독교사의 지역적 전망의 한계를 극복할 수 있는 진정한 세계 기독교사의 참 모습을 그려낼 수 있을 것이다.

제3부

선교학과 인접 학문과의 교류 가능성

제1장

선교학과 문화인류학

문화인류학 없는 선교학 연구는 없다

선교학(Mission Studies)은 상이한 문화 간의 상호작용을 전제로 하는 학문이다. 선교 현장은 두 가지 이상의 다른 문화와 세계관이 충돌하는 곳이고, 기독교와 다른 종교가 상호교섭을 일으키는 곳이다. 따라서 타(他)문화에 대한 이해나, 기독교와 타종교 사이에서 발생하는 상호작용을 연구하지 않고 선교학을 연구한다는 것은 어불성설(語不成說)이다. 이처럼 문화의 이해나 문화권 사이의 상호작용에 대한 연구를 수행해야 하는 선교학자는 문화인류학(Cultural Anthropology)라는 선교학의 인접 학문과 자연스럽게 만나게 된다. 문화인류학은 종교사회학(Sociology of Religion)과 종교학(Religious Studies)과 더불어 타문화권의 선교 현장에서 활동하는 선교사나 상이한 문화패턴 사이의 상호작용을 연구하는 선교학자에게 기본적으로 요청되는 상호학문적(Interdisciplinary) 연구영역이다.[1)]

선교학과 인접 학문과의 교류를 본격적으로 모색하는 세번째 장의 첫번째 연구에서 선교학과 문화인류학의 만남에 대해 논구하는 것은 당연한 일이다. 필자는 이 연구를 통해서 현재 문화인류학계의 "문화(Culture)"에 대한 학문적 이해를 주도하고 있을 뿐 아니라, 인접 인문학의 새로운 방법론적 패러다임을 제시하고 있는 인류학자 클리포드 기어츠(Clifford Geertz)의 문화의 이해를 검토함으로써, 다양한 문화현상을 분석하고 상이한 문화패턴 사이의 상호작용을 연구하는 선교학계가 어떤 범위와 방법을 통해서 문화인류학과 학문적 교류를 할 수 있을지 대해 검토할 것이다. 클리포드 기어츠를 언급하지 않고 문화를 설명할 수 없는 이 시점에서, 이 글을 통해 선교학이 수행해야할 문화에 대한 이해를 새로운 각도에서 접근할 수 있게 되기를 소망하면서, 기어츠의 학문적 공헌을 인정함과 동시에 선교학 연구방법론으로 응용될 때의 유의점을 몇가지 덧붙이고자 한다.

현재 미국 뉴저지 주 프린스턴의 고등학문 연구소(Institute of Advanced Studies in Princeton)에서 활발하게 학문 활동을 펼치고 있는 클리포드 기어츠의 "해석주의" 문화인류학(Interpretive Cultural Anthropology)은 인접 인문학 연구에 새로운 패러다임을 제시하고 있다. 그의 개념과 연구 방법론에 의해 문화인류학 자체의 패러다

1) 선교학과 문화인류학의 상호관계에 대한 연구는 Paul Hiebert, *Anthropological Insights for Missionaries* (Grand Rapids: Baker Book, 1985); Paul Hiebert, *Anthropological Reflections on Missiological Issues* (Grand Rapids: Baker Book, 1994); Charles Kraft, *Anthropology for Christian Witness* (Maryknoll: Orbis Books, 1996)등이 있다. 종교학 연구와 문화인류학의 상관관계에 대한 개괄적인 연구는 Daniel Pals, *Seven Theories of Religion* (Oxford: Oxford University Press, 1996); Brian Morris, *Anthropological Studies of Religion* (Cambridge: Cambridge University Press, 1987); Michael Banton, *Anthropological Approaches to the Study of Religion* (New York: Tavistock Publications, 1966).

임이 전환된 것은 물론이고, 인근 인문학 분야에 해석학적 전환을 촉발시키고 있는 실정이다. 예를 들면, 중국 고대 종교와 사상체계에 대한 가장 권위 있는 입문서로 알려져 있는 『고대 중국의 사상세계』(The World of Thought in Ancient China)의 저자 벤자민 슈발츠 교수는 기어츠의 종교적 상징(Symbol)에 대한 해석을 원용하여 중국 고대사 분석을 시도한다.[2] 한국의 인문학계도 이미 기어츠의 문화인류학적 방법론을 검토하고, 각 학문 분야에서 방법론적 응용을 모색하고 있다. 예를 들면, 문화지리학(文化地理學)[3], 문학비평(文學批評)[4] 그리고 사학(史學)[5] 분야에서 이미 기어츠의 문화의 이해나 문화인류학적 방법론을 시론(試論)적으로 적용한 바 있다. 비록 학계의 주목을 받지 못했지만, 기독교 신학 분야에서도 몇몇 학자들의 기본적인 학문적 검토가 있었고, 기어츠의 이론을 신학 방법론으로 접목하기 위한 초보적인 시도도 있어왔다.[6] 선교

---

2) Benjamin Schwartz, *The World of Thought in Ancient China* (Cambridge: Harvard University Press, 1985), pp. 8-10. 역사학자들의 기어츠 응용에 대한 보다 자세한 정보는 Ronald Walters, "Signs of the Times: Clifford Geertz and the Historians," in *Social Research*, vol 47, no. 3 (1980), pp. 537-56. 또한, William Sewell, Jr., "Geertz, Cultural System, and History: From Syncrony to Transformation," in *The Fate of "Culture": Geertz and Beyond*, ed., Sherry Ortner (Berkeley: University of California Press, 1999), pp. 35-55.

3) Youngmin Lee, "Geertzian Interpretive Anthropology and Cultural Geography," 『지리교육논집』, vol. 36. vol. 1 (1996), pp. 207-218.

4) 김정숙, "신역사주의의 허와 실: 『광할한 싸가소 바다』를 중심으로," 『동서문화 연구』, vol. 8. no. 1 (2000).

5) 신영창, "기어츠의 『문화의 해석』의 역사학적 적용에 관한 연구," (한국교원대학교 석사학위 논문, 1999).

6) 김모세, "클리포드 기어츠의 기호학적인 상징이론의 목회실천적인 적용 가능성 연구," (감리교 신학대학 석사논문, 1994).

현지에서 발생하는 다양한 문화 현상을 연구하고 문화권 사이의 상호작용을 분석하는 선교학 연구에 있어서 기어츠의 학문적 공헌은 많은 것을 시사하고 있다. 특별히 그가 시도한 문화에 대한 새로운 해석은 현대 선교학 연구의 학문적 시금석(試金石)이라고 할 수 있다.

클리포드 기어츠 이전의 "문화"에 대한 이해

사무엘 헌팅턴의 『문명의 충돌』 이후 강조되기 시작한 "문화권"의 상호작용에 대한 학계의 관심은 2001년 9월 11일 미국에서 발생한 테러사건을 계기로 부동(不動)의 학문적 화두(話頭)로 자리 잡았다. 냉전체제의 붕괴이후 더 이상 이데올로기나 경제적인 이슈 때문에 지역 간의 분쟁이 발생하는 것이 아니라 문화권 사이의 갈등과 충돌(Clash of Civilizations)이 앞으로 전개될 인류의 상호대립과 투쟁의 원인을 제공할 것이란 헌팅턴 교수의 예견은 그 사실여부를 떠나 우리로 하여금 문화의 중요성을 다시 한번 깨닫게 한다.[7)]

사실 최근 강조되고 있는 "문화"의 중요성은 미국이라는 특수한 정치사회 환경의 산물이란 측면을 부정할 수 없다. 세계 여러 인종들이 모여 사는 미국이라는 특수한 사회 환경이 타자(他者)에 대한 이해를 요구하고 상생(相生)의 지혜를 모색하게 만드는 강력한

7) 사실 사무엘 헌팅턴이 『문명의 충돌』에서 주장한 것은 미국에 의해 유지되고 있는 세계질서에 유일한 도전이 될 수 있는 것은 중국문명권과 이슬람 문명권이 손을 잡을 경우라는 가설이다. 자세한 내용은 Samuel Huntington, *The Clash of Civilizations and the Remaking of World Order* (New York: Simon & Schuster, 1996).

외부적 동기를 제공함으로써, 최근 미국의 학계에서는 타 문화에 대한 연구가 활발히 진행되고 있다.[8] 이런 사회적 환경 때문에, 최근 미국의 유수한 대학에서 문화인류학(Cultural Anthropology)과 지역학(Regional Studies) 연구가 각광을 받고 있는 것도 사실이다. 프란즈 보아즈(Franz Boas, 1858-1942)로부터 시작된 미국의 문화인류학적 전통은 이러한 미국의 정치사회적 배경을 가지고 있다.[9]

인류학 연구사(研究史)에서 현대적 의미의 "문화"를 처음으로 분석한 인류학자는 콜롬비아 대학에서 활동했던 프란즈 보아즈이다.[10] 물론 동시대에 영국의 런던정경대학(London School of Economics)에서 활동한 말리노프스키(Bronislaw Malinowski, 1884-1942)나 구조주의(Functionalism) 인류학의 태두로 인정받고 있는 래드클리프-브라운(Alfred Radcliffe-Brown, 1881-1955)에 의한 문화에 대한 접근 방식

8) 냉전시대의 종식과 팍스 아메리카나를 통한 세계지배를 더욱 공고히 하기 위해 타문화를 연구 분석하는 측면도 있음을 부정할 수 없다. 1950년대에 세계 각 신생국가들의 건국초기를 연구했던 미국의 인류학자들은 엄밀하게 이런 정치적 동기에 동참했다는 비판도 가능하다. 클리포드 기어츠의 인도네시아 현장조사도 이 프로젝트의 일환이었다.

9) 물론, 보아즈 이전에 활동했거나 함께 활동했던 유럽의 인류학자들도 문화에 대한 연구에 참여했다. 예를 들면, 테일러(E. B. Tylor)의 『원시문화』(1871)나, 영국의 인류학자인 레드클리프-브라운(Radcliffe-Brown)이나 에반스-프리차드(Evans-Prichard)의 학문적 업적이 있다. 그러나 현대적 의미의 "문화"의 연구는 보아즈부터 시작된다.

10) 인류학의 역사에 대한 개괄서는 앨런 바너드, 김우영 역, 『인류학의 역사와 이론』 (파주: 한길사, 2003); 제리 무어, 김우영 역, 『인류학의 거장들』 (파주: 한길사, 2002); 한상복 외, 『문화인류학개론』 (서울: 서울대학교출판부, 1985), 35-62. 인류학사는 아니지만 중요한 인류학자들에 대한 분석이 담겨져 있는 클리포드 기어츠의 저술도 있다, Clifford Geertz, *Works and Lives: The Anthropologist as Author* (Stanford: Stanford University Press, 1988).

도 있었지만, 이들의 문화에 대한 접근은 찰스 다윈의 진화론적 입장과 에밀 뒤르켐(Emile Durkheim, 1858-1917)의 기능주의를 결합한 것이었다.[11] 흔히 고전적 문화 상대주의(Cultural Relativism)의 창시자로 알려져 있는 보아즈는, 에스키모 인디언들의 다양한 색깔 이해에 대한 연구를 통해, 당시 인류학계를 지배하고 있던 다윈주의를 극복해 간다.[12] 보아즈에 의하면 사회현상은 생물학적 결정체의 측정 가능한 통계자료가 아니라 인종과 지역에 따라 상대적일 수밖에 없는 "문화"의 역동적 상호작용으로 이해해야 한다. 보아즈의 문화에 대한 상대주의적 접근방식은 콜롬비아 대학의 인류학과를 중심으로 확대되어갔고, 1920년대 보아즈의 제자였던 에드워드 사피어(Edward Sapir, 1884-1939), 루스 베네딕트(Ruth Benedict, 1887-1948), 마가렛 미드(Margaret Mead, 1901-1978)등에 의해 그의 학문적 전통이 이어지게 되었다. 이들 보아시안(Boasian)들의 견해에 따르면 문화인류학적 입장에서 인종의 문제는 단순히 검은색, 흰색, 황색 피부색을 가진 집단의 생물학적 집합체가 아니라, 그 집단 가운데 상호 작용을 일으키고 있는 "문화"의 집합적 문제이다. 그들의 학문적 스승이었던 보아즈의 가르침에 의하면 사회현상은 문화적 상호작용에 의한 사회적 의미의 창출 과정이기 때문이다. 따라서 태동단계의 미국 인류학계에서는 보아시안(Boasian)의 전통에 따라 문화를 이해할 때 사회의 집단성이 강조되었으며,

---

11) 앨런 바너드, 『인류학의 역사와 이론』, p. 147. 영국의 두 인류학자에 의하면 "문화"은 사회 구조(Social Structure)의 일부 현상에 불과한 것이다. 이에 대한 상세한 논의는 바너드, 『인류학의 역사와 이론』, p. 216쪽에서 참고할 수 있다.

12) 그의 대표작은 Fraz Boas, *Race, Language and Culture* (Chicago: University of Chicago Press, 1940).

각 사회 집단의 특정 문화에 대한 상대주의적인 접근(Relativistic Approach to Culture)이 요구되어졌다. 또한 어느 특정 집단의 문화적 상호작용을 강조했기 때문에, 그 집단에 속해 있는 개인의 특수성이나 사회집단으로부터의 개인의 이탈(離脫)은 문화에 대한 논의에서 제외되는 경향이 있었다.

이러한 사회의 집단성과 개인의 특수성간의 괴리는 유럽의 사회학적 전통을 미국 학계에 소개한 하버드 대학의 탈콧 팔슨스(Talcott Parsons)에 의해 미국 인류학계의 새로운 학문적 쟁점으로 부각되었다.[13] 특수한 집단이나 사회에 속한 특수한 개인은 자기가 속해있는 집단이나 사회 안에서 어떤 식으로 행동하고, 어떤 논리로 자신의 행동을 정당화하는가? 특정집단에 속한 개인의 일탈행위는 어떤 사회학적 의미를 가지는가? 특정집단에 속한 개인의 개별적이며 특수한 문화 행위를 주목하던 탈콧 팔슨스의 사회학적 접근방식은 인류학자들의 "문화"에 대한 관심으로 곧바로 연결되었다.[14] 팔슨스에 의하면 집단과 개인의 상호작용을 설명하는 것은 문화인류학의 학문적 영역이다. 왜냐하면,

13) 1902년에 출생한 탈콧 팔슨스는 앰허스트 대학에서 생물학을 전공한 다음 런던정경대학(London School of Economics)에서 수학하면서 인류학자 말리노프스키(Malinowski)로부터 영향을 받았다. 계속하서 그는 독일 하이델베르크 대학에서 맥스 웨버(Max Weber)의 사회학 연구에 몰두하여 독일 사회의 자본주의 발달에 대한 논문으로 박사학위를 취득했다. 1926년부터 하버드 대학에서 경제학을 가르치면서 사회학과 경제학의 상관관계에 대해 연구를 계속했다.

14) 팔슨스의 이러한 이론적 배경에는 프랑스의 인류학자인 에밀 뒤르켐(Emile Durkeim)의 영향이 있다. 뒤르켐은 오스트레일리아 원주민의 종교와 생활양식을 분석하여, 사회집단과 개인의 상호작용에 대한 인류학적 접근을 시도하고, 종교의 의미를 인류학적으로 분석한다. Emile Durkheim, *The Elementary Forms of Religious Life* (New York: Free Press, 1995).

"사회의 구성원들은 전수되어 온 관념으로부터 상징적인 세계를 재구성한다. 그리고 이런 전수되어 온 관념들은 사회의 구성원으로 하여금 실제 생활에서 무엇인가를 선택할 때 결정적인 영향을 받게 만든다. 그럼에도 불구하고 그 사회의 구성원은 전통적 관념으로부터 영향 받아 내린 선택에 대해서 대단한 확신을 가진다. 이와 비슷하게 집단적 상징(Collective Symbols)은 개인의 의식에 내재하게 되지만, 이를 완전히 장악하지는 않는다."[15)]

그러나 맥스 웨버(Max Weber, 1864-1920)의 사회학 이론에서 출발한 탈콧 팔슨스의 견해에 일정한 거리를 두면서, 인류학에서의 "문화"의 중요성을 다시 강조한 한 권의 책이 1952년에 출간되었다. 당시 미국 인류학계의 양대 학파를 이루고 있던 버클리 대학과 하버드 대학의 인류학과 학장이었던 알프레드 클뢰버(Alfred Kroeber)와 클라이드 클룩혼(Clyde Kluckhohn)이 인류학에서 논의되고 있는 모든 "문화"에 대한 정의(定意)를 분석하고 『문화: 개념과 정의에 대한 비판적 검토』(Culture: A Critical Review of Concepts of Definitions)라는 책을 출간하였다.[16)] 이 책의 출간과 더불어 "문화"의 문제는 미국 인류학계의 움직일 수 없는 학문의 테마로 자리 잡게 되었고, 저자들의 원래 의도와는 상관없이 팔슨스의 사회학적 접근 방법이 문화이해를 위한 중요한 방법론으로 받아들여지게 되었다.[17)]

---

15) Adam Kuper, *Culture: The Anthropologists' Account* (Cambridge: Harvard University Press, 1999), p. 16.

16) A. Kroeber and C. Kluckhohn, *Culture: A Critical Review of Concepts and Definitions* (New York: Vintage Books, 1952).

17) 그러나 그들은 팔슨스의 사회학적 접근방식을 무조건 지지한 것은 아니었다. 특별히 클뢰버 교수는 팔슨스의 사회학적 접근방식이 지나치게 인류학의 방법론을 한정시킨다고 비판한다. 결국 클뢰버와 팔슨스는 1958년 "문화와 사회제도의 개념"이란 공동학술 논문을 통해 상호 절충을 시도했다.

특정 사회집단과 개인 구성원 사이의 상호작용을 주목했던 팔슨스의 문화에 대한 이해는 클리포드 기어츠(Clifford Geertz)의 학문적 성취로 인해 인류학의 중심과제로 다시 떠오르게 된다. 기어츠의 해석주의 문화인류학은 하버드 대학 재학시절 자신의 스승이었던 팔슨스의 이론에서부터 출발한다. 1946년 하버드 대학 안에 새롭게 설치된 사회관계학과(Department of Social Relations)는 자신의 사회학 이론을 인류학과 심리학의 영역으로까지 확대시키기 위한 팔슨스의 주도면밀한 계획아래에서 세워졌다. 심리학이 개인의 문제만을 다루는데 그치지 않고, 사회학이 사회현상에 국한된 연구에 머무르지 않으며, 인류학이 문화의 상호작용을 분석하는 것에만 연구의 폭을 제한하는 것을 극복하기 위해, 이 세 가지 인접 학문(심리학, 사회학, 인류학)이 함께 모여 개인의 심리적 동기가 특정 사회집단에서 어떤 문화현상으로 표현되는가에 대한 연구가 본격적으로 시작된 것이다. 이러한 팔슨스의 계획에 따라, 1949년부터 1955년까지 하버드 대학의 인류학과에는 "다섯 가지 문화안의 '가치'에 대한 비교연구(Comparative Study of Values in Five Cultures)"라는 학술 프로젝트가 추진되고 있었다. 공교롭게도 마침 1949년에 하버드 대학의 사회관계학과에 입학한 클리포드 기어츠 부부는 자연히 팔슨스의 방법론에 영향을 받으며, 이 학술 프로젝트에 참여하였다. 우연한 기회에 인도네시아 발리에서 종교와 친족관계의 연구를 담당하게 된 기어츠 부부는 2년 반 동안의 현장조사를 통해 팔슨스의 이론을 현장조사에 적용시키게 된다.[18)]

18) 1952년부터 1954년까지 진행된 이 현장조사는 미국의 포드재단에서 후원했다. 이때 실시한 현지조사 결과를 바탕으로 Clifford Geertz, *The Religion of Java* (Chicago: University of Chicago Press, 1960); *Agricultural Involution: The Process of Ecological Change in Indonesia* (Berkeley: University of

이곳에서의 현장조사 경험과 이후에 축적된 인접 학문과의 교류, 그리고 모로코에서의 추가 현장조사(1965-1971년)를 통해,[19] 기어츠는 그의 스승 팔슨스의 사상과 방법론을 넘어서는 중요한 문화인류학 이론을 발전시켜갔다.[20] 클리포드 기어츠에 의하면 문화인류학의 사명은 어느 특정 사회 집단의 문화현상에 대한 과학적 분석이 아니라, 그 특정 사회 집단의 문화에 대한 "해석(Interpretation)"이다.

"문화"에 대한 클리포드 기어츠의 "해석"

기어츠에 의하면 어떤 특정 문화를 이해하기 위해 보편적으로 적용될 수 있는 절대 불변의 법칙이란 존재하지 않는다. 따라서 현지조사를 통해서 어느 특정지역의 문화패턴을 기계적인 법칙으

California Press, 1963) 등을 발표하였다. 기어츠의 1960년대 저술들은『문화의 해석』이후에 출간된 저서들보다 학계의 주목을 받지 못하고 있다.

19) 모로코에서의 현장조사 경험은 이후 Clifford Geertz, *Islam Observed: Religious Development in Morocco and Indonesia* (Chicago: University of Chicago Press, 1968)에서 발표되었다. 기어츠 자신의 회고담적인 성격을 가진 책은 Clifford Geertz, *After the Fact: Two Centuries, Four Decades, One Anthropologist* (Cambridge: Harvard University Press, 1995).

20) 기어츠의 사상은 1950년대 MIT 대학의 경제학자들과의 교류와 1960년대 시카고 대학에서의 정치학 교수들과의 학문교류를 통해서 더욱 발전되어져 갔다. 기어츠는 스탠포드와 버클리대학을 잠시 거쳐, 시카고 대학의 인류학 프로젝트(Committee for the Comparative Study of New Nations)에 참여하게 된다. 계속해서 기어츠 부부는 1965년부터 1971년까지 모로코에서 현장조사를 실시한다. 1970년부터 기어츠는 미국의 최고 연구기관중의 하나인 프린스턴의 고등학문 연구소(Institute for Advanced Study in Princeton)에서 활동하고 있다.

로 환원하겠다는 인류학자의 학문적 노력은 자기착각에 불과하다. 인류학자가 특정지역의 문화를 설명할 때 자기가 전달하고자 하는 대상에게 그 문화의 특성을 전달할 수 있지만, 그런 인류학자의 해석행위는 그 특정지역의 주민에 의한 토착적인 의미창출에 의해 간접적인 지배를 받게 된다. 결국 문화에 대한 분석은 "법칙을 추구하는 실험적 과학이 될 수 없으며 의미를 추구하는 해석적(Interpretive) 과학이 되어야"한다는 것이 기어츠의 주장이었다.[21] 특정 사회에서 일어나고 있는 문화현상을 보고하는 인류학자들의 사명은 그 특정 사회의 구성원들이 이미 내린 "해석"을 다시 "해석"하는 행위이며, 그들이 이미 "규정"한 자신들의 의미를 다시 "규정"하는 행위일 뿐이다. 전체 문화에 지배를 받아 행동하든지, 아니면 이와 반대로 독자적으로 행동하든지의 여부를 떠나서, 인류학자들은 특정사회의 구성원들이 자기 문화현상에 대해 "설명"한 것을 다시 "설명"하는 것뿐이라고 기어츠는 보았다. 따라서 특정 사회의 인류학적 분석을 담아내는 민족지(民俗誌)적 저술(Ethnographical Writing)에 참여하는 인류학자는 "중층기술(重層記述, Thick Description)"이란 특수한 문화인류학적 방법을 사용할 수 밖에 없다.[22)]

기어츠는 "중층기술"이라는 문화인류학의 새로운 연구 방법론을 제시하면서, 이 용어가 마치 "해석에 대한 해석"을 기술(記

21) 클리포드 기어츠, 『문화의 해석』 (서울: 까치, 1998 [1973]), p. 13. 문옥표 역.

22) 중층기술(重層記述)에 대한 기어츠의 설명은 위의 책, pp. 13-20. 중층기술로 번역된 Thick Description 은 "해석에 대한 해석"을 내려야 하는 문화인류학자의 글쓰기에 대한 해석학적 방법론을 지칭한다. 일부 학자는 "두꺼운 글쓰기"라고 직역하기도 하지만, 여기서는 "중층기술"이란 번역을 사용하기로 한다.

述)하는 특수한 독심술(讀心術)이나 공상적인 추리소설에 나오는 마술적인 기술처럼 받아들여질 것을 우려한다.[23] "중층기술"은 특정 사회의 은밀하고 이해하기 힘든 문화현상을 예리하게 분석하는 "테크닉"을 의미하지 않는다. 쉽게 설명하자면, 인류학자는 단지 "기록하는" 사람일 뿐이라는 한계의 설정이 "중층기술"의 출발점이다. 단지 "기록하는 사람"으로서의 인류학자는 특정 문화권에서 일어나고 있는 "사건의 의미"를 정확하게 이해할 수 없는 것이다. 단지 그가 "중층기술"의 방법을 통해 수행할 수 있는 것은 그 특정 사회 구성원들이 제공해 준 정보를 바탕으로 그것을 다시 해석하는 것에 한정될 수밖에 없다.[24] "해석에 대한 해석"을 기술하는 방법인 "중층기술"을 설명하면서 기어츠는 다음과 같이 그 과정을 상세히 설명한다.

> "상황은 훨씬 더 미묘한 것이다. 왜냐하면 이미 언급했듯이 우리가 기록하는 것(또는 기록하고자 하는 것)은 사회적 대화 그 자체가 아니기 때문이다. 그 사회적 대화에서 우리 자신들은 지극히 주변적이거나 특수한 경우를 제외하고는 주된 행위자가 아닌 까닭에, 우리는 그 사회적 대화에 직접적으로 접근할 길이 없으며, 다만 제보자들이 우리를 이해시킬 수 있는 부분만큼 이해할 뿐이다. [중략] 문화 분석은 의미의 대륙을 발견하여 거기에 형상도 없는 풍경화를 그려나가는 작업이 아니라, 의미를 추측하고 그 추측이 어느 정도 정확한가를 따져보고, 보다 더 나은 추측으로부터 설명을 위한 결론을 도출해 내는 것이다 (또는 그래야만 한다)."[25]

23) *Ibid.*, p. 26.

24) *Ibid.*, p. 34.

25) *Ibid.*, p. 34.

인류학자들의 한계를 분명하게 설정하고 인류학 연구의 사명을 새롭게 제시한 기어츠의 『문화의 해석』은 미국 인류학계뿐만 아니라 인접 인문학에 패러다임적인 전환을 일으켰다고 평가받고 있다.[26] 기어츠는 그의 대표작인 『문화의 해석』에서 자기가 제안한 "중층기술"의 방법을 동원한 현장조사(Field Research) 결과를 소개하고 있다. "심층놀이: 발리의 닭싸움에 관한 기록들"이란 제목의 이 글은 1958년 기어츠가 같은 인류학자인 아내와 함께 현장조사했던 인도네시아 발리 섬의 한 외딴 마을에서 일어나고 있는 닭싸움에 대한 "중층기술"의 고전적인 예이다.

발리 마을 사람들과 기어츠 부부의 관계는 마을 사람들의 의도적인 무시와 무관심으로 시작되었다. 그러나 싸움닭의 승부를 걸고 벌어지는 마을의 집단적 도박을 단속하던 경찰과의 추격전이 일어난 후부터 미국에서 온 인류학자 부부와 발리 마을 사람들은 친밀한 관계로 전환된다. 기어츠 부부가 닭싸움의 현장에서 허겁지겁 도망치던 것을 목격했던 발리 사람들은 마을에서 벌어지고 있는 닭싸움에 얽힌 여러 가지 문화인류학적 자료들을 하나 둘씩 설명하기 시작한다. 기어츠는 닭싸움에 대한 발리 마을의 사람들의 해석을 다시 해석하면서, 중층기술의 모범적인 예(例)를 보여준다. 기어츠는 발리의 닭싸움에 대한 "중층기술"의 결과를 아래와 같이 요약한다.

26) "중층기술(Thick Discription)"과 더불어, 또 다른 초기 기어츠의 중심 개념은 "에토스(Ethos)"와 "세계관(World View)"을 이용한 종교적 상징(Symbol)에 대한 분석이다. "중층기술"에 대한 보다 자세한 내용은 위의 책, Chapter 1: Thick Description: Toward an Interpretive Theory of Culture에 상세히 설명되어 있고, 후자의 내용은 Chapter 4: Religion As a Cultural System과 Chapter 5: Ethos, World View, and the Analysis of Sacred Symbols에 설명되어 있다.

"사람들의 문화는 일련의 텍스트들의 집합이며, 인류학자들은 이 텍스트들을 소유하고 있는 사람들의 어깨너머로 그 텍스트의 의미를 파악하고자 애쓴다. 이런 작업에는 수많은 어려움이 따른다. 방법론적인 함정도 있고 도덕적인 혼동과 혼란을 겪게 된다. 또한 이런 방식이 상징적 형식을 사회적으로 분석하는 유일한 방법은 아니다. 기능주의도 살아있고, 심리주의 역시 살아있다. 그러나 상징적 형식을 "어떤 것에 대해서 무엇을 말하는 것," 그리고 무엇인가를 누군가에게 말하는 것으로 다루는 것은 적어도 그것을 설명할 수 있다고 주장하는 단순화된 공식보다도 그 실질적 내용에 보다 더 주목하는 분석방법으로 가는 길을 열어주는 것이라고 말할 수 있다. [중략] 즉 삶에 있어서와 마찬가지로, 사회들도 그들 자신의 해석을 그 안에 가지고 있다. 단지 어떻게 그 해석에 접근할 수 있는가를 배우기만 하면 되는 것이다."[27]

기어츠에 의하면 문화란 텍스트(Text)이고, 그 문화의 주체인 특정사회의 구성원들만이 그 텍스트의 의미를 해석할 수 있다. 인류학자의 사명은 그들의 "어깨너머로" 그들이 해석한 텍스트의 의미를 다시 해석하는 것이다. 다른 문화에 대한 이해를 위해 노력하는 문화인류학자들의 사명은 결국 이미 해석되어 있는 의미를 "어깨너머로" 다시 해석하는 것이다.

클리포드 기어츠 이후의 문화인류학

문화인류학자들의 문화 이해에 대한 사적(史的)통찰을 시도한 아담 쿠퍼(Adam Kuper)에 의하면, 클리포드 기어츠는 탈콧 팔슨스의 출발점이었던 맥스 웨버(Max Weber)의 사회학 이론을 거쳐 해석학(Hermeneutics)의 분야로 자신의 사상을 발전시켜 갔다.[28] 앞

27) *Ibid.*, 532.

서 언급한 대로 "해석에 대한 해석"이란 방법으로 문화인류학자의 글쓰기에 대한 새로운 정의를 내린 기어츠의 해석학은 문화인류학의 새로운 패러다임을 제시하였을 뿐 아니라, 타문화 혹은 타자에 대한 해석을 시도하는 모든 인접 학문에 영향을 미치기 시작했다.[29)]

기어츠의 방법론이 문화인류학 연구에 미친 영향에 대한 분석이 최근 두 권의 학술서로 출간되었다. 콜롬비아 대학에서 인류학을 연구하고 있는 셰리 오트널(Sherry Ortner)가 편집한 『문화의 운명: 기어츠와 그 이후』(The Fate of "Culture": Geertz and Beyond)와 아담 쿠퍼의 『문화: 인류학자들의 설명』(Culture: The Anthropologists' Account)이 그 책들이다. 전자의 책 『문화의 운명』에서는 오트널 교수 외에 6명의 소장파 인류학자들이 기어츠의 방법론 이후 각 학문분야별에서 확대 되고 있는 기어츠의 방법론적 영향력을 검토하고, 기어츠의 개념과 방법론에 대해 비판적 성찰을 제시하고 있다. 특별히 역사학 연구의 방법론으로 응용되고 있는 기어츠의 상징해석에 대한 윌리엄 세웰(William Sewell)의 분석은 문화인류학과 역사학이 추구하는 공통점과 차이점을 정확하게 비판하면서, 기어츠 이론의 탁월성과 한계를 동시에 분석하고 있다.[30)] 이 책의 편집자이기도 한 셰리 오

---

28) Adam Kuper, *Culture: The Anthropologists' Account*, p. 17. 이와 같은 견해는 James Peacock, "The Third Stream: Weber, Parsons, Geertz," in *Journal of the Anthropological Society of Oxford*, vol. 7 (1981), p. 122 참조.

29) 앨런 버나드, 『인류학의 역사와 이론』, pp. 288-289.

30) William Sewell, Jr., "Geertz, Cultural Systems and History: From Synchrony to Transformation," in *The Fate of "Culture": Geertz and Beyond,* ed., Sherry Ortner (Berkeley: University of California Press, 1999), pp. 35-55. 특정지역의 문화를 "공간적" 차원에서 연구하는 인류학과는 달리 타자에 대한 "시간적" 이해를 시도하는 역사학에서도 기어츠의 인식론적 접근이 유효하지만, 역사학에서 중시하는 문화 변동(Cultural Change)을 설명하기에는 약점이 있음을 지적하고 있다.

트널 교수는 기어츠의 문화에 대한 이해가 인류학자와 인류학적 조사대상(원주민)과의 권력(Power)에 얽힌 상호작용을 소홀히 취급하고 있음을 지적하면서, 서구의 히말라야 등정대원들과 원주민 셰르파(Sherpa) 사이의 권력문제를 상세히 다루고 있다.[31] 이 논문에서 오트널 교수는 기어츠의 "중층기술"이 가지고 있는 힘의 균형의 문제에 대한 무관심과 오리엔탈리즘적인 타자기술(他者記述)의 한계를 비판하고, 기어츠의 문화이해에 미셸 푸코(Michel Foucault)와 에드워드 사이드(Edward Said)의 후기 구조주의 및 오리엔탈리즘 측면에서의 이론적 보완을 제안하고 있다.

오트널 교수가 편집한 책이 기어츠 사상에 대한 비판적 성격을 가지고 있다면 아담 쿠퍼의『문화: 인류학자들의 설명』은 문화인류학의 역사 가운데 기어츠의 문화이해가 차지하고 있는 학문적 위치와 그 영향력에 대한 상세한 분석을 시도하고 있다. 이 책에서 쿠퍼는 에밀 뒤르켐과 맥스 웨버, 그리고 탈콧 팔슨스가 초기 기어츠에게 남긴 학문적 영향을 상세히 분석한 다음, 자칫 잘못 이해되기 쉬운 기어츠의 개념들을 역사적인 관점에서 상세히 설명한다. 그리고 쿠퍼는 이 책의 뒷부분에서 1986년에 출간된『문화에 대한 글쓰기: 민속학지의 시적상상력과 정치적 힘』(Writing Culture: The Poetics and Politics of Ethnography)에서 제기된 기어츠 이후의 포스트모던 문화인류학의 동향을 자세히 설명하면서,[32]

---

31) Sherry Ortner, "Think Resistance: Death and the Cultural Construction of Agency in Himalayan Mountaineering," in *The Fate of "Culture": Geertz and Beyond*, pp. 136-163. 오트널 교수의 이 논문은 저서로 확대되어 최근 출간되었다. Sherry Ortner, *Life and Death on Mt. Everest: Sherpas and Himalayan Mountaineering* (Princeton: Princeton University Press, 1999).

32) 1980년대 이후 미국 문화인류학계를 재편성할 정도로 큰 파급효과를 가져왔던 이 책은 James Clifford & George Marcus, eds., *Writing Culture: The*

기어츠의 학문적 공헌을 새롭게 해석한다. 『문화에 대한 글쓰기』에서 기어츠의 개념과 방법론을 신랄히 비판했던 포스트모던 문화인류학자들의 학문적 출발점이 바로 기어츠의 이론이었다는 것을 밝혀냄으로써 기어츠 이론의 역사적 중요성을 다시 한 번 부각시킨다. 1990년대 이후 선풍적인 인기를 끌기 시작한 포스트모더니즘에 입각한 문화인류학의 태동은 사실 이 책의 출간과 더불어 시작되었다고 보는 것이 정설(定說)인데, 그 새로운 인류학 방법론이 시작되는 시점에 기어츠의 사상이 자리 잡고 있었던 것이다. 쿠퍼는 이 책이 출간되었던 배경에 대해 다음과 같이 직설적으로 설명하면서, 기어츠의 영향력을 정확하게 분석하고 있다.

"한때 선언문과 같은 성격을 가졌던 학회의 논문집이었던 이 책은 『문화에 대한 글쓰기』란 이름으로 1986년에 출간되면서, 이러한 [포스트모던 문화인류학의] 새로운 흐름이 선포되기에 이르렀다. 인류학자와 문예 비평가로 구성된 11명의 저자들은 40대의 같은 연령층에 속한 친구들로 구성되어 있었으며, 이들 중 몇 명은 1970년대에 하버드 대학의 사회관계학과(Department of Social Relations)에서 팔슨스의 영향력이 줄어들기 시작할 무렵 함께 학창시절을 보낸 학자들이었다. [중략] 이 새로운 학자 그룹은 『문화인류학』이라는 학술잡지를 창간하고 1986년부터 1991년까지 함께 활동했는데, 그 책의 편집자였던 조지 마르쿠스(George Marcus)가 편집장이었으며, 그는 많은 사람들이 해내는, 즉 무엇인가를 조직하고 그것을 운영하는 일을 감당했다. 서로를 인용할 때 조금은 비정상적으로 같은 그룹의 멤버들에게 관대한 입장을 취했다. 클리포드 기어츠가 그들의 학문의 아버지로 공언되었지만, 때때로 아버지를 넘어서

Poetics and Politics of Ethnography (Berkeley: University of California Press, 1986). 이 책의 저자들의 주장을 기어츠의 개념과 방법론과 함께 비교한 쿠퍼의 연구는 Adam Kuper, *Culture: The Anthropologists' Account*, pp. 206-225.

기 위한 오이디푸스적인(Oedipal) 비판도 자유롭게 전개되기도 했다. 가끔씩 그들은 기어츠가 [그들이 생각하는 포스트모더니즘에 입각한] 학문적인 "약속의 땅"에 들어가지 않고 경계선에서 물러났음을 비난하곤 하였다."[33]

본인이 새로운 개념과 방법론을 제시하여 문화인류학의 방향을 수정하였을 뿐 아니라, 이처럼 후진학자들의 패러다임 전환에도 지대한 영향을 미친 기어츠의 개념과 방법론은 문화의 문제를 다루는 선교학에서도 반드시 검토되어야 한다. 문화에 대한 이해 없이 선교학은 성립될 수 없기 때문에 문화에 대한 기어츠의 개념과 방법론은 선교학에 많은 학문적 시사점을 제시하고 있기 때문이다.

기어츠 이후에 제기된 문화인류학과 선교학의 상관관계

선교학 연구의 가장 기본적인 질문 중에 하나는 기독교 복음을 믿지 않는 타(他)문화권의 비(非)신앙인에게 어떻게 복음을 전달할 수 있는가에 대한 문제이다. 이런 기본적인 질문은 "타문화권"의 "비신앙인"을 어떻게 이해해야 하는가에 대한 문제로 확대된다. 타문화권을 이해할 때만 우리는 그 타문화권에 전달될 수 있는 복음의 의미를 제시할 수 있기 때문이다. 그렇다면 타문화에 대한 우리들의 선교학적 이해는 기어츠의 "중층기술"적인 방법을 통해서 기술(記述)될 수 있는 것인가? 선교학의 한 과제라고 할 수 있는 선교사들의 선교 보고서를 분석하는 작업은, 선교지 현지의 원주민들이 먼저 시도한 "해석"을 현지선교사들이 "해석"한 보고

33) Adam Kuper, *Culture: The Anthropologists' Account*, pp. 206-207.

서를, 다시 선교학적으로 "해석"한 최소한 3중의 중층기술이 아닌가? 이런 "해석에 대한 해석에 대한 해석"이 선교학 연구의 학문적 엄밀성을 약화시키는 것은 아닌가? 기어츠의 사상은 어디까지 수용될 수 있고, 그의 이론적인 약점은 선교학 연구에 있어서 어떻게 보완될 수 있을까?

클리포드 기어츠의 문화인류학 방법론이 선교학에 응용될 수 있는가에 대한 질문 이전에, 우선 기어츠 이론에 대한 비판을 살펴보는 것이 필요하다. "중층기술"을 선교학의 기술방식으로 도입할 수 있는 타당성을 논하기 전에, 먼저 기어츠의 방법론이 가지고 있는 한계점을 점검함으로써 응용의 범위와 한계를 가늠할 수 있기 때문이다.

우선 기능주의적(Functionalism) 입장에서 볼 때, 기어츠의 심층기술 방법론은 명확성이나 예측 가능성을 의도적으로 부정하기 때문에 때로 "애매모호한" 묘사나 문학적인 표현이 강조될 수 있다는 위험이 있다. 이러한 예측 불가능한 묘사는 현장에서 발생하고 있는 문화행위의 의미를 정확하게 전달할 수 없게 할 뿐 아니라, "해석"에 의한 "해석"이 지나치게 강조됨으로써 현장은 없고, 현장에 대한 1차 보고서의 부정확성에 대한 비난으로 가득찬 2차적 분석만이 남게 되는 해석상의 문제가 발생할 우려가 있다. 시대의 소임을 다한 래드클리프-브라운의 기능주의 인류학 방법론을 지지하는 것이 아니라, 지나친 자기중심적인 "해석"이 문화의 현장성과 현장분석을 통한 인류학적 교훈을 무의미하게 만든다면, 이는 문화인류학의 기본적인 존립근거를 흔드는 이유가 될 것이다. 타자(他者)에 대한 이해를 시도하는 문화인류학의 사명이 자기 자신의 주관성 문제로 함몰될 위험이 있기 때문이다. 앨런 버나드는 이러한 기어츠의 해석주의를 다음과 같이 비판한다.

"한 배를 타고 있는 인류학 전체로 봐서는 성찰성에 대한 최근의 논의에서 많은 것을 얻었지만, 그래도 지나치게 자기중심적인 성찰주의 자료수집자 및 사회적 행위자인 민속지학자(Ethnographer)의 역할에 관한 겸허한 깨달음과 구별되어야 한다."[34]

중층기술이 초래하기 쉬운 지나친 주관주의를 극복하는 길은 해석학적 "텍스트" 읽기로 한정되어 있는 문화의 이해에 실증주의적 현장성이 가미되어 서로 긴밀한 긴장관계를 이루는 것이다. 물론 이러한 도식적인 제안이 포스트모던 인류학자들에 의해 맹렬한 공격을 받은 것도 사실이지만, 지나친 주관주의가 문화인류학을 극단적 상대주의를 몰아가는 것은 방지되어야 할 것이다. 이 문제에 대한 철학자 겔너의 주장은 단호하기까지 하다.

"기어츠는 극도의 모호성과 주관주의를 정당화하기 위해 인식론적 회의와 혼돈에 주의를 환기시킴으로써, 모든 인류학자로 하여금 양심의 가책과 사고의 마비(실재하기도 하고 꾸며내기도 한)를 과장하도록 독려해왔다. 포스트모더니스트는 객관주의와 실증주의가 걸어온 길을 거슬러 올라가 탐구자와 탐구대상의 의미를 재정립하려 애써보았지만, 오랜 번뇌 끝에 자신과 타인을 이해하기에는 역부족임을 깨닫고, 더 이상 타인에 대해 고민하지 않기로 자포자기했다. 세상 모든 것이 단편적이며 다중적인 형태를 띠고, 서로 비슷한 것이 아무것도 없으며, 아무도 타인(또는 자신)을 알 수 없고, 진정한 의사소통이 불가능하다면, 그런 상황이 빚어낸 고뇌를 뜻조차 헤아리기 힘든 산문으로 표현하는 것 외에 달리 무슨 일을 할 수 있겠는가?"[35]

34) 앨런 바너드, 『인류학의 역사와 이론』, p. 307.

35) *Ibid.*, pp. 305-306에서 재인용.

물론 기어츠에 대한 겔너의 비판이 정당화되려면, 기어츠가 포스트모던 인류학을 통해 극단적인 주관주의를 문화인류학에 정착시켰다는 학문적 논거가 확인되어야 한다.[36] 아직 학자들 간의 정설이 확립되지 않은 이 시점에서, 기어츠를 극단적 주관주의와 문화인류학을 의도적으로 결합시킨 인물로 보기는 어려운 형편이다. 그러나 기어츠의 문화 이해나 그의 "중층기술"을 통한 타문화에 대한 글쓰기로서의 문화이해는 현장의 중요성을 간과시키고, 현장으로 들어가는 사람을 무력화시킨다는 점에서 일정 부분 주의를 요하는 것도 사실이다. 특별히 현장에서 일어나는 문화적 만남과 복음의 전달을 통한 문화권간의 상호작용을 중요시하는 선교학 연구에 있어서 기어츠의 개념과 방법론은 매우 조심스럽게 응용되어야 할 부분이 있다. 그렇다면 기어츠의 개념과 문화인류학 방법론을 통해 선교학 연구에 응용되거나 강조되어야 할 부분은 어떤 것이 있을까? 만약 선교학 연구에서 기어츠의 접근 방식을 제한적으로 사용해야 한다면, 어느 부분이 강조되고 또 어느 부분은 보완되어야 하는가?

유입관계(Intra-Subjectivity)에서 상호교섭관계(Inter-Subjectivity)로의 전환

다시 한번 강조하거니와, 선교학은 현장의 문제를 다루는 학문이다. 선교 현장은 기독교와 다른 문화의 구체적인 만남이 일어

36) 이 문제에 대한 학계의 정설은 없다. 필자는 2001년 봄에 프린스턴 신학대학원의 교회사 콜로키움에 주 발표자로 참석한 클리포드 기어츠 교수에게 이 문제를 직접 질문한 적이 있었는데, 기어츠 교수 본인이 이 문제에 대해 부정도 하지 않고 긍정도 하지 않았다.

나는 곳이기 때문에, 지나친 "해석"의 강조는 현장의 중요성을 약화시킬 위험이 있다. 물론 기어츠의 개념이나 문화이해의 방법론이 현장과 전혀 상관없는 상상의 결과가 아님을 이미 앞부분에서 밝혔다. 인도네시아와 모로코에서의 현장조사를 통해서 그의 이론이 실증적으로 체계화 되었듯이, 선교학에서 응용될 수 있는 그의 개념이나 문화 이해의 방법론은, 현장의 경험과 교훈에서 출발하여야 한다.

기어츠의 개념을 이용하여 선교학의 방법론을 검토하면서 강조하고 싶은 것은 선교 현장에서 발생하는 상이한 문화간의 "상호교섭관계(Inter-Subjectivity)"를 주목하자는 것이다. 복음의 전달 과정을 통해 기독교와 타종교간의 만남이 일어날 때, 기존의 선교학적 분석방식은 복음의 "유입관계(Intra-Subjectivity)"를 먼저 강조하는 데 있었다. 기독교 복음이 선교사에 의해 전달되거나 혹은 조선선교(朝鮮 宣教)의 경우처럼 현지주민의 자발적 동기에 의해 복음이 수용되었을 때, 기존의 선교학은 복음의 외부적인 유입, 즉 선교사가 속해있던 문화권에 의해 결정된 복음의 형태가 전달됨으로써, 선교지 문화에서 일어나는 내부적 변화, 즉 개종, 개종거부, 무관심, 탄압, 토착화 등의 전개 과정을 주목해 왔던 것이 사실이다. 기존의 토착화(Contextualization) 과정에 대한 신학적 논의에서조차, 선교문화권 밖에서 유입된 복음의 외부적 요인이 선교 현지의 내부의 문화를 어떻게 변화시키는지에 초점이 맞추어져 있었다.

기존의 특정한 문화 체계를 "텍스트"로 이해하고 그 문화의 이해를 현지주민의 "이해"에 대한 이 차적인 "이해"로 제한하는 기어츠의 접근 방식은 선교학 연구에 있어서 전통적으로 강조되어 왔던 복음과 문화의 "유입관계"에 대한 분석을 재검토하게 만든다. 우리가 선교학을 통해서 기술(記述)할 수 있는 문화에 대한 이해는, 기독교 복음을 받아들이거나 배척했던 선교 현지 주민들의 "해석"에 의해서만 가능하다. 그들이 복음을 받아들이거나 배척하게 된 자신들만의 고유한 문화적 해석을 통해서만 우리는 "중층적"으로 선교학적 논의를 진행시킬 수 있다. 기어츠로부터 강조되기 시작한 현지주민들의 문화해석에 대한 존중은, 문화의 접촉을 다루어야 하는 선교학 논의에 있어서 두 문화권 사이의 "상호교섭관계"를 주목해야할 이론적 근거를 마련하고 있다. 복음은 외부에서만 유입되는 것이 아니라, 기독교와 다른 문화권에 속한 구성원들의 주관적인 상호교섭행위를 통해 선교되거나 혹은 선교되지 아니한다. 복음은 상호교섭을 통해서 전달되는 것이지, 외부로부터 일방적으로 유입됨으로써 선교의 사명이 자동적으로 완수되지 않는다. 최소한 선교학자들의 해석은 기독교를 해석한 선교 현주민들의 상호교섭의 결과에 의존할 수밖에 없다. 따라서 선교학자들의 주된 학문적 관심은 복음의 일방적 유입 과정이 아니라, 기독교와 타문화간의 상호교섭을 주목해야 할 것이다. 기어츠가 제안한 대로 우리는 "어깨너머로" 그들의 주관적인 교섭행위를 기술(記述)하기 위해 노력할 수밖에 없다. 선교 현장에서 일어나는 두 문화권(혹은 여러 문화권)과의 충돌은 피할 수 없는 과정이며, 이 과정을 연구하는 선교학자들의 사명은 "중층기술"을 통한 두 문화권 사이의 "상호교섭 관계"에 주목하는 것이다.

선교학 연구와 문화권 사이의 권력(Power)의 문제

아담 쿠퍼가 지적하였듯이, 포스트모던 문화인류학자들은 기어츠가 자신들의 학문적 아버지임을 자랑스럽게 고백함과 동시에, 또 다른 한편으로 자기 아버지를 향한 오이디푸스적인 반항을 시도하고 있다. 포스트모던 문화인류학자들에 의하면, 기어츠의 "중층기술"이 추구하는 "해석에 대한 해석"은 여전히 해석을 내리는 주체, 즉 현장조사에 참여하는 인류학자의 주관성(Subjectivity)에 대한 철저한 부정이 결여되어 있다고 본다. 그들은 문화인류학적 글쓰기야말로 주관성이 배제된 "시적(詩的)이고 설화(說話)적인 진실을 표현하면서, 살아있는 경험, 실천, 다중적(多重的)인 관찰을 지향해야 한다"고 말한다.[37] 자칭 기어츠의 사상적 후계자임을 자처하는 포스트모던 문화인류학자들의 이러한 반발은 같은 시기에 발전된 오리엔탈리즘 연구와 후기식민주의(Post-Colonialism) 이론과 결합하여, 현재 미국 문화인류학계의 대표적인 연구 패러다임을 형성하고 있다. 오리엔탈리즘이나 후기 식민주의를 연구하는 학자들에 의하면, 기어츠의 "심층기술"은 특정한 문화권, 특별히 제3세계 저개발국가에서 일어나고 있는 문화적 사건에 대한 권력(Power)의 상호작용을 간과하고 있다. 에드워드 사이드의 오리엔탈리즘적 분석에 의하면, 서구인들은 자신에 대한 정의(Definition)를 내리기 위해서 동양이라는 타자(他者)를 자의적으로 규정하는데, 이 과정에서 오리엔탈리스트들은 "서양이 아닌 것"은 "동양"이라는 식민주의적 관점으로 타자를 이해하고 규정한다. 열등한 것과 후진적인 것은 서양의 반대 개념이기 때문에, 결국 동양은 열등하고 후진적이란 논리가 형성된다. 결과적으로 서양의 동양에 대한 이해는 식민주의라는 권력의 상호작용에 의해 결정되면서, 서양에 대한 동양의 종속관계를 고착화하기 위한 오리엔탈리즘의 논리가 사용된다는 것이다.[38]

37) 앨런 바너드, 『인류학의 역사와 이론』, p. 302.

38) 자세한 내용은 에드워드 사이드, 『오리엔탈리즘』 (서울: 교보문고, 1999 [1978]), 박홍규 역.

사실 기어츠의 개념이나 문화기술에 대한 방법론적 성찰은 권력의 문제에 관심을 두지 않고 있다. 일부학자들의 반대의견도 있기는 하지만, 기어츠의 중심과제가 상징(Symbol)으로 나타나는 종교현상에 대한 문화인류학적 글쓰기에 집중됨으로써 오리엔탈리점적 권력과 후기식민주의의 횡포가 그 특정사회에 미치는 영향에 대해서 소홀할 수밖에 없었다.

선교학은 두 문화권 혹은 그 이상의 문화권 사이에 일어나는 종교적 "주고받음"을 연구하는 학문이다. 선교사에 의한 수동적인 전달 과정이나, 선교 현주민들의 자발적인 수용 과정을 거쳐(조선의 경우처럼), 복음은 한 문화권에서 다른 문화권으로 이동하게 되고, 이때의 전달이나 수용 과정은 복음의 "주고받음"의 행위로 나타난다. 모든 "주고받음"의 과정을 통해서 권력의 문제가 발생하는 것은 당연한 일이다. 무엇인가를 주는 쪽에서는 무엇인가를 받는 쪽에 비해 스스로 권력의 우위를 느끼게 마련이다. 식민주의적 동기에서 출발하지 않았다고 할지라도, 주는 쪽의 느낌은(주로 자부심과 긍지, 혹은 의무감에서 연유하지만) 받는 쪽으로부터 무엇인가 반대급부를 기대하게 만든다. 그 기대가 충족되거나 무산될 때, 나타나는 현상을 분석하면서 우리는 반드시 "주고받음"의 뒷면에 비밀스러운 코드처럼 숨겨져 있는 권력의 문제를 주목할 수밖에 없다. 반대로 받는 쪽은 무엇인가를 받게 된다는 기대와 더불어, 주는 쪽과의 자의적인 혹은 강제된 만남이 시작되고, 그것이 충족되지 않을 경우 다양한 반응을 나타내게 된다. 더 많은 것을 받기 위한 과장된 표현한다거나, 무관심을 통해 거부의 의사를 간접적으로 표현하기도 한다. 이 때 받는 쪽에서의 수동적인 반응 중에 우리가 특별히 주목해야한 것은 언어로 표현될 수 없는 그들만의 독특한 침묵의 대화(Non-verbal Communication)이다. 권력의 분배가 평등하지 일어나지 않을 경우, 받는 쪽이 선택할 수 있는 강력한 저항의 수단은 의도된 침묵이나, 계산된 무관심일 수 있다. 선교학은 두 문화권 사이를 오고 가는, 따라서 "주고받음"의 상호작용이 발생하는 현장의 학문이므로, 기어츠가 소홀히 했던 권력(Power)의 문제에 대해 주목해야 한다.

종교 정체성의 변화(Transformation of Religious Identity)에 대한 관심

기어츠의 개념이나 문화인류학 방법론에서 발견되는 또 다른 약점 중의 하나는 특정 지역의 문화나 종교 정체성의 변화(Transformation of Religious Identity)에 대해 무관심하다는 것이다.[39] 총 15편의 초기 학술 논문들이 편집되어 있는『문화의 해석』에서 기어츠가 종교 정체성의 변화를 다루고 있는 글은 "종교의식과 사회변동: 자바의 경우(Ritual and Social Change: A Javanese Sacred Symbols)"라는 짧은 논문뿐이다.[40]『문화의 해석』에 포함된 여러 논문 중에서 가장 주목받지 못하고 있는 이 글은, 사실 종교

39) 기어츠의 문화인류학을 역사학의 방법론으로 적용시킬 수 있는 가능성을 모색하고 있는 윌리엄 세월(William Sewell)은 역사학자가 가장 주목해야할 기어츠의 공헌을 타문화의 이해에 대한 "동시적 예민함(Synchronic Sensibility)"이라고 평가하지만, 이런 동시성(Synchrony)에 대한 강조는 역사연구의 기본요소인 "역사의 변화(Historical Change)"를 설명하는데 부적절하다고 비판한다. William Sewell, Jr., "Geertz, Cultural Systems and History: From Synchrony to Transformation," in *The Fate of "Culture": Geertz and Beyond*, p. 46. 특별히『문화의 해석』이후, 소위 "후기 기어츠의 사상"에서 문화변동에 관한 무관심이 특히 두드러진다.

40) 기어츠,『문화의 해석』, pp. 175-205. 영어원본에서는 Clifford Geertz, *The Interpretation of Cultures* (New York: Basic Books, 1973), pp. 142-169.

나 문화를 통한 사회변동을 다룬 것이 아니라, 영국 인류학의 기능주의적 이론이 사회 변동에 대한 소홀할 수밖에 없었던 이유를 밝히기 위한 목적으로 집필되었다. 기어츠는 이 논문에서 "기능주의적 이론이 변화를 다루지 못한 주요 요인 중의 하나는 사회학적 과정과 문화적 과정을 동등하게 다루지 못한 점에 있다"고 본다. 래드클리프-브라운이나 말리노프스키의 기능주의가 사회조직의 형태와 문화패턴의 분리를 상정하고 있기 때문에, 자연히 문화패턴의 변동을 사회조직의 변동으로까지 연결할 수 없었다고 분석하고 있다. 기어츠는 이에 대한 논거(論據)를 제시하기 위해 인도네시아 자바의 작은 도시 모조쿠토(Modjokuto)에서 행해진 장례식을 예를 들고, 사회조직의 변화와 문화패턴의 상관관계에 대해 다음과 같은 결론을 내린다.

> "사회 변화의 동인(動因)은 자신이 무엇인가의 의미를 부여할 수 있는 세상, 그 본질적 의의를 파악할 수 있다고 느끼는 세상에 살고 싶다고 하는 인간의 욕구와 기능하는 사회유기체를 유지시키려는 욕구가 일치하지 않는 일이 흔하다는 사실이 고려되는, 보다 역동적인 형태의 기능주의 이론에 의해서만 분명하게 도식화될 수 있다."[41)]

위에 내려진 기어츠의 결론은 사회변화의 동인(動因)을 설명한 것이 아니라 기능주의가 가지고 있는 학문적 취약점을 드러내는 것이다. 따라서 사회변화에 대해 특별한 관심을 두지 않았던 기어츠의 이론은, 복음의 전달 과정을 통해 일어나는 선교 현장의 사회조직이나 문화패턴의 변화에 대한 분석을 포함해야 하는 선교학 연구에 있어서 경계하고 보완해야 할 부분이 존재한다.

---

41) 기어츠, 『문화의 해석』, p. 205.

복음의 전달 과정에서 일어나는 종교정체성의 변화(Transformation of Religious Identity)를 주목하지 않으면 선교학의 기본적인 존재 이유를 약화시킬 우려가 있다. 복음은 변화를 요구하기 때문이다(고후 5:17). 복음의 전달 과정을 통해서 개종(Conversion)이 일어나거나, 혹은 반(反)기독교적 반발이 일어나든지 간에, 선교학 연구는 복음의 전달 과정을 통한 개인과 사회집단의 종교정체성의 변화에 주목해야 한다.

종교 정체성의 변화는 단순히 복음을 받아들이는 선교 현지 주민들이나 선교지역 사회에서만 일어나는 것이 아니라, 전달되어지는 복음 자체의 변화까지 동반한다는 새로운 선교학 이론이 최근 학계의 주목을 받고 있다. 선교 현장에서 반드시 일어나는 복음의 "번역 과정(Translation Process)"은 이러한 변화를 촉진시키는 역할을 하게 된다. 기독교의 개념을 현지 언어로 번역하는 과정에서 발생하는 토착 언어 의미의 재해석을 통해서, 복음의 핵심내용이 더 다양해지고 풍부해 진다. 이러한 선교학계의 움직임을 주도하고 있는 앤드류 월스(Andrew Walls) 교수에 의하면, "그리스도에 대한 복음을 새로운 선교지의 언어로 번역하는 과정과 그것을 현장에 적응하는 과정을 통해서, 기독교 신앙은 재편성되고 확대된다."[42] 각 지역의 언어적 표현이 담고 있는 문화적 배경이 워낙 다양하고 복잡하기 때문에, 복음의 번역 과정을 통해서 토착문화가 가지고 있는 새로운 개념이 복음의 내용으로 편입되는 과정이 일어난다.[43] 이런 편입 과정을 통해서 복음은 다양한 지역의 문화와

42) Andrew Walls, *The Missionary Movement in Christian History: Studies in the Transmission of Faith* (Maryknoll: Orbis Books, 1996), p. 29.

43) 앤드류 월스의 이론을 아프리카 교회에서의 번역 과정에 적용한 책이 Lamin Sanneh, *Translating the Message: The Missionary Impact on Culture* (Maryknoll: Orbis Books, 1997)이다.

결합하면서 새로운 변화를 이루어간다는 것이다.

따라서 복음의 전달 과정을 통해서 선교 현장에서 발생하는 문화변동이나 사회조직의 변화에 대해 무관심했던 기어츠의 개념이나 방법론은 선교학에 적용될 때 세심한 주의가 필요하다. 현장의 학문인 선교학은 반드시 선교 현장의 변화를 주목하고 그 변화의 동인(動因)을 분석하는 작업을 요구하기 때문이다.

기어츠를 통한 선교학과 문화인류학의 교류 가능성

클리포드 기어츠의 『문화의 해석』은 선교학 연구에 필요한 문화의 이해를 위해 새로운 관점을 제시하고 있다. 타문화와의 접촉을 기본 전제로 삼는 선교학에서 문화인류학의 중요성은 아무리 강조해도 지나침이 없거니와, 기어츠에 의해 제기된 "해석에 대한 해석"이라는 방법론적 성찰을 통해 선교학은 보다 진지한 해석학적인 방향전환을 이룰 수 있을 것이다. 타자(他者)를 대상으로 하는 선교학은 기어츠 이론의 도움을 통해 타자를 우리가 직접 해석할 수 있다는 착각에서 벗어나야 하고 타자에게 복음을 전달하여 그들을 우리와 같은 그리스도인으로 만들 수 있다는 오리엔탈리즘적 오만에서 벗어나야 한다. 우리가 할 수 있는 일은 그들의 "어깨너머로" 그들 가운데서 진행되고 있는 문화의 역동적 변화를 조심스럽게 살펴보면서, 그들 스스로 이루어 가고 있는 기독교의 모습을 중층기술(重層記述, Thick Description)로 기록해 가는 것이다.

선교학은 선교 현장에 대한 해석을 다시 해석하는 작업이므로 중층기술의 방법으로 기록될 때, 진정한 선교의 의미가 드러나게 된다. 선교지 현장의 "1차적 해석"과 이를 보고하는 선교사들의 "2차적 해석"을 통해서 우리는 "3차적 해석"을 시도하는 것을 분명히 기억하면서, 이런 해석의 연결고리들 사이에서 작용하는 힘과 권력의 균형을 유심히 관찰하고, 연속적인 해석의 연결고리들 사이에서 발생하고 있는 선교지 현장의 새로운 기독교의 모습과 변화에 주목한다면, 선교학은 문화인류학이 이룩해 낸 해석학적 성취를 바탕으로 보다 깊이 있는 학문적 성과를 이루어 낼 수 있을 것이다.

제2장

선교학과 지역학(페루)

선교학과 지역학 연구의 상관관계

선교학은 현장의 경험이 이론과 만나는 학문의 특성을 가지고 있기 때문에 "현장성"이 강조될 수밖에 없다. 현장이 없는 선교학이 존재할 수 없음에도 불구하고 일부 선교학자들의 논술이 사변적인 이론에 치우쳐 있거나 문화 비평학(Cultural Studies)의 일차적 탐구에만 머무르고 있는 것은 참으로 아쉬운 일이다. 이러한 경향은 이론이 중시되는 유럽의 선교학에서 자주 목격된다. 해석학적 입장에서 타자의 주관성을 강조하는 입장이라든지, 문화 비평학적 입장에서 선교의 폭력성에 천착하는 유럽의 선교신학의 연구 방향은 이론적 탐구의 필요성과 당위성에도 불구하고 지나친 인식론적 접근이란 생각을 지울 수 없다. 반면에 미국(특별히 풀러 신학교를 위시한 보수적인 신학교의)의 선교학은 지나칠 정도로 교회 성장학(Church Growth Studies) 중심으로 치중되어 있는 것으로 보인다. 지나친 이론주의가 현장성이 중시되어야 할 선교학의 역동성을 약화 시키는 반면 지나친 교회 성장학 중심의 선교신학은 학문으로서 지녀야할 연구 영역을 축소시키는 부작용을 초래한다. 물론 이론과 실천의 완벽한 결합은 이상주의에 빠져 있는 신학자들의 환상에 불과할지 모른다. 그러나 최소한 선교학자들은 이론과 실천 사이의 긴장관계를 놓치지 말아야 하는데, 이를 위해 선교학은 지역학(Regional Studies)과 밀접한 연관을 맺어야 할 것이다. 선교의 현장성은 지역학의 연구 결과에 의해 이론화될 수 있는 근거를 마련하게 된다. 어느 특정 지역에 복음이 들어가서 문화적, 종교적, 사회적으로 어떤 변화를 초래하는 지 연구함으로써 선교학은 현장의 경험과 복음전파로 초래되는 현상에 대한 이론적 분석을 시도할 수 있게 된다. 선교학과 지역학은 불가분의 관계에 있는 인접 학문이다. 사회학과 종교학의 도움을 받으며 선교학과 지역학이 서로 교류할 수 있다면, 세계화 시대의 기독교를 이해하는데 선교학이 큰 공헌을 할 수 있을 것이며, 선교학과의 교류를 통해 지역학은 새롭게 부각되고 있는 디아스포라 신앙공동체의 종교사회적 역학관계를 이해하는 데 큰 도움을 받을 수 있을 것이다. 예를 들면 아프리카 인구의 지속적인 유럽 유입으로 인해 지금 유럽의 종교판도는 매우 빠른 속도로 변하고 있다. 유럽의 지역학은 북 아프리카의 무슬림들이 유럽의 정치 판도를 어떻게 변화시키고 있는지(특별히 9 · 11 이후에), 또한 사하라 사막 이남의 아프리카 기독교인들이 어떻게 유럽 기독교의 모습을 변화시키고 있는지 주목해야 한다. 이들 아프리카 기독교인들에 의해서 유럽은 다시 기독교화 될 수 있을 것인가? 유럽에서 활동하는 아프리카의 오순절 신앙 지도자들의 활발한 부흥회 활동은 유럽인들의 종교적 정체성에 어떤 영향을 미칠 것인가? 선교학과 지역학은 종교사회학과 함께 진지한 학문적 대화를 시작할 때가 되었다. 선교학과 지역학의 학문적 교류를 모색하는 이번 연구에서는 먼저 라틴아메리카의 페루에서 기독교 복음이 소개되었을 때 어떤 현상이 초래되었는지, 아니 자신의 선교 경험을 토대로 페루를 이해하고 규정하고자 했던 16세기 말의 한 선교사의 사례를 통해 기독교와 페루 지역의 문화가 어떻게 조우(遭遇)하게 되었는지를 모색하고자 한다.

16세기 라틴아메리카 선교

격동의 16세기, 중세 유럽의 전통을 이어오던 교회가 분열의 진통을 겪고 있을 즈음 스페인과 포르투갈의 국제 무역 해상로를 따라 아시아와 라틴아메리카 선교의 장도(壯途)에 올랐던 초기 예수회(Society of Jesus) 선교사들의 삶과 선교 행적에 대한 연구가 최근 많은 학자들에 의해 발표되고 있다.[44] 냉전체제의 종식과 더불어 찾아온 국제화(Globalization) 시대의 역사적 전개 과정을 설명하기 위해, 동양과 서양, 혹은 서구사회와 비(非)서구사회의 만남이 최초로 광범위하게 전개되었던 16세기 유럽 선교사들의 활동을 집중적으로 연구하는 것도 최근 주목받고 있는 학계의 동향이다.[45]

44) 예를 들면, John Martinez, *Not Counting the Cost: Jesuit Missionaries in Colonial Mexico - A Story of Struggle, Commitment, and Sacrifice* (Chicago: Loyola Press, 2001); Andrew Ross, *A Vision Betrayed: The Jesuits in Japan and China, 1543-1742* (Maryknoll: Orbis Books, 1994); 히라카와 스케히로, 『마테오 리치: 동서 문명교류의 인문학 서사시』 (서울: 동아시아, 2002 [1997]).

45) 유럽과 동양의 역사적 만남을 집중적으로 연구하고 있는 유명한 출판시리즈는 Donald Lach, *Asia in the Making of Europe* (Chicago: University of Chicago Press, 1965-)이다. 첫번째 판, Book 1, Vol. I, The Century of Discovery 이후 이 분야에 대한 연구가 계속해서 출간되고 있다. 종속이론

유럽의 중심부에서 전개되었던 16세기 개신교회의 종교개혁과 더불어 가톨릭교회의 반(反) 종교 개혁적(Counter-Reformation) 움직임, 혹은 가톨릭교회 자체 내의 종교 개혁적(Catholic Reformation) 움직임을 설명하기 위해서, 초기 예수회 선교사들의 활동을 집중적으로 연구하는 학문적 경향도 보인다.[46] 사실, 예수회 초대 총장(General) 이냐시오 로욜라(Ignatius of Loyola)의 영적 지도력을 따라 파리에서 최초로 예수회(Society of Jesus)가 조직되고, 1540년 교황 바오로 3세로부터 공식 수도회로 인정되었을 때부터 예수회는 해외 선교의 최선봉에 서기 시작했다. 예수회가 교황으로부터 공식 활동을 허락받던 바로 그 해에, 이미 "아시아 선교의 아버지"로 불렸던 프란치스코 하비에르(Francisco Xavier)는 로욜라로부터 아시아 지역의 선교를 책임지는 사명을 받고, 포르투갈의 리스본에서 인도 행 국제 무역선을 기다리고 있었다. 16세기 중반, 인도 남부와 일본에서 초기 예수회 선교의 큰 발자취를 남긴 하비에르 이후, 수많은 유럽의 젊은이들이 예수회를 통해 해외 선교에 동참했다. 당대 최고의 인문학적 수련을 받은 예수회 선교사들은 아프리카, 아시아, 그리고 아메리카 대륙에서 프란치스코 하비에르가 시작한 선교의 전통을 이어갔다. 1583년 최초로 중국 본토에 입국하여 유교와 기독교

의 태두였던 안드레 군더의 최근 저술은 이러한 관점과 연관되어 있다. Andre Gunder, *ReOrient: Global Economy in the Asian Age* (Berkeley: University of California Press, 1998)

46) 가톨릭교회의 종교개혁에 대한 정보는, 김상근, 『세계사의 흐름을 바꾼 기독교 역사』 (서울: 평단문화사, 2004), 159-173. 영문 자료로는 John Olin, *Catholic Reform: From Cardinal Ximenes to the Council of Trent, 1495-1563* (New York: Fordham University Press, 1990); R. Po-chia Hsia, *The World of Catholic Renewal, 1540-1770* (Cambridge: Cambridge University Press, 1998); Jean Delumeau, *Catholicism Between Luther and Voltaire: A New View of the Counter-Reformation* (London: Burns & Oates, 1997).

의 접촉점을 통해 예수회 선교의 신학적 지평을 확장시킨 마테오 리치(Matteo Ricci, 1552-1610)나 남부 인도의 브라만 사회를 정확하게 분석해 내고 힌두 전통가운데서 기독교의 복음이 차지하는 문화적 위치를 밝혔던 로베르토 디노빌리(Roberto de Nobili, 1577-1656)는 대표적인 초기 예수회 선교사들이다.[47]

그러나 16세기 세계 선교사(宣教史) 연구에 있어서, 라틴아메리카 선교에 대한 역사적 분석은 아시아 지역의 연구에 비하여 양적으로나 질적으로 미흡한 실정이다.[48] 최근 연구가 활발히 진행되고 있는 프란치스코 하비에르, 마테오 리치, 그리고 로베르토 디노빌리는 모두 아시아 지역에서 활동했던 초기 예수회 선교사들이었다. 특별히 한국 선교학계(宣教學界)에 보고되어 있는 라틴아메리카 지역의 초기 선교 역사에 대한 연구는 거의 전무한 실정이

47) 마테오 리치에 대한 필자의 연구는 Sangkeun Kim, *Strange Names of God: The Missionary Translation of the Divine Names and the Chinese Responses to Matteo Ricci's Shangti in Late Ming China, 1583-1644* (New York: Peter Lang, 2004)나 김상근, 『세계사의 흐름을 바꾼 기독교 역사』, pp. 166-173. 로베르토 디노빌리에 대한 전기적 연구는 A. Saulière, *His Star in the East* (Madras: De Nobili Research Institute, 1995).

48) 라틴아메리카의 초기 선교역사에 대한 연구가 미흡한 반면, 이 지역에 대한 초기 식민 정착 과정이나 문화사적 연구는 미국 학자를 중심으로 활발히 진행되고 있다. 미국 내 히스패닉 인구의 급증과 연관되어 있는 이러한 학문풍토는 다음과 같은 중요한 연구결과로 나타났다. Sabine MacCormack, *Religion of the Andes: Vision and Imagination in Early Colonial Peru* (Princeton: Princeton University Press, 1991); Ramón Gutiérrez, *When Jesus Came, the Cone Mothers Went Away: Marriage, Sexuality, and Power in New Mexico, 1500-1846* (Stanford: Stanford University Press, 1991); Tzvetan Todorov, *The Conquest of America* (Cambridge: Harper & Row, 1984); Anthony Pagden, *European Encounters with the New World* (New Haven: Yale University Press, 1993).

다.[49] 유럽의 선교사들은 아시아 지역보다 먼저 라틴아메리카로 파송되었으며, 이들 초기 선교사들에 의해 새로운 선교이론들이 라틴아메리카의 종교 문화적 입장에서 연구되어졌다면, 이 분야에 보다 많은 연구 결과를 기대해 볼 필요가 있다.

선교사(宣教史)적인 입장에서 볼 때, 라틴아메리카에서 활동한 초기 예수회 선교사들에 대한 역사적 연구는 다음과 같은 몇 가지 기본적인 질문으로부터 출발한다. 초기 예수회 선교사들은 라틴아메리카 사회의 종교와 문화를 어떻게 이해했는가? 그들은 어떤 선교방식을 채택했고, 그 역사적 전개와 결과는 어떻게 나타났는가? 아시아에서 활약했던 예수회 선교사들과 라틴아메리카에서 선교사역에 임했던 예수회 선교사들과의 선교 신학적 교류가 시도되었는가? 라틴아메리카에서 선교 사역을 펼쳤던 초기 예수회 선교사들의 독특한 선교신학은 무엇인가? 라틴아메리카의 문화와 전통에 대한 초기 선교사들의 문화적 편견(Cultural Prejudice)은 어떻게 전개되었나? 이 연구는 이런 선교사(宣教史)적 질문에 답하면서 선교학과 라틴아메리카(특별히 페루)의 지역학의 교류를 모색하기 위해 그 지역에서 활동한 초기 예수회 선교사 호세 데 아코스타(José de Acosta, 1540-1600)의 선교신학을 분석하고자 한다.

49) 라틴아메리카 초기 선교 과정에 대한 번역서는 레오나르도 보프, 김수복 역, 『하나님은 선교사보다 먼저 오신다: 억압당하는 사람들의 입장에서 본 새로운 복음화』 (왜관: 분도출판사, 1993)가 있지만, 이 책은 라틴아메리카의 초기 선교 역사이기보다는 해방신학적 입장에서 저술된 선교신학 비평에 가까운 책이다.

초기 예수회 선교사 호세 데 아코스타의 시대적 배경

페루에서 활동한 초기 예수회 선교사 가운데 대표적인 인물이라고 할 수 있는 호세 데 아코스타의 생애와 그의 선교신학을 분석하기 위해 먼저 다음과 같은 세 가지 시대적 배경을 염두에 두어야 한다. 초기 예수회 선교사로서의 활동과 그의 페루 문화와 종교에 대한 이해(理解)와 오해(誤解)는, 아코스타가 처해 있던 당시의 시대적 배경과 맞물려 있기 때문이다.

먼저 1492년에 있었던 콜럼버스의 "신대륙 발견"의 역사적 중요성을 강조할 필요가 있다. 소장파 역사학자들에 의해 콜럼버스의 "신대륙 발견"이란 개념이 얼마나 서구 중심의 왜곡된 논리인지 이미 충분히 설명되었기 때문에, 이 문제를 여기서는 언급하지 않기로 한다.[50] 그러나 콜럼버스의 지중해 서진(西進) 항해와 아메리카 대륙의 발견은 기독교 선교 역사에 매우 중요한 분수령을 이루는 사건임에 틀림없다. 콜럼버스의 지중해 항해를 통해 유럽의 교회가 발견한 것은 중앙아메리카 지역의 정글에서 살고 있던 새로운 인류, 즉 새로운 선교대상의 발견이었다. 콜럼버스를 통해 유럽의 기독교인들은 지금까지 그 존재를 알지 못하던 아메리카 인

50) 콜럼버스의 생애와 "신대륙 발견"에 대한 대표적 연구는 Samuel Eliot Morison, *Admiral of the Ocean Sea: A Life of Christopher Columbus* (Boston: Little, Brown, & Co., 1942). 콜럼버스 탐험의 종교적 동기에 대한 분석은 Felipe Fernández-Armesto, *Columbus and the Conquest of the Impossible* (London: Phoenix Press, 1974). 콜럼버스의 "신대륙 발견"과 초기 식민 개척 시기동안 기독교 선교와 선교된 1차 문헌을 모은 책은 H. McKennie Goodpasture, *Cross and Sword: An Eyewitness History of Christianity in Latin America* (Maryknoll: Orbis Books, 1992). 라틴아메리카 초기의 교회와 선교에 대한 연구 자료는 John Schwaller, ed., *The Church in Colonial Latin America* (Wilmington: Scholarly Resources Inc., 2000).

디언들을 발견함으로써 새로운 선교의 대상을 발견하게 된 것이다. 유럽인들의 이러한 발견은 공교롭게도 스페인 남부의 무슬림 왕국 그라나다(Granada)에서 발생한 사건과 같은 해(1492년)에 일어났다. 콜럼버스가 "신대륙"에서 새로운 선교의 대상을 발견한 바로 그 해에, 스페인의 군대가 그라나다에 거주하고 있던 무슬림과 유대인을 무력으로 축출함으로써, 유럽의 지역적 기독교화(基督敎化)가 마감되는 역사적 우연의 일치가 일어났다. 그라나다의 정벌은 사를마뉴(Charlemagne)의 신성로마제국(Holy Roman Empire) 황제의 대관식(800년)부터 시작된 모든 유럽의 영토에 대한 기독교화가 최종적으로 마감되었다는 역사적 의미를 갖는다. 유럽의 영토 내에 거주하던 마지막 무슬림들을 그라나다에서 추방하거나 강제로 세례를 받게 함으로써, 명실상부한 유럽의 기독교화(Christianization of Europe)가 마감된 바로 그 해에, 유럽의 교회는 새로운 기독교 선교의 대상인 아메리칸 인디언들을 발견하게 된 것이다. 유럽의 교회는 이 문제를 신학적으로 검토해야 했다.[51] 과연 새로 발견된 아메리카 인디언들은 유럽인들과 같이 하나님의 은총을 받을 자격이 있는 인간인가? 아메리카 인디언들의 본성(Nature)은 하나님을 인식할 능력(Knowledge of God)을 가지고 있는가? 자연을 통한 계시가 아메리카 인디언들에게도 임했다면, 이들의 "타락한" 인간성은 어떻게 설명할 것인가? 이런 신학적인 질문에 먼저 답하지 않고서는 아메리카 인디언들에게 복음을 전할 수

51) 이 신학적 문제에 대한 연구는 Lewis Hanke, *Aristotle and the American Indians: A Study in Race Prejudice in the Modern World* (London: Hollis & Carter, 1959), 특별히 pp. 12-27.; John O'Malley, *Rome and the Renaissance Studies in Culture and Religion* (London: Variorum Reprints, 1981), pp. 193-200.

없는 일이었다. 하나님을 이해할 수 없는 인간에게 어떻게 복음을 전할 것인가? 페루에서 활동한 초기 예수회 선교사였던 호세 데 아코스타도 이 문제와 먼저 씨름할 수밖에 없었다. 페루 선교 현장의 경험을 바탕으로 기록된 그의 저술들이 페루 원주민들의 종교와 문화에 대한 분석이었던 이유도 바로 이런 때문이었다. 페루 원주민들의 종교행위, 특별히 주술적인 마력을 가진 "후아카스(Huacas)"를 숭배하는 페루 원주민들의 풍습을 면밀히 검토함으로써, 아코스타는 당시 유럽인들이 가지고 있던 기본적인 신학적 질문에 충실하게 답하고자 했다. 16세기 초반에 이미 스페인의 도미니코 수도회의 신학자들에 의해 이 심각한 신학적인 문제가 "제2의 토미즘(Second Thomism)"이란 이름으로 연구되어졌고, 새롭게 태동한 예수회의 초기 신학이 이냐시오적(Ignatian) 신학 기조인 "이 세상 모든 만물 가운데 역사하시는 하나님을 발견(Finding God in All Things)"하는 것에 기초하고 있었기 때문에, 아코스타의 신학사상과 페루 문화 이해에 미친 이 두 가지 신학적 영향을 분석하는 것이 중요하다.[52)]

두번째 역사적 배경은 신대륙 발견과 국제 무역 해상로 개척에 따른 스페인과 포르투갈의 정치 군사적 경쟁관계와, 이런 국제 긴장관계와 밀접하게 연관되어 있던 로마 교황청의 식민지 선교를 위한 정치 종교적 타협안이다. 로마 교황청은 당시 국제 해상로 개척과 식민지 확장을 놓고 서로 경쟁하던 스페인과 포르투갈에 대

52) 이냐시오의 신학기조가 예수회 선교신학에 미친 영향에 대해서는 John O'Malley, et al., *Ignatian Spirituality and Mission* (London: Way Publications, 1994). 본 논문에서는 호세 데 아코스타의 저술에 나타난 초기 예수회 선교 신학 가운데 제2 토미즘의 영향을 분석하는 데 초점을 맞추기로 한다. 초기 예수회 형성 과정에 미친 이냐시오 영성의 영향에 대한 분석은 John O'Malley, *The First Jesuits* (Cambridge: Harvard University Press, 1993).

해 각각 대등한 정치외교적 관계를 유지하고, 새로 개척되는 식민지역의 선교를 위해 양국과 정치 종교적 협상을 시도했는데 이것을 "파드로아도(Padroado)" 제도라 부른다. 포르투갈어로 Padroado Real, 스페인어로는 Patronato 라고 표기하는 이베리아 국가들과 로마교황청 사이의 협정은 교황 알렉산더 6세에 의해 발표되었다(1493년). 이 협정에 의하면 유럽을 기점으로 동쪽 지역의 식민 개척지(아프리카와 아시아; 필리핀 제외)는 포르투갈에, 그리고 서쪽 지역(라틴아메리카 전지역; 브라질 제외)은 모두 스페인의 영토로 귀속되는 것을 로마 교황청이 인정함과 동시에, 그 지역의 교회운영과 선교의 책임을 각 나라에 "위임"하였는데 이를 "파드로아도" 정책이라고 부른다. 아코스타는 스페인 출신이었기 때문에, 스페인의 파드로아도 지역 내에서 스페인에서 파견되어 온 식민통치자들의 관할 아래에서만 선교 활동을 펼칠 수 있었다. 따라서 그는 필리핀 군도를 제외한 아시아 전 지역을 차지했던 포르투갈의 파드로아도 관할에서 진행되던 예수회 선교사들의 선교정책과 자유롭게 교류할 수 없는 처지에 놓여 있었다.

세번째 기억해야 할 아코스타의 시대적 배경에는 "인디언들의 눈물을 닦아 준 사람(The Collector of the Indians' Tear)"이라는 별명으로 칭송받았던 바톨로메 데 라스 카사스(Bartolomé de Las Casas)의 영향이 있다. 너무나 잘 알려져 있는 이 라틴아메리카의 초기 도미니코 수도회의 신부 라스 카사스는 평생을 바쳐 페루의 식민주의자들과 대결하며 라틴아메리카의 원주민들을 보호하고, 그들을 하나님의 은혜와 그리스도의 복음을 받을 자격이 있는 유럽인과 같은 "인간"으로 간주했던 것으로 유명하다.[53] 라스 카사스의 존재는 해방신학자 구스타보 구띠에레즈의 『라스 카사스』라는 책의 출간으로 서구 신학계에 널리 알려졌지만,[54] 그 이전부터 아코스타의 역사적 중요성은 라스 카사스라는 걸출한 역사적 인물의 그늘에 늘 가려져 왔던 것이 사실이다. 그러나 라틴아메리카 문화와 종교에 대한 아코스타의 일 차적인 정보는 라스 카사스의 『인디언의 역사』나 『인디언의 패망에 관한 개요』 등으로부터 취득한 것이다. 따라서 아코스타 연구에 있어서 라스 카사스에 대한 사전이해도 중요한 위치를 차지한다.[55]

이 연구에서는 위에 언급한 세 가지 시대적 배경 아래에서 페루의 초기 예수회 선교사로 활동한 호세 데 아코스타의 생애와 선교이론을 고찰할 것이다. 그가 페루에서의 선교 활동을 마치고 스페인으로 귀국하여 출간한 두 권의 중요한 저술, 『인디언들의 구원을 위하여』(De procuranda Indorum salute, 1588년 출간)와 『인디언들의 자연과 도덕의 역사』(Historia Natural y Moral de las Indias, 1590년 출간)를 통해 나타난 초기 예수회 선교사의 페루 문화와 종교 이해를 분석함으로써 유럽과 라틴아메리카 문명의 초기 만남이 어떤 식으로 진행되었으며, 아코스타의 기독교적 세계관이 페루 문화와 종교이해에 어떤 영향을 미쳤는지 논구할 것이다. 16세

53) 라스카사스는 원래 식민개척자의 일원으로 라틴아메리카에 왔으나, 1511년 유명한 안토니오 데 몬테시노스(Antonio de Montesinos)의 감동적인 설교를 듣고 회심하여 도미니칸 사제가 되었다. 1550년 인디언들에 대한 무력사용을 지지한 세풀베다와 함께 벌인 신학 논쟁으로도 유명하다.

54) Gustavo Gutiérrez, *Las Casas: In Search of the Poor of Jesus Christ* (Maryknoll: Orbis Books, 1993).

55) Bartolomé de Las Casas, *History of the Indies* (New York: Harper & Row, 1971); *The Devastation of the Indies: A Brief Account* (Baltimore: Johns Hopkins University Press, 1992). 라스 카사스는 콜럼버스의 항해에 대한 정보를 모아 *The Diario of Christopher Columbus's First Voyage to America, 1492-1493* (Norman: University of Oklahoma Press, 1989)를 편집하여 신대륙 발견 과정의 역사를 연구하는 데 결정적인 문헌을 남겼다.

기 라틴아메리카의 중심 문명 국가였던 페루에서 기독교에 대한 이해와 페루 문화와 종교에 대한 이해가 어떻게 서로를 규정했는지를 분석함으로써 궁극적으로는 선교학과 지역학이 어떻게 교류할 수 있을 지에 대한 한 역사적 모델을 발견하게 될 것이다.

초기 예수회의 라틴아메리카 선교사 호세 데 아코스타의 생애

포르투갈과 스페인의 본격적인 식민지 개척과 더불어 확보된 세계 무역 해상로의 개발과 더불어 신속하고 안전한 물자와 인력의 이동을 가능케 한 항해술의 발전은 16세기 중반 이후부터 본격적으로 시작된 가톨릭교회의 해외 선교를 가능케 한 원동력이 되었다.[56] 콜럼버스의 신대륙 발견 이후, 라틴아메리카에서는 스페인의 식민개척이 신속하게 진행되고 있었다. 스페인과 로마 교황청 사이에 체결된 "파드로아도"협약에 의해 지금의 브라질을 제외한 라틴아메리카 전 지역이 스페인의 통치권으로 떨어지자 당시의 많은 스페인의 젊은이들은 식민지 개척자(Conqistadores)나 선교사

56) 16세기 동안 개신교회가 해외 선교에 관심을 가질 수 없었던 이유에는 포르투갈과 스페인이 국제 해상 무역로를 장악하고 있었던 이유도 있다. 당시 스페인과 포르투갈의 가톨릭교회는 개신교회에 대해 매우 부정적인 시각을 가지고 있었다. 포르투갈과 스페인의 식민개척 과정에 대해서는 A. J. R. Russell-Wood, *The Portuguese Empire, 1415-1808: A World on the Move* (Baltimore: Johns Hopkins University Press, 1992); Charles Boxer, *The Portuguese Seaborne Empire, 1415-1825* (London: Hutchinson & Co., 1959); J. H. Parry, *The Spanish Seaborne Empire* (Berkeley: University of California Press, 1990). 이 분야에 대한 가장 광범위한 연구는 Dauril Alden, *The Making of an Enterprise: The Society of Jesus in Portugal, Its Empire and Beyond, 1540-1750* (Stanford: Stanford University Press, 1996).

자격으로 "미지의 땅(Terra Incognita)"으로 떠나는 기회를 원하고 있었다.[57)]

아코스타는 1540년 스페인의 유서 깊은 대학 도시 살라망카(Salamanca)의 동북쪽에 위치한 메디나 델 캄포(Medina del Campo)라는 번성했던 상업도시에서 태어났다. 그는 13살 때 예수회에 수사(修士)로 가입하였고, 르네상스 휴머니즘의 전성기동안, 포르투갈의 코임브라(Coimbra)에 세워진 예수회 대학에서 당대 최고의 인문학적 수련을 받았다(1557-1558년). 아코스타는 계속해서 스페인의 명문 알칼라(Alcalá) 대학에 진학하여 신학수업을 받고(1559-1567년), 1566년에는 정식으로 예수회 사제 서품을 받게 된다. 사제가 된 그는 오카나(Ocana) 대학에서 신학을 잠시 가르치다가, 당시 예수회의 총장(General)이던 프란치스코 데 보르하(Francisco de Borja)에게 선교사직(宣敎師職)을 청원하였다. 아코스타의 학문적 탁월성을 높이 평가하고 있던 예수회 총장은 1569년에 그를 페루의 도시 리마(Lima)에 있던 예수회 소속 상파울로 대학의 교수로 임명하였다. 예수회는 1568년부터 페루에 소속 선교사를 파송하기 시작했는데, 그 이듬해에 도착한 아코스타는 페루에서 활동한 초기 예수회 선교사인 셈이다. 페루 원주민들에 대한 가혹한 세금징수와 반인륜적인 무력통치를 비판하면서 식민지 총독 프란치스코 데 톨레도(Francisco de Toledo)와의 갈등이 깊어가던 아코스타는 1571년 쿠스코(Cuzco)에 세워진 예수회 대학의 책임자로 파견된다.[58)] 3년 후 다시 리마로 돌아온 그는 계속

57) "신대륙"이라는 미지의 세계에 대한 동경이 유럽의 지정학적 상상력과 어떤 역사적 연관관계를 가지고 있는지에 대한 분석은 Eviatar Zerubavel, *Terra Cognita: The Mental Discovery of America* (New Brunswick: Rutgers University Press, 1992).

해서 상파울로 대학에서 신학을 가르치며, 1576년부터 1581년까지 페루 교구의 총 책임자(Provincial)로 활약하는 동시에 여러 지역에 유럽식 대학을 설립하는 데 중추적인 역할을 한다. 1582년, 리마에서 개최된 제3차 리마 주교단 회의의 신학적 조언자(Theological Advisor)로 활동하면서 카틸라(Cartilla: 공식적인 교리문답서)를 채택하였으며, 주교단 회기 내 선포된 설교문들을 모아 특별 설교집을 발행하기도 하였다. 아코스타는 대학에서 신학을 가르치는 동시에, 페루지역의 문화와 종교에 대한 지대한 관심을 가지고 이에 대한 집중적인 연구를 수행하였다. 페루 지역에서 활동한 초기 예수회 선교사답게 그는 페루 지역의 토속 문화와 종교행위를 계통적으로 분석하고, 이 연구의 결과를 스페인으로 돌아가 세 권의 책으로 출간하였다. 1587년, 페루에서의 선교 활동을 마친 그는 스페인으로 돌아가 당시 국왕 필립 2세를 직접하고 알현하고 자신의 저서인 『인디언들의 구원을 위하여』(De Procuranda Indorum Salute)를 헌정한다. 필립 2세의 궁정에서 종교적 권위를 인정받은 아코스타는 스페인의 국가권력과 이탈리아 중심의 예수회 지도부간의 알력관계에 휘말려 소위 "메로리알리스타(Memorialista)" 스캔들에 연루되기도 한다. 그는 스페인의 국왕 필립 2세를 대변하여, 이탈리아 출신의 제5대 예수회 총장(General) 클라우디오 아콰비바(Claudio Aquaviva, 1543-1615년)를 견제하고자 하였다. 예수회가 스페인과 포르투갈의 파드로아도 협정 아래에서의 해외 선교를 주도해 나가면서, 식민지 개척과 원주민 통치를 추진하고 있던 스페인과 포르투갈 국왕과의 정치적 관계가 날로 악화되어 갔기 때문에,

58) 톨레도 총독의 페루 통치 기간(1569-1581)과 아코스타의 페루 선교 활동 시기(1569-1586)는 많은 부분 중첩되었기 때문에, 이 둘 사이에는 여러 번 긴장관계가 형성되었다.

스페인의 필립 2세로서는 어떤 방법으로든지 예수회 지도부내 이탈리아 출신들의 영향력을 줄이고 친(親) 스페인적인 예수회 지도부가 구성되기를 원하고 있었다. 스페인의 입장을 대변하던 아코스타는 자연히 이탈리아 출신 예수회 총장 아콰비바와 대립적인 관계를 유지하게 되었다. 그는 필립 2세의 힘을 등에 업고 교황 클레멘트 3세(Clement III)를 설득하여 1592년부터 1594년까지 제 5차 예수회 총회(General Congregation)를 개최하도록 압력을 행사했다. 그러나 제5차 예수회 총회의 결과는 아코스타가 원하던 방향, 즉 아콰비바를 견제하고 예수회 지도부 내에 반(反) 스페인 세력을 축출하고자 했던 계획이 실패로 돌아가고 말았다. 스페인 출신의 예수회 사제들이 지도권을 장악하는 데 실패했을 뿐 아니라, 아코스타 자신의 불분명한 출신 문제가 불거져 나와 원래 목적을 달성할 수 없었기 때문이다.[59] 그러나 아코스타는 영원히 매장된 것이 아니었다. 스페인 국왕의 정치적 후원을 받고 있던 아코스타는 스페인의 발라돌리드(Valladolid) 교구의 최고 책임자(Superior)로 임명되었다가(1594년), 1597년부터는 살라망카(Salamanca)의 예수회 대학에서 학장(Rector)으로 활동하였다. 그는 스페인의 고도(古都) 살라망카에서 두 대륙에 걸쳤던 그의 파란만장했던 삶을 마감하고, 1600년 임종을 맞이했다.

그는 16세기 후반의 페루 문화와 라틴아메리카 기독교 선교역사에 대한 귀중한 자료가 담긴 두 권의 저서를 스페인에서 출간하였다. 『인디언들의 구원을 위하여』는 살라망카에서 1588년에 출간되었으며, 『인디언들의 자연과 도덕의 역사』는 1590년에 세르빌에

59) 아코스타의 조상이 유대인이란 설(說)이 유포되면서, 아코스타는 총회기간 중 수세에 몰릴 수밖에 없었다.

서 각각 출간되었다. 기독교로 개종한 아메리칸 인디언들을 위한 교리서와 교리강습 지침을 다룬 저술『기독교 교리서와 신조문답』(Doctrina Christiana y Catechismo para Instrucción de los Indios)과 함께 아코스타의 세 권의 저술은 16세기 말 유럽의 여러 나라 언어로 번역되면서 유럽교회와 신학자뿐만 아니라, 라틴아메리카에 대한 식민통치를 계획하던 많은 국가들의 주목을 받았다.

호세 데 아코스타의 선교신학(宣教神學)

아코스타는 페루와 멕시코에서 전개되고 있던 스페인의 식민개척 과정과 유럽 선교사들에 의해 진행 중이던 초기 선교 과정을 자세히 보고하는 세 권의 저서를 출간하여, 16세기 말 유럽에서 "신대륙의 플리니(Pliny of the New World)"라는 별명으로 불렸다. 기원후 111년, 흑해 부근 비타니아(Bithynia) 지역에서 태동하던 초대 교회의 신앙형태를 로마황제 트라잔(Trajan, 52-117년)에게 보고한 플리니 총독처럼, 라틴아메리카에서 태동하기 시작한 신대륙의 교회에 대한 초기의 정보를 아코스타가 유럽사회에 보고했기 때문이다. 그렇다면, 아코스타는 어떤 신학적 배경을 가지고 페루의 문화와 종교를 보고했으며, 어떤 선교 신학적 입장을 가지고 페루의 문화와 종교를 평가했을까?

최근 아코스타의 생애와 사상에 대한 저술을 출간한 클라우디오 불가레타(Claudio M. Burgaleta)는 저명한 예수회 교회사가(教會史家)인 존 오말리(John O'Malley)교수의 영향을 받아 아코스타가 "르네상스 휴머니즘(Renaissance Humanism)"과 살라망카 대학의 "개방적 토미즘(Open Thomism)"에 근거한 선교 신학을 가지고 있었다고 분석한다.

"호세 데 아코스타의 예수회 전통에 입각한 신학적 휴머니즘(Jesuit theological humanism)은 살라망카 대학의 '개방적' 토미즘(Open Thomism)의 위대한 전통에 입각해 있었고, 또한 인문주의 신학자 헤로니모 나달(Jerónimo Nadal)의 영향을 받았다."[60]

불가레타의 평가대로 아코스타의 선교 신학에는 그가 알칼라(Alcalá) 대학에서 받은 신학 교육을 통해서(1559-1567년) 습득한 "제2 토미즘(Second Thomism)"의 신학 체계와 더불어,[61] 당대 유럽 대학의 사상적 사조(思潮)로 받아들여지고 있던 르네상스 휴머니즘(Renaissance Humanism)이 그 중심 골격을 형성하고 있다.[62] 아코

60) Claudio Burgaleta, *José de Acosta (1540-1600): His Life and Thought* (Chicago: Loyola Press, 1999), p. 119.

61) 당시 알칼라 대학에서는 만시오 데 콜푸스 크리스티(Mancio de Corpus Christi), 페드로 폴토카레로(Pedro Portocarrero), 페드로 발바스(Pedro Balbás), 디에고 로페즈(Diego López) 등이 토마스 아퀴나스의 신학을 가르치고 있었다. 물론 둔스 스코투스나 유명론자들의 신학도 함께 강의되었으나, 아퀴나스의 신학이 중심 커리큘럼을 형성하고 있었다. Burgaleta, *Ibid.*, pp. 16-21. 여기서 "제2 토미즘"이란 살라망카의 도미니칸 신학자 프란치스코 데 비토리아(Francisco de Vitoria)와 그의 스승 페터 크로카데트가 1512년 파리에서 재편집한 토마스 아퀴나스의 『신학대전』 출간을 기점으로 시작된 아퀴나스 신학에 대한 새로운 해석 기조를 말한다. 토마스 아퀴나스 신학에 대한 새로운 해석이 진행된 이 시대의 역사적 분석은 Wilhelm Schmidt-Biggemann, "New Structure of Knowledge," in *A History of the University in Europe*, vol. 2, p. 494.

62) 르네상스 휴머니즘은 14세기부터 프란세스코 페트라크(Francesco Petrarch, 1304-1374)의 라틴문학의 재평가에서부터 시작된 문예부흥 운동이다. 여기서 "휴머니즘"은 현대적 의미의 "인본주의"란 뜻이 아니라 인문학 연구(Studia humanitatis)의 새로운 방법과 시대적 흐름을 지칭한다. 기독교적 의미에서 르네상스 휴머니즘은 "고대 기독교 원형을 재발견에 대한 시도인 동시에, 콘스탄티누스 대제 이전과 수도원 제도 정착 이전의 일반 대중을 위한 기독교의 원형"으로 돌아가는 신학적 의미를 가진다. 이에 대해,

스타가 1557년부터 2년간 학문적 수련을 쌓은 포르투갈의 코임브라(Coimbra) 대학은 당시 르네상스 휴머니즘의 학문적 메카였다. 이곳에서 그는 인도와 일본에서 활발한 선교 활동을 펼친 프란치스코 하비에르(Francis Xavier)의 영웅적인 아시아 선교에 대한 소식을 접할 수 있었다. 인도 남부의 펄 피셔리(Pearl Fishery) 해변에서의 대규모 개종 소식과,[63] "백인처럼 얼굴이 흰 아시아인(White Asian)"으로 자주 묘사된 일본인들의 개종에 대한 하비에르의 낭만적인 선교 보고서는 아코스타 선교신학의 기본적 골격을 제공하는 르네상스 휴머니즘의 이상적인 모델이었다.[64] 미지의 나라에 살고 있는 비(非) 기독교인들의 내재적인 본성(Human Nature)이 복음과의 만남을 통해 새로운 "이상적인(Ideal)" 인간의 모습을 이룩해 낼 수 있다는 르네상스 휴머니즘의 시대사조(時代思潮)가 아코스타 선교신학의 한 축을 형성한 것이다.

그러나 아코스타의 핵심적인 선교신학은 그가 유럽에서 교육받은 "제2 토미즘(Second Thomism)"의 신학적인 골격 안에서 형성되었다. 토마스 아퀴나스 신학에 대한 새로운 해석을 뜻하는 "제2

Salvatore Camporeale, "Renaissance Humanism and the Origins of Humanist Theology," in *Humanity and Divinity in Renaissance and Reformation: Essay in Honor of Charles Trinkaus*, et al. ed., John O'Malley (Leiden: E. J. Brill, 1993), pp. 104-105.

63) 16세기 인도 남부에서의 선교 활동과 집단개종에 관한 연구는 S. Vanatius Fernando, "The Portuguese Patronage (Padroado) and the Evangelization of the Pearl Fishery Coast," in *Indian Church History Review,* vol. 11 (1977), pp. 94-105.

64) 프란치스코 하비에르는 인도선교의 한계를 발견하고 "백인처럼 얼굴이 흰 아시아인"으로 알려진 일본에 가서 선교하기를 원했다. 이 표현은 하비에르의 선교 보고서에 자주 등장한다. Francis Xavier, *The Letters and Instructions* (St. Luis: Institute of Jesuit Sources, 1992), p. 341, p. 347.

토미즘"은 콜럼버스의 신대륙 발견 이후 아메리카 정글에 살고 있는 인디언들이 과연 하나님을 이해할 수 있는가에 대한 신학적 논구와 직접적으로 연관되어있다. 토마스 아퀴나스에 의하면, 인간은 하나님을 인식할 수 있는 "내적인 빛(Natural light)"을 가지고 있다. 물론 "하나님을 아는 지식(Knowledge of God)"은 "모든 완전성(All Perfections)"이신 하나님으로부터 인간에게 "은혜"로 주어지는 것이지만, 인간의 이성(Reason)가운데 있는 "유사성(Resemblance)"을 통해서 우리는 하나님을 인식하게 된다.[65] 인간의 본성 가운데 자리잡고 있는 이러한 "유사성"은 인종에 따라서 "순위 단계(Hierarchial Ladder)"가 있는데, 당연히 유럽인들은 그 "순위 단계"의 최고에 위치해 있다.[66] 16세기 토미즘을 연구하던 신학자들은 토마스 아퀴나스가 "하나님 인식(Knowledge of God)" 이해에 있어서 "제1 본성(Prima Praecepta)"과 "제2 본성(Secunda Praecepta)"으로 나누는 것에 주목하고 이를 라틴아메리카에서 발견된 새로운 인류의 인간 본성을 분석하는 신학적 프레임으로 사용했다.[67] 이들이 고민했던 신학적 문제는 과연 아메리카 정글의 원주민들이 유럽인 자신들처럼 "내적인 빛"을 가지고 있고, 자신들처럼 하나님을 인

65) Thomas Aquinas, *Summa contra gentiles*, IV, ch. 1. "quia omnes rerum perfectiones quodam ordine a summo rerum vertice Deo descendunt, ipse ab inferioribus incipiens et gradatim ascendens in Dei cognitionem proficiat."

66) 흥미롭게도 아코스타는 아시아의 중국인들과 일본인들이 이방인들 중에서는 가장 높은 "순위단계"를 차지하고 있다고 보았다. José de Acosta, *De procuranda indorum salute*, vol. 1. trans. G. S. McIntosh (Tayport: Mac Research, n. d. [1588]), p. 4.

67) 토마스 아퀴나스 신학의 제1 본성과 제2 본성에 관한 분석은 R. Armstrong, *Primary and Secondary Precepts in Thomistic Natural Law Teaching* (The Hague: Martinus Nijhoff, 1966), pp. 58-75.

식할 수 있는 "제1 본성(Prima Praecepta)"을 가지고 있는가에 대한 의문이었다.

이 복잡한 문제에 대한 신학적 논구는 스페인 알칼라 대학과 살라망카 대학의 도미니코 수도회의 신학자들에 의해 16세기 중반에 활발히 진행되었다. 가장 대표적인 학자는 살라망카 대학의 신학 교수였던 프란치스코 데 비토리아(Francisco de Vitoria, 1485/6-1546)와 그의 제자이며 같은 살라망카 대학에서 신학을 가르친 도밍고 데 소토(Domingo de Soto, 1494/5-1560)이다. 도미니칸 신학자인 비토리아는 프란치스코 수도회 소속 선교사들에 의해 진행되고 있는 신대륙에서의 무력을 동원한 선교방법을 신랄히 비판하면서,[68] 아메리카 정글에 살고 있는 인디언들에게도 하나님을 인식할 수 있는 "제1 본성(Prima Praecepta)"을 가지고 있기 때문에, 원주민 자신들의 결정에 의해서 자주적인 종교단체를 구성할 수 있는 자격을 가지고 있다고 주장한다. 비토리아는 더 나아가, 아메리칸 인디언들은 하나님의 보편적 은혜가 임하는 모든 세계 인류의 당당한 구성원이라고 보았다. 어둠에 가려있는 그들의 제1 본성은 단지 무지한 풍습(mores)과 무교육(無教育)의 영향으로 제2 본성(Secunda Praecepta)이 "오염"되어 있기 때문이다. 따라서 유럽 선교사들의 선교적 사명은 "오염"된 인디언들의 제2 본성을 적극적으로 "깨끗케 하여" 그들이 원래 가지고 있는 순수한 "제1 본성(Prima Praecepta)"을 회복하도록 돕는 것이다.[69] 이것이 라틴아메리카

---

68) 비토리아의 비판에 대한 자세한 분석은 Anthony Pagden, "The School of Salamanca and the Affair of the Indies," in *History of Universities*, vol. 1 (1981), pp. 71-84.

69) 안토니 패그던의 위의 책, 82-83. 그러나 안토니 패그던 교수는 이러한 비토리아의 인디언 변호가 종전의 "주종관계(The Master/Slave Relationship)"에서 "부자관계(Father/Son Relationship)"로의 전환일 뿐이었다고 비판한다.

의 선교 현장에 응용된 제2 토미즘 신학의 기본 골격이다. 사실 이러한 제2 토미즘은 초기 예수회 선교사들의 선교정책에 절대적인 영향을 미쳤다. 스페인의 도미니코 수도회 신학자들에 의해 연구 발전된 제2 토미즘은 로마와 유럽 각국의 예수회 소속 대학의 설립과 더불어 예수회 수도사들의 교육을 위한 기본적인 신학기조(神學基調)로 받아들여졌기 때문이다.70) 1583년부터 중국에서 활동한 이탈리아 출신 예수회 선교사 마테오 리치(Matteo Ricci, 1583-1610)가 중국의 유교 경전에서 기독교와 중국 문화의 접촉점을 찾기 위한 선교학적 시도를 펼친 것도 리치가 예수회의 최고 명문 로마대학(Collegio Romano)에서 받은 제2 토미즘의 영향이라고 볼 수 있다.

페루에서 활동한 초기 예수회 선교사인 아코스타도 이런 학문적 영향 아래에서 페루의 문화와 종교를 분석하고 제2 토미즘에 근거한 선교신학을 발전시켜갔다. 아코스타의 신학적 프레임에 의하면, 먼저 페루 원주민들의 "오염"된 제2 본성을 깨끗하게 하면 그들의 "제1 본성"이 회복될 것이기 때문에, 페루 원주민들의 제2 본성을 "깨끗케 만드는" 선교작업이 필요했다. 이를 통해서 페루 원주민들은 하나님을 인식할 수 있는 "제1 본성"을 다시 회복할 수 있기 때문이다.

이를 위해서 라틴아메리카 원주민들에게 전통적으로 적용된 선교방식은 "신앙집단촌(Reducciones)"을 설립하여 이곳에 원주민

70) 스페인의 살라망카 대학을 중심으로 활동하던 도미니칸 신학자들에 의해 제2 토미즘이 발전되었지만, 1580년부터 1585년까지 로마의 예수회 대학인 로마대학(Collegio Romano)에서 가르친 프란치스코 수아레즈(Francisco Suárez)에 의해 제2 토미즘은 초기 예수회 대학의 기본 신학사조로 받아들여졌다. 따라서 초기 예수회 선교사들의 선교신학을 분석하는데 제2 토미즘은 매우 중요한 역할을 차지한다.

들을 집단으로 거주시키며, 지속적인 교육과 통제를 통해서 이들의 "오염된" 제2 본성을 정화하는 방법이었다. 이 방법은 스페인의 식민통치자들, 특별히 1569년부터 1581년까지 21년간 페루를 통치한 식민지 총독(Viceroy) 프란치스코 데 톨레도(Francisco de Toledo)에 의해 주도되었다. 이미 1550년대부터 이런 "신앙집단촌"의 초기 형태가 시도되었지만, 톨레도의 식민 통치기간동안 집중적으로 페루의 "신앙집단촌"이 건설되었다. 그러나 톨레도와 긴장관계를 유지하던 아코스타는 "신앙집단촌"에서 일어나고 있는 비(非)기독교적인 행태를 인정할 수 없었다.[71] 비록 식민지 총독제도나 식민지 정착한 유럽인들이 라틴아메리카 인디언을 통치하는 것을 원천적으로 부정하지는 않았지만, 아코스타는 기독교 제국의 일원인 스페인 관리들은 식민지의 원주민들을 기독교적 관심으로 보호할 의무가 있다고 주장했다.

아코스타에 의하면, 아메리카 원주민들은 이미 하나님의 구원의 역사에 포함되어 있는 인류의 한 가족이다.[72] 하나님은 이미

71) 라틴아메리카에서 자행된 무력을 동원한 강압적인 선교에 대한 분석은 Luis Rivera, *A Violent Evangelism: The Political and Religious Conquest of the America* (Louisville: Westminster John Knox Press, 1992). 톨레도의 식민 정책에 대한 분석은 Lewis Hanke, "Viceroy Francisco de Toledo's Attack on Inca Rule," in *Latin American History: The Colonial Experience*, eds., Lewis Hanke and James Rausch (New York: Markus Wiener Publishing, 1993), pp. 66-75. 아코스타는 『인디언들의 구원을 위하여 *De Procuranda Indorum Salute*』에서 식민주의자들에 의해 저질러지고 있는 만행을 규탄하고 세금 징수와 신앙교육을 포함한 식민통치자들의 의무에 대해 상세한 제안을 하였다. Acosta, *De Procuranda Indorum Salute* (Tayport: Mac Research, 1995-1996), Book Three, Ch. 1, 8, 12.

72) Acosta, *De Procuranda Indorum Salute,* Book One, Ch. 5 "No matter how barbarious, the people of the Indies are not deprived of the help of grace for salvation."

아메리카 원주민에게 구원의 역사를 이루시고 계시며, 단지 유럽의 선교사들이 할 일은 그들의 오염된 본성을 깨끗케 함으로써 그리스도의 복음을 받아들이게 하는 것이다.[73] 그는 아직 아메리카 인디언들이 완전히 복음을 받아들이지 않은 이유를, 그들의 제1 본성이 완전히 타락했기 때문이라고 보지 않았다. 단지 그들의 제2 본성이 무지의 역사과 미흡한 교육에 의해 오염되어 있을 뿐이다. 따라서 유럽 선교사들의 사명은 지속적인 신앙 교육과 우상(Huacas)숭배에 대한 미신(迷信)적 행위를 계몽함으로써 그들 가운데서 분명히 존재하고 있는 "하나님의 지식(Knowledge of God)"을 회복시키는 것이다.[74] 이런 선교 신학적 배경을 가지고 있던 아코스타는 자신의 『인디언들의 자연과 도덕의 역사』(Historia Natural y Moral de las Indias) 말미에서 페루 원주민 가운데 일어난 집단 개종사건을 아래와 같이 자세히 보고한다.

> "산타쿠르주 델라 시에라(Santa Cruz de la Sierra)는 페루의 매우 큰 지방이름이다. 여러 이방인 지역과 마찬가지로 이 지역에는 복음이 전해지지 않았고, 내가 그 지역을 떠날 때까지만 해도 우리 예수회 선교사들은 그 지방에서 활동하지 않았다. 그러나 지금 그 지역은 기독교 지역이 되었고, 많은 스페인 거주민들과 더불어 많은 인디언들이 세례를 받고 기독교인이 되었다. 그 지역에 기독교가 전파된 경위는 이러하다. 방탕한 생활을 하던 한 스페인 군인이 자기가 저지른 범죄로 인해 처벌받은 것이 두려워, 자기가 살고 있던 차카스(Charcas)에서 그 지역으로 도피하

73) Acosta, *De Procuranda Indorum Salute,* Book One, Ch. 7. "How the nature of the Indians should be formed so as to win them to Christ."

74) Acosta, *De Procuranda Indorum Salute,* Book One, Ch. 8. "The incapacity of the barbarians is not so much do to "Nature" as to "Education" and "Customs."

게 되었다. 그는 그 지역의 미개한 원주민들로부터 환대를 받았다. 이 스페인 군인은 지역 원주민들이 극심한 가뭄의 피해를 입고 있으며, 강우(降雨)를 구하는 여러 가지 미신적인 제사를 드리는 것을 보았다. 그 군인은 원주민들에게 자기가 시키는 대로만 하면 하늘에서 비가 내릴 것이라고 말하자, 원주민들은 그 군인의 말을 듣기로 하였다. 그는 마을 높은 지역에 큰 십자가(Cruz)를 만들어 세우고 원주민들로 하여금 그 앞에서 예배드리고 비(雨)를 구하는 기도를 드리라고 말했고, 원주민들은 시키는 대로 하였다. 놀랍게도 진짜 비가 내렸고, 원주민들은 십자가의 능력을 진심으로 믿게 되었다. 원주민들은 스스로 자기들이 숭배하던 우상들을 부숴버렸고, 십자가를 마치 부적처럼 달고 다니기 시작했다. 그들은 선교사들에게 자기들에게 신앙을 가르쳐주고 세례를 베풀어 달라고 자청하여 부탁하였다. 바로 그 이유 때문에, 그 지역의 이름이 "산타쿠르주 델라 시에라(Santa Cruz de la Sierra '시에라의 십자가')"로 알려지게 되었다."[75]

아코스타는 아메리카 원주민들의 본성(本性)에 이미 "하나님의 지식"이 내재해 있다고 보았다. 극심한 가뭄이 계속될 때, 그들은 하늘을 향해 기도하고 미신적인 의식(儀式)을 통해서 절대적 신(神)에게 간구할 수 있는 비록 낮은 수준이나마 분명한 제1 본성을 가지고 있었다. 아코스타의 분석에 의하면, 그들은 자기들이 믿고 있는 신들에게 전지전능한 능력이 없음을 알고 다른 신을 찾고 있을 정도였다. 도주해온 스페인의 군인이 십자가의 능력을 보여주자, 그들은 앞 다투어 기독교인이 되었다. 예수회 선교사들의 본격적인 선교 활동이 시작되기 전에, 이미 그들은 자청하여 복음을 받

75) José de Acosta, *Natural and Moral History of the Indies* (New York: Burt Franklin, n. d. [1604]), pp. 524-525. 필자가 사용한 영문 본은 1604년 에드워드 그림스톤(Edward Grimston)에 번역된 것이다. 17세기 초반의 영어가 사용되어 있다. 이하 *NMHI* 로 통일한다.

아들였고, 세례를 베풀어 달라고 청원할 정도였다. 왜냐하면, 페루의 원주민들은 이미 "하나님의 지식"을 소유하고 있었기 때문이다. 그들은 단지 잘못된 신에게 기도를 드리고 있었을 뿐이다. 기독교를 통해 참된 "복음의 빛"이 임했을 때, 페루의 원주민들이 앞다투어 기독교로 개종한 사례를 보고하면서, 아코스타는 페루의 원주민들에게 이미 "하나님의 지식"이 존재하고 있음을 드러내고자 하였다.

이처럼 아코스타의 선교신학은 제2 토미즘에 근거하고 있었다. 아코스타에 의하면, 예수회 선교사의 사명은 라틴아메리카 원주민들을 끊임없이 신앙으로 교육하고, 우상숭배를 포함한 모든 미신적인 종교행위를 계몽시키는 것이었다. 기독교의 복음이 전해지면, 이들은 하나님을 알 수 있는 지식을 회복하게 되고 "정의롭고, 사랑스럽고, 정결하고, 선하며 행복으로 가득한 생활"을 하게 될 것이라고 믿었다.

> "인디언들은 지금까지 무겁고 지탱할 수 없는 사탄의 법이라는 멍에를 지고 힘겹게 살아왔다. 지금까지 우리가 살펴 본대로, 그들은 사탄을 위한 제사와 의식(儀式)을 행해왔다. 심지어 그들은 스스로 다른 새로운 신을 섬기고 싶어 자기들끼리 의논하곤 하였다. 이대 그리스도의 법이 이들에게 전해졌고, 그들은 지금 정의롭고, 사랑스럽고, 정결하고, 선하며, 행복으로 가득한 생활을 하고 있다."[76)]

페루 문화에 대한 아코스타의 이해(理解)와 오해(誤解)

제2 토미즘에 근거한 아코스타의 신학적 임무는 라틴아메리

76) Acosta, *NMHI*, pp. 530-531.

카, 특별히 페루 지역의 자연과 종교의 역사를 고찰함으로써, 하나님의 구원의 섭리가 이미 페루 원주민들에게 임하고 있고, 이들 원주민들에게 하나님을 알 수 있는 지식이 주어졌음을 드러내는 데 있었다. 또한 페루의 문화와 풍습에 대한 분석을 통하여 "미개한" 수준에 머물러 있는 토속 문화와 풍습을 어떻게 개선할 것인지 고민하고 있다. 아코스타의 선교신학이 하나님에 대한 지식(Knowledge of God)을 설명하기 위해 인간의 본성을 두 단계로 나누었던 제2 토미즘에 영향을 받았기 때문에 이는 당연한 결과였다. 이러한 신학적 배경아래, 아코스타는 『인디언들의 자연과 도덕의 역사』의 제1부에서 페루 지역의 자연(自然)에 대한 과학적 분석을 먼저 시도하고 제2부에서 페루의 "우상 숭배," "신(神) 인식," "죽음의 이해," "토착종교," "제사," "결혼제도," "토착종교의 삼위일체," "종교축제" (이상 본문 5항목의 내용), "시간 계산과 달력," "문자," "통치제도," "건축법," "예술 작품," "법률제도," "잉카의 역사," "교육제도" (이상 본문 6항목의 내용), "최초의 원주민 정착 과정," "멕시코의 건국 과정," "반란의 역사와 진압," "멕시코의 왕조사," "몬테주마(Montezuma)와 스페인의 입국," "인디언에게 임한 하나님의 기적(소 항목 27번: Of Some Miracles which God Hath Showed at the Indies in Favour of the Faith, Beyond the Desert of Those that Wronght Them)," "기독교의 복음을 믿게 된 인디언들을 위한 하나님의 섭리(소 항목 8번: Of the Manner How the Divine Providence Disposed of the Indies, to Give an Entrie to the Christian Religion)"를 차례대로 논(論)하고 있다. 아코스타는 이 책의 제2부 첫 항목에서 페루 지역에 만연되어 있는 우상 숭배(Idolatry)에 대해 분석한다. 페루의 원주민들이 "하나님에 대한 지식"을 내재하고 있으면서도,[77] 하나님을 믿지 않고 있는 이유는 바로 이 "마귀(Devil)"들의 사악한 활동 때문이다.[78] 아코스타는 페루지역의 종교 문화를 분석한 제2부 제5항목의 첫 부분을 이렇게 시작한다.

> "마귀의 교만과 뻔뻔스러움은 언제나 거대하기만 하다. 그래서 그 마귀는 언제나 하나님처럼 존귀함을 받기를 원하고 가능한 모든 방법으로 자기 자신에게까지 거들먹거리며 거룩하신 하나님처럼 되기 위해 '복음의 밝은 빛'이 아직 비추지 않았던 모든 세상의 나라들을 장님으로 만드는 것을 주저하지 않는다."[79]

페루 지역에서 매우 광범위하게 실시되고 있는 우상숭배는 이런 마귀의 세력에 의해 주도되고 있지만, "복음의 밝은 빛"이 임하면 자연히 사라지게 될 것이라는 아코스타의 선교신학이 여기에 함축적으로 표현되어 있다. 그러나 페루지역의 광범위한 우상숭배(Idolatry)는 아코스타가 관찰했던 것처럼 "복음의 밝은 빛"이 임하면 자연히 사라지게 될 그런 간단한 존재가 아니었다. 특별히 페루 원주민들의 "후아카스(Huacas)" 숭배는 기독교 개종 이후에도 페루 기독교인들에게 의해 보편적으로 행해지던 종교의식이었다. 거석(巨石)이나 산(山), 혹은 특정 나무나 강(江), 때로는 조상의 시신(屍身)에 임재하고 있는 신적 존재를 믿는 페루 원주민들의 후아카스 숭배는 16세기 후반부터 계속해서 유럽 선교사들을 당혹하게 만드는 존재였다. 심지어 자청하여 세례를 받고 기독교로 개종한 페루의 기독교인들이 십자가상이나 성모상(聖母

77) Acosta, *NMHI*, Book Five, Chapter 3. "The Indians have some knowledge of God."

78) Acosta, *NMHI*, Book Five, Chapter 11. "How the devil has managed to imitate God in sacrifices, religion, and sacraments."

79) Acosta, *NMHI*, p. 298. "복음의 밝은 빛"은 필자의 강조.

像) 뒤에 후아카스를 몰래 숨겨놓고, 외형적으로는 기독교식으로 기도하는 것처럼 행동하면서, 실제로는 십자가상이나 성모상 뒤에 숨겨져 있는 후아카스를 숭배하는 것을 자주 목격하였기 때문이다. 어떤 경우는 기독교식 장례를 통해 매장(埋葬)한 마친 조상의 시신을 몰래 도굴(盜掘)한 다음, 그 시신을 자신들의 집 후미진 곳에 재 매장하고 그 시신의 후아카스를 은밀히 숭배하는 페루 기독교인도 나타났다.

"신앙집단촌"을 건설한 유럽의 선교사들의 애초 동기는 원주민들의 뿌리 깊은 후아카스 숭배를 발견한 후부터 바뀌어져 갔다. "신앙집단촌"을 건설한 유럽의 선교사들의 원래 목적은 원주민들을 집단적으로 거주시키면서, 기독교 신앙을 교육하고 그들의 미개한 풍습을 개선하는 것이었다. 그러나 16세기 말부터 수정된 "신앙집단촌"의 운영 동기는 페루 원주민들을 집단적으로 이주시킴으로, 그들이 은밀하게 숭배하고 있던 후아카스나 유해(遺骸) 숭배로부터 그들을 격리시키기 위해서였다.

하지만 유럽 선교사들의 주도면밀한 계획과는 달리 페루 원주민들의 후아카스 숭배는 신앙집단촌에서도 은밀한 방식으로 계속되었다. 세례를 받고 기독교인이 되었을 뿐 아니라, "신앙집단촌"에서 제2 본성을 정화하기 위해 끊임없는 교육과 감시를 받고 있었지만, 그들은 여전히 후아카스를 몰래 숨겨놓고 은밀히 숭배하는 예식을 행하고 있었다. 유럽의 선교사들은 페루 원주민들의 후아카스 숭배를 법으로 금지시키고 스페인의 군사력을 이용하여 조직적인 척결 운동을 벌였다. 무력을 동원한 조직적인 후아카스 척결 운동(Extirpation of the Huacas)은 16세기 말부터 시작된 유럽 선교사들의 중심 선교 활동이었다.[80] 그러나 강압적이며 조직적인 후아카스 척결 운동에도 불구하고 17세기 초반, 유럽의 선교사들이 도달한 결론은 페루 기독교인들은 여전히 후아카스를 숭배한다는 것이다. 성모상(聖母像)이나 십자가 뒤에 후아카스를 숨겨놓고, 그 앞에서 미사나 기도를 드리는 행위를 뿌리째 근절시키는 것이 거의 불가능하다는 결론에 이르게 되었다.

1579년, 구와이나 카팍(Guayna Capac)의 궁전 터 위에 예수회 성당을 건축하고 있었을 때, 당시 아코스타는 페루지역 예수회를 총괄하는 책임을 지고 있었다. 이때 아코스타는 예수회 성당 건축 과정을 기록하면서 다음과 같은 흥미로운 사실을 보고하고 있다.

> "계획보다 두 배나 더 크게 교회를 짓는다 해도, 충분히 남을 만한 많은 양의 석재들을 그 오래된 궁전 터에서 날라다가 건물의 기초를 쌓았다. 인디언들은 잉카의 오래된 건물들로부터 석재(石材)를 가져왔다. 그들은 교회를 건축하기 위해 석재를 날라 올 때, 아이루스(Ayllus)라는 뜻의 "가족 단위"로 노동을 하고 있었는데, 마치 축제에 참가하는 사람들처럼 온갖 장식과 무늬를 수놓은 옷을 입고, 온 도시가 떠나가도록, 함께 자신들의 언어로 노래를 부르고 있었다. 그들은 "형제들이여, 함께 갑시다. 함께 주님의 성전을 짓기 위해 돌덩이를 나릅시다. 그들이 우리들에게 우리들의 신과 구세주에 대해 가르쳐 줄 것입니다"라는 뜻의 노래를 불렀다. 그 지역을 통치하던 잉카족은 제일 열심히 일하였고, 스페인에 늘 충성하던 카나리족도 이에 질세라 분주하게 움직였다. 심지어 여자들도 노래를 부르며 석재들을 나르고 있었다."[81]

80) 16세기 말부터 진행된 "척결운동(Extirpation)"에 관한 대표적 연구는 프린스턴 대학교 역사학과 교수인 Kenneth Mills, *Idolatry and Its Enemies: Colonial Andean Religion and Extirpation, 1640-1750* (Princeton: Princeton University Press, 1997)과 Nicholas Griffiths, *The Cross and the Serpent: Religious Repression and Resurgence in Colonial Peru* (Norman: University of Oklahoma Press, 1996).

81) 원 문헌의 출전은 Acosta, *Monumenta Peruna*, 2: 618. Sabine MacCormack, *Religion of the Andes: Vision and Imagination in Early Colonial Peru*

아코스타의 선교 신학적 관점에 의하면, 페루에 만연해 있던 후아카스 숭배와 "타키 온코이(Taqui Onqoy)"와 같은 토착 종교 운동은 "복음의 밝은 빛"이 페루 원주민들에게 임하면 자연히 소멸될 수밖에 없는 "마귀의 장난"에 불과한 것이었다.[82] 따라서 아코스타에 의해 관찰된 페루의 문화와 종교는 기독교 복음과는 어떤 연속성(Continuity)도 가질 수 없었다. 페루의 문화와 종교는 오직 "마귀의 손아귀"에 잡혀있는 반(反)기독교적 미신행위이며, 끊임없는 신앙 교육과 집단적인 계몽을 통하여 개선되어져야 하는 대상에 불과했다.

그러나 구와이나 카팍(Guayna Capac)의 성전건축 과정을 설명한 아코스타 자신의 보고서에 기록된 대로, 페루 원주민들의 전통 종교와 신앙은 뿌리 깊게 그들의 삶 속에 자리 잡고 있었다. 비록 성당 건축에 동원되었지만 그들은 마치 자신들만의 종교축제에 참여한 것처럼 함께 노래 부르면서 옛 궁전 터의 석재(石材)를 옮기며, 자신들의 선조들이 믿던 토착신들을 은밀하게 찬양하고 있었다. 스페인의 무력이 동원된 척결운동(Extirpation)이 계속되었고,

---

(Princeton: Princeton University Press, 1991), 252에서 재인용. 기독교식으로 표현되었지만 은밀한 형태로 페루의 전통 종교나 문화로 회귀하는 페루 원주민들의 종교행위에 대한 분석은 Carolyn Dean, *Inca Body and the Body of Christ: Corpus Christi in Colonial Cuzco, Peru* (Durham: Duke University Press, 1999).

82) 후아카스 숭배와 더불어 유럽 선교사들을 당황하게 한 것은 페루 원주민들 사이에 퍼지기 시작한 "타키 온코이(Taqui Onquy)" 운동의 열기였다. 흔히 몸을 심하게 요동치는 현상이 나타났기 때문에 이렇게 이름 붙여진 페루의 토착 종교운동은 기독교 하나님으로부터 페루의 토착신에게로 돌아오라는 강력한 요청과 더불어, 세상의 종말을 선언하고, 스페인 식민주의에 항거하는 저항운동 형식으로 전개되었다. "척결운동"은 이러한 타키 온코이 운동에 대한 진압의 성격도 지닌다.

끊임없는 가택 수색과 성당 건물 조사, 그리고 "신앙집단촌"에 대한 수색이 수시로 실시되었지만, 페루 원주민들의 후아카스 숭배를 완전히 척결할 수 없었던 것이다. "척결운동" 연구사의 권위자인 프린스턴 대학교 역사학과의 케네스 밀스(Kenneth Mills) 교수는, 유럽 선교사들의 현실 판단, 즉 "척결운동"으로 페루 기독교인들로부터 후아카스 숭배를 완전히 결별시킬 수 없다는 결론이야말로, 새로운 "안데스의 기독교(Andean Christianity)"가 시작된 시발점으로 본다. 안데스 지역의 토착종교가 가지고 있는 종교적 프레임을 인정할 수밖에 없었던 유럽 선교사들의 현실 판단을 통해서, 새로운 라틴아메리카 기독교의 모습이 나타나기 시작한 것이다. 밀스 교수는 이렇게 결론짓는다.

> "우리는 [척결운동 이후] 인디언들의 종교세계에서 나타나기 시작한 변화를 종합하면서, 이를 '안데스의 기독교(Andean Christianity)'의 시작으로 표현할 수 있을 것 같다. 그러나 이런 복잡한 과정은 척결운동 기간 동안 적용되었던 전통적 신앙에 의해서만 종합적으로 설명될 수 있을 것이다. 척결운동은, 스페인 정복 이전의 라틴아메리카 역사뿐 아니라 스페인 정복 이후의 역사를 모두 포함하는 인디언 공동체의 과거를 드러내고 있다. 이 기간 동안 일어난 종교적 혼합, 상호 경쟁, 그리고 새로운 모습을 드러낸 신앙행태들은 모두 안데스에 거주하는 사람들의 세계에 새로운 의미를 부여했기 때문이다."[83)]

83) Kenneth Mills, "The Limits of Religious Coercion in Midcolonial Peru," in *The Church in Colonial Latin America*, ed., John Schwaller (Wilmington: Scholarly Resources Inc., 2000), p. 168.

유럽의 기독교와 페루의 종교문화가 만났을 때

페루 원주민들은 강압(强壓)에 의해서건 자원(自願)해서건, 자신들만의 기독교 신앙을 만들어 갔다. 초기 유럽 선교사를 대표할 만한 호세 데 아코스타에 의해서 철저하게 부정되었던 후아카스를 비롯한 페루의 전통 종교와 문화는 스페인의 무력과 조직적인 척결운동에 불구하고 페루의 종교와 문화 세계에서 결코 사라지지 않았다. 페루 원주민들은 여전히 페루 원주민으로 머물러 있었다. 강압에 의해서건 스스로 원해서건 그들은 이미 기독교 신앙을 고백하고 있었지만, 그들의 신앙은 언제나 페루의 종교와 문화 전통 가운데서 새로운 의미를 부여해 가고 있었던 것이다.

반면, 아코스타는 여전히 철저한 유럽인으로 머물러 있었다. 그는 라틴아메리카에서 활약한 초기 예수회 선교사로서 충실하게 유럽의 기독교를 대표하고 있었다. 그의 몸은 비록 페루에 머물러 있었지만, 그의 신학은 코임브라와 알칼라 대학에서 한 걸음도 떠나지 않았다. 아코스타에 의해 기록된 페루는 제2 토미즘에 의해 훈련받은 16세기 후반의 초기 예수회 선교사의 신학적 입장에서 묘사되어졌다. 하나님의 구원의 은총이 이미 페루 원주민들에게 임했다. "그들도 우리처럼" 하나님을 알 수 있는 지식을 가지고 있다. 그들도 우리처럼 "제1 본성"을 가지고 있다. 단지 그들에게 필요한 것은 지속적인 무지(無知)로 인하여 야기(惹起)된 야만적인 생활 풍습을 개선하고, 끊임없는 신앙교육을 통하여 "제2의 본성"을 회복하는 것뿐이다. 그러나 아코스타의 "그들도 우리처럼"이란 생각의 바탕은, 그가 코임브라와 알칼라 대학에서 훈련받았던 제2 토미즘에서 연유한 것이다. 아코스타의 선교신학은 그가 훈련받은 신학적 프레임을 벗어나지 않았다. 결국 16세기 후반 라틴아메리카에서 진행된 초기 선교의 역사는, 페루 원주민들이 자신들의 종교와 문화에 충실할 동안, 유럽인들은 충실하게 유럽인으로 머물면서 전개되었던 것이다..

그렇다면, 유럽과 페루는 16세기 후반의 선교를 통하여 한 번도 만남의 기회를 가지지 못했을까? 페루 종교문화사(宗教文化史) 연구의 대가(大家)인 사비네 멕코믹(Sabine MacCormack) 교수는 매우 암시적인 표현을 통해, 유럽과 페루 사이에 일어났던 이해(理解)와 오해(誤解)의 상호작용을 긍정적으로 평가하고 있다. 16세기 후반에 일어났던 유럽과 페루의 역사적 만남을 통해서 새로운 기독교의 모습이 라틴아메리카에서 그려지기 시작했다. 물론 페루 원주민들에 의해서 새로운 기독교의 큰 그림이 그려지고 있었지만, 비록 무의식적으로나마 호세 데 아코스타와 같은 선교사들의 공헌도 있었다는 것이다. 페루 문화에 대한 아코스타의 오해(誤解)는, 페루 원주민들이 자기 전통과 문화를 이해(理解)하는데 중요한 도움을 주었기 때문이다.

> "강압에 의하거나 신앙집단촌으로의 이주를 통해서 시도되었던 선교사들의 가르침은 안데스 산맥에 거주하는 사람들로 하여금 자신들의 종교를 다시 재구성하게 만들었지만, 그렇다고 해서 자신들의 모든 것을 버린 것이 아니었다. 사실, 때때로 선교사들은 이들이 가지고 있는 전통적인 관념을 선교를 위해 차용하기도 하고, 복음을 설명하기 위해서 그 전통적인 관념들을 인용하기도 했는데, 이런 이유들 때문에, 선교사들은 무의식중에 안데스 산맥에 거주하는 사람들로 하여금 기독교적 프레임 가운데서 전통적인 관념세계 속에 계속해서 살 수 있도록 도와주었다. 한 가지 관념은 우상숭배였으며, 또 다른 관념은 창조주 절대자였다."[84]

84) Sabine MacCormack, *Religion of the Andes*, p. 254.

제3장

선교학과 지역학(인도)

초기 예수회 선교사들의 아시아 선교를 통한 동(東)과 서(西)의 만남

초기 예수회 선교사들의 아시아 선교 활동에 대한 연구가 최근 학계의 주목을 받고 있다. 흔히 종교개혁의 시대로 알려져 있는 16세기 중엽부터 이미 예수회(The Society of Jesus) 소속 선교사들은 아시아 선교의 견인차(牽引車) 역할을 감당했다. 마르틴 루터와 존 캘빈을 위시한 종교개혁자들이 유럽의 중심부에서 하나님의 절대적 은혜에 대한 새로운 신학적 해석을 시도하고 있을 때, 당대 가톨릭 선교사들은 유럽 기독교제국(Christendom)의 지리적 경계선을 넘어 새롭게 발견된 인류를 향한 하나님의 구원과 은혜를 선포하고 있었다. 격동의 16세기 동안 개신교 종교개혁자들이 기독교의 핵심내용을 재해석하는 동안, 동시대 가톨릭 선교사들은 이미 근대 이전의 시대에 세계 기독교(Global Christianity)의 가능성에 도전하고 있었던 것이다. 특별히 예수회 선교사들의 선교지 토착문화에 대한 철저한 연구와 기독교 복음의 토착화 시도는 이미 학계에 널리 소개되었다.

물론 16세기 예수회 선교 이전부터 아시아 선교는 줄기차게 시도되어져 왔다. 중국 문헌에 파사교(波斯教), 경교(景教), 혹은 에르케운(也里可溫)으로 분류되었던 동방 시리아 교회 전통의 네스토리안(Nestorian) 선교단이 이미 당원(唐元) 시대에 뚜렷한 종교적 흔적을 중앙아시아와 실크로드에 남겼다.[85] 중앙아시아 육로와 로마-인도간 해상 무역을 통해 남부 인도의 케랄라(Kerala) 지역으로까지 확대되었던 동방 교회 전통의 시리아 마토마(Syriac Mar Thoma)교회의 선교, 그리고 몽골제국과 원나라에 여러 차례 선교단과 외교사절단을 파송했던 프란치스코 수도회와 도미니코 수도회의 선교 활동도 아시아 교회사의 한 페이지를 장식하고 있다.[86]

그러나 근대적인 의미에서의 타문화권 선교, 즉 기독교 선교라는 종교적 전파 과정을 통해 유럽과 아시아가 최초로 타문화적(Cross-cultual)으로 접촉하기 시작한 것은 “아시아 선교의 개척자”로 불리는 프란치스코 하비에르(Francisco Xavier)를 선두로 한 예수회의 아시아 선교로부터 시작되었다. 16세기는 종교개혁과 트리엔트 공의회의 시대였을 뿐만 아니라, 동(東)과 서(西)가 처음으로 진지한 타문화적 만남을 경험했던 격동의 시기였다. 당시 스페인

85) 중국 네스토리안 기독교의 역사에 대한 개괄서는 김호동, 『동방기독교와 동서 문명』(서울: 까치글방, 2002). 또한 김상근, “네스토리안 기독교는 왜 중국에서 사라졌는가?: 소수 신앙공동체의 종교적 생명력에 대한 연구,” 『신학논단』, 제43집 (2006년 2월), pp. 727-763.

86) 프란치스코와 도미니코 수도회의 중국 선교에 대한 일차 문헌의 영역은 Christopher Dawson, ed., *The Mission to Asia: Narratives and Letters of the Franciscan Missionaries in Mongolia and China in the Thirteenth and Fourteenth Centuries* (New York: Harper & Row, 1966).

과 함께 국제 해상권을 장악하고 있던 포르투갈은 파드로아도(Padroado)라고 불리던 외교 및 선교체제에 의해 아시아 선교를 책임을 지고 있었다.[87] 그러나 파드로아도의 전위대는 포르투갈의 교회가 아니라, "세상 모든 것에 역사하시는 하나님을 찾아(Finding God in All Things)" 선교의 장도에 오른 이냐시오 로욜라(Ignatio Loyola)의 예수회 선교사들이었다.[88] 당시 포르투갈은 군사 정치적으로 아프리카 항로와 인도양, 그리고 동남아시아의 여러 항구도시들, 명나라의 국제항 마카오, 모모야마(安土桃山) 시대의 일본의 나가사키(長崎)를 모두 운영할만한 충분한 인적 자원을 확보할 수 없었다. 자연히 포르투갈의 아시아 파드로아도 총독들은 아시아 지역의 선교 활동을 위해 16세기 중반에 설립된 예수회 선교사들의 인력지원에 의존해야만 했다. 따라서 16세기 후반부터 리스본에서 출발하여, 희망봉, 모잠비크, 인도의 고아, 코친, 말라카 해협, 중국의 마카오, 그리고 일본 나가사키까지 항해했던 수많은 포르투갈의 무역선에 각국의 예수회 소속 선교사들이 동승하고 있었다.

초기 예수회 선교사들, 특별히 1580년대 이후부터 아시아로 파송되었던 예수회 신부들은 당시로서는 획기적인 선교신학을 아

87) 1455년 포르투갈의 왕(Alphosus V)은 해로와 육로를 통해 새로운 영토가 발견될 경우, 이 영토에 대한 정치적 권리가 포르투갈에 귀속됨을 골자로 하는 교황청의 교서를 요구했다. 당시 교황(Nicolas V)은 정치적 권리와 함께 선교의 의무를 함께 연계하여 허락했다. 파드로아도 시스템에 의한 아시아 선교에 대한 상세한 연구는 Donald Lach and Edwin Van Kley, *Asia in the Making of Europe, vol. III, A Century of Advance, Book 1* (Chicago: University of Chicago Press, 1993), pp. 130-200.

88) 이냐시오 로욜라의 선교적 비전과 리더십에 대한 연구는 김상근, "도시와 문화를 거부하지 말 것!: 예수회 설립자 이냐시오 로욜라 (Ignatius Loyola)의 선교 리더십 연구" 『한국기독교신학논총』 35집 (2004년 10월), pp. 335-361.

시아의 선교 현장에 적용하기 시작했다. 그들은 제2 토미즘(Second Thomism)이라 불리는 독특한 예수회의 독자적인 선교신학을 가지고 "세상 모든 곳에서 역사하시는 하나님"을 아시아의 여러 나라와 문화에서 모색했다. 그들에게 아시아 선교 현지의 문화와 종교는 개혁과 타파의 대상이 아니라 대화와 만남의 파트너였다. 그들은 기존 아시아 종교들에 대한 파괴를 시도한 것이 아니라 먼저 기독교와 아시아 종교 간의 만남과 대화를 위한 선교접촉점을 찾고자 노력했다. 16세기 후반부터 이미 진지한 종교 간의 대화(Religious Dialogue)가 아시아에서 활동했던 예수회 선교사들에 의해 시도된 것이다.

아시아 토착문화에 대한 긍정적이며 전향적인 접근은 당시 아시아 지역의 선교를 총괄하던 선교 관찰사(Visitor) 알레산드로 발리냐노(Alexandro Valignano)에 의해 주도되었다.[89] 발리냐뇨의 선교정책을 따라, 예수회 선교사들은 먼저 아시아 문화와 종교에 대한 깊이 있는 연구를 전개했다. 도요토미 히데요시의 반기독교 정책이 반포되기 전까지 대대적인 성공을 거두었던 예수회의 일본 선교는 일본문화와 언어에 대한 탁월한 연구업적을 내놓았다.[90] 명말(明末) 중국에서 유교의 고전들이 처음으로 라틴어로 번역된 것도 예수회 선교사 마테오 리치(Matteo Ricci, 1552-1610)의 공헌이었으며, 그가 남긴 『천주실의』와 『기인십편』과 같은 탁월한 저술

89) 발리냐뇨의 생애와 선교 신학, 남긴 영향 등에 대한 연구는 Andrew Ross, *A Vision Betrayed: The Jesuits in Japan and China, 1453-1742* (Maryknoll: Orbis Books, 1994).

90) 예수회의 일본 선교에 대한 연구는 Charles R. Boxer, *The Christian Century in Japan, 1549-1650* (Berkeley: University of California Press, 1951); Neil Fujita, *Japan's Encounter with Christianity: The Catholic Mission in Premodern Japan* (New York: Paulist Press, 1991).

들이 중국과 동아시아 한자권 국가들에 지대한 종교 사상사적 영향력을 남기기도 했다. 데칸고원 이북의 인도내륙을 통치하고 있던 무굴제국의 황실에서는 예수회 선교사 제롬 하비에르(Jerome Xavier)와 이슬람, 힌두교의 대표들이 함께 모여 유일신과 종교적 진리에 대해 토론하는 사건도 있었다.[91] 마테오 리치와 함께 초기 예수회 선교사를 대표하는 이탈리아 선교사 로베르토 드노빌리(Roberto de Nobili)에 의해, 처음으로 인도에서 산스크리트와 타밀어로 기독교 교리가 소개되었으며, 힌두 고전에 대한 깊이 있는 연구가 발표되었다. 베트남에서는 예수회 선교사 알레산드레 드로(Alexandre de Rhodes, 1593-1660)에 의해 최초로 베트남식 문자 표기가 가능하게 되었다.[92] 은자(隱者)의 나라 조선이 최초로 유럽세계와 접촉하게 된 경위도 예수회의 동아시아 및 일본 선교와 밀접하게 연관되어 있다.[93]

"조선 후기 천주교 수용의 자발성"을 강조하는 한국 가톨릭 교회사가들의 연구 방향에 의해, 한국 교회사에 대한 학문적 관심은

91) 예수회의 무굴제국 선교에 대한 선교 시도는 Arnulf Camps, *Jerome Xavier, S. J. and the Muslims of the Mugual Empire: Controversial and Missionary Activity* (Schöneck: Nouvelle revue de science missionaire Suisse, 1957); John Correia-Alfonso, ed., *Letters from the Mughal Court: The First Jesuit Mission to Akbar, 1580-1583* (St. Louis : Institute of Jesuit Sources, 1981).

92) 예수회의 베트남 선교에 대한 연구는 Peter Phan, *Mission and Catechesis: Alexandre de Rhodes & Inculturation in Seventeenth-Century Vietnam* (Maryknoll: Orbis Books, 1998).

93) 조선과 유럽 가톨릭 교회 간의 최초 접촉에 대해서는 1784년 설과 1592년 설이 팽팽하게 맞서고 있다. 1592년 설에 대해서는 후한 루이스 데 메디나(Juan G. Ruiz de Medina), 『한국천주교 전래의 기원 (1566-1784)』 (서울: 서강대학교 출판부, 1989)을 참조. 이에 대한 최근의 반박은 윤민구, 『한국천주교회의 기원』 (서울: 국학 자료원, 2002).

복음을 전해 주었던 유럽 선교사들보다 복음을 수용했던 우리 선조들에 대한 연구가 학문적 대세를 이루고 있다. 물론 최근의 교회사 연구 동향은 복음을 전해주었던 선교사보다 전래된 복음을 독특한 문화적 변용 과정을 거치며 수용하고 토착화시켰던 내부적 요인에 주목하는 경향이 있다.[94] 그러나 동시에, 한국의 교회사 연구는 학문적 지평을 수용사적 연구에만 머무르지말고 그 학문 경계를 넓혀 지역연구(Regional Studies)의 영역으로까지 확대시켜야 할 것이다. 빠른 속도로 진행되고 있는 세계화(Globalization)와 연관된 학문적 논제들이 이미 인문학계와 신학의 여러 분야에 지대한 영향을 미치고 있는 시점에서, 한국 교회사가들의 연구영역이 보다 국제화되고, 동시에 보다 구체적인 "지역연구"로 확대될 필요가 있다. "조선 후기 가톨릭 수용의 자발성"을 타 문화권의 경우와 비교하는 연구 방법(Comparative studies)을 위해서도 아시아 기독교 수용사에 대한 지역별 연구는 반드시 선행되어야 한다. 광범위한 지역 연구를 통한 각 아시아 국가들의 기독교 수용사 연구가 병행될 때 "조선 후기 가톨릭 수용의 자발성"에 대한 논의가 보다 심층적으로 분석될 수 있을 것이다.

필자는 인도 기독교 수용의 자발성을 논의하기 위한 전 단계로, 먼저 17세기 전반 인도 남부 마두라이 미션(Madurai Mission)에서 활동했던 예수회 선교사 로베르토 드노빌리(Roberto de Nobili)의 생애와 선교신학을 논구하고자 한다. 드노빌리 선교사에 의해 17세기 전반기에 시도된 기독교와 힌두교의 종교적 만남에 대한 선교학적 분석이 이 연구의 일차적 목적이며, 인도인들에 의해 진행된 기독교 수용의 진행

94) 이런 새로운 학문풍조에 대한 대표적인 연구는 Wilbert Shenk, ed., *Enlarging the Story: Perspectives on Writing World Christian History* (Maryknoll: Orbis Books, 2002).

과정에 대한 연구는 다름 기회로 미루기로 한다.[95]

예수회의 아시아 선교는 인도에서 시작되었다고 해도 과언이 아니다. 1542년, 예수회 최초의 선교사 프란치스코 하비에르가 인도에 처음 도착했을 때, 이미 인도 서부의 국제무역 도시 고아(Goa)는 포르투갈 파르도아도 체제에서 명실상부한 아시아 선교의 총본산이었다. 1535년 발생했던 인도 동남부 "펄 피셔리" 해변(Pearl Fishery Coast)에서 일어났던 파라바(Paravas)들의 대규모 기독교 개종은 16세기말 유럽 교회에 깊은 인상을 남긴 중요한 선교사적 사건이었다.[96] 앞에서 잠시 언급한 것처럼 데칸 고원 이북의 인도 내지에서 정치적 패권을 장악하고 있던 무굴 제국의 아크바(Akbar) 황제는 기독교에 대해 지대한 관심을 가지고 있었고 실제로 예수회 선교사를 초청하여 무슬림 학자들과 종교적 토론을 벌리는 등, 활발한 예수회의 선교 활동이 진행되고 있었다. 알레산드로 발리냐노의 원대한 아시아 선교의 계획과 현지 문화와 풍습을 존중하는 예수회 선교의 대원칙이 확정된 곳도 인도였으며,[97] 중국선교의 새로운 문을 열었을 뿐 아니라, 『천주실의』 등의 저술을 통해 조선 기독교에 지대한 영향을 미쳤던 마테오 리치조차 인도에서 신학 수업을 받았다. 16세기 후반의 예수회의 선교신학과 방

95) 인도인들의 기독교 수용에 관한 기존 선행연구는 T. Sundararaj, "The Relation between Jesuit Missionaries and the Native Powers in Tamil Nadu, 1595-1773," in *Jesuit Presence in Indian History*, ed. Anand Amaladass (Anand: Gujarat Sahitya Prakash, 1988), pp. 117-127.

96) S. Vanatius Fernando, "The Portuguese Patronage (Padroado) and the Evangelization of the Pearl Fishery Coast," in *Indian Church History Review*, vol. 11 (1977), pp. 94-105.

97) Andrew Ross, *A Vision Betrayed: The Jesuits in Japan and China, 1542-1742* (Maryknoll: Orbis Books, 1994).

법론을 정립했던 발리냐노와 그의 이론을 실천에 옮겼던 리치는 모두 인도에서 머무르면서 그들의 선교신학을 정립한 것이다. 그럼에도 불구하고 한국 기독교 교회사가들이나 선교학자들의 관심은 인도로부터 멀리 떨어져 있고, 인도 선교의 역사에 대한 구체적인 학문작업은 시도되지 않고 있다. 필자는 이 연구를 통해 드노빌리 선교사가 인도문화와 힌두교를 이해한 과정을 그의 생애와 저술을 통해 살펴보고, 그가 어떤 방식으로 기독교와 힌두교의 선교적 접촉점을 모색해 갔는지를 논의하고자 한다. 따라서 이 연구는 17세기 인도 남부의 중심도시 마두라이에서 힌두교와 조우(遭遇)한 기독교가 어떻게 모습으로 토착화 혹은 인도화 되어 갔는지에 대한 기초적인 연구가 될 것이다. 이러한 노력을 통해서 근대이전 인도에서 시도되었던 기독교 복음의 지역화 현상을 모색하게 될 것이다.

로베르토 드노빌리와 마두라이 미션(Madurai Mission)

로베르토 드노빌리의 생애와 인도 선교의 토착화 가능성에 대한 연구는 드노빌리가 남긴 각종 저술과 서한, 그리고 당시 예수회 아시아 선교부의 기록 등에 대한 일차사료의 분석으로부터 시작된다.[98] 드노빌리의 사망 직후부터 그의 전기적 연구를 수행한 안또니오 데 쁘로엔싸(Antonio de Proença, 1625-1666)등의 노력을 통해 드노빌리의 생애와 저술이 꾸준히 연구되어져 왔다. 최근에

98) 로베르토 드노빌리가 남긴 일차 문헌에 대한 총 목록은 S. Rajamanickam, *The First Oriental Scholar* (Tirunelveli: De Nobili Research Institute, 1972), pp. 86-145; A. Saulière, *His Star in the East* (Madras: De Nobili Research Institute, 1995), pp. 463-484.

는 빈센트 크로닌(Vincent Cronin)의 『인도의 진주: 로베르토 드노빌리의 생애』(Pearl to India: The Life of Roberto de Nobili)가 대중적으로 알려졌지만,[99] 크로닌에게 일차 연구 자료를 제공해 주었던 드노빌리 연구의 전문가인 살리에리(A. Saulière) 신부와 라자마니캄(S. Rajamanickam) 신부에 의해 드노빌리의 전기가 『동방의 별 His Star in the East』란 제목으로 최근에 다시 출간된 바 있다.[100] 특별히 마드라스 대학의 드노빌리 연구소(De Nobili Research Institute)를 운영하고 있는 라자마니캄 신부는 드노빌리의 라틴어와 타밀어 저술 전부를 영어로 번역하는 작업을 완결함으로써 이 분야 연구의 독보적인 위치에 올라 있다. 같은 예수회 소속 신부이면서 힌두교 연구의 세계적 권위자인 하버드 대학의 프란시스 클루니(Francis Clooney) 교수도 최근 드노빌리의 저술을 새로 번역하여 출간한 바 있다.[101]

로베르토 드노빌리(Roberto de Nobili)는 이탈리아 명문 귀족 집안의 장남으로 1577년, 로마에서 태어났다. 로베르토가 태어나자 그의 아버지 삐에르 프란치스코 드노빌리(Pier Francisco de Nobili)는 로마의 추기경이었던(1553-1559년) 숙부의 이름을 따, 태어난 첫아들의 이름을 로베르토 드노빌리라고 지었다. 로베르토는 1597

99) Vincent Cronin, *A Pearl to India: The Life of Roberto de Nobili* (New York: E. P. Dutton & Company, 1959).

100) A. Saulière, *His Star in the East* (Madras: De Nobili Research Institute, 1995).

101) Roberto de Nobili, *Preaching Wisdom to the Wise*, ed. and trans. Anand Amaladass and Francis Clooney (St. Louis: Institute of Jesuit Sources). 이 책에는 라틴어 저술인 『인도의 종교와 풍습에 관한 정보』(*Informatio*), 타밀어 저술인 『영원한 삶을 위한 대화』(*Nittiya Jivana Sallapam*), 그리고 『하나님에 대한 고찰』(*Kadavul Nirnayam*) 세 편이 번역, 편집되어 있다.

년 예수회에 입회하여 1600년까지 나폴리 대학에서 철학 수업을 받았으며, 1600년부터 예수회의 대표적 교육기관인 로마대학(Collegio Romano)에서 신학교육을 받았다. 계속해서 그는 1603년, 예수회 사제 서품을 받고 포르투갈을 거쳐 인도를 향한 선교의 장도에 오르게 된다. 1604년 4월 28일부터 1605년 5월 20일까지, 오랜 항해와 아프리카 모잠비크 항에서의 지체 끝에 드노빌리는 마침내 인도의 고아(Goa)에 도착했다. 인도에 도착한 첫 해에 드노빌리는 두 번에 걸쳐 심각한 풍토병에 시달린다. 가까스로 건강을 회복한 드노빌리에게 인도 동남부의 중심도시이자 비자야나가르(Vijayanagar)의 수도인 마두라이(Madurai)에서 선교 활동을 시작하라는 상부의 지시가 내려졌다. 1606년 11월 15일경, 드노빌리는 알베르또 라에르지오(Alberto Laerzio, 1557-1630) 선교사와 함께 마두라이 미션에 도착했다. 마두라이 미션은 1595년부터 포르투갈 출신의 곤쌀로 페르난데스(Gonçalo Fernandes) 선교사에 의해 추진되고 있었다. 곤쌀로 페르난데스 선교사는 비자야나가르(Vijayanagar) 왕국에 세금을 바치기 위해 찾아 오는 파라바 기독교인들과 일부 포르투갈 무역상인을 위한 선교와 사목에 전념하고 있었다. 첫 선교지에 도착한 드노빌리는 현지어인 타밀어(Tamil)와 산스크리트어(Sanskrit)를 집중적으로 연마하면서, 인도의 문화와 종교에 대한 깊이 있는 연구에 착수했다. 자신의 타밀어 습득을 위해 고용한 개인교사가 이듬해인 1607년 3월 15일, 기독교로 개종하자 드노빌리는 당시 교구장 알베르또 라에르지오의 이름을 따 그에게 알베르또(Alberto)란 세례명을 주었다.

1595년부터 마두라이 미션의 책임을 지고 있던 선임자 곤쌀로 페르난데스(Gonçalo Fernandes) 선교사와의 갈등이 빚어지기 시작한 것은 1607년 6월부터였다. 파드로아도 체제하에서, 포르투갈 출신 예수회 신부였던 곤쌀로 페르난데스는 이탈리아 출신의 드노빌리를 정치적으로 견제했을 뿐만 아니라, 드노빌리가 추구하던 토착문화에 대한 존중을 신학적인 이유로 극렬하게 반대했다. 드노빌리는 곤쌀로 페르난데스를 포함한 기존의 유럽 선교사들이 취하고 있던 "파랑기(Paranghis 혹은 Parangi) 선교정책"에 대해 매우 부정적인 입장을 취하고 있었기 때문에, 둘 사이의 갈등은 깊어져만 갔다. 당시 남부 인도인들은 유럽에서 온 선교사나 포르투갈의 상인들을 총칭하여 "파랑기"로 불렀는데, 이는 현지인들에게 "술과 여자에 탐닉하고, 소고기를 먹고, 잘 씻지 않아 몸에서 악취가 나는 불가촉천민(Untouchable)"으로 이해되고 있었다. 드노빌리는 이러한 상황에서 선교란 불가능하다는 것을 깨닫고 인도인들과 동료 선교사들에게 자신이 파랑기가 아님을 강조하기 시작한다.

곤쌀로 페르난데스는 드노빌리와의 동역을 거부하고 코친(Cochin)으로 떠났지만, 그해 11월부터 드노빌리는 같은 지역에서 활동하던 동료 이탈리아 선교사들의 후원을 받으며 브라만 카스트의 복장을 착용하기 시작한다. 토착문화를 존중하는 소위 선교 토착화(Missionary contextualization)가 본격적으로 시작된 것이다. 이듬해에는 아예 마두라이의 선교사 및 파라바 기독교인(불가촉천민) 거주 지역에서 떠나, 브라만(Brahman) 카스트들의 거주구역에 거처를 마련하고, 본격적으로 상위 카스트들을 위한 선교 활동에 집중한다. 드노빌리에게 산스크리트어와 테루구(Telugu)어를 가르쳤고 드노빌리의 저술을 위해 베다의 출처를 제공해 주었던 쉬바달마(Sivadharma)가 기독교로 개종한 사건(1609년 7월 7일)은 상위 카스트에 집중되었던 드노빌리의 선교정책의 첫번째 열매였다.[102] 드노빌리의 토착화 선교정책은 프랜시스 로스(Francis Ros, 1557-1624)

선교사가 크랭카노르(Cranganore)의 대주교(Archbishop)로 임명되면서(1608년 12월), 강력한 지지 세력을 확보하게 된다.

1609년 2월, 마두라이의 브라만 카스트 대표들은 파랑기(Paranghis)인 드노빌리가 자신들의 브라만 거주 지역을 오염시키고 있다고 항의하는 소동이 벌어졌다. 그러나 쉬바달마(Sivadharma)의 변호로 드노빌리는 겨우 위기를 넘긴다.[103] 같은 해 폭풍우로 유실된 교회를 재건한 드노빌리는 1610년에 유명한 『기독교 신앙 선언』(Manifesto)을 발표하고 자신이 스스로 "파랑기"가 아니라 "브라민 산야시(Brahmin Sanyasi)"임을 공식적으로 선포한다. 이때부터 드노빌리의 선교방법과 신학에 대한 곤쌀로 페르난데스의 견제가 노골적으로 전개되기 시작된다. 1610년, 말라바르(Malabar) 지역의 선교관찰사(Visitor)로 임명된 니콜라스 피멘타(Nicolas Pimenta, 1546-1614) 선교사는 드노빌리의 선교정책을 부정적으로 보기 시작했고, 오랫동안 드노빌리와 견해차를 보이고 있던 곤쌀로 페르난데스의 고발문서가 피멘타에게 접수되자, 관찰사는 본격적으로 드노빌리의 선교신학과 방법론을 견제하기 시작한다. 피멘타는 1610년 코친에서 긴급 선교사 회의를 소집하고 프랜시스 로스 대주교를 포함한 12명의 선교사들과 신학자들이 모인 곳에서 정식으로 드노빌리 선교신학과 방법론의 적합성을 논의했다. 코친회의의 결론은 드노빌리의 선교방법이 적절하다는 쪽으로

102) 그러나 쉬바달마은 1612년부터 1616년까지 드노빌리의 반대편에 서서 그의 선교방법과 신학을 비판한다. 그러나 다시 마음을 바꾸어, 1617년에 기록된 드노빌리의 『77가지의 명제들』을 위해 힌두경전의 출전을 제시하는 등의 협력관계를 유지한다. 그의 이름은 도노빌리가 하나님의 이름을 쉬바에서 사르베수란으로 바꾸어 부르기 시작하면서 Boniface로 바꾸었다.

103) A. Saulière, *His Star in the East*, pp. 89-93.

기울어졌다. 그러나 같은 해 9월에 접어들자 고아의 신학자들과 포르투갈의 식민지 관리들은 드노빌리의 선교방법에 하자가 있을 뿐 아니라 비기독교적이라는 비판을 제기하기 시작했다. 선교관찰사 피멘타는 알베르또 라에르지오에게 이 문제를 다시 심사할 것을 지시했고, 결국 라에르지오는 곤쌀로 페르난데스와 앤드류 부체리오(Andrew Buccerio) 선교사로 하여금 드노빌리의 선교를 통해 기독교로 개종한 인도 기독교인들을 직접 면접하여 심사할 것을 지시한다.

면접 심사 후 곤쌀로 페르난데스와 앤드류 부체리오 선교사는 각각 상이한 보고서를 예수회 총장 클라우데 아콰비바(Claude Aquaviva)에게 제출했다(1610년 10월 3일). 드노빌리와 같은 이탈리아 출신의 앤드류 부체리오 선교사는 드노빌리의 선교방법을 호평한 반면 포르투갈 출신의 곤쌀로 페르난데스는 맹렬한 비난을 퍼부었다. 이에 드노빌리는 자신의 선교신학과 방법론을 해명한 『기독교신앙 변증』(Apologia)를 저술하였고, 드노빌리와 같은 입장을 취하고 있던 안토니 비코(Antony Vico, 1576-1638) 선교사도 『선교방법』(De Modo)이란 지침서를 발표했다.[104] 크랭카노르(Cranganore)

104) 비코 선교사의 『선교방법』은 여섯 가지의 선교원칙을 제시하고 있다. (1) 선교사는 우선 자신이 파랑기가 아님을 선포해야 한다. (2) 선교사는 진리를 향한 구도자인 산야시로 행동해야 한다. (3) 포르투갈의 생활방식을 포기하고 브라만 카스트와 함께 생활해야 한다. (4) 파라바 기독교인의 저급한 기독교 용어를 브라만 식으로 바꾸어 사용해야 한다. (5) 파라바 기독교인의 기독교 예배 형식을 보완하고 브라만 식으로 바꾸어야 한다. (6) 파랑기들과 파라바 기독교인들의 거주지에서 벗어나 브라만 카스트 거주지역에 교회와 거주지를 마련하고 그 곳에서 선교 활동을 전개한다. 전체적으로 드노빌리의 선교정책과 흡사하다. 그러나 존 코레이라-아폰소(John Correia-Afonso)는 이 여섯 가지 선교원칙을 드노빌리가 주장했다는 견해를 펼치고 있다. John Correia-Alfonso, *The Jesuits in India, 1542-1773* (Gujarat: Gujarat Sahitya Prakash, 1997), p. 137.

의 대주교(Archbishop)였던 프랜시스 로스도 드노빌리의 입장을 지지하면서, 드노빌리를 견제하는 선교관찰사 피멘타를 비판하는 내용을 담은 친(親) 드노빌리 서한을 예수회 총장 아콰비바에게 제출한다. 그러나 1611년 12월, 드노빌리의 선교신학을 극렬하게 반대하던 끄리스토봉 데 싸(Cristovão de Sa)가 고아의 대주교로 임명되면서 상황은 다시 반전된다. 뿐만 아니라 피멘타에 의해 말라바르의 지역 주교(Provincial)로 임명된 페로 프란치스코(Pero Francisco, 1589-1615)는 마두라이를 직접 방문하여 드노빌리와 로스를 면담한 다음, 그들의 선교정책을 비판하는 보고서를 예수회 총장에게 제출한다. 드노빌리의 선교신학과 방법론에 대한 찬성과 반대 노선으로 선교지와 로마 예수회 본부가 양분되는 현상이 나타나고 있었다. 1612년, 이 문제에 대한 예수회 총장 아콰비바와 추기경 로베르토 벨라르미네(Roberto Bellarmine, 1542-1621)의 공식 서한이 도착하자, 페로 프란치스코와 드노빌리는 상부의 편지를 각자 자신의 입장에 유리하게 해석함으로써 사태는 더욱 악화된다. 말라바의 지역주교(Provincial) 페로 프란치스코는 상부의 지시를 자기 뜻대로 해석하고, 드노빌리와 비코가 선교 현지에서 세례를 베푸는 것을 금지시키는 결정을 내리면서(1612년 12월), 두 진영 간의 갈등의 폭이 깊어만 간다.

자신의 선교정책에 대한 말라바르 지역주교 페로 프란치스코의 부정적인 입장이 인도의 종교와 문화에 대한 무지에서 비롯되었다고 판단한 드노빌리는 『인도의 종교와 풍습에 관한 정보』(Informatio)를 라틴어로 저술한다(1613년).[105] 그러나 페로 프란치스

105) 라틴어 원본과 영어 번역본은 Roberto de Nobili, *Roberto de Nobili on Indian Customs*, ed. and trans. S. Rajamanickam (Palayamkottai: De Nobili Research Institute, 1972). 최근에 다시 편집된 영역본은 Roberto de Nobili, *Preaching Wisdom to the Wise*, pp. 53-229.

코의 비난은 계속되고, 로스는 추기경 벨라르미네에게 드노빌리의 선교정책을 옹호하는 서한을 보내면서 양측의 대립은 계속된다. 페로 프란치스코는 1612년에 인도로 도착한 예수회 총장 아콰비바와 추기경 벨라르미네의 서한에 대한 자신과 드노빌리의 상이한 해석을 상세히 보고하면서 예수회 본부와 교황청의 원래 의도를 다시 밝혀 달라는 공식 서한을 발송한다(1613년 11월). 인도 종교와 문화 풍습에 대한 분석이 담겨져 있는 드노빌리의 『인도의 종교와 풍습에 관한 정보』도 비코(Vico) 선교사에 의해 로마로 전달되었다.

1614년, 반(反) 드노빌리 입장을 처음부터 견지하고 있던 선교 관찰사 피멘타가 사망했다. 그러나 여전히 페로 프란치스코는 드노빌리가 이끌고 있는 마두라이 미션을 맹렬히 비난했고, 곤쌀로 페르난데스와 앤드류 부체리오는 드노빌리의 선교방법론을 반대하는 보고서를 다시 제출했다. 1615년에는 예수회 총장 아콰비바와 말라바의 지역주교 페로 프란치스코가 사망했다. 지역주교 자리가 공석이 되자 가스빨 페르난데스(Gaspar Fernandes, 1564-1644)가 페로의 후임으로 임명되었고, 새 임지에 도착한 주교 가스빨 페르난데스는 먼저 드노빌리를 코친으로 소환하여 그의 선교정책을 다시 심사한다. 드노빌리는 코친에서 추기경 벨라르미네에게 다시 서한을 보내면서 자신의 입장을 설명하고 협조를 구하는 동시에, 앤드류 부체리오가 자신의 『인도의 풍습에 관한 정보』를 비난한 것에 대한 해명서를 제출한다. 1614년 관찰사 피멘타가 사망하고 1617년에 앤드류 부체리오와 곤쌀로 페르난데스가 연이어 사망하자 인도의 포르투갈 파드로아도의 지도부는 드노빌리에 대한 적대적인 입장을 완화하면서, 그에게 내려져 있던 개종이나 세례 금지와 같은 엄격한 규제를 풀기 시작한다.

유명한 1619년 고아 종교회의(Goa Conference)는 드노빌리를 극렬히 반대하던 니콜라스 피멘타, 앤드류 부체리오, 그리고 곤쌀로 페르난데스가 사망한 다음 진행된 사건이었지만 여전히 드노빌리의 선교신학과 방법론에 대한 치열한 신학적 공방이 전개되었다.[106] 또한 장외에서 두 진영이 예수회 본부와 교황청을 향해서 각각 지지를 호소하는 서한을 발송하면서 17세기 초반 드노빌리의 선교정책을 둘러싼 신학적 논쟁이 최고조에 달한다.[107] 드노빌리의 선교정책을 반대했던 핵심인물들이 이미 사망한 이후였으므로 전체적인 분위기는 친(親)드노빌리적일 수밖에 없었다. 그러나 1619년 고아 종교회의의 행정적 책임을 지고 있던 고아의 대주교 끄리스토봉 데 싸(Cristovão de Sa)는 강경노선을 포기하지 않았고 만약 새로 선임된 교황이 드노빌리의 선교신학을 승인할 경우, 고아 대주교직을 스스로 사퇴하겠다고 선언했다. 그러나 1623년 1월 31일, 인도에 도착한 교황 그레고리 15세(1621-23년)의 교서(Romanae Sedis Antistes)는 드노빌리의 선교신학을 공식적으로 승인하는 내용을 담고 있었다. 이로써 인도 남부에서 1607년부터 시작되었던 드노빌리의 선교신학과 연관된 논쟁은 일단락되었다. 1624년부터 드노빌리는 다시 마두라이 미션으로 돌아가, 남부 인도와 실론의 선교를 위해 활동 범위를 넓혀 나가기 시작한다. 그러나 막상 드노빌리가 교황청과 예수회 본부로부터 기존의 카스트 제도를 인정한 "상위층 우선" 선교방법 공인받았음에도 불구하고

106) 1619년 고아 종교회의에 대한 자세한 연구는 S. Rajamanickam, "The Goa Conference of 1619," in *Indian Church History Review*, vol. 2, no. 2 (1968), pp. 81-96.

107) 고아의 종교회의는 1619년 2월 4일에 열렸다. 계속해서 로스는 교황 파울로 5세에게(2월 10일), 드노빌리는 교황에게(2월 15일), 드노빌리가 추기경 로베르토 벨라르미노에게(2월 15일), 드노빌리가 동생이자 영주였던 스포르자 드노빌리에게(2월 20일) 각각 서한을 발송했다.

막상 1628년부터 나타나기 시작한 선교의 결과는 불가촉천민 카스트인 파리아(Pariahs)들의 집단적 기독교 개종이었다.

1638년 드노빌리의 강력한 후원자였으며 남인도의 선교책임자(Superior)였던 안토니 비코가 사망하자, 드노빌리는 1643년까지 이 직책(Superior of Mission)을 이어받게 된다. 말년의 드노빌리는 질병과 투옥의 험난한 시기를 보내야만 했다. 1640년경, 그는 실명 상태에 빠졌으며, 그해 7월부터 11월까지 인도의 지방 영주에게 체포되어 감옥에서 지내는 고초를 겪는다.[108] 이듬해에 다시 잠시 투옥된 드노빌리는 석방된 다음 밀라포르(Mylapore)로 거주지를 옮긴다(1648년). 노쇠해진 드노빌리는 1656년 마드라스에서 폭동이 일어났을 때, 산 토메(San Thome) 대학으로 피신해서 목숨을 부지해야 했지만, 결국 같은 해 밀라포르에서 파란만장한 생애를 마감할 수밖에 없었다. 1653년에 마두라이 미션으로 파송되었고, 드노빌리의 생애를 처음으로 연구했던 안또니오 데 쁘로엔싸(Antonio de Proença) 선교사는 1656년판『연례 선교보고서』에서 아래와 같이 드노빌리의 죽음을 애도하고 있다.

> "마두라이 미션의 1656년은 어렵사리 시작되었습니다. 마두라이 미션을 비춰던 큰 서광이 자취를 감추었기 때문입니다. 이 척박한 땅을 적시던 고귀한 생명수는 마침내 고갈되고 말았습니다. 온갖 시련의 실타래를 단칼에 베어 오던 보검도 녹슬었습니다. 강력한 공격을 튼튼하게 버텨오던 방패도 산산히 부서지고 말았습니다. 건축자에 의해 버려졌지만 굳건히 자기 자리를 지켰왔던 모퉁이돌이 마침내 버려지고 말았습니다.

108) 드노빌리와 함께 체포되었다가 먼저 석방된 세바스찬 데 마야(Sebastian de Maya) 선교사가 투옥되었을 당시의 드노빌리의 주변에 대한 기록을 남겼다. 본문은 S. Rajamanickam, "De Nobili in the Madurai Jail: A Letter of Sebastian de Maya," in *Indian Church History Review*, vol. 18 (1987), pp. 87-93.

그러나 이 모퉁이 돌이 결국 웅장한 건물을 지탱하는 반석이 되었습니다. 마두라이 미션의 설립자이시며 성자와 같이 고귀하셨던 로베르토 드 노빌리 신부께서 운명하셨습니다."[109]

기독교 신앙과 인도에 관한 드노빌리의 라틴어 저술

드노빌리는 타밀나두 지역의 토착 언어인 타밀(Tamil)어와 텔루구(Telugu)어, 그리고 힌두교의 고전어인 산스크리트어(Sanskrit)에 모두 통달했던 최초의 유럽인이었다.[110] 자신의 선교 신학과 방법론에 대한 해명은 주로 라틴어로 기록한 반면, 기독교 신앙에 대한 변증이나 신앙성장을 위한 교리서는 주로 인도 토착 언어로 저술했다. 라틴어(혹은 이탈리아어 번역)로 기록된 저술의 목록과 내용은 아래와 같다.

1) 『기독교 신앙 선언』(Manifesto, 1610년)

이 글은 원래 마두라이의 인도 원주민을 위해 기독교 신앙의 기본적 입장을 설명하기 위해 타밀어로 기록되었다. 그러나 타밀

109) S. Rajamanickam, "The Necrologue of Roberto de Nobili," in *Indian Church History Review*, vol. 4 (1970), p. 6.

110) 드노빌리는 이탈리아어, 라틴어, 포르투갈어, 타밀어, 산스크리트어, 그리고 텔루구어를 구사할 수 있었다. 그러나 현존하는 그의 저술은 모두 타밀어와 라틴어로만 기록되어져 있다. 산스크리트어나 텔루구어로 기록된 저술이나 서한은 현재까지 발견되지 않고 있다. 이탈리아의 친지들에게 발송된 편지는 이탈리아어로 기록되었다. 그러나 파울로 5세 교황이나 로베르토 벨라르미노 추기경에게 쓴 편지는 라틴어를 사용했고, 시간이 경과하면서 점차 라틴어만 사용하게 되었다.

어 원문은 현존하지 않고, 알베르또 라에르지오의 이탈리아어 번역문만 남아있다. 드노빌리는 이 글에서 선교사로서의 자신과 기독교를 인도인들에게 처음으로 소개한다. 자신은 17세기 인도인들이 유럽 사람들을 지칭하던 파랑기(Paranghis)가 아님을 먼저 천명하고, 기독교로 개종하는 것이 자신의 카스트에게 부여되어있는 다르마(Dharma)를 포기하는 것이 아님을 강조한다. 핵심내용을 인용하면, 아래와 같다.

> "나는 로마 출생으로 인도에서 라자(Rajas) 카스트에 해당하는 귀족집안에서 태어났습니다. 나는 어렸을 때부터 종교적인 분위기가 강조되는 집안에서 양육되었으며, 철학과 신학을 연마한 다음, 순례자로써 여러 나라를 거쳐 이곳 마두라이까지 오게 되었습니다. 원래 계획은 순례의 길을 계속 걸어가는 것이었습니다. 그러나 이곳에 계신 신부님들께서 나를 받아주셨습니다. (마두라이의 영주였던) 나가 세티(Naga Setti)의 허락을 받고 나는 교회와 숙소를 짓고 참회의 생활을 계속하기 위해 이곳에 머무르고 있습니다. 나는 오직 영혼의 구원만을 이야기합니다. 나는 한 분이신 동시에 세 분이신 하나님을 믿습니다. 이 하나님은 천지를 창조하셨고 이 세상 사람들을 구원하기 위해 친히 인간이 되셨습니다. 그가 바로 예수 그리스도입니다. 그는 우리를 죄악으로부터 건져 내시는 분이십니다. 우리가 죽으면 윤회는 존재하지 않습니다. 단지 우리가 살아 있을 때 한 일의 잘잘못에 따라 상벌을 받게 됩니다. 자신이 속한 카스트는 이 상벌과 아무런 상관이 없습니다. 내가 믿는 종교는 신앙의 문제 때문에 카스트나 가족의 명예를 훼손시키는 일을 초래하지 않습니다. 하나님이 세상 모든 것의 주인이시고, 만백성의 왕이시기에 우리 모두는 이 법을 받아들이고 따라야 합니다. 이 법은 많은 산야시(Sanyasi)와 성자들에 의해 이미 선포되어 왔습니다. 이 법은 파랑기나 불가촉천민의 종교가 아닙니다. 왜냐하면 우리가 믿는 하나님은 세상 모든 사람들의 주님이시고 모든 사람들에 의해 찬양받으실 분이기 때문입니다. 천국에 가고 싶은 모든 사람은 이 법을 믿어야 합니다. 천국에 가는 것과 자신이 속한 카스트와는 아무런 상관이 없습니다."[111)]

2) 『기독교 신앙 변증』(Apologia, 1610년)

흔히 『반박문』(Responsio)이란 제목으로도 알려져 있는 글이다. 이 글은 곤쌀로 페르난데스가 1610년 5월 7일, 드노빌리의 선교신학과 정책을 비난하는 글을 발표하자 그에 대한 해명서로 제출되었다. 『기독교 신앙 선언』 (Manifesto)의 핵심 내용처럼, 자신과 유럽 선교사들이 파랑기로 분류되는 것을 반대하면서, 곤쌀로 페르난데스의 선교적 입장과 자신의 선교적 노선을 차별화 시킬 수밖에 없었던 이유를 첫번째 장에서 밝히고 있다. 또한 상위 브라만 카스트에게 접근하기 위해서 착용했던 힌두 복장들과 자신이 취할 수밖에 없었던 풍습과 생활환경에 대해 두번째 장에서 자세히 설명하면서, 이러한 복장들과 풍습, 그리고 생활환경은 종교적인 의미를 가진 것이 아니라 인도의 문화적인 현상에 불과하다는 입장을 천명한다. 세번째 장에서는 기존의 신앙문답에서 사용되고 있는 기독교 용어 번역의 부적합성을 지적하며 새로 번역된 기독교 용어를 사용할 것을 제안한다. 네번째 장에서는 "파랑기"라는 용어가 함축하고 있는 부정적인 의미를 밝히고 기독교가 파랑기의 종교로 동일시될 수 없다고 주장한다. 그리고 마지막 장에서는 고아의 신학자들이 자신에게 의심을 두고 있는 신학적 비판에 대한 자신의 입장을 피력하는 것으로 글을 매듭 짓고 있다.

3) 『브라만의 복장』(De Linea Brachmanum, 1611년 추정)

현존하는 문헌에는 저자의 이름이 기록되어 있지 않지만, 본

111) Roberto de Nobili, *Manifesto* 일부분. 필자의 번역. 출처는 A. Saulière, *His Star in the East*, p. 464.

문의 내용으로 보아 앞에서 언급한 『기독교 신앙 변증』의 저자와 동일인물인 드노빌리로 추정되고 있다. 드노빌리는 이 글에서 자신의 브라만 복장에 대한 해명을 제시하며 자신이 이러한 복장을 선택할 수밖에 없었던 이유를 반복 설명한다. 브라만 복장은 종교적인 의미보다 풍습과 문화적인 측면에서 접근해야 한다고 주장하면서 이를 『마누법전』에 나타나 있는 카스트와 복장 규정을 통해 설명한다. 브라만 카스트의 선교를 위해서는 반드시 브라만의 복장을 착용해야만 종교적 접근이나 대화가 가능하다는 기존의 입장을 재확인 한다. 이 글의 라틴어 원문과 영어 번역은 라자마니캄 교수에 의해 출간되었다.[112)]

4) 『인도의 종교와 풍습에 관한 정보』(Informatio, 1613년)

라틴어로 저술된 이 글은 유실된 것으로 추정되고 있다가 1970년 발견되어 『인도 풍습에 관한 로베르토 드노빌리의 기록』(Roberto de Nobili on Indian Customs)란 영문 번역으로 출간된 바 있다.[113)] 이 책은 브라만 카스트에 대한 상세한 정보를 담고 있다. 브라만은 인도의 사제계급이 아니라 인도사회의 현자(賢者)계급으로 보아야 한다는 분석에서 출발하여, 힌두교의 중심 사상과 신조, 종교적 역할, 종교 예식의 종류, 브라민의 사회적 위치, 복장, 불교

112) Roberto de Nobili, *Adaptation*, ed. S. Rajamanickam (Palayamkottai: De Nobili Research Institute, 1971), pp. 175-193.

113) Roberto de Nobili, *Roberto de Nobili on Indian Customs*, ed. S. Rajamanickam (Palayamkottai: De Nobili Research Institute, 1972). 이 책은 최근에 다시 편집되었다. Roberto de Nobili, *Preaching Wisdom to the Wise*, pp. 53-224.

와 베단타의 차이점, 사이바이트(Shaivaites)와 바이쉬나바이트(Vishnunavites)의 중심 신앙체계 등이 상세히 기록되어 있다. 크랭카노르(Cranganore)의 대주교(Archbishop) 프랜시스 로스(Francis Ros)의 사전 내용 검열 허가서가 첨부되어 있으며 여덟 항목의 산스크리트로 요약문과 본문 내용에 대한 인도 산스크리트 학자들의 견해가 첨부되어 있다. 이 책은 로베르토 드노빌리가 이해했던 17세기 초 인도 남부의 힌두교에 대한 광범위한 지식을 담고 있기 때문에, 종교사학적으로 매우 중요한 학술적 가치를 지니고 있다.

5)『예수회 총장 아콰비바의 편지에 대한 드노빌리의 해석 보고서』(1613년)

앞에서 언급한 대로 페로 프란치스코와 드노빌리는 예수회 총장 아콰비바의 편지를 각자 자신에게 유리한 입장에서 해석한 바 있다(1612년). 이에 대한 페로와 드노빌리의 소견서가 1613년에 각각 보고되었다. 페로의 해석에 의하면 총장 아콰비바의 서한은 드노빌리가 활동하던 마두라이 미션의 존재이유에 대해 심각한 의문을 표시하고 있지만, 인도 선교 전체에 미칠 수 있는 부정적인 영향력을 고려하여 마두라이 미션의 폐쇄를 결정하지 않았다고 보았다. 비록 마두라이 미션의 폐쇄를 결정하지 않았지만, 총장은 드노빌리의 선교방법이 완전히 새로운 방법으로 수정되어야 하고, 드노빌리가 브라만 카스트의 복장을 착용하는 것을 당장 중단해야 할 뿐 아니라, 자신이 파랑기가 아니라고 주장한 것을 철회해야 한다고 해석했다. 페로는 이 글에서 만약 드노빌리가 총장의 서한을 자신의 견해대로 해석하지 않으면 드노빌리의 사제로서의 권리인 세례권을 박탈하겠다고 경고하고 있다.

이에 대한 드노빌리의 반대 의견이 제시된다. 드노빌리는 자신이 브라만 카스트에게만 복음을 전하고, 스스로를 브라민 산야시라고 자처하고 다닌다는 곤쌀로 페르난데스의 비난에 대해, 만약 선교 선임자인 곤쌀로 페르난데스가 총장의 재가를 받고 자신을 다른 지역의 선교사로 파송한다면 기꺼이 그곳에서 선교사역을 감당하겠으며, 자신의 브라만 출신 기독교인들은 기꺼이 곤쌀로 페르난데스의 교회에 계속 출석하여 예배드릴 수 있다고 주장한다. 또한 자신과 페로는 같은 예수회 소속 신부이며, 만약 견해를 달리하는 선교사들이 자신의 마두라이 미션을 방문하는 것을 반대하지 않지만, 이때 선교사들의 복장과 식사는 예수회 총장의 기존 지시대로 마두라이 미션의 방식을 따라야 한다고 주장한다. 마지막으로 자신의 브라만 복장과 생활 지침에 대한 해명을 다시 한 번 반복하고, 총장이 허락한대로 자신의 선교 신학적 입장을 굳게 지켜갈 것을 천명하였다.

6) 『인도의 종교와 풍습에 관한 정보』에 대한 부체리오의 비판에 대한 해명서 (1615년)

1610년까지 드노빌리의 선교신학 노선과 방법론을 지지하다가 반대 진영으로 돌아섰던 앤드류 부체리오 선교사는 드노빌리의 『인도의 종교와 풍습에 관한 정보』를 반박하는 글을 발표했다. 앤드류 부체리오는 드노빌리가 브라만의 복장이나 인도의 풍습에 따라 사는 것이 종교적인 문제가 아니라고 주장하는 것에 대해 반박했다. 브라만 카스트는 유럽의 사제계급에 해당하는 것이 아니라 인도사회로부터 존경받는 현자(賢者) 정도에 해당한다는 드노빌리의 주장도 사실의 왜곡이라고 비판한다. 그래서 그는 한때 드노빌리의 산스크리트어 선생이었던 원주민 쉬바달마(Sivadharma, 나중에 보니파스(Boniface)로 이름을 바꿈)의 내부자적 견해를 제시하면서 드노빌리가 인도 남부의 힌두교와 카스트 제도를 잘못 이해하고 있다고 반박했다.

이에 대해 드노빌리는 쉬바달마를 자신을 속인 "사악한 브라민"으로 지칭하면서, 자신의 핵심 주장은 영혼의 구원을 위한 선교적 입장일 뿐임을 강조한다. 힌두교를 모호하게 소개하고자 하는 의도가 전혀 없으며, 쉬바달마가 물질의 욕심에 눈이 어두워 앤드류 부체리오 선교사에게 잘못된 정보를 제공하는 등 미혹하고 있다고 주장했다. 그는 브라만이 사제계급이 아니라 현자에 해당하는 사람들이라는 견해를 다시 강조하였고, 브라만은 베다(Veda)에 기록된 대로만 생활하거나 힌두교를 신봉하는 것이 아니라고 주장했다. 브라만 복장 착용을 반대하는 앤드류 부체리오 선교사에 대한 드노빌리의 반박이 이어졌으며, 자기가 받고 있는 혐의는 모두 앤드류 부체리오의 악의에 찬 모함에서 비롯된 것임을 강조한다. 이 글의 라틴어 원문과 영어 번역은 라자마니캄 교수에 의해 출간되었다.[114]

7) 『77가지의 명제들』(1617년)

이 글은 17세기 전반기에 인도에서 활동 중이던 선교사들 간의 신학적 쟁점이 되고 있던 브라만 카스트 복장과 인도의 생활

114) 이 글에 대한 보다 상세한 요약과 소개는 Roberto de Nobili, *Adaptation*, ed. S. Rajamanickam (Palayamkottai: De Nobili Research Institute, 1971), pp. 200-203.

풍습에 대한 힌두교의 문헌의 출처를 밝힌 일종의 자료집이다. 드노빌리는 이 글에서 브라만의 카스트 복장과 인도의 각종 생활 풍습이 종교적인 것이 아니라 문화적 풍습에 불과하다고 다시 강조한다. 앤드류 부체리오와 함께 반(反) 드노빌리 입장에 서 있던 쉬바달마가 다시 마음을 바꾸어 드노빌리의 견해를 지지하게 되었는데, 그가 『77가지의 명제들』의 저술을 위해 서로 협력했을 가능성이 매우 높다.[115)]

8) 『77가지의 명제들에 대한 해명서』(1617년)

드노빌리의 『77가지의 명제들』이 보고되었을 때, 크랭카노르 대주교 프랜시스 로스(Ros)는 자신의 대리자 역할을 하던 펠릭스 데 미란다(Felix de Miranda) 신부와 현지인 쉬바달마(Boniface)를 마두라이로 파송하여 그 지역의 브라만 카스트들의 내부자적 견해를 청취하도록 했다. 로스는 대표단에게 다음과 같은 세 가지 사실을 확인할 것을 지시했다. 첫째, 드노빌리의 『77가지의 명제들』은 과연 힌두교의 법과 종교 문헌에서 그 출처를 확인할 수 있는가? 그리고 그 내용은 정확하게 번역되었는가? 둘째, 브라만 복장과 머리 타래(tuft)는 종교적 의미를 지닌 것이 아니라 신분을 상징하는 표시이며, 이마에 칠하는 표시(thilakam)는 일종의 신체 장식이란 드노빌리의 분석은 인도 문헌의 기록과 부합하는 내용인가? 셋째, 마두라이의 브라만 카스트들이 드노빌리와의 친분 때문에 잘못된 정보를 의도적으로 제공한 것이 아닌가?

드노빌리는 『77가지의 명제들에 대한 해명서』에서 로스의 대

115) A. Saulière, *His Star in the East*, p. 514.

표단이 마두라이의 브라만 박사들을 만나서 도달했던 결론을 열거하면서 자신의 주장이 얼마나 타당했는가를 다시 한 번 강조한다. 본문의 내용에 의하면, 마두라이에 거주하던 15명의 브라만 박사들이 1618년 1월 29일, 위에 언급한 세 가지 질문을 받게 되었다. 그들은 모두 드노빌리의 『77가지의 명제들』이 실제르 힌두 법전과 종교문헌에 명시되어 있으며, 적절한 타밀어로 번역되었고, 친분관계가 아니라 문헌적인 사실성 때문에 드노빌리의 해석과 주장이 사실과 틀림없다고 평가했다. 브라만 복장과 머리 타래, 이마에 칠하는 표시(sandal paste), 침수예식(沈水禮式) 등에 대한 그들의 내부자적 해석도 드노빌리의 견해와 거의 일치했다. 침수예식의 경우 브라만 카스트 뿐만 아니라 다른 하위 카스트와 무신론자인 불교도도 실시하는 일종의 문화적 풍습이란 견해가 제시되었다.

9) 『77가지의 명제들에 대한 이 차 해명서』(1618년)

이 글은 로스 대주교의 지시에 의해, 드노빌리가 마두라이 브라만 박사들의 견해를 다시 체계적으로 정리한 일종의 요약문이다. 이 요약문은 드노빌리의 선교신학과 방법론의 타당성을 심사할 예수회와 교황청, 그리고 고아의 신학자들을 위한 참고 자료로 활용되었다. 이 글은 세 부분으로 구성되어 있다. (1) 인도 사회의 카스트 제도를 이루고 있는 네 가지 카스트에 대한 개괄적인 설명 (2) 브라만 복장, 머리타래, 이마에 칠하는 표시, 그리고 침수예식 등은 종교행위가 아니라 사회적 풍습이란 사실의 재확인 (3) 드노빌리의 선교신학과 방법론에 반대하는 다섯 가지 항목에 대한 구체적인 해명과 마두라이 브라만 박사들의 진술이 포함되어 있다.

10) 『문화적 적용』(Narratio Fundamentorum, 1618년)

1618년에 발표된 이 저술은 유명한 1919년 고아 종교회의의 심사 자료로 활용되었다. 이 책은 그동안 유실된 것으로 추정되어 오다가, 1970년 사본이 발견되어 세상의 빛을 보게 되었다. 이 책을 영역(英譯)한 라자마니캄 교수는 『문화적 적용』(Adaptation)이란 제목을 붙였으며,[116] 최근까지 이 책에 대한 추가 연구가 계속되었을 만큼 매우 중요한 저서로 간주되고 있다.[117] 드노빌리의 선교 신학과 방법론에 대한 논란을 종식시켰던 중요한 내용을 담고 있기 때문이다. 이 책을 검토했던 드노빌리의 반대자들조차 자신의 견해를 수정할 정도로 정확하고 통찰력 있는 인도 종교문화의 분석과, 구체적인 선교 방법론 제안이 포함되어 있었다. 드노빌리는 이 책에서 먼저 마두라이 미션의 설립 과정과 선교 활동의 역사를 간단히 기술한 다음, 인도 사회의 문화와 풍습을 존중하면서 기독교 선교가 어떻게 현지에서 뿌리를 내릴 수 있는지에 대해 논술하고, 토착적인 선교신학의 중요성을 강조한다. 이 책의 후반부는 논란의 대상이 되고 있던 브라만 복장, 머리타래, 이마에 칠하는 표시(sandal paste), 침수예식(沈水禮式) 등에 대한 드노빌리의 12가지 설명이 제시되어 있다. 그리고 마지막 부분에서는, 다섯 가지 예상되는 질문에 대한 드노빌리 자신의 답변이 기록되어 있다. 드노빌리에 의해 저술되었으나 당시의 관례에 따라 편저자의 이름은 대주교 프랜시스 로스로 기록되어 있다.

116) Roberto de Nobili, *Adaptation*, ed. and trans. S. Rajamanickam (Palayamkottai: De Nobili Research Institute, 1971).

117) S. Rajamanickam, "Roberto de Nobili and Adaptation," in *Indian Church History Review*, vol. 1, no. 2, (December, 1967), pp. 83-91.

11) 1619년 고아 종교회의에서 교황 파울로 5세에게 보낸 편지 (1619년)

이 편지는 1619년 개최되었던 고아 종교회의(Goa Conference)에서 선교정책적 판단의 중요한 기준으로 작용했던 마두라이의 기독교 개종자를 무례하고 강압적인 대질심문으로 부터 변호하기 위해 드노빌리에 의해 기록되어 졌다. 드노빌리는 이제 막 기독교로 개종한 자신의 회중을 변호하면서, 자신의 선교방법의 타당성을 조사하기 위해서 새로 기독교로 개종한 인도 사람들을 너무 혹독하게 심문하지 말고 사랑과 인내로 보호해 달라고 교황 파울로 5세에게 간청한다. 편지의 후반부는 마두라이 미션의 설립 과정과 선교 활동에 대한 간략한 보고, 고아 종교회의의 진척 사항, 자신에 대한 고아 지도자들의 편견 등에 대한 소회를 담고 있다. 특별히 고아 종교회의의 긴장된 분위기에 대한 드노빌리의 일 차적인 경험이 기록되어 있어 사료상의 가치가 높은 문서이며, 드노빌리 연구의 전문가에 의해 이미 영역된 바 있다.[118] 이외에도 라틴어와 이탈리아어로 기록되어져 있는 약 50여 통의 드노빌리 개인 서한이 현존하고 있다.[119]

드노빌리의 타밀어 저술

드노빌리의 타밀어 저술 목록에 대해서 여러 학자들의 상이한 의견들이 제시되고 있다.[120] 여기서는 라자마니캄(Rajamanickam)과

118) 이 서한은 로마의 예수회 고문서 보관실에 소장되어 있다. ARSI Goa 51, ff. 286-290. 영역본은 S. Rajamanickam, "The Goa Conference of 1619." in *Indian Church History Review*, vol. 2, no. 2 (1968), pp. 81-96.

119) 서한의 전체 목록과 수취인, 저술 장소, 현재 둔서보존 번호 등에 대한 자세한 정보는 Saulière, *His Star in the East*, pp. 470-471.

살리에리(Saulière) 신부에 의해 제시된 타밀어 저술 목록을 따르기로 한다. 약 40편에 달하는 드노빌리의 타밀어 저술목록 중에 현존하지 않는 문서도 있고, 또한 40편의 목록에 포함되지 않은 단편적인 운문과 시편도 남아 있다.[121] 라자마니캄과 살리에리에 의해 집필 여부가 확인된 드노빌리의 타밀어 저술을 편의상 선교를 위한 기독교 변증문(Apologetic writings)과 신앙양육을 위한 교리문(Doctrinal treatises)으로 나누어 그 목록과 내용을 소개한다.

A. 선교를 위한 기독교 변증문 (Apologetic Writings)

(1) 『비방에 대한 답변』(Refutation of Calumnies, Dushana Dhikkaram, 1641년)

기독교와 선교사들 대한 인도인들의 종교적 비방에 대한 변증문으로 드노빌리가 감옥에 투옥되었을 때 지역 주교(Provincial)였던 페드로 파울로 고딘호(Pedro Paulo Godinho)에게 헌정된 책이다. 이 책은 드노빌리가 그의 선교신학과 방법론에서 적용하였던 비기독교 종교에 대한 신학적 이해를 담고 있다. 13개의 항목으로 된 기독교에 대한 비방은 아래와 같다.

---

120) 드노빌리의 타밀어 목록을 제시한 학자와 연도는 Anthony Proença (1655년, 1660년), Balthasar da Costa (1611년), Peria Upadēsam (1738년 이전), 그리고 Muthusamy Pillai, Castets-Dahmen, Appavu Pillai-Murdoch, Sommervogel, Streit, Cronin-Saulière 등의 자료가 있다. 각 학자들의 견해에 대해서는 S. Rajamanickam, *The First Oriental Scholar* (Tirunelveli: De Nobili Research Institute, 1972), pp. 97-119.

121) 전체 목록에 대해서는 S. Rajamanickam, *The First Oriental Scholar*, p. 112.

1) 기독교는 모든 카스트를 대상으로 하지 않는다.
2) 기독교로 개종하면 자신이 속해있던 카스트를 버려야 한다.
3) 기독교로 개종하면 결국 불가촉천민(Untouchable)이 된다.
4) 하나님이 인간으로 성육신할 수 없다.
5) 동정녀 탄생은 불가능하다.
6) 성모가 아기를 낳았다면 그녀는 동정녀가 될 수 없다.
7) 그리스도는 가난한 자들과 함께, 가난하게 살았다. 기독교는 가난의 종교이다.
8) 그리스도는 십자가에 달려서 고난을 당하셨다.
9) 성상이 가지고 있는 거룩한 의미에 대한 오해
10) 기독교인은 가난하고 고난을 당한다.
11) 왕과 통치자들이 기독교를 박해한다.
12) 가난한 자들만이 기독교로 개종한다.
13) 기독교 신앙을 전하는 선교사들에 대한 오해들

『비방에 대한 답변』의 전반부에 해당하는 1장에서 28장까지, 드노빌리는 위의 13가지 비방에 대한 신학적 답변을 제시한 후, 나머지 후반부(29-32장)에서는 선교사들이 이러한 13가지 비방을 어떻게 대응할 것인지에 대한 지침을 열거하고 있다. 여기서 드노빌리는 다섯 종류로 피선교지 원주민을 분류하고 각 분류에 적절한 구체적인 선교방법을 제시한다.

1) 그냥 호기심에서 찾아 와서 질문하는 사람
2) 선교사들을 공격하고 기독교를 반대할 목적으로 찾아오는 사람
3) 힌두교 신앙을 싫어해서 찾아왔지만 기독교로 개종할 의사가 없는 사람
4) 일시적인 물질적 이득을 위해 찾아 온 사람
5) 구원받기 위해 신실한 마음으로 찾아 온 사람

드노빌리는 동료 선교사들에게 이런 다섯 종류의 사람들을 어떻게 상대하고 이들에게 효과적으로 복음을 전할 수 있는 개별적인 방법에 대해 상세히 설명한다. 모든 상황에 보편적으로 적용될 수 있는 절대원칙을 제시한 것이 아니라, 복음을 받아들이는 사람의 입장과 종교적 상황을 면밀히 검토하고, 그 사람의 수준과 입장에 부합하는 수준의 기독교를 소개하거나, 상황에 따라서는 적극적인 복음 전파를 시도해야 한다고 밝혔다. 또한 어떤 경우에서든지 그 사람을 공격하거나 분쟁을 일으키는 행동을 삼갈 것을 강조하고 있다. 모든 선교사들은 현지의 언어를 습득하고 그 지역의 문화와 풍습을 존중하면서 기도와 인내를 통해 선교사역을 감당해야 한다고 요구했다. 드노빌리는 단지 기독교를 반대하는 인도인들의 비방에만 반대의견을 제시한 것이 아니라 자신의 선교신학과 방법론을 반대하는 선교사들에 대한 본인의 다짐을 제시한 것이다.[122)]

(2) 『**윤회에 대한 답변**』(Refutation of Transmigration, Punar Jenma Akshepam)

힌두교 신앙의 핵심 내용인 윤회(Samsara)에 대한 드노빌리의 기독교적 해설서이다. 윤회에 대한 드노빌리의 견해는 『26개의 설교문』 제8장, 『대요리 문답』(Gnanopadesam Kurripidam)의 제9장, 그리고 『영혼에 대한 논고』(Attuma Nirnayam)의 제15-22 항목에서도 반복되어 언급되어 있을 만큼, 힌두 신앙의 핵심적 위치를 차지하고 있고, 드노빌리도 인도 선교를 위한 변증적 차원에서 이 문제를 심각하게 거듭 논의하고 있다. 드노빌리의 분석과 이해에 의하면

122) 보다 자세한 본문의 설명은 Saulière, *His Star in the East*, pp. 474-475.

힌두교의 윤회 사상은 인도의 모든 종교와 힌두교의 모든 종파에 의해 보편적으로 신봉되고 있는 범(凡) 인도적 교리이다.

이 책은 전체적으로 여덟 개의 대화편으로 구성되어 있다. 먼저 드노빌리는 윤회에 대한 인도 종교의 기본적인 입장을 설명한다. 인간의 영혼은 구체적인 육체의 제한을 받지 않는 존재이며, 현존하는 모든 카스트의 차이는 결국, 전생(前生)에서의 삶에 대한 윤회의 결과라는 인도종교의 보편적 믿음을 구체적인 힌두 경전을 인용하면서 상세히 설명한다. 드노빌리는 보편적 인도 종교의 현상인 윤회를 형상과 질료의 상호관계를 논구한 아리스토텔레스의 철학을 원용하여 반박한다. 수직 계층적인 카스트 제도가 존재하는 이유는, 인간의 몸에 나타나 있는 계층적인 분류, 즉 머리, 몸, 팔, 다리 등의 차이로 나타나지만 결국 이 모든 것은 "인간의 몸"이라는 총체적 분류에 포함 된다는 것을 고려할 때, 카스트의 분류는 윤회의 결과가 될 수 없다고 주장한다. 현세에서 나타나고 있는 결과는 전생(前生)에서의 삶의 결과가 아니라, 부모로부터의 유전적인 영향, 사회적 환경, 개인의 노력 등에 의한 결과라고 강조한다. 삶에 고난과 시련의 순간이 있는 것은 윤회의 결과가 아니라 인간에게 고통을 허락하신 하나님의 신실하신 의도라고 주장하고 있다.123)

(3) 『영혼에 대한 논고』(A Treatise on the Soul, Attuma Nirnayam)

서른여덟 항목으로 구성된 영혼에 대한 드노빌리의 기독교 변증서이다. 『윤회에 대한 답변』에 언급되어 있는 영혼(Soul)에 대

123) 보다 자세한 본문의 설명은 Saulière, *His Star in the East*, pp. 475-476.

한 문제가 보다 상세하게 설명되어 있다. 첫번째 부분인 1-9항목에서는 영혼의 본질에 대해 논의한다. 영혼은 육체와 달리 특정한 물질에 구속되지 않고, 영적인 세계와 인간의 자유로운 의지의 영역에 포함된다. 두번째 10-22항목에서는 영혼이 어떻게 만들어졌으며 하나님과 어떤 관계가 있는지에 대해 설명한다. 영혼이 하나님 자신이라는 동질설(同質說), 영혼이 하나님의 일부라는 이론 등에 대해 반박하고 영혼이 하나님에 의해 창조된 피조물이란 점을 강조한다. 영혼이 불멸하다고 해서, 하나님의 영역에 공존하는 신적인 존재가 될 수 없다는 것을 밝히고, 윤회는 불멸하는 영혼의 끊임없는 신적인 표현이 아님을 강조한다. 영혼의 최종 종착점에 대한 설명이 세번째 23-38항목에서 이어진다. 윤회설을 바탕으로 한 힌두교의 영혼에 대한 이론이 반박되고, 천국에서의 영원한 안식을 누리는 영혼과 지옥에서의 영원한 형벌에 처해지는 영혼에 대한 구별이 마지막 부분에 제시된다.[124)]

(4) 『영혼에 대한 지식』(Science of the Soul, Akkiyana Nivaranam)

일부 학자들에 의해 드노빌리의 저술로 추정되고 있는 『영혼에 대한 지식 *Akkiyana Nivaranam*』은 총 15편의 대화로 구성되어 있는 흥미로운 책이다. 이 책에 등장하는 대화의 주인공들은 갑자기 몰아닥친 흑암의 세계에 당혹한 브라민(Brahmin), 라자(Raja), 베랄라(Vellala), 체티(Chetti)이다. 각 카스트를 대표하는 이들은 어둠의 세계에서 밤을 지새운 다음 태양이 떠오른 아침, 브라만 산야시인 사티야 포다가(Sattiya Podagar)를 찾아가 참 하나님의 존재에 대

124) *Ibid.*, pp. 476-477.

한 질문을 던진다. 그러나 드노빌리의 작중인물인 사티야 포다가(Sattiya Podagar)는 참되신 하나님에 대한 설명을 하지 않고, 네 명의 방문자들에게 자신을 찾아온 속내를 밝히도록 유도한다. 그러자 브라민은 베다(Veda)와 푸라나스(Puranas)를 탐독하였지만 진정한 하나님을 만날 수 없었기 때문에 찾아 왔다고 했고, 라자(Raja)는 20년 동안 자식을 낳지 못해서 찾아 왔고, 베랄라(Vellala)는 귀신에 들렸기 때문에 축사(逐邪)를 위해 찾아 왔고, 체티(Chetti)는 만성적인 고질병을 치유받기 위해 찾아 왔다고 자신들의 속셈을 밝힌다. 사티야 포다가(Sattiya Podagar)는 이들에게 자신의 일시적 이득 때문에 하나님을 찾는 것은 참되신 하나님을 발견할 수 없는 길이라고 훈계하면서, 하늘의 은총에 의해 참되신 하나님의 진리를 깨닫게 될 것이라고 조언한다. 네 명의 방문객은 새로운 가능성을 깨닫고 그 자리에서 물러난다. 이런 서사적인 도입부가 끝난 다음, 드노빌리는 하나님의 본질에 대해 상세한 열네 가지 항목의 설명을 추가한다.[125)]

1) 하나님의 존재하심.
2) 하나님의 유일하심.
3) 하나님의 스스로 존재하심.
4) 하나님은 영적인 존재이심.
5) 하나님의 광대하심.
6) 하나님의 영원하심.
7) 하나님은 불가능이 없으심.
8) 하나님은 무소부재하심.
9) 하나님은 절대 진리이심.
10) 하나님은 절대 정의이심.

125) 보다 자세한 본문의 설명은 Saulière, *His Star in the East*, pp. 477-478.

11) 하나님은 무한히 자비로우심.
12) 하나님은 절대 사랑이심.
13) 하나님은 무한한 행복이심.
14) 하나님은 절대 거룩하심.

B. 신앙 양육을 위한 교리문 (Doctrinal Treatises)

(1) 『하나님에 대한 고찰』(Kadavul Nirnayam)

1610년경에 기록된 『영원한 삶을 위한 대화』(Nittiya Jivana Sallapam)와 함께 드노빌리의 초기의 저술로 알려져 있다. 『영원한 삶을 위한 대화』와는 달리 매우 간결한 문장과 단락으로 구성되어 있지만 인도인의 신 인식(神認識), 즉 인도인의 토착적 하나님(Katavul)에 대한 이해를 집중적으로 거론함으로써 브라만 카스트의 종교적 관심을 불러 일으키기 위해 기록한 책이다. 드노빌리는 이 책에서, 인도인들이 믿고 있는 절대신(Katavul)이 인간에게 주어진 계시와 이성적 판단을 통해 볼 때, 모순된 점과 부족한 부분이 있음을 지적함으로써 궁극적으로 기독교의 하나님(Deus)이 이성의 기준에 접합한 참되신 절대신 임을 드러내고자 한다. 이때 참되신 하나님의 계시와 인간의 이성에 의해 판단될 수 있는 하나님의 여섯 가지 본질에 대해서 논의한다. 그것은 (가) 만물의 주님 (나) 스스로 존재하심 (다) 창조되지 않으심 (라) 육신의 몸을 입지 않음 (마) 본질상 선한 모든 것을 소유하심 (바) 보편적으로 존재하심의 여섯 가지 신적 본질에 충실해야 하는데, 인도의 여러 힌두신들은 그렇지 못하다는 것을 증명코자 한다. 실제로 드노빌리는 본문의 내용에서 힌두 신들의 반(反) 이성적, 반(反) 계시적 측면을 드러내고, 마지막 장에서 십계명의 내용을 통해 기독교 하나님의 본질을 소개한다. 이 책의 내용은 아난드 아말라다스(Anand Amaladass)와 프란시스 클루니(Francis Clooney)에 의해 최근에 다시 편집되어 영역본으로 출간되었다.[126]

(2) 『영원한 삶을 위한 대화』(Dialogue on Eternal Life, Nittiya Jivana Sallapam)

문헌상의 기록으로는 이 책의 정확한 저술 연대를 알 수 없다. 그러나 본문의 내용으로 보아 1610년경 드노빌리의 마두라이 미션 초기에 기록된 것으로 추정된다. 인도의 문화적 배경과 힌두교의 사회적 영향력, 그리고 카스트 제도의 제약을 넘어 기독교로 개종한 인도인들을 위한 신앙의 입문서 성격을 지니고 있다. 기독교를 대변하는 서사(西士)와 기독교로 막 개종했거나 최소한 관심을 가지고 있는 중사(中士)의 신앙 대화체로 기록된 마테오 리치의 『천주실의』처럼, 『영원한 삶을 위한 대화』는 구루(Guru)와 제자(Shishya)의 대화체로 구성되어 있다. 사제 간의 대화를 통해 기독교 신앙의 철학적인 타당성과 기독교 윤리의 우월성에 대한 논리적 전개가 펼쳐진다. 이 책을 읽은 마두라이의 브라만들이 드노빌리와 더 깊은 종교적 대화를 할 수 있도록 유도하기 위해 집필된 것으로 보인다. 또한 인도에 부임한 유럽의 선교사들이 숙지해야 할 기본적인 선교 대화의 모델을 제시하고 있다.

모두 아홉 항목으로 나누어져 있는 구루와 제자의 영적 대화는 첫번째 네 항목에서 기독교 신학의 기본 전제를 설명하고 있고,

126) Roberto de Nobili, *Preaching Wisdom to the Wise*, pp. 305-323.

나머지 다섯 항목에서는 인도적 상황에서 어떻게 기독교 신학이 표현되고 전달될 수 있을지에 대한 진지한 모색을 시도한다. 최근 이 책을 영역한 아난드 아말라다스와 프란시스 클루니에 의하면 드노빌리의 주장은 다음 네 가지로 요약될 수 있다. 첫째, 이성(理性)은 모든 하나님에 대한 지식(神知識)의 근원이 되지만, 인간의 이성의 범위를 넘어서는 하나님에 대한 지식이 존재한다. 둘째, 이러한 이성의 한계는 하나님의 계시에 의해 완성되는데, 이 계시는 인간들이 구원의 진리를 깨닫고 도덕적인 삶을 영위하기를 원하시는 하나님으로부터 주어지는 것이다. 셋째, 따라서 참된 계시와 거짓된 계시를 구분하는 것이 중요한데, 이러한 판단의 기준은 건전한 이성적 판단에 의해 검증받아야 한다. 넷째, 이러한 건전한 이성적 판단에 기초해 볼 때 힌두교에서 제시되어 있는 하나님의 계시는 비이성적이다. 따라서 진정으로 하나님의 참된 계시에 따라 살고자 하는 사람들은 누구나 이성적 기준에 부합할 수 있는 종교를 모색해야 한다.127) 이 책의 내용을 통해서 드노빌리의 논의가 토마스 아퀴나스의 신학에 기초를 두고 있음을 알 수 있다.128)

(3) 『**성처녀의 생애**』(The Life of Our Lady, Devamathavin Sarittiram)

드노빌리는 산스크리트어로 『성모예찬 시편』을 저술한 바 있

127) Anand Amaladass and Francis Clooney, "Introduction" to Roberto de Nobili, *Preaching Wisdom to the Wise*, p. 11.

128) Francis Clooney, "Roberto de Nobili's *Dialogue on Eternal Life* and an Early Jesuit Evaluation of Religion in South India," in *The Jesuits; Culture, the Science and the Arts 1540-1773*, ed., John O'Malley (Toronto: University of Toronto Press, 1998).

었다. 그러나 그가 1641년 투옥되었을 때, 이 산스크리트어 시편은 아쉽게도 유실되고 말았다. 드노빌리는 이 유실에 깊이 상심했고, 타밀어로 된 보다 간략한 성모 예찬 시편을 다시 저술했다. 특별한 장절의 구분은 없지만, 성모의 생애를 순차적으로 기술하였고, 승천이후 성모의 외관적인 모습, 종교적 역할, 성모에 대한 성 베르나드의 기도문, 성모를 통한 기적의 예시, 구원의 대모, 그리고 결론이 첨가되어 있다.[129]

(4) 『**그리스도의 생애**』(The Life of Christ, Sesunatar Sarittiram)

이 책은 드노빌리의 번역서이다. 예수회 신부이자 16세기 말 역사가 페드로 리바디네이라(Pedro Ribadineira)에 의해 출간된 『그리스도의 생애』를 인도의 독자들을 위해서 타밀어로 번역한 책이다.[130] 이 책은 드노빌리가 1612년 선교 보고서에 번역을 완료했다고 기록한 것으로 보아 인도 선교 초기의 저술로 간주되고 있다.

(5) 『**소요리 문답**』(Small Catechism, Cinna Kurrippidam)

표지에 드노빌리의 이름이 기록되어 있지 않지만 책의 구성이나 내용을 볼 때 드노빌리의 저술로 추정되는 책이다. 현재 텔루구어의 번역본도 남아 있다. 기독교 개종자들이 세례를 받기 전에

129) 보다 자세한 본문의 설명은 Saulière, *His Star in the East*, pp. 479-480.

130) 예수회 소속이었던 페드로 리바디네이라(Pedro Ribadineira)는 1572년 로욜라의 전기인 *Vita Ignatii Loiolae Societatis Iesu fundatoris*를 저술한 것으로 유명하다.

반드시 숙지해야 할 기본적인 기독교 교리의 내용을 담고 있고, 어린이들은 전체 내용을 암기하도록 하였다. 이 책은 오늘날까지 타밀나두(Tamilnadu)의 『소요리 문답』으로 사용되고 있다. 삼위일체 하나님, 창조와 타락, 구원, 교회, 종말, 죄, 성례전의 총 7항목으로 구성되어 있다.

(6) 『26개의 설교문』(Gnanopadesam)

기독교의 기본 교리를 스물여섯 편의 설교 형식을 통해 설명한 책이다. 『대요리 문답』 [Gnanopadesam (I-V)]의 첫번째 세 부분에 대한 요약을 담고 있다. 『대요리 문답』이 발표되기 전에 저술된 것으로 추정되고 있다. 전체의 구성을 아래와 같다.

제1편	교리문답서의 핵심 내용과 목적
제2-5편	하나님의 존재와 본질
제6편	천사
제7편	인간 창조와 원죄
제8편	영혼
제9편	참된 계시와 거짓된 계시
제10-12편	삼위일체와 성육신
제13-14편	예수의 탄생과 유년시절
제15편	세례요한과 예수의 세례
제16-17편	예수의 가르침과 기적
제18-19편	최후의 만찬
제20-23편	수난과 지옥
제24-26편	부활, 오순절, 최후의 심판

(7) 『대요리 문답』〔Gnanopadesam (I-V)〕

드노빌리의 저술 중 가장 큰 대작으로 총 다섯 권으로 구성되어 있다.[131] 포르투갈어와 인도의 다른 지역 언어로 번역되기도 한 드노빌리의 대표작이라고 할 수 있다. 이 책은 먼저 인간의 이성과 하나님의 계시의 상관관계에서 발생하는 신비에 대해 설명한다. 하나님의 신비는 다음 세 부분의 항목으로 나뉜다. 첫째 항목은 인간의 이성의 범위 내에서 이해할 수 있는 하나님의 본성과 속성에 대한 설명이다. 두번째 항목은 인간의 이성의 범위 내에 속해 있지만 하나님의 자유로운 의지에 의해 발생하는 신비적인 것들에 대한 설명이다. 인간의 이성은 하나님의 계시에 의해 완성되고 이때의 신비는 의미를 가지게 된다. 예를 들면, 천사의 존재, 인류의 탄생과 본성, 타락과 결과 등의 신비는 이성의 한계 내에서 사유 가능한 일이지만 하나님의 계시에 의해 참 뜻이 드러난다. 세번째 항목은 하나님이 계시가 임했다고 하더라도 인간의 이성으로 이해될 수 없는 신비에 대해 설명한다. 이러한 세번째 범주에 포함되는 신비는 삼위일체, 성육신, 구원의 은총, 성례전의 신비 등이다. 아래는 이 책을 이루고 있는 다섯 권의 세부항목이다.

제1권 (전체 8장으로 구성)

제1장	요리문답의 핵심과 목적
제2-7장	하나님의 본질과 속성
제8장	하나님과 인간의 관계

131) 『대요리문답』(*Gnapadesam*)이란 이름 외에, *Gnanopadesa Kandam* 혹은 단순히 *Kandam* 이라고도 불린다.

제2권 (전체 20장으로 구성)

제1-2장	천사
제3장	사탄
제4장	아담과 하와
제5-7장	결혼
제8장	천국
제9-12장	죄와 결과
제13-14장	거짓 종교
제15-16장	종교생활
제17-18장	죄의 심각성과 치유
제19-20장	성모 마리아

제3권 (전체 42장으로 구성)

제1-2장	삼위일체
제3-4장	성육신
제5-28장	예수의 생애와 고난, 십자가, 부활
제29-33장	초대 교회의 설립 과정
제34-36장	성모 마리아
제37-39장	종말
제40-42장	최후의 심판, 천국과 지옥

제4권 (전체 5장으로 구성) 기도의 방법과 종류

제5권 (전체 13장으로 구성) 진실한 종교의 구체적인 증거들

로베르토 드노빌리가 시도한 인도 사회와의 선교적 접촉점의 모색

로베르토 드노빌리가 이해한 힌두교와 인도문화에 대한 분석은 1613년에 라틴어로 출간된 『인도의 종교와 풍습에 관한 정보』에 집중적으로 나타나 있다. 이 책은 드노빌리가 마두라이 미션에

서 선교 활동을 시작한 초기에 라틴어로 저술되었는데, 자신의 토착적 선교신학과 방법론이 형성된 이론적 배경에 대한 설명이 포함되어 있다. 물론 선교지도부와 고아의 일부 신학자들의 견제와 반대에 부딪히면서 그 내용의 일부가 수정되기도 했지만, 드노빌리는 선교 활동 초기에 저술한 이 책의 핵심내용을 철저하게 선교 현장에서 적용시켜 갔다. 드노빌리의 선교신학과 방법론을 최종적으로 승인했던 1623년의 교황 그레고리 15세의 교서(Romanae Sedis Antistes)는 이 문서에 대한 신학적 검토를 통해 내려졌다고 해도 과언이 아니다.

드노빌리는 이 책에서 "최초의 산스크리트 학자"라는 명성에 걸맞게 힌두교의 종교적 체계와 의미를 정확하게 분석한다. 그는 『마누법전』과 힌두 종교문헌에 나타난 카스트 제도를 포함한 각종 규정과 문헌 내용을 토대로 인도 사회의 근간이 되는 네 가지 카스트의 사회적 기능을 정확하게 구분해 냈을 뿐 아니라, 수드라(Shudras) 카스트의 여섯 분류와 자티(Jati)의 세부 개념도 정확하게 구별하여 설명할 수 있었다.[132)]

자신을 "서구에서 온 브라민(A Brahmin from the West)"으로 불렀던 드노빌리는 브라만 카스트는 종교적 사제계급을 뜻하는 것이 아니라 "현자(賢者)"를 지칭한다고 설명하고,[133)] 인도사회에서 존경받는 위치임을 또한 강조함으로써,[134)] 브라만 카스트를 선교

---

132) 수드라의 여섯 분류는 (1) Velalas (농업에 종사하는 사람) (2) Tolttiyar, Arupeni, Maravar (집안 하인과 단순 노무자) (3) 목수, 재단사, 석공 등을 포함한 인부들 (4) 이발사, 직물공을 포함한 허드렛일 기술자 (5) Pallars (무덤을 파거나 하수구를 정리하는 인부들) (6) Parayas (불특정 계층의 지시를 받아 아무 일이나 하는 인부들)

133) Roberto de Nobili, *Preaching Wisdom to the Wise*, pp. 64-71. "모든 지혜를 통달한 사람(the masters of wisdom)"이란 표현을 사용한다.

적 접촉점(A missionary point of contact)으로 찾았던 자신의 입장을 정당화시킨다. 『인도의 종교와 풍습에 관한 정보』의 첫번째 장에서부터 브라만 카스트를 자신의 선교적 접촉점으로 선언하고 있는 드노빌리는 마두라이 미션의 선임자 곤쌀로 페르난데스의 "파랑기" 선교신학과 차별화시키기 위한 분명한 의도를 드러낸다. 드노빌리는 선교사가 "파랑기"로 이해되는 한 선교는 절대 불가능하다는 것을 깨닫고 자신을 "서구에서 온 브라민"으로 소개하였으며, 사회적 위치로서는 크샤트리야(라자) 계급에 속한다는 것을 분명히 한다. 드노빌리의 이러한 "선교 접촉점" 모색과 기존 선교사들과의 차별화 전략은 동료 선교사들, 특별히 선임자였던 곤쌀로 페르난데스와의 심각한 갈등을 불러 일으켰다.[135)]

드노빌리는 "현자(賢者)"에 해당하는 브라만 카스트가 추구하는 여섯 가지의 지식영역을 하나씩 언급하면서, 브라만 카스트에 대한 깊이 있는 분석을 시도한다. 브라만은 (1) 산스크리트어의 문법(Shabdashastram) (2) 시문학 (Kavyam) (3) 천문학 (Jyotishastra) (4) 논리변증학 (Nyayashastra 혹은 Tarkashastra) (5) 자연과학 (Cintamani),

134) Roberto de Nobili, *Preaching Wisdom to the Wise*, pp. 72-76. "브라민은 모든 카스트의 최정상이며, 수장이다(Varnanam brahmano guruh)"란 표현을 사용한다.

135) 한편 곤쌀로 페르난데스는 자신을 파랑기로 부르는 것이 "불가촉천민"으로 이해된다고 생각하지 않고 "크샤트리야" 카스트로 이해된다고 생각했다. 곤쌀로 페르난데스는 종교적 사제 계급인 브라민보다 인도 사회를 통치하는 크샤트리야가 더 상위 카스트라고 믿고 있었기 때문에 드노빌리와의 갈등관계가 지속된 것이다. 이에 대해 드노빌리는 브라민이 크샤트리야보다 존경받는 상위 카스트임을 강조한다. 이에 대한 드노빌리의 항변은 Roberto de Nobili, *Preaching Wisdom to the Wise*, pp. 74-76. 드노빌리는 곤쌀로 페르난데스의 이름을 직접 거명하지 않고, "나를 비판하는 사람"으로 표현한다.

그리고 (6) 힌두교 신학 (Adhyatmikam)을 연구하고 발전시킬 의무와 책임을 지고 있다. 드노빌리는 특별히 힌두교 신학의 대표적인 세 가지 흐름에 대해 상세한 설명을 제시한다.

첫번째 힌두교 신학의 흐름은 불교적 해석이다. 흥미롭게도 드노빌리는 17세기 초 남부 인도의 불교도 혹은 불교철학자들을 "무신론자(Atheists)"라고 부르고 있다. 이들은 인도 남부에서 "가장 유명한 분파"이며 "가장 오래된 분파"이지만, 힌두교에서 이단으로 분류되거나 스스로 힌두교로부터 독립한 분파가 아니라고 설명한다.[136]

두번째 힌두교 신학의 흐름은 "영적인 사람들(The Spirituals)"로 불리기도 하는 베단타 철학자들이다. 드노빌리는 이 힌두교의 신학 흐름을 따르는 사람들을 "야니(Jnani)"로 표현한다. 이들의 종교 철학은 전체 세 부분으로 구성되어 있는데,[137] 인도인의 이성적 판단과 논리에 기초한 독특한 신인식(神認識)에 대한 내용을 발전시키고 있으며, 링가(Linga)와 같은 물질의 신현(Avartara)을 철저히 부정하며 상징물에 대한 숭배를 배격하기 때문에, 드노빌리는 이들의 종교성을 비교적 높이 평가한다. 베단타 신학자들이 신의 본질에 대해 초월적으로 이해하고 있다는 점에서 매우 긍정적인 일면을 가지고 있지만, 『인도의 종교와 풍습에 관한 정보』가 집필되었던 선교 초기 (1613년)에 드노빌리 자신이 가지고 있는 베단타에 대한 정보가 제한되어 있다는 것 또한 솔직하게 인정하고 있다.[138] 이들에 대한 드노빌리의 평가는 애매모호하다.

---

136) Roberto de Nobili, *Preaching Wisdom to the Wise*. pp. 91-94.

137) 베단타 철학의 골격을 세 부분은 (1) Vivaranopanyasa (2) Tattvavivekam (3) Bhedatikkaram 이다. 자세한 설명은 Roberto de Nobili, *Preaching Wisdom to the Wise*, pp. 87-88.

138) Roberto de Nobili, *Preaching Wisdom to the Wise*, p. 88.

"이들 지혜로운 자들은 어떤 형태든지 신에 대한 숭배를 부정한다. 이들 중의 일부는 절대자이신 유일신에게 예배하는 것도 삼가는 것을 볼 수 있는데, 이들은 신은 오직 영혼의 경배로만 섬겨야 한다고 주장한다. 그 외에도 그들은 같은 브라만이나 다른 우상숭배자들이 숭배를 드리는 것을 통해 영원한 영광을 얻는 것은 불가능한 일이라고 잘라 말한다. 그러나 그들의 주장에서 모순이 발견된다. 그들의 여러 문헌에서 우상숭배자들의 예배를 높이 평가하고 있기 때문이다."[139]

세번째 힌두교 신학의 흐름은 "우상숭배자(Idolaters)"로 불리는 사람들의 종교적 행태이다. 이들에 대한 드노빌리의 입장은 매우 부정적이지만 인도 선교를 위해서 반드시 상대해야 할 현실적인 인도 선교의 대상임을 강조한다. 수적으로 우세할 뿐만 아니라, "우상숭배자"들은 힌두 경전을 통해 전해 내려오는 수많은 신들의 형태를 만들고 그 앞에서 예배하는 자들이기 때문에, 선교사들이 반드시 접촉해야 할 선교 대상들이다. 이들의 종파는 다시 네 종류로 분류된다. 첫번째 세부 종파는 비이원론파 베단타 신학자들(Non-dualistic Vedantins)이다. 이들은 브라마(Brahma), 비쉬누(Vishnu), 루드라(Rudra)를 모두 절대신으로 숭배하지만, 물질이나 형상으로 구체화하여 숭배하지 않는다. 이때 루드라(Rudra)는 쉬바(Shiva)의 다른 이름이다. 두번째 세부 종파는 쉬바를 믿는 사람들, 즉 사이바이트(Shaivites)이다. 드노빌리가 활동했던 남부 인도인들은 쉬바의 현신(Avartar)인 루드라(Rudra)를 신봉한다. 세번째 세부 종파는 비쉬누를 믿는 사람들(Vishnavites)이다. 이 비쉬누는 다양한 현신으로 나타나고, 다양한 이름을 가지고 있다. 마지막 네번째 세부 종파는 "이원론적 베단타(Dualistic Vedantins)"를 믿는 사람들이다. 이들 네 가지 분

139) Roberto de Nobili, *Preaching Wisdom to the Wise*, p. 95.

파 중에서 가장 오랜 된 종파는 첫번째 "비이원론파 베단타"이며, 8세기경의 힌두 철학자 상카라(Shankara)에 의해 이들의 신학체계가 완성되었다. 한편, 11세기경의 인물인 라마누자(Ramanuja)에 의해 비쉬누 종파(Vishnavites)의 신학이 완성되었고, 13세기경의 인물인 마드바(Madhva)에 의해 "이원론적 베단타(Dualistic Vedantins)"가 성립되었으며, "쉬바"라는 인물에 의해(신의 이름이 아님) "쉬바를 신봉하는 사람(Shaivites)"들의 신학체계가 완성되었을 것으로 추정한다.[140] 드노빌리는 가장 오랜 역사를 가지고 있고 우일한 절대신을 인정했던 "비이원론적 베단타"만을 긍정적으로 인정하고 나머지 세 세부 종파에 대해 부정적으로 평가했다. 드노빌리는 이 들 세 종파의 부정적인 공통점에 대해 아래와 같이 결론짓는다.

> "그러나, 이 세 종파의 공통점이 존재한다. 그들은 모두 편파적인 신학체계를 가지고 있다. 쉬바를 믿는 사람, 비쉬누를 믿는 사람, 그리고 이원론적 베단타를 신봉하는 사람들은 서로 상충하는 교리를 가지고 있다. 이들은 모두 완고한 자기 고집을 포기하지 않고 다른 종파를 공격한다. 이들은 모두 비이원론적 베단타의 신학을 일정 부분 반영하고 있지만 자기들이 취사선택한 부분만을 고집한다."[141]

결국, 드노빌리는 인도 사회의 근간을 이루고 있는 카스트 제도의 사회적 기능을 밝힌 다음, 브라만 카스트의 하부구조에 대한 기존 유럽 선교사들의 오해를 수정하고자 했다. 드노빌리의 결론에 따르면, 브라만 카스트는 종교적 사제계급이 아니라,[142] 인도

140) 드노빌리의 이론이 가진 한계는 현대 힌두교 연구학자들의 연구에 의해 극복되었다. 그러나 17세기 초반, 인도 남부에서 인도의 박티 신앙이 어떻게 이해되었는지에 대한 중요한 역사적 사료를 제시하고 있다.

141) Roberto de Nobili, *Preaching Wisdom to the Wise*, p. 106.

사회의 학문을 전수하는 현자(賢者)라는 사회적 기능을 담당하고 있는 특별한 상위 카스트일 뿐이다. 이들 중 "우상숭배자(Idolaters)"로 분류되는 대다수 브라만들이 왜곡된 신인식을 가지고 있지만, 이들 조차도 유일하신 절대신에 대한 진리의 단편을 소지하고 있다는 것으로 결론을 내린다. 인도 선교를 위해서는 이들에게 다가가야 하고 이들과의 선교적 접촉점을 모색해야 한다는 것이 드노빌리의 일관된 주장이었다. 『인도의 종교와 풍습에 관한 정보』의 뒷부분은 브라만 계급의 복장과 장식등에 대한 상세한 정보를 제공한 다음, 이것들이 특별한 종교적 의미를 지닌 것이 아니란 것을 다시 확인하고, 자신이 선택한 "브라민 산야시"로서의 선교신학의 가능성을 구체적으로 제시하고 있다.

드노빌리의 선교 접촉점과 토착화의 가능성: 사르베수란(Sarvēśuran)

지금까지 드노빌리의 선교신학과 방법론에 대한 학계의 논의는 도노빌리의 브라만 복장이나 머리 타래(tuft), 이마에 칠하는 표시(thilakam), 침수(沈水) 예식 등을 기독교의 신앙적 표현으로 받아들일 수 있을 것인가에 대한 외형적인 토착화의 문제와 결부되어 연구되어져 왔다.[143] 사실 마두라이 미션 초기부터 드노빌리는 선

142) 드노빌리는 인도에서의 종교 사제 계급에 대한 항목을 독립시켜 상세히 다룬다. Roberto de Nobili, *Preaching Wisdom to the Wise*, pp. 109-125.

143) 예를 들면, Ignatus Hirudayam, *Christianity and Tamil Culture* (Madras: University of Madras, 1977), pp. 16-20; V. M. Gnanapragasam, "Inter-Religious Dialogue of Early Christian Missionaries in Tamil Nadu," in *Indian Church History Review*, vol. 27 (December, 1973), pp. 121-129.

임 선교사들과 선교방법 문제로 반대에 부딪히게 되었는데, 쟁점의 핵심은 언제나 외형적인 인도 문화와 풍습에 관한 문제였다. 선임 선교사들과 포르투갈 출신의 지도자들로부터 공격을 당했던 드노빌리는 이 문제에 대해 반복적으로 해명해야 했고, 그 논의는 1623년 교황의 교서(Romanae Sedis Antistes)가 드노빌리의 선교신학을 공인할 때까지 무려 16년 동안 계속되었다. 1619년의 고아 종교회의에서도 이 문제는 핵심 쟁점으로 떠올랐고, 인도의 문화와 풍습을 기독교 신앙을 표현하는 데 사용할 수 있다는 드노빌리의 선교신학과 방법은 불가(不可)하다는 일차 결정이 내려지기도 했다.

그러나 17세기 인도 선교의 최대 쟁점이었던 드노빌리의 선교 토착화 시도는 기독교 신앙이 인도의 토양에서 뿌리를 내릴 수 있는 가능성에 대한 외형상의 시도였을 뿐이다. 외형적 토착화는 선교의 궁극적인 과제는 될 수 없음에도 불구하고,[144] 인도의 풍습이나 문화적 상징을 기독교적 표현으로 사용할 수 있는 지에 대한 논의가 끊임없이 지속되었다. 이러한 인도 문화와 풍습의 외형적인 적용의 문제는 기독교 신앙의 토착화가 진행됨으로써 나타날 수 있는 결과 중의 하나이지, 그 자체로서 선교적 사명이 될 수 없다. 브라만 카스트들에게 기독교 복음을 전달하기 위해 무슨 옷을 입고, 어떤 모습으로 머리카락을 장식하고, 어떤 색깔로 이마에 색칠해야 하는가의 문제는 드노빌리의 선교신학과 방법론을 반대하던 일부 선교사들의 문제였다. 드노빌리를 반대했던 17세기 유럽과 인도의 교회 지도자, 신학자, 그리고 현장의 선교사들이 이 문제에 관심을 집중했다. 그러나 드노빌리의 경우, 더욱 심각하고 절

144) 토착화 자체가 기독교 신학의 목적이 될 수 없다는 논의에 대해서는 천병석, "토착화 신학의 근거 문제," 『신학사상』 vol. 122 (2003년 가을), pp. 140-166.

대 불가결한 기독교와 힌두교와의 선교적 접촉점은 전혀 다른 곳에서 모색되어졌다.

필자가 다른 지면에서 이미 논의한 것처럼, 드노빌리의 선교신학과 방법론은 16세기 후반의 로마대학(Collegio Romano)에서 발전되었던 예수회 토미즘(Jesuit Thomism)으로부터 직접적인 영향을 받았다.[145] 예수회 토미즘의 관점에서 볼 때, 인도의 힌두교에서 가장 유일신적이고 이성과 계시의 조화가 강조되고 있는 종파는 비이원론적 베단타(Non-dualistic Vedantins)들의 종교철학이었다. 그러나 수적인 측면이나 사회적 파급력의 측면에서 볼 때 남부 인도, 특별히 마두라이 미션이 위치해 있던 타밀나두(Tamilnadu) 지역에서 극히 미미한 종교집단에 불과했다. 드노빌리는 보다 수적으로나 사상적 영향력의 면에서 보다 보편적이었던 17세기 타밀나두의 "우상숭배자(Idolaters)"들 중에서 기독교 신앙과 선교적 접촉점을 모색하게 된다.

드노빌리는 모색했던 기독교와 힌두교의 선교적 접촉점은 비쉬누 신앙이 가지고 있던 초월자에 대한 개념이었다.[146] 남부 인

145) 김상근, "조직신학자를 위한 선교학: 16세기 라틴아메리카 선교가 제2 토미즘 등장에 미친 영향을 중심으로," 『신학사상』 2004년 여름호, pp. 143-174. 드노빌리의 선교신학에 미친 토미즘의 영향에 대해서는 Ines G. Zupanov, *Disputed Mission: Jesuit Experiments and Brahmanical Knowledge in Seventeenth-century India* (Oxford: Oxford University Press, 1999), pp. 97-98.

146) 비쉬누 신앙의 초월적 절대신에 대한 연구는, John Carman, *Majestic and Meekness: A Comparative Study of Contrast and Harmony in the Concept of God* (Grand Rapids: William B. Eerdmans Publishing, 1994). 에드워드 햄비(Edward Hambye)도 이 점에 동의한다. 그는 Madhva에 의해 정립된 비쉬누 신앙과 기독교 사이의 공통점에 대해 드노빌리가 깊은 관심을 가졌다고 본다. Edward Hambye, "Roberto de Nobili and Hinduism," in *God's Word Among Men*, ed. Joseph Putz (Delhi: Vidyajyoti, 1973), p. 331.

도에서 드노빌리에 의해 확인된 쉬바 신앙의 신이해는 다분히 "내재적인(Immanent) 절대자"를 전제로 하고 있었다. 이미 이러한 "내재적인" 쉬바 신앙을 가진 인도 사람들에게 "초월적인(Transcendental) 절대자"이신 기독교의 하나님을 소개한다는 것이 거의 불가능하다는 사실을 드노빌리를 포함한 유럽의 선교사들은 숙지하고 있었다. 로베르토 드노빌리보다 반세기 먼저 인도 땅을 밟았던 프란치스코 하비에르도 이미 사이바이트 브라만들과의 종교논쟁을 통해 이 점을 숙지하고 있었을 정도였다.[147)]

드노빌리가 남부 인도에서 우선적으로 염두에 두어야 할 선교적 과제는 예수회 토미즘적 입장에서 자신의 기독교 하나님 이해와 가장 가까운 인도의 절대신 개념을 찾은 것이었다. 기독교 하나님과 가장 유사한 신의 본성(Divine attributes)을 가진 절대신을 힌두교에서 찾는 것이야말로, 드노빌리에게 주어졌던 가장 절실한 선교적 사명이었다. 드노빌리의 결론은 비쉬누 신앙의 절대신 개념이야말로 기독교 하나님과 유비적(Analogical) 관계로 이해될 수 있는 유일한 해결책이었다. 도노빌리가 활동하던 17세기 초반의 타밀나두에서의 종교적 상황은 드노빌리로 하여금 이러한 결정을 내리는데 일조하였다.

> "종교적인 측면을 보자면, 16-17세기 동안 타밀나두의 대다수 인도인들은 힌두교인들이었던 것이 분명하다. 그러나 자이나교를 믿는 극히 일부분이 공존하고 있었다. 지금처럼 무슬림들이 많이 거주하지는 않았다. 비자야나가르(Vijayanagar) 통치기간 동안 대부분의 사람들은 쉬바를 믿고

147) 하비에르와 사이바이트 브라만과의 종교 논쟁에 대해서는 Richard Young, "Francis Xavier in the Perspective of the Saivite Brahmins of Tiruchendur Temple," in *Hindu-Christian Dialogue*, ed. Harold Coward (Maryknoll: Orbis Books, 1990), pp. 64-79.

있었는데, 15세기가 종료될 무렵 스리 바이쉬나비즘(Sri Vaishnavism)의 제자들이 되었다. 크리쉬나데바 라야(Krishnadeva Raya)와 다른 사람들은 비쉬누를 믿고 있었지만 쉬바 신앙도 버리지 않았다. 그들의 통치기는 인도 남부에서 바이쉬나비즘의 전성기를 열었는데, 이 지역의 판다야(Pandyas)들은 신실한 사이바이트였다. 비자야나가르(Vijayanagar) 정권의 마지막 위대한 통치자였던 벤카타 2세(Venkata II)는 비쉬누 신앙을 열렬히 신봉했으나, 벨로레의 나약(Nayaks of Vellore)과 다른 사람들은 여전히 쉬바 신앙을 고수하고 있었다."[148]

요약하자면, 17세기 타밀나두의 일반 대중들이 쉬바신앙을 고수하고 있던 반면, 벤카타 2세와 같은 지배계층은 비쉬누 신앙을 신봉하고 있었다. "상류층 선교"에 우선권을 두는 예수회 선교의 전통에 따라, 드노빌리 또한 인도의 상류층(브라만과 라자계급)의 절대신 이해와 기독교 하나님에 대한 유비적 관계를 연구할 수밖에 없는 상황이었다. 물론 드노빌리가 비쉬누 신앙을 기독교 복음과의 선교적 접촉점으로 모색했다는 구체적인 문헌적인 증거는 없다. 그러나 그가 비쉬누 신앙에 대한 비교적 우호적인 평가를 내리고 있었던 것만은 틀림없다. 드노빌리의 이러한 의도는 그의 하나님 이름 번역에서 구체적으로 드러나고 있다. 드노빌리는 마두라이 미션과 남부 인도에서 기독교 "하나님"의 의미로 사용되고 있는 타밀어 번역어 "탐비란(Tambirān)"을 반대하고 새로운 하나님의 이름을 사용할 것을 주장했다.

"기존의 『요리문답』에서 하나님은 '탐비란(Tambirān)'으로 번역되었다. 이 용어의 뜻은 "다른 신을 섬기지 않는 주님"이다. 따라서 그 신

148) Joseph Thekkedath, *History of Christianity in India, vol. II. From the Middle of the Sixteenth to the End of the Seventeenth Century (1542-1700)* (Bangalore: Theological Publications in India, 1982), p. 153.

은 아름다운 시편에서 '티루바사감(Thiruvasagam)'으로 불리기도 했다. 나는 이 용어의 뜻이 잘못되었다고 보지 않는다. 그러나 이 지역에서 모든 판다람(Pandarams)에서 이 용어는 다른 것을 지칭하기 때문에, 우리 기독교의 절대신인 하나님을 의미하기에는 부족한 부분이 있다. 따라서 나는 하나님을 사르베수란(Sarvēśuran)으로 부르는 것이 타당하다고 생각한다. 이 용어의 뜻은 '세상 모든 만물의 구주'란 뜻이다. 전지전능하신 힘을 가지고 계신 분이시기에, 보편적으로 절대자를 표시할 때 이 용어가 사용되었으며, 한 번도 다른 신이나 사람들에게 사용되어 본 적이 없기 때문에 이 용어가 사용되어져야 한다."[149]

인도 선교의 역사에 시도되었던 기독교 용어 번역의 문제를 깊이 연구한 브로어 틸리안덜(Bror Tiliander)에 의하면, 드노빌리가 "사르베수란(Sarvēśuran)"을 새로운 기독교 하나님의 타밀 번역어로 제시한 이유에 대해, 이 용어가 "남부 인도에서 보편적으로 사용되지 않고" 있었기 때문이라고 밝힌다.[150] 틸리안덜의 문헌조사에 의하면 사르베수란(Sarvēśuran)은 "비쉬누 신앙이 기록되어 있는 산스크리트 작품 속에서만 제한적으로 등장하고, 원래는 비쉬누의 수많은 이름 중의 하나이다."[151] 드노빌리는 그의 『26편의 설교』 두번째 장에서 하나님의 이름을 사르베수란(Sarvēśuran)으로 새롭게 채택한 신학적 이유에 대해 자세히 설명한다.

"우리는 지금부터 하나님의 유일하신지 아니면 다수인지를 구별하기 위한 논의를 시작해야 합니다. 또한 어떤 이름을 통해서 그를 증거

149) S. Rajamanickam, "Roberto de Nobili and Adaptation," p. 89에서 재인용.

150) Bror Tiliander, *Christian and Hindu Terminology: A Study in Their Mutual Relations with Special Reference to the Tamil Area* (Uppsala: Almqvist & Wiksell, 1974), p. 88.

151) Tiliander, *Christian and Hindu Terminology*, p. 92.

할 것인지에 대해서, 그리고 어떻게 그 분을 불러야 할지에 대해서도 함께 논의를 해야 합니다. 사르베수란(Sarvēśuran)이란 이름의 의미는 '이 세상 모든 것에 역사하시는 주님(ellâttukkum karttar)'이란 뜻입니다. 따라서 이 세상 어느 존재도 사르베수란과 동등하거나 보다 위대한 분은 있을 수 없습니다. 그리고 '그 분만이(avaroruvarē)' 유일하신 절대신입니다. 이 이름은 또한 '이 세상 모든 것은 그 분에게 귀속된다(ellam avarukkukīl)'는 뜻도 포함하고 있습니다. 또한 '이 세상 모든 것 위에 뛰어나신 분(ellvatrukkum mēl)'이란 뜻도 있습니다. 어떤 본질(vastu)도 그 분과 동등할 수 없으며 그 분을 능가할 수 없습니다. 따라서 우리는 여러 명의 사르베수란을 절대 말할 수 없습니다. 오직 그 분만이 유일하신(orē) 사르베수란(Sarvēśuran)이십니다."[152)]

로베르토 드노빌리 선교사는 예수회 토미즘의 기독교 하나님(Deus)과 유비적으로 설명될 수 있는 비쉬누 신앙의 "사르베수란(Sarvēśuran)"을 타밀나두의 기독교 하나님의 이름으로 선택함으로써 기독교와 힌두교의 선교적 접촉점을 모색했다. 초월자이시며 유일하신 기독교 하나님을 인도 남부의 브라만 카스트들에게 소개할 수 있는 유일한 토착적인 메시지는 결국 힌두교의 내부에서 모색될 수밖에 없었던 것이다. 드노빌리의 토착화는 그가 걸친 옷이나, 이마에 칠했던 장식의 문제가 아니었다. 심오하고 복잡한 힌두교의 신이해와 타밀어에 귀속될 수 밖에 없었던 인도 문화의 의미를 모색하는 것이 토착화를 위한 로베르토 드노빌리의 첫걸음이었고, 사르베수란(Sarvēśuran)이 그의 선택이었다.

152) Roberto de Nobili, *26 Sermons*, Ch. 2. Tiliander, *Christian and Hindu Terminology*, p. 92에서 재인용.

드노빌리가 제시한 기독교와 힌두교의 선교적 접촉점

19세기 최고의 인도학자였던 맥스 뮐러(Max F. Müller, 1823-1900)로부터 "최초의 오리엔탈리스트(The First Oriental Scholar)"로 칭송받았던 로베르토 드노빌리 선교사의 생애와 사상에 대해 최근의 학자들은 다소 부정적인 측면에서 그를 비판해 왔다. 일부 학자들은 드노빌리가 예수회 토미즘에 기초한 하나님의 속성과 본질에만 천착함으로써 예수 그리스도의 복음의 중요성을 소홀하게 다루었다고 비판한다.[153] 인도의 민중 신학으로 불릴 수 있는 달리트(Dalit) 신학자들은 드노빌리의 브라만 카스트 우선 선교정책에 대해 매우 부정적인 평가를 내리고 있다. 불가촉천민, 즉 달리트들에게는 아무런 선교적 관심을 주지 않았기 때문에 그의 브라만 가톨릭 신앙(Brahmanic Catholicism)은 카스트 제도의 폭압적 구조를 오히려 강화시켜 왔다고 비판한다.[154] 토착화 신학을 지지하거나 토착화 신학의 구체적인 모델로써 드노빌리의 생애와 신학에 접근하는 학자들의 시각도 비판적이다. 예를 들면 프랜시스 클루니(Francis Clooney) 교수는 드노빌리의 토착화 시도가 "다른 문화간의 커뮤니케이션을 위한 외형적인 문화 적응과 내재적인 엄밀성의 기묘한 결합"이었다고 비판한다.[155]

153) 드노빌리의 기독론에 대해서는 D. Jeyaraj, "The Contribution of the Catholic Church in Tamilnadu in the 17th-19th Centuries to an Understanding of Christ," in *Indian Journal of Theology*, vol. 23 (1974), pp. 181-190.

154) 이러한 달리트 신학자들의 비판에 대한 반론은 Francis Clooney, "Roberto de Nobili's Response to India and Hinduism in Practice and Theory," in *Third Millennium*, vol. 1, no. 2 (Fall, 1998).

155) Francis Clooney, "Roberto de Nobili, Adaptation and the Reasonable Interpretation of Religion," in *Missiology*, vol. 18 (January 1990), p. 32.

그러나 드노빌리의 탁월성은 힌두교의 광대한 교리체계를 깊이 연구하고, 그 안에 내재해 있던 기독교와의 접촉점을 도출해 냈다는 데 있다. 드노빌리는 그가 살았던 17세기에 충실했던 예수회 선교사였다. 그의 선교신학은 17세기 초반에 활동했던 예수회 토미스트(Jesuit Thomists)들의 신학적 사고, 혹은 그들의 하나님 인식의 범주를 넘어서지 않았다. 그는 때로 힌두교를 믿는 인도인들에게, 종교 간의 대화를 시도하는 오늘날의 종교다원주의자들에게 도저히 받아들여지기 힘든, 공격적인 분석을 제시하기도 했다. 그러나 그는 예수회 토미즘에 충실하면서, "사르베수란(Sarvēśuran)"이란 비쉬누 신의 이름이 내재하고 있는 신적 본성(Divine attributes)을 정확히 포착함으로써 기독교와 힌두교의 선교적 접촉점을 모색했다. 드노빌리는 비쉬누 신앙이 제시하고 있는 유일신이자 절대자의 개념을 기독교와의 접촉점으로 선택함으로써, 17세기 남부 인도인들이 진공의 상태에서 기독교 하나님을 소개받는 것이 아니라, 그들의 문화와 전통가운데서 살아계신 하나님을 만날 수 있게 하였다. 비쉬누 신의 이름이었던 "사르베수란(Sarvēśuran)"을 기독교 하나님의 이름으로 불러야 한다는 로베르토 드노빌리의 선택은 기독교와 타종교와의 선교적 접촉점을 모색하는 우리들에게 많은 가능성과 도전을 시사하고 있다.

제4장

선교학과 지역학(중국)

1. 들어가면서

1583년부터 시작된 마테오 리치(Matteo Ricci, 1552-1610)의 중국 선교로 인해 기독교로 개종했던 초기의 중국 기독교인들은 난징과 베이징의 고급 관리나 사대부(士大夫)가 대종(大宗)을 이루었다. 특별히 이들 초기 중국 기독교의 지도자중, 서광계(徐光啓, 1562-1633), 이지조(李之藻, 1565-1630), 양정균(楊廷筠, 1562-1627) 세 사람은 중국에서 활동했던 예수회 선교사들로부터 "중국 선교 개척의 세 대들보(開教三大柱石)"로 불렸던 인물로 모두 고급 관리이거나 정통 사대부의 반열에 드는 사람들이다.[156] 이 세 명의

156) 중국 초기 선교를 위한 서광계, 이지조, 양정균 세 사람의 역할과 역사적 중요성에 대해서는 P. M. D'Elia, ed, *Fonti Ricciane* (Rome: Liberia dello Stato, 1242-1249), vol. 2, p. 308과 徐宗澤,『明清間耶蘇會士譯著提要』(上海: 中華書局, 1949), p. 14. 물론 이 세 사람 외에도 예수회의 중국 선교 초기에 중요한 역할과 활동을 했던 초기 중국 기독교인들도 많이 있다. 예를 들면, 유교의 유일신론의 관점에서 기독교를 새롭게 해석한 왕 징(王 徵, 1541-1644)의 업적도 초기

초기 중국 기독교 지도자 중 특별히 서광계는 명나라 조정의 직급 서열이나 활동범위로 볼 때, 가장 중요한 역사적 위치를 차지하고 있는 중국 초대 교회의 대표적인 지도자였다. 1603년 기독교로 개종한 이래, 예수회 선교사들의 중국활동을 물심양면으로 지원하면서, 서광계가 선교사들과 함께 전개한 17세기 초반의 중국 선교는 난징교난(南京教難)을 당한 선교사들 변호에서부터 조선 선교의 시도까지 다양하게 나타났다.[157]

초기 중국 교회사에서 차지하고 있는 서광계의 역사적 중요성 때문에 이미 그의 생애와 기독교 저술에 대한 학문적 연구가 활발히 진행되고 있다.[158] 그러나 중국의 기독교 역사학자들이나

중국 기독교 발전단계를 이해하는데 중요하다. 왕 징에 대한 최근의 연구는 Erik Zürcher, "Wang Zheng's Humanitarian Society", in *Linked Faiths: Essays on Chinese Religions and Traditional Culture in Honour of Kristofer Schipper*, eds. Jan. A. M. de Meyer and Peter Engelfriet (Leiden: Brill, 2000), pp. 26-86.

157) 명나라 황실에 대한 만주족들의 침노가 계속되자 서광계는 자신이 대사 자격으로 조선을 방문하여 명나라와 조선이 연합군을 형성하여 만주족을 징벌하게 하자는 의견을 황실에 제시한다. 예수회 선교사들의 기록에는 서광계가 이 기회를 이용하여 조선에 복음을 전하려고 하였다고 한다. 그러나 서광계의 청원은 명나라 황실에서 받아들이지 않았고 따라서 서광계의 조선선교 계획은 성사되지 못했다. 이 과정의 자세한 분석은 Chen, Min-sun, "Hsü Kuang-ch'i (1552-1633) and His Image of the West", in *Asia and the West: Encounters and Exchanges from the Age of Explorations*, eds. et al., Cyriac Pullapilly (n. p.: Cross Roads Books, 1986), p. 33.

158) 서광계의 생애와 사상에 대한 전기적 연구는 朱傳譽,『徐光啓傳記資料』(臺北: 天一出版社, 1981); Arthur Hummel, ed., *Eminent Chinese of the Ch'ing Period* (Taipei: Cheng Wen Publishing Company, 1970), pp. 316-319; 方 豪,『中國天主教人物史』, vol. 1, pp. 99-111; N. Standaert, *Handbook of Christianity in China, vol. 1, 635-1800* (Leiden: Brill, 2001), pp. 411-12, p. 414, pp. 416-17; John Young, *Confucianism and Christianity: The First Encounter* (Hong Kong: Hong Kong University Press, 1993), pp. 41-58; Wang Xiaochao, *Christianity and Imperial*

영어권의 중국학 및 선교역사 전문 연구가들에 의한 서광계 연구와는 달리, 최근 중국에서는 명나라 말기의 사회주의 지식인의 모형으로, 혹은 가난하고 압제 당하던 명나라 말기의 농민들을 위해서 서양의 선진문물을 도입하여 식량 증산이나 관개시설 보수 등에 혁혁한 공을 남긴 사회주의 운동가의 전형적인 모델로 추앙되는 경향도 보이고 있다.[159] 이와 더불어 또 흥미로운 것은, 서광계가 명나라의 공식 역사 기록에서는 매우 부정적인 평가를 받고 있다는 것이다. 명왕조의 공식 역사 기록인 『明史』에 의하면, 서광계는 서양 오랑캐의 종교를 신봉한 반(反)유교적 인물이다.[160] 이처럼 중국 역사와 현대 학자들에 의해서, 그 역사적 평가가 엇갈려

Culture: Chinese Christian Apologetics in the Seventeenth Century and Their Latin Patristic Equivalent (Leiden: Brill, 1998), pp. 107-63; Chen Min-sun, "Hsü Kuang-ch'i (1562-1633) and His Image of the West," in *Asia and the West: Encounters and Exchanges from the Age of Explorations: Essays in Honor of Donald F. Lach*, eds. et al., Cyriac Pullapilly (n. p.: Cross Roads Books, 1986), pp. 27-43; Michael Slobada, "Xu Guangqi, 1562-1633, Scholar and Convert," in *Tripod* (July-August, 1992); Joseph Ku, "Hsü Kuang-ch'i" (Ph. D. diss., St. Johns University, 1973).

159) 최근 중국의 역사학자들은 사회주의적 사관에 입각하여 서광계를 명조 말기의 혁신적인 민중지도자로 본다. 사회주의적 사관에 의하면 서광계는 명나라 말기의 피폐했던 농촌경제를 재건하기 위해 서양문물을 과감하게 도입하고 평등을 지향하는 사회주의적 사상을 가졌던 인물이다. 따라서 그가 저술, 편집한 『農政全書』는 서광계 연구의 가장 기초적이고 중요한 자료로 인식되고 있으며 그가 발전시킨 서양식 관개시설 이론, 물시계, 작물재배법, 홍수방지책, 비단 직조술등이야말로 민중지도자 서광계의 활동과 관심을 상징적으로 드러내고 있다고 본다. 따라서 왕중민(王重民)에 의해 1963년에 상해에서 출간된 『徐光啓集』에는 서광계의 저술이라고 믿어지는 기독교 관련 저술이나 번역, 『辨學章疏』, 『耶穌像讚』, 『靈言蠡說』 등은 모두 생략되어 있다.

160) 『明史』, 326장.

있는 서광계의 기독교 신앙에 대해서 심도 있는 분석을 시도하는 것이 이번 연구의 일차적 목적이다. 필자는 먼저 그의 기독교 개종 과정을 살펴보고 개종 이후 선교사들과 함께 추진한 각종 번역사업 및 선교 사업을 분석한 다음, 그가 남긴 저술에 나타난 기독교 신앙과 상티(上帝)에 대한 이해를 집중적으로 분석함으로써, 중국 교회 초기 지도자의 기독교 이해를 분석하고자 한다.

서광계의 기독교 개종 과정

서광계가 기독교를 처음 접하게 된 계기는 1596년 광둥(廣東)성에서 예수회 선교사 라자로 카타네오(Lazzaro Cattaneo, 郭居靜, 1560-1640년)를 만남으로써 비롯되었다. 이때 한 광둥의 유력한 사대부 집안의 자녀에게 과거시험을 위한 유교경전을 가르치고 있던 서광계는 우연한 기회에 그 집을 방문한 카타네오 선교사를 만나게 된다. 그러나 기독교와의 첫 만남은 서광계에게 의례적인 호기심을 불러일으키는 정도였다. 기독교 신앙을 다시 심각하게 고려하게 된 경위는, 그가 1601년에 베이징에서 실시되는 과거시험에 응시하기 위해 난징을 거쳐 상경하던 도중(1600년), 마침 그 곳에 머물러 있던 마테오 리치를 만났기 때문이다. 최초로 서광계의 신앙전기를 쓴 예수회 선교사 펠리페 쿠플레(Philippe Couplet 柏應理, 1623-1693)의 기록에 의하면, 서광계는 신비한 꿈을 꾼 다음 날 리치를 우연히 만나게 된다. 선교적 차원에서 사실보다 과장되거나, 어느 정도 각색된 것으로 보여 지는 쿠플레의 기록에 의하면, 서광계는 이날 밤 꿈속에서 성부 하나님의 동상이 세워져 있는 성당에서 하늘의 신비한 음성을 듣고, 두번째 성당에서 성자 예수의 동상이 세워져 있는 것을 보면서 또 다른 하늘의 음성을 들었다고 한다.[161] 세번째 성당에 도착한 다음 잠에서 깨어났다는 쿠플레의 기록은 마테오 리치의 『二十五言』의 발문 『跋二十五言』의 내용에 나타나 있는 서광계 자신의 기록과는 상이한 면이 발견된다. 서광계는 여기서 리치와의 첫 만남의 기억을 아래와 같이 간략하게 기술하고 있다.

> "옛날 허난(河南)성의 숭산(崇山)을 유람할 때, 천주(天主)의 상을 우러러 본적이 있다. 이것은 대개 유럽으로부터 바다로 배를 타고 건너온 것들이다. 조 중승(中丞)과 오 전부(銓部)가 전후하여 판각한 세계지도를 보고 바로 리치 선생의 존재를 알게 되었다. 리치 선생이 도성에 머물러 있는 동안에 그를 만나서 간략하나마 함께 얘기를 나눠보고는 이 사람은 두루 세상의 모든 것에 박학다식하고 사리에 능통한 군자라고 생각했다."[162]

비록 쿠플레의 과장된 기록이 사실이 아니라고 해도, 리치를 처음으로 만나게 된 서광계는 그의 세계지도와 박학다식에 깊은 인상을 받은 것이 분명하다. 리치와의 인상적인 만남을 기억하고 있던 서광계는 3년 후 난징에서 거주하고 있을 리치를 다시 찾아가지만, 그가 난징에 도착했을 때(1603년) 리치는 이미 베이징으로 선교의 터전을 옮긴 후였다. 서광계는 대신 예수회 선교사 조아오 데 로차(João de Rocha 羅如望)를 만나, 리치의 유명한 저술인 『天主實義』 한 권을 선물로 받게 된다. 밤 새워 『天主實義』를 읽은 서

161) John Young, "Sagehood, Salvation, and Social Change: Hsü Kuang-ch'i (1562-1669) and Christianity" 『珠海學報』, p. 41. 이 논문은 朱傳譽, 『徐光啓傳記資料』 (臺北: 天一出版社, 1981)에 재인쇄 되어 있다.

162) 서광계, "이십오언의 발문", 마테오 리치, 『교우론, 스물다섯 마디 잠언, 기인십편: 연구와 번역』 (서울: 서울대학교 출판부, 2000), pp. 416-417. 송영배의 번역.

광계는 다음 날 로챠 선교사를 찾아와 세례 받기를 청한다. 그러나 로챠 선교사는 서둘러 세례를 받기 전에 먼저 기독교 신앙을 더 숙고할 것을 권고한다. 특별히 한 명뿐인 아들이 아직 손자를 출산하지 못함을 우려한 서광계는 축첩을 통하여 사내아이의 출산을 고려하고 있었는데, 이 문제가 그의 기독교 개종에 걸림돌이 되고 있었다. 로차 선교사는 이 문제에 단호한 입장을 취하며 개종 전에 축첩을 중지하라고 권고했다. 결국 8일간의 숙고 기간 이후 서광계는 축첩을 포기하고 로챠 선교사로부터 세례를 받고 "바울(保祿)"이라는 세례명을 얻는다. 본인의 간절한 열망에 의해, 짧은 기간에 걸쳐 진행된 서광계의 회심과 세례의 과정을 연구하고 그 원인과 결과를 분석하는 것이 이 연구의 첫번째 목적임에 불구하고, 우리는 이 시기와 연관된 아주 제한적인 정보만을 가지고 있다. 서광계 자신과 리치의 관계를 가장 상세하게 언급하고 있는『跋二十五言』에서도 그의 개종전후의 이야기는 생략되어 있다. 이후 베이징에서 다시 리치를 만났지만, 서광계와 리치의 관계는 "그의 문하에서 배우는 사이에 상세한 가르침을 청하여 그의 주요한 뜻을 들을 수" 있었던 정도였다.[163] 따라서 서광계의 개종 전후와 그의 기독교 이해를 분석하기 위해서는 그가 남긴 기독교 저술에 의존할 수밖에 없을 것이다.

기독교 개종 이후의 신앙생활

서광계의 자발적이며 신속한 개종 과정은 다른 초기의 중국 기독교 지도자들과 다른 양상을 보이고 있다. 서광계와 함께 "중

163) *Ibid.*, p. 418.

국 선교 개척의 세 대들보(開教三大柱石)"로 불렸던 이지조나 양정균의 경우, 예수회 선교사들과의 오랜 접촉과 지속적인 개종 권유가 있었음에도 불구하고 상당한 기간 동안 기독교로의 개종을 주저(躊躇)하거나 반대했다. 이지조의 경우, 무려 10년 동안 서양 선교사들과 접촉했음에 불구하고 개종은 미루어졌다. 양정균의 경우, 이지조 부친의 장례식에서 만난 라자로 카타네오(Lazzaro Cattaneo)와 니콜라스 트리고(Nicolas Trigault, 1577-1628년) 선교사를 만났고, 베이징에서 리치와도 친밀히 교류했음에도 불구하고 그의 개종은 리치가 임종한 후 1611년에 일어났다.[164)]

41살의 늦은 나이에 급작스럽게 기독교로 개종한 서광계는 그 다음 해(1604년) 과거시험에 급제하여 진사(進士)가 되었고 곧바로 명나라 조정의 한림원(翰林院)에서 공직 생활을 시작한다.[165)] 한림원에서 서광계는 상관이었던 추 굉(焦 竑, 1540-1620)의 눈에 들게 되는데, 유학자이면서 동시에 불교에 깊은 관심을 가지고 있던 추 굉은 당시 리치와도 친밀한 교류를 하고 있었다.[166)] 추 굉을 통해

164) 양정균의 생애와 기독교 신앙에 대한 학계의 대표적 연구는 Nicolas Standaert, *Yang Tingyun, Confucian and Christian in Late Ming China: His Life and Thought* (Leiden: E. J. Brill, 1988).

165) 당시 중국에서는 매 3년마다 과거시험이 실시되었다. 1588년에는 302명, 1601년에는 3001명, 그리고 1604년에는 308명의 진사가 선출되었다. 리치의 기록에 의하면 서광계는 한림원에 입청하는 것을 주저했지만, 선교적 차원을 고려했던 리치의 강권에 의해 한림원에서의 공직생활을 시작했다고 한다. 308명의 진사중 상위 24명에게만 기회가 주어지는 한림원 시험에서 서광계는 4등으로 입청했다.

166) 추 굉에 대한 연구는 Edward Ch'ien, "The Late Ming Neo-Confucian Synthesis in Chiao Hung (1540-1620)" (Ph. D. diss., Columbia University, 1978). 이 논문은 다시 Edward Ch'ien, *Chiao Hung and the Restructuring of Neo-Confucianism in the Late Ming* (New York: Columbia University Press, 1986)로 출간되었다. 추 굉과

서 서광계는 자연스럽게 리치와 교유관계를 맺기 시작했다. 추 굉은 베이징의 많은 사대부와 고급관리들에게 리치를 우호적으로 소개했으며,[167] 유명한 리치와 반(反)유학자 이 지(李 贄)와의 만남도 추 굉의 소개에 의해서 이루어졌다.[168]

1604년부터 한림원에서 공직생활을 시작해서 1607년 부친의 삼년상(三年喪) 제례를 위해 공직에서 잠시 물러날 때까지, 서광계는 리치가 소개한 서양의 과학 서적을 중국어로 번역하는데 몰두한다. 이때 리치와 함께 중국어로 번역한 책이 유클리드(Euclid)의 『幾何原本』과 『測量異同』이다.[169] 리치를 포함한 예수회 선교사들과의 접촉을 통해 습득한 서양의 천문과학 지식을 이용하여 서광계는 당시 명나라 황제였던 신종(神宗)을 위한 역서(曆書)를 출간하기도 한다. 리치의 죽음(1610년)이후, 그는 디에고 데 판토하(Diego de Pantoja), 사바티노 데 우르시스(Sabatino de Ursis), 그리고 아직 개종 전의 이지조와 함께 새로운 역서(曆書) 편찬 작업에 참여했다. 당시까지 명나라 황실에서 사용하던 역법(曆法)이 1610년

리치와의 만남에 대해서는 Ch'ien, *Chiao Hung and the Restructuring of Neo-Confucianism*, p. 237. 추 굉은 그의 개인문집인 『澹園集』에서 마테오 리치의 『교우론』에 대해 매우 좋은 평가를 내리고 있다.

167) John Willis, "Relations with Maritime Europeans, 1514-1662", in *The Cambridge History of China*, vol. 8, p. 364.

168) 李 贄에 대한 연구자료는 張建業, 『李贄評傳』 (上海: 人民出版社, 1981); 吳 澤, 『儒教叛徒李卓吾』 (上海: 華夏書店, 1949).

169) 이하 언급되는 서광계의 저술은 上海市文物保管委員會 편, 『徐光啓著譯 (上海: 上海市文物保管委員會, 1983)에 편집되어 있다. 또한 『幾何原本』과 『測量異同』은 臺灣商務印書館 편, 『文淵閣四庫全書』, 789권에 재인쇄되어 있다. 『文淵閣四庫全書』, 789권에는 서광계의 다른 저술인 『新法算書』, 『測量法義』, 『句股義』 등도 포함되어 있다. 이때 번역된 『幾何原本』은 중국 역사상 최초의 서양 과학서이다.

12월 15일에 발생한 일식(日蝕)을 정확하게 예측하지 못해 새로운 서양식 천문과학을 이용한 역서의 편찬이 시급했기 때문이었다.[170]

한편, 부친의 삼년상(三年喪)을 위해 상하이에 머물러 있던 서광계는 선교사 카타네오와 함께 상하이에 천주교회를 설립하고, 서양의 농업기술을 중국농촌에 이전하기 위해 실제적인 영농기법을 연구하기도 한다.[171] 1612년, 서광계는 명황실의 역사 기록을 관장하는 관직으로 옮겨졌지만, 그의 관심은 늘 서양의 문물과 과학기술에 있었다. 그는 이즈음에 사바티노 데 우르시스 선교사의 도움으로 서양식 수력장치에 대한 저술인『泰西水法』을 출간했다.[172] 이듬해 서광계는 지병으로 관직에서 잠시 물러나지만, 손수 농장을 경영하면서 명나라 말기의 중국 농민들의 지난한 생활고를 직접 목격한다. 그는 이러한 개인적 경험을 통해 서양과학을 이용한 농민들의 생활 개선과 노동생산성 향상만이 문제의 해결책이라고 확신하게 된다. 그는 또한 말법(末法)의 시대로 치달아가던 명나라 말기의 불교를 비판적으로 보기 시작하면서 명나라 농민들을 수탈하고 무지몽매한 미신으로 전락한 불교를 비판하는『闢妄』을 저술했다.[173]

---

170) 1610년에 일어난 일식사건과 연관된 예수회 선교사들의 활동에 대해서는 Henri Bernard, *Matteo Ricci's Scientific Contribution to China* (Westport: Hyperion Press, 1935), pp. 73-91.

171) 이때 서광계는 아메리카 대륙에서 수입된 고구마를 중국 농촌에서 재배가 가능한 지에 대해 영농 실험을 실시했다.

172) Archivum Romanum Societatis Iesu, Jap. Sin. II, 61 (417). Archivum Romanum Societatis Iesu [이하 ARSI]는 로마의 예수회 고문서 보관실의 예수회 선교자료의 총칭이다. Jap. Sin. 은 일본선교와 중국선교 자료 분류번호이며 번호는 폴리오 번호이다. 괄호 안의 번호는 필자가 연구차 로마의 예수회 고문서 보관실을 방문했을 때, 새로운 문서번호를 준비하고 있었다. 조만간 이 번호 순서대로 문서가 분류될 것으로 브인다.

서광계는 1616년 다시 명나라 조정의 부름을 받았다. 그러나 그의 공직생활은 난징의 관리였던 심 최(沈 漼)가 갑자기 일으킨 난징교난(南京教難)으로 인해 그의 관직생활은 복잡하게 전개된다. 조정의 핵심 관리로서 서양 선교사들과 함께 과학서와 역서를 편찬하였을 뿐 아니라 스스로 기독교인임을 자처하던 서광계로서는 난징에서 전개되고 있던 심 최의 기독교 박해에 대해서 침묵할 수 없었다. 마침내 그는 『辨學章疏』라는 유명한 상소문을 올려(1616년), 기독교와 서양 선교사들에 대한 변호를 전개한다. 만주지역에서부터 명나라 영토를 호심탐탐 노리고 있던 누르하치(奴爾哈齊, 1559-1626년)의 군대를 징벌하기 위해서 당시 명나라 황실은 대책 마련에 고심하고 있었다. 1619년에 발생한 명나라 군대와 만주군과의 무력충돌 때문에 명나라 군사 4만 9천 명이 몰살당하는 사건이 일어났기 때문이다. 이때 서광계는 본인이 직접 조선으로 가서 동맹국으로서의 원군 파견을 협의하겠노라고 자청했다. 명나라와 조선의 연합군이 만주족 군대의 측면을 공격함으로써 그 세력을 무력화시키자는 것이 그의 복안이었다. 그러나 서광계의 자원을 명나라 황실이 받아들이지 않았기 때문에, 자신의 조선 방문을 계기로 시도하고자 했던 조선 선교의 꿈을 접어야만 했다. 그러나 서광계는 황제의 명을 받아 새로운 군대를 조직하고, 만주족의 임박한 공격에 대비하기 위해서 포르투갈의 군사력과 화력을 이용하기로 했다. 마카오로부터 포르투갈의 대포 4문을 주문했지만, 그 중 2문은 고장으로 명나라 군대의 인명피해만 초래하는 사건도 이때 발생했다. 명나라 황실의 쇠퇴와 환관들의 횡포에 낙심한 서광계는 치병

173) ARSI, Jap. Sin. I, 132 (198), 139 (206) and 139a (207). 또한 吳相湘 편, 『天主教東傳文獻續編』(臺北: 學生書局, 1966-1967), vol. 2, pp. 617-52. 이 책의 원래 이름은 『闢釋氏諸妄』이다.

(治病)을 이유로 조정의 관직에서 물러나 고향 상하이로 돌아간다(1621-1627년). 낙향한 서광계는 명황실의 중흥을 위한 자신의 소견을 밝히는 글을 남기는 한편, 프란치스코 삼비아시(Francesco Sambiasi, 1582-1649) 선교사와 함께 아리스토텔레스의 『De Anima』를 번역하여 『靈言蠡勺』의 제목으로 출간한다(1624년).[174]

1629년 6월 21일의 월식(月蝕)은 서광계를 다시 관직에 복귀하도록 만들었다. 원나라 이후 이슬람 역법을 사용하던 전통적 중국 역법으로는 정확한 월식의 일자와 시간을 예측할 수 없었기 때문에, 서광계는 새로 설치된 황제의 직영 역서 편찬 작업에 책임자로 임명된다. 여기서 그는 리치의 뒤를 이어 중국선교의 책임자로 활동하고 있던 니콜로 롱고바르디(Nicolo Longobardi)와 기독교로 개종한 이지조를 만나게 된다. 1630년, 서광계의 관직은 예부판서의 자리에 이르렀고, 그는 다시 마카오에서 포르투갈의 대포를 구입하여 허베이(河北)지방의 방위를 위해 동분서주한다. 이때 포르투갈의 대포를 중국 내륙으로 이동시켰던 사람이 예수회 일본 선교의 통역자로 유명한 조아오 로드리게스(João Rodríguez, 1559-1633년)였다.[175] 1632년에 서광계는 마침내 신하로서는 최고의 자리인 정승의 반열에 올랐으나 이내 지병으로 사임하였다가, 이듬해 1633년 11월 8일 운명하고 말았다. 명나라 말기의 충신이자 "중국 선교 개척의 세 대들보(開教三大柱石)" 였던 서광계의 전통을 이어온 서씨 가문은 현재까지도 중국 천주교회의 대표적 가문으로 남아 있다.

---

174) ARSI, Jap. Sin. II, 60 (416).

175) 로드리게스의 생애와 선교 활동에 대해서는 Michael Cooper, *Rodrigues the Interpreter: An Early Jesuit in Japan and China* (New York: Weatherhill, 1974).

한 가지 아쉬운 것은 아직 서광계의 기독교 저술에 관한 학계의 진위판단이 완전한 결론에 이르지 못하고 있다는 것이다. 전통적으로 서광계의 기독교 저술이라고 믿어오던 책들이 후대의 가필이거나 표절이라는 학계의 보고나, 비록 서광계가 저자로 기록되어 있지만 순전히 예수회 선교사들의 저술에, 이름만 서광계를 붙여 놓았다는 학설도 자주 발표된 바 있다. 일단 서지적(書誌的)인 확인을 위해 당장 우리가 사용할 수 있는 서광계의 저술모음집은 1963년에 초판, 그리고 1984년에 중판을 한, 왕중민(王重民)의 『徐光啓集』이 있다.[176] 그러나 편집자였던 왕중민은 많은 종류의 서광계의 기독교 저술이 예수회 선교사들의 가필이거나 위작이라고 확신했기 때문에, 서광계의 기독교 서적을 전체 목록에서 삭제시킨 바 있다.[177] 왕중민에 의하면, 역사적으로 진위를 확인할 수 있는 서광계의 기독교 관련 저술은 위에서 잠시 언급한 1616년에 올려진 상소문 『辨學章疏』가 유일하다고 본다. 이러한 극단적인 관점은 1983년 상해시문물보관위원회(上海市文物保管委員會)에 의해 편집된 『徐光啓著譯』에서도 반복되었다. 2권으로 편집된 이 서광계의 전집에는 『徐氏庖言』, 『兵機要訣』, 『考工記解』, 『幾何原本』, 『測量法義』, 『測量異同』, 『句股義』, 『簡平儀說』, 『泰西水法』, 『定法平方算術』 (이상 제1권), 『甘藷疏』, 『農遺雜疏』, 『農書草稿』, 『毛詩六帖講意』, 『詩經傳稿』, 『書簡』, 『佚文』, 『徐氏傳記』 (이상 제2권)가 포함되어 있는데 여전히 서광계의 기독교 관련 저술은 생략

176) 王重民,『徐光啓集』(上海: n. p., 1984).

177) 王重民,『徐光啓集』, p. 38. 이에 대한 비판적 분석은 Wang Xiaochao, *Christianity and Imperial Culture*, p. 107.

되어 있다.[178] 그러나 최근 일부 기독교 역사학자들과 홍콩과 미국, 그리고 유럽의 역사학자들은 왕중민과 상해시문물보관협회의 극단적이고 의도적인 기독교 저술 제외를 비판하고 있다.[179] 문화혁명 이후 중국 지식인들을 사고를 지배하던 반기독교와 반외세 정서가 명나라 말기의 역사적 사실을 왜곡시키고 있다고 그들은 비판한다. 이러한 새로운 견해를 대변하는 왕 시아오차오(Wang Xiaochao)와 에드워드 켈리(Edward Kelly)의 연구결과에 의하면, 서광계의 현존하는 기독교 저술은 아래와 같다.[180]

1. 『耶蘇像贊』
2. 『聖母像贊』
3. 『規誡箴贊』
4. 『十誡箴贊』
5. 『克罪七德箴贊』
6. 『眞福八端箴贊』
7. 『哀矜十四端箴贊』
8. 『正道題綱』
9. 『答鄉人書』
10. 『跋二十五言』
11. 『造物主垂象略說』
12. 『辨學章疏』

178) 上海市文物保管委員會, 『徐光啓著譯』(上海: 上海市文物保管委員會, 1983).

179) Wang, *Christianity and Imperial Culture*, pp. 110-12.

180) 위 목록 중 『辯學章疏』를 제외한 모든 저술은 왕 시아오차오에 의해 주해 및 영역되어 있다. Wang, *Christianity and Imperial Culture*, pp. 112-40. 한편 『辯學章疏』의 영역은, Edward Kelly, "The Anti-Christian Persecution of 1616-17 in Nanking" (Ph. D. diss., Columbia University, 1971), pp. 294-302.

그러나 왕 시아오차오와 에드워드 켈리의 주장에 대해 조심스러운 이견을 제시하고 있는 학자들도 있는데, 이들은 위의 목록 중 1번부터 8번까지의 저술에 대해서 서광계의 저술이라는 확신을 할 수 없다는 입장이다. 이 논쟁과 관련하여 필자에게 흥미로운 것은, 문제가 되고 있는 이 여덟 종류의 저술에 나타난 하나님의 이름은 "천주(天主)"에서 나오는 "주(主)"와 상티(上帝)에서 나온 "제(帝)"를 각 한번 씩만 하나님의 중국어 이름으로 사용하고 있다는 것이다. "주(主)"는, "누가 감히 주를 없다고 하는가?" [敢曰無主]라는 표현으로 사용되었고, "제(帝)"는 "제(帝=하나님)께서 그들에게 자비를 베푸신다" [帝曰憫斯]라는 표현으로 사용되었다.[181] 왕 시아오차오와 에드워드 켈리가 서광계의 기독교 저술이라고 주장하는 이 여덟 편의 글에서 하나님의 이름이 "천주"의 "주(主)"와 상티(上帝)의 "제(帝)"자를 매우 조심스럽게, 단 한번 씩만 사용되고 있음을 주목할 필요가 있다. 위 목록 외 나머지 네 편의 글에서는 하나님의 이름의 중국어 번역이 이와 다르게 사용되어 있음을 비교해 볼 때, 서광계 저술의 진위를 둘러싼 학계의 이견(異見)이 근거가 있는 것으로 보인다. 왜 이 여덟 편의 문서에서는 하나님의 이름을 호칭하는데 그렇게 주저하고 있는가? 나머지 네 편의 글에서 하나님의 중국이름은 어떻게 번역되어 있는가? 만약 나머지 네 편의 글에서 하나님의 중국이름이 다르게 사용되었다면 왜 같은 저자의 글에서 이런 차이가 발생했는가?

서광계가 저자임에 틀림없는 9번째 문서인 『答鄉人書』에는 "천주"와 "상티"라는 번역이 별 차별 없이 자유롭게 사용된 것을

181) 원문의 출처는 Wang, *Christianity and Imperial Culture*, p. 116 [xxxvi], 그리고 p. 115 [xiii].

볼 수 있다. "천주(天主)"에서 나오는 "주(主)"자나 상티(上帝)에서 나온 "제(帝)"자를 외자형태로 사용하지 않고 두 글자 모두 붙여서 (Full Name) 사용하고 있다. 『答鄕人書』에 나오는 표현을 예를 들면,

> "만약 우리가 천주를 믿기만 하면..."[若崇信天主]

> "간단히 말하자면, 천주께서는 실존하신다.
> 천주는 유교경전이 말하고 있는 상티이다."
> [大端隻信有天主 天主卽儒書所稱上帝也][182]

위에서 잠시 언급한, 목록 10번째 문서인 마테오 리치의 『二十五言』의 발문 『跋二十五言』에서도 서광계는 기독교의 하나님을 역시 "천주"와 "상티"라고 표현을 공통적으로 사용하고 있다.[183]

> "옛날 허난성의 숭산을 유람할 때, 천주의 상을 우러러본 적이 있다"
> [昔遊嶺嵩 則嘗瞻仰 天主像設]

> "그 핵심은 상티께 정성을 다하는 데로 귀결된다"
> [而其大者以歸誠上帝][184]

이처럼 『答鄕人書』와 『跋二十五言』에서 하나님의 이름이 "천주"와 "상티"로 사용되고 있다는 것은 일단 앞에서 언급한 8편의 글과 이 두 종류의 문서가 다른 저자에 의해 집필되어졌음을

182) Wang, *Christianity and Imperial Culture*, pp. 12-27 [iii, xi].

183) Wang, *Christianity and Imperial Culture*, p. 128 [i].

184) 서광계, "이십오언의 발문", 마테오 리치, 『교우론, 스물다섯 마디 잠언, 기인십편: 연구와 번역』 (서울: 서울대학교 출판부, 2000), p. 416, p. 418. 송영배의 번역.

보여 준다. 『天主實義』에 기록되어 있는 리치의 하나님 이름 번역을 그대로 수용한 것으로 보이는 서광계의 이러한 태도는 앞에서 언급한 8종류의 저술과 확연한 차이를 보이고 있다. "천주(天主)"에서 나오는 "주(主)"자를 하나님의 이름으로 사용하고 있는 8종류의 글은 모두 기독교 신앙에 대한 고백이라든지, 신앙생활을 권면하는 호교론(護教論)적인 내용이다. 그러나 하나님의 이름을 "천주"와 "상티"로 사용하고 있는 『答鄕人書』나 『跋二十五言』에서는 기독교 신앙에 대한 고백이나 호교론적인 언급이 전혀 보이지 않는 것이 특징이다. 오히려 기독교적인 내용이기보다는 유교적 입장에서 기독교와 선교사들을 평가하는 듯한 인상을 보여준다. 예를 들면, 기독교로 개종한 후(1603년) 바로 그 다음 해에 집필된 『跋二十五言』에서 서광계는 기독교 신앙에 대한 의문과 자신의 유교적 품성 고양을 위해 자신을 다스리는 일에 뚜렷한 구별을 강조하지 않고 있다.

> "아아, 옛날 제왕들의 시대에는 봉황이 누각에 내려앉아 둥지를 틀고 뜰에서 법도에 맞게 춤을 추었으니, 대대로 그것을 진귀하게 여겼다. 지금 이 성대한 시대에 박학다식한 진인(리치)이 있어 나에게 덕의 광채를 보여주고, [우리] 땅에 와서 머물며 나에게 모범이 되어 주었다. 그가 [우리 중국] 세상에 보배가 됨이 정말 크지 않은가? [그는] 찬란한 [문화로] 돌아갈 수 있도록 이끌어 주고, 소리쳐 분발시켜 주어 우리 문명의 아름다움을 도와주고 있다."185)

여기서 우리가 주목해야 할 것은, 크리스토퍼 스팔라틴의 견해처럼, 『跋二十五言』에 나타난 서광계의 기독교와 하나님에 대한

185) *Ibid*., p. 422.

이해는 "매우 소극적이며, 분명히 말해져야 할 것에 대해서, 그리고 직접적으로 하나님의 특징에 대해 언급해야 할 부분에 대해서 절제하고"있다는 것이다.[186] 서광계의 이해에 의하면, 리치와 기독교의 공헌은 중국 사람인 자신으로 하여금 "중국 문명의 아름다움"을 깨닫도록 도와주고 "찬란한 [중국 유교의 문화로] 돌아갈 수 있도록" 도와주는 데 있다.

서광계의 기독교 관련 저술 중 가장 광범위하고 상세한 기독교 신앙에 대한 내용을 담고 있는 11번째 저술인『造物主垂象略說』은 하나님, 천국, 성육신, 창조, 천사, 십계명, 예수의 생애, 영혼불멸, 죽음 이후의 영생, 최후의 심판, 불교와 도교의 거짓 가르침 등을 상세히 담고 있다. 다른 저술보다 분량과 내용면에서 현저하게 비교되는 이 저술은 "창조주는 서양에서 데우스(陡斯)라 불리는 신인데, 이 창조주 데우스는 중국어로 천주(天主)로 번역한다(造物主者 西國所稱 陡斯此中譯爲天主)"는 문장으로 시작된다.[187] 이 문장은 서광계가 리치의 주장을 별다른 여과 없이 그대로 수용하고 있다는 또 다른 증거이다. 이 표현은 이미 리치가 그의 유명한『天主實義』에서 주장한 핵심 내용이기 때문이다. 리치는『天主實義』에서 "그 분이 곧 천주이시니, 우리 서양 나라에서 말하는 데우스입니다" [夫卽天主 吾西國所稱 陡斯是也]라고 표현하기도 하고,[188]

186) Christopher Spalatin, "Matteo Ricci's Approach to 16th Century Confucian China", in *International Symposium on Chinese-Western Cultural Interchange in Commemoration of the 400th Anniversary of the Arrival of Matteo Ricci, S. J. in China* (Taipei: Fu-jen University Press, 1983), p. 669.

187) 중국어 원문과 영어번역본은, Wang, *Christianity and Imperial Culture*, p. 132.

188) 마테오 리치,『천주실의』(서울: 서울대학교 출판부, 1999), p. 45. 송영배 외 역.

"수많은 [유교의] 고전을 검토한 결과 상티는 결국 우리[유럽 사람들]가 믿는 하나님[天主]이며 단지 이름만 다를 뿐이다" [歷觀古書而知上帝與天主特異以名也]라고 표현한 바 있다.[189]

그러나 필자는 『造物主垂象略説』은 서광계의 저술이 아니라 예수회 선교사들이 서광계의 이름을 빌어서 사용한 예수회 선교사들의 호교론적인 문서라고 보고 있다. 이 저술의 내용은 당시 예수회 선교사들이 사용하던 기독교 변증의 내용과 형식이 매우 흡사하다. 또한 너무나 분명하게, 당시 예수회 선교사들의 신학적 배경이었던 토마스 아퀴나스의 신학적 방법론을 사용되고 있음을 볼 때 이 글은 서광계의 저술이 아니라 예수회 선교사들의 저술임이 분명하다.[190] 필자의 주장을 뒷받침할 외적인 자료도 있다. 그것은 리치의 보유론(補儒論)적인 선교정책에 반대했던 니콜로 롱고바르디(Nicolo Longobardi)의 『Responsio』이다. 마테오 리치가 임종한 다음 중국선교의 책임자로 임명된 롱고바르디는 그의 선임자 리치의 선교정책에 문제가 있다고 보았다. 기독교를 통해서 고대 유교 성현의 가르침으로 돌아 갈 수 있다는 리치의 보유론(補儒論)적인 선교정책을 반대하기 위해서 롱고바르디는 기독교로 개종한 중국의 기독교인들의 신앙상태를 점검해서 교황청에 보고한다. 특별히 그가 염두에 두었던 것은 리치가 중국의 하나님 이름으로 번역한 "상티(上帝)"가 기독교의 하나님을 명시적으로 의미하지 않는다고

189) Matteo Ricci, *The True Meaning of the Lord of Heaven* (St. Louis: Institute of Jesuit Sources, 1985), pp. 124-125.

190) 당시 예수회 선교사들의 신학적 배경이 되었던 "제2 토미즘"의 내용과 역사적 전개 과정에 대해서는 김상근, "조직신학자를 위한 선교학: 16세기 라틴아메리카 선교가 제2 토미즘 등장에 미친 영향을 중심으로", 『신학사상』, vol. 125 (2004년 여름호), 143-174.

보고 있었다. 그래서 그는 중국 기독교를 대표할 만한 인물인 서광계를 포함한 몇 사람과 이 문제에 대한 의견을 교환하고 그 결과를 1623년에 출간된 『Responsio』에 남겼다. 그러니까 서양 선교사에 의해 보고된 서광계의 기독교 이해는 롱고바르디가 1623년에 출간한 『Responsio』에 처음으로 나타난다. 그런데 문제는, 『Responsio』에 기록되어 있는 서광계의 기독교 이해와, 지금까지 서광계의 저술이라고 간주되어 온 『造物主垂象略說』에 나타난 기독교 이해에 서로 상이한 부분이 발견되고 있다는 것이다.

마테오 리치가 임종한 후 예수회 선교사들의 보유론적 선교정책을 수정하기 위해 롱고바르디가 기록한 이 보고서는 1623년에 출간되었지만, 이미 1614년에 실시된 중국 기독교 지도자들과의 면담결과이다. 이 기록을 보면 서광계는 『造物主垂象略說』에 나타난 호교론적인 기독교 이해와 매우 다른 의견을 제시하고 있다. 그의 기독교 개종은 서양의 문물을 효과적으로 받아들이기 위한 실용적인 접근이었던 것처럼 보일 정도이다. 롱고바르디는 서광계의 하나님 이해를 이렇게 보고한다.

> "그[서광계]는 상티(上帝)가 자기들의 하나님이 될 수 없다는 견해를 가지고 있었다. 그는 고대나 지금의 어느 중국인도 기독교 하나님에 대한 이런 이해를 가지고 있지 않다고 믿고 있었다. 그러나 [리치를 위시한] 순수한 의도를 가진 신부님들이 그 상티를 기독교의 하나님으로 번역했기 때문에, 학식 있는 중국의 사대부들이 반대하지 않았던 것뿐이다. 자신도 그런 견해에 동조해 [선교사들의 의도를] 좋은 뜻으로 받아들이고 있다고 판단하고 있었다."[191]

191) Longobardi, *Responsio*, p. 222. 중국 초대교회를 이해하는 데 매우 중요한 이 문서는 Paul Rule, *K'ung-tzu or Confucius?: The Jesuit Interpretation of Confucianism* (Sydney: Allen & Unwin, 1986), p. 84에도 포함되어 있다.

비록 롱고바르디의 글이 리치의 보유론(補儒論)적인 선교정책을 반대하기 위해 집필된 보고서라 할지라도, 『Responsio』에 나타난 서광계의 입장은 최소한 기독교 하나님의 이름을 "상티"로 부르는 것에 대해 매우 애매모호한 입장을 취하고 있음을 볼 수 있다. 리치를 포함한 서양의 선교사들이 "좋은 의도로" 하나님의 이름을 상티로 번역했기 때문에 애써 반대하지는 않지만, 어느 중국인도 기독교의 하나님과 유교의 상티를 혼동하지 않을 것이라는 그의 견해가 이를 뒷받침해주고 있다. 이러한 서광계의 실용주의적인 기독교 이해는 1616년, 난징의 관리였던 심 최(沈 㴶)가 일으킨 난징교난(南京教難)에서 기독교와 선교사들을 변호하기 위해 제출한 상소문 『辨學章疏』에서도 반복되어 나타난다. 이 상소문에서도 서광계는 『造物主垂象略說』에 나타나 있는 기독교 신앙에 대한 고백이나 변증적인 요소는 전혀 언급하지 않고 있으며, 단지 중국의 유교적 문명을 "보완"하기 위한 도구로서 기독교가 소개되어 있을 뿐이다. 자세한 『辨學章疏』의 분석은 이 글의 말미에서 다시 다루기로 한다.

서광계의 유학 저술에 나타난 상티(上帝) 이해

이상 서광계의 기독교 관련 저술이라고 추정되는 11종류의 글을 분석해 볼 때, 최소한 서광계는 리치가 번역한 "상티"를 기독교 하나님의 중국 이름으로 사용하는 것에 대해 중립적인 입장을 견지하고 있음을 볼 수 있다. 위작(僞作)이거나 차명(借名)으로 보이는 8 종류의 글이나 『造物主垂象略說』을 제외하면, 서광계는 실용적인 측면에서 기독교를 이해하고 있으며, 리치의 번역인 "천주"나 "상티"를 "좋은 의도로" 용인하고 있을 뿐이다. 서광계의 기독교 신앙에 대한 롱고바르디의 면담 결과가 보고되어 있는 『Responsio』를 통해 이러한 사실을 다시 한번 확인할 수 있었다. 서광계에 의하면, 하나님의 이름은 "상티"로 번역될 수 없지만, 리치와 다른 선교사들의 좋은 의도를 인정하는 차원에서 "상티"의 사용을 암묵적으로 동의했던 것이다.

그러나 이런 분석 결과를 직접적으로 서광계의 기독교 이해에 적용시키기에는 미흡한 부분이 있다. 서광계가 주저했던 것은 과연 기독교의 하나님의 이름을 "상티"로 부르는 것뿐이었을까? 아니면, 기독교 신앙 자체에 대한 정확한 이해 없이, 단지 서양 선교사들과의 교류를 통해서 서양 문물을 도입하여, 당시 도탄(塗炭)에 빠져 있던 명나라 말기의 조정과 불쌍한 민초들을 구하려고 한 것이었을까? 만약에 그가 "중국 선교 개척의 세 대들보(開教三大柱石)"를 대표하는 사람이라면 그의 진정한 신앙고백은 어디서 확인할 수 있을까?

이러한 의문을 추가로 확인하기 위해 필자는 서광계의 유학 저술을 읽어 가면서, 기독교 신앙과 대비되는 부분을 비교 분석해 보기로 했다. 널리 알려진 대로, 리치를 위시한 초기의 예수회 선교사들은 기독교와 중국 문화와의 접촉점을 유교에서 찾았다. 유명한 『天主實義』에서 리치는 많은 유교 경전을 인용하면서, 기독교의 "데우스"와 유교의 "상티"가 동일한 신적 존재임을 밝힌다. "기독교의 하나님(Deus)와 유교의 상티(上帝)는 이름만 다를 뿐(歷觀古書 而知上帝與天主特異以名也)"이라는 것이 리치의 보유론적 선교의 출발점이었다.[192] 유교경전에서 기독교 신앙의 원형을 발

192) Matteo Ricci, *The True Meaning of the Lord of Heaven* (St. Louis: Institute of Jesuit Sources, 1985), pp. 124-125. 한글번역은 마테오 리치, 송영배 외 역, 『천주실의』 (서울: 서울대학교출판부, 1999), p. 103.

견한 것이다. 만약 그렇다면, 기독교로 개종한 서광계도 같은 방법과 시각을 통해 유교경전을 읽어야 하지 않을까? 서광계의 유교경전 해석에 리치와 같은 보유론적인 관점이 드러나야 하지 않을까?

여기서 우리가 먼저 기억해야 할 것은 서광계가 제일 먼저 접한 기독교 서적이 바로 리치의 『天主實義』였다는 것이다. 서광계는 이 『天主實義』를 읽고 바로 다음 날 조아오 데 로챠(João de Rocha 羅如望) 선교사에게 세례받기를 청할 정도로 이 책의 영향력은 지대했다. 서광계는 『天主實義』를 스스로 읽고 기독교로 개종하기로 결정했던 인물이었다. 그렇다면, 그가 『天主實義』에 나타나 있는 리치의 보유론적 관점을 잘 알고 있었다는 것은 재론의 여지가 없다.

서광계는 기독교인이 된 이후에 사서삼경(四書三經) 중의 한 권인 『詩經』의 주해서인 『詩經傳稿』를 저술했다. 필자의 흥미를 끄는 것은 리치가 하나님의 이름을 중국어로 번역하는 과정에서 상티(上帝)의 사용을 정당화하기 위해 인용했던 『詩經』의 한 부분을 서광계도 주해했다는 사실이었다. 서광계가 『天主實義』의 내용을 잘 알고 있었고, "상티(上帝)"라는 번역문제 때문에 롱고바르디와 함께 토론을 해야 했을 만큼 중요한 사안임을 잘 알고 있었다면, 서광계의 『詩經』 주해에 이러한 논쟁을 언급하거나 자신의 견해를 밝히는 것이 논리적으로 타당한 것이다. 그렇다면 과연 서광계는 『詩經傳稿』에서 『詩經』의 대아(大雅)편에 자주 언급되어 있는 "상티"에 대해서 어떻게 주해했는가? 일단 논의의 대상인 『詩經』의 대아(大雅)편 중, "상티"에 대한 언급이 많이 기록되어 있는 원문을 인용한다.

皇矣上帝 臨下有赫 監觀四方 求民之莫. 維此二國 其政不獲 維彼四國 爰究爰度. 上帝耆之 憎其式廓 乃眷西顧 此維與宅 [...] 維此王季 帝度其心 貊其德音 其德克明. 克明克類 克長克君 王此大邦 克順克比. 比于文王 其德靡悔 既受帝祉 施于孫子[...] 帝謂文王 予懷明德 不大聲以色 不長夏以革 不識不知 順帝之則.[193)]

“위대하신 상티께선 위엄에 찬 모습으로 땅 위에 임하시어 세상을 살펴보시고 백성들의 아픔을 알아보시네. 하나라와 은나라가 정치를 잘하지 못하니 사방의 나라들이 서로 상의하여 정치를 잘하게 하려 하였네. 그러나 상티께서 노하셨으니, 정사를 못 다스림을 미워하셨기 때문이네... 이 왕계님에 대하여 상티께서는 그 마음을 헤아리시고 그의 명성이 크고 그의 덕이 밝음을 아셨네. 밝히고 선하게 행하시며 어른 노릇하실 자질 지니셨으니 이 큰 나라의 임금님 되게 하여 백성들 뜻 따르고 그들과 친화하게 하셨네. 문왕에 이르러서도 그 덕에 흠이 없으니, 이미 받은 상티의 복이 자손들에게까지도 뻗게 되었네... 상티께서 문왕께 이르셨네. 나는 밝은 덕을 지닌 사람을 좋아하나 별로 소리와 빛으로 크게 나타내지 않으며, 언제나 매와 회초리로 치지 않으니, 알건 모르건 간에 상티의 법으로만 따르기만 하라”[194)]

마테오 리치는 『詩經』의 대아(大雅)편 중 “문왕께서는 오직 마음을 조심하고 행동을 삼가며 밝은 덕으로 상티를 섬기셨네”[維此文王 小心翼翼 昭事上帝]라는 표현을 직접 『天主實義』에서 인용하면서,[195)] 기독교 하나님의 인격적인 요소와 유교의 절대신인 상티의 활동에 유사점이 있음을 강조한 바 있다. 그는 이 부분의 인

193) 원문의 출처는 *Shih-ching*, part 3, *Ta Ya* 大雅, “Hwang E 皇矣” [Huang I]; James Legge, *The Chinese Classics*, vol 4. *The She King* (Hong Kong: Hong Kong University Press, 1960), pp. 448-52.

194) 김학주 역, 『시경』 (서울: 명문당, 2002), pp. 544-546.

195) 마테오 리치, 『천주실의』 (서울: 서울대학교 출판부, 1999), p. 101.

용을 통해서 기독교 하나님의 중국이름을 "상티"로 사용할 수 있다는 자신의 견해를 뒷받침한 것이다.[196] 그러나 서광계의 『詩經傳稿』 대아(大雅)편 주해 부분,[197] 즉 리치가 『天主實義』에서 인용했던 『詩經』의 같은 부분(皇矣上帝)을 보면, 놀랍게도 서광계는 기독교 신앙이나 문제가 되고 있던 하나님 이름 번역에 대한 아무런 언급을 하고 있지 않다. 한국에서 서광계의 『詩經傳稿』 원문을 구하는 것은 거의 불가능하기 때문에 이 부분을 모두 아래에 옮긴다. 이 부분에 대한 서광계의 주해와 번역은 아래와 같다.

> 皇矣上帝. 四句 詩詠上帝 而推其安民之心 焉益天以民爲心也 赫監觀 非民莫之 求而何求哉 周人述祖德而推本之以爲 天下莫尊于天孰謂其可玩莫[?]於民孰不謂其可　陵而顧有畏民以畏天者有安民而燕及于天者何也天之意本在民也吾觀皇矣之上帝...

> "皇矣上帝"의 주해: 시경에 '상티'를 읊은 것이 있는데 백성을 편안히 하는 마음을 미루어 읊은 것이다. 대체로 하늘은 백성을 마음[중심]으로 삼는다. 밝게 살펴보아 백성의 정(定)함[백성을 안정시킴]을 구하지 않고 무엇을 구하겠는가? 주나라 사람들은 조상의 덕을 기술하여 그를 미루어 근본으로 삼았다. 천하에 하늘보다 높은 것이 없는데 누군들 [알 수 없는 글자]할 수 있다고 하겠으며, 백성보다 낮은 것이 없는데 누군들 언덕 삼을 만 하다고 하지 못하겠는가? 돌아보면 백성을 두려워하여 하늘을 두려워하는 자가 있고, 백성을 편안히 하여 그 편안함을 하늘에까지 미치게 하는 자가 있으니 어째서인가? 하늘의 뜻은 그 근본이 백성에게 있기 때문이다."[198]

196) 『시경』을 이용한 마테오 리치의 주장은 『천주실의』에서 여러 번 반복되었다. 마테오 리치, 『천주실의』 (서울: 서울대학교 출판부, 1999), p. 101, 158, 321, 328, 373.

197) 上海市文物保管委員會 편, 『徐光啓著譯』, 15편: 『詩經傳稿』, 大雅, "皇矣上帝".

위의 원문과 초역에서 확인할 수 있는 바와 같이, 『詩經傳稿』 대아(大雅)편에 대한 서광계의 주석에서 우리는 아무런 기독교적 흔적을 찾아볼 수 없다. 리치가 자신의 하나님 이름 번역을 정당화를 위하여 『天主實義』에서 직접 인용한 바 있는 동일한 부분에 대해 서광계가 아무런 기독교적 주해를 달지 않았다는 점을 통해서, 우리는 상티로 번역된 하나님의 중국 이름에 대해서 애매모호한 태도를 유지했던 서광계의 입장을 재확인할 수 있고, 더 나아가 서광계의 기독교 이해와 수용이 다분히 피상적인 수준에 머물러 있었음을 미루어 짐작할 수 있다.

기독교 신앙의 본질적인 이해나 "상티"로 번역되었던 하나님의 신격(神格)에 대한 교리적 이해에 대해 의도적으로 침묵을 지킨 서광계의 태도는 17세기 중반부터 기독교로 개종했던 다음 세대의 중국 기독교인들의 태도와 확연하게 달랐다. 중국 기독교의 다음 세대를 대표하는 인물 중의 하나인 엄 모(嚴 謨)의 견해는 서광계와 현격한 차이를 드러낸다. 엄 모는 상티와 천주의 종교적 의미와 기독교 신앙의 핵심에 대한 분석인 『帝天考』를 출간했는데, 여기서 엄 모는 서광계가 침묵을 지켰던 『詩經傳稿』 대아(大雅)편의 "皇矣上帝" 부분에 대해 기독교적 입장에서 주해를 달고 있다.[199] 흥미롭게도 서광계와 엄 모의 세례명은 모두 "바울(保祿)"이었지만, 그들의 『詩經傳稿』 대아(大雅)편의 "皇矣上帝"에 대한 주해는

---

198) 위의 책, 같은 부분. 연세대학교 중앙도서관 김명주 선생의 도움으로 번역.

199) 大雅, "皇矣上帝"에 대한 엄 모의 해석은 Nicolas Standaert, *The Fascinating God: A Challenge to Modern Chinese Theology Presented by a Text on the Name of God Written by a 17th century Chinese Student of Theology* (Rome: Pontificial Gregorian University, 1995), p. 41. 엄 모가 저술한 중국어 원문은 吳相湘 편, 『天主教東傳文獻續編』(臺北: 學生書局, 1966-1967), pp. 49-92.

너무나 달랐다. 서광계의 기독교 이해는 실용주의적 측면에 집중되어 있었으며, 그의 기독교 신앙은 피상적인 접근에서 더 이상 나아가지 못한 것으로 보인다.

『辨學章疏』를 통한 서광계의 기독교 이해 분석

지금까지 서광계의 이름으로 출간된 11종류의 기독교 저술, 롱고바르드와 서광계의 면담 내용이 기록되어 있는 *Responsio*, 그리고 서광계의 유학 저술인 『詩經傳稿』 대아(大雅)편의 "皇矣上帝" 부분에 대한 분석을 통하여 서광계의 기독교 신앙 이해를 분석해 보았다. 우리는 이 분석을 통해, 서광계의 기독교 이해, 특별히 "상티"라는 기독교 하나님 이름의 중국 번역에 대한 그의 이해가 매우 제한적이거나 의도적으로 애매모호한 입장을 취하고 있음을 확인할 수 있었다.

이러한 필자의 견해에 대해 중국 선교역사의 전문가인 폴 룰(Paul Rule) 교수도 동의하고 있다. 폴 룰 교수는 아직 필자가 상세하게 분석하지 않은 『辨學章疏』 연구한 다음, 서광계가 기독교의 하나님(天主와 上帝)을 "지속적이며 치밀하게 얼버무리고(Constant and deliberate prevarication)" 있다고 비판한다.[200] 그러나 필자는 폴 룰 교수의 입장과 조금 다른 각도에서 『辨學章疏』를 분석하면서, 앞에 제기한 주장을 보완하고자 한다.

잠시 언급한 바와 같이 『辨學章疏』는 난징의 예부(禮部) 관리였던 심 최(沈 漼)가 난징교난(南京教難)을 일으키고 기독교와 선교사를 박해할 때에 작성된 서광계의 상소문(上疏文)이다. 이 『辨

200) Rule, *K'ung-tzu or Confucius?*, p. 84.

學章疏』는 명실상부한 서광계의 기독교 변증서이기 때문에, 이미 많은 학자들에 의해 연구되어졌다.[201] 이 중요한 문서에서 서광계는 모두 4회에 걸쳐 기독교 하나님을 "상주(上主)"로 표현하고 있고, 단 한 차례 "上帝"를 "其說以昭事上帝"의 문맥에서 사용하고 있으며, 두 차례에 걸쳐서 "天"이라는 명사를 "事天"의 문맥에서 사용하고 있다. 학자들은 서광계가 단순히 리치의 번역의 논리를 따르고 있다고 보지만, 위의 분석에 의하면 서광계는 하나님의 이름을 "천주"나 "상티"로 부르는 데 주저하면서, 이 두 글자를 조합한 듯한 인상의 "上主"라는 번역을 주로 사용하였음을 볼 수 있다.

『辨學章疏』에 기록되어 있는 서광계의 호교론적 논리는 상식과 일반론에 근거해 있다. 서광계는 상소문에서 외래종교에 대해 언제나 관용적인 정책을 고수해 왔던 중국의 전통을 환기시키며, 일찍이 불교와 이슬람교가 누려왔던 종교적 관용을 기독교에도 차별 없이 적용되어야 한다고 주장한다. 뿐만 아니라 리치를 위시한 서양 선교사들에 의해 전래된 기독교는 유교의 기본사상과 상충되는 것이 아니라, 오히려 유교적 도(道)를 확립하고 말법(末法)의 시대로 접어들어 중국의 사상을 어지럽히고 있는 불교의 폐해를 없애주는 데 일조함을 역설하였다.

> "불충한 신하가 이렇게 전하께 상소를 올림은 기독교와 변방의 과학이 정통에 어긋남이 없음을 잘 알고 있기 때문입니다. [중략] 그들 [선교사들]은 성현의 제자들임에 틀림없으며[實皆聖賢之徒也], 그들의 가르침은 정통에 어긋남이 없습니다[其道甚正]. [중략] 그들이 수 천리를 해

201) 예를 들면, Albert Chan, *The Glory and Fall of the Ming Dynasty* (Norman: University of Oklahoma Press, 1982), p. 123; Carsun Chang, *The Development of Neo-Confucian Thought,* vol. 2 (New York: Bookman, 1962), pp. 190-92.

쳐 온 것은 상주 [上主]를 섬겨 자신을 수양하던 자국의 신조가, 하늘을 섬겨 [事天] 모든 사람들로 하여금 도덕성을 고취하고자 하였던 우리 중국 성현들의 가르침과 일맥상통함을 발견하였기 때문입니다. [중략] 서양의 선교사들이 전파하고 있는 하늘의 섬기는 교리는 조정(朝廷)에 유익한 공헌을 남길 것이며 유교의 가르침을 보완할 뿐 아니라, 부처의 잘못을 시정하는 데 많은 도움이 될 것이 분명합니다.[202]

여기서 서광계는 리치가 선택한 방법으로 기독교의 하나님을 유교의 상티와 동일시하는데 주저한다. 서광계의 기독교와 선교사 옹호는 단지 기독교가 유교의 도(道)를 수립하는데 도움을 주기 때문이며, 상티에 대한 숭배는 일반적 종교의 본질상의 문제일 뿐이다[其說以昭事上帝爲宗本]. 서광계의 판단에 의하면, 중국 유교의 관점에서 볼 때 기독교는 유교적 정통을 확립하는 데 도움을 줄 뿐 아니라, 유교적 전통을 어지럽혀 왔던 명 말기(明末期)의 불교를 혁파하는데[補儒而佛] 오히려 큰 도움을 주는 종교이다.

서광계의 기독교 신앙을 일방적으로 폄하했던 롱고바르디의 견해를 액면 그대로 수용하기 힘들지도 모른다. 그러나 "중국 선교 개척의 세 대들보(開教三大柱石)"의 대표 격으로 간주되었던 서광계조차, 철저하게 유교적 세계관을 유지하고 있었음을 또한 부정할 수 없다. 그가 기독교로 개종한 동기는 리치와 그의 동료 선교사들이 가지고 있던 서양의 과학기술과 분리해서 생각할 수 없기 때문이다. 명나라 황실의 쇄락을 안타까운 마음으로 지켜보

202) 필자의 번역. 중국어 본문은 吳相湘 편, 『天主教東傳文獻續編』(臺北: 學生書局, 1966-1967), vol. 1. pp. 19-36에 있고 영문해석은 브리그만(E. C. Bridgman)과 켈리의 번역이 있다: *Chinese Repository 19* (1850), pp. 118-26; Edward Kelly, "The Anti-Christian Persecution of 1616-1617 in Nanking" (Ph. D. diss., Columbia University, 1971), pp. 294-302.

던 당대의 실용주의적 유학자 서광계는 서양의 문물과 과학에 눈을 돌리지 않을 수 없었다. 노동생산성을 올리기 위해 서양의 관개시설과 작물 재배법에 특별한 관심을 가졌던 서광계는 리치와 서양 선교사들의 과학지식이 필요했다. 유클리드 기하학의 일부를 리치와 함께 번역하던 서광계에게 기독교 신앙보다 절실했던 것은 서양의 문물과 만주족의 침노를 막을 수 있는 포르투갈의 대포였다. 만약 서양의 종교가 정통 유교의 교리에 상충되지 아니하고, 오히려 유교의 정통적인 도를 수립하는 데 도움을 줄 뿐 아니라 민초들의 여린 마음을 사로잡고 있는 불교의 폐해를 시정하는 데 사용될 수 있다면, 서광계는 기독교가 가지고 있던 보유이불(補儒而佛)의 이데올로기적인 효용성을 무시할 수 없었을 것이다. 따라서 서광계의 기독교 신앙은 유교의 도(道)와 서양의 학(學)이 결합한 형태였으며,[203] 그의 기독교 하나님, 상티(上帝)는 "보유이불(補儒而佛)"의 수호신이었다고 할 수 있다.

203) 칼슨 장에 의하면 서광계의 기독교 개종은 유교적 도(道)와 학(學)을 조화시키려는 그의 의도에서 비롯되었다. Chang, *The Development of Neo-Confucianism*, vol. 2, p. 189, p. 194. 우 레이취은 유교적 도(道)와 기독교적 가르침(敎)이 혼동을 일으킨 결과라고 본다. Wu Lei-ch'uan, "Christianity and Confucianism", in *Chinese Essays on Religion and Faith*, ed. Douglas Lancashire (San Francisco: Chinese Materials Center, 1981), p. 200.

제5장

선교학과 리더십 연구

세계관의 변화, 그리고 타자의 발견이 준 충격

2000년 기독교 역사의 장구(長久)한 흐름 가운데 대다수 유럽 기독교인들을 심각한 교회사적 위기로 몰고 갔던 두 가지 사건은 아마 로마제국의 몰락과 신대륙의 발견을 통한 중세적 세계관의 붕괴일 것이다.[204] 이때 대다수 유럽 기독교인들의 위기의식이라 함은 로마제국의 몰락과 신대륙의 발견을 통하여 당시 유럽의 기독교인들이 그때까지 자신들이 살고 있던 "오이쿠메네(Oikumene)"와 전혀 다른 타자(他者)의 새로운 세상이 존재하고 있음을 깨달게

204) 일부 교리사가들은 20세기 중엽의 유럽을 살육의 전쟁터로 몰고 갔던 두 번의 세계대전을 최대의 유럽 교회사적 위기이자 신학적 반성의 모티브였다고 본다. 양대 세계대전의 참혹한 현실과 인간성에 대한 새로운 발견은 유럽의 많은 신학자들에게 심각한 위기의식을 초래했다는 점에서 일리가 있는 관점이라고 할 수 있다. 이에 대해, Basil Mitchell, "The Christian Conscience", in *The Oxford Illustrated History of Christianity,* ed., John McManners (Oxford: Oxford University Press, 1992), pp. 602-627.

됨으로써 비롯된 새로운 신학적 반성을 의미한다. 유럽의 기독교인들은 이 두 가지 사건을 통해서 지금까지 살아왔던 세상과 다른 세상이 존재하고 있음을 처음으로, 혹은 철저하게 확인함으로써, 종전의 전통적 세계관에 일대 수정이 불가피함을 인정할 수 밖에 없었다. 로마제국의 지리적 경계였던 다뉴브 강 너머에 살면서 서로 "바발, 바발"하고 대화한다고 해서 "바바리안(Barbarians)"이라는 경멸적인 이름으로 불렸던 사람들의 공격으로 인해 로마제국의 멸망이 앞당겨진 사건은 당시 유럽인들을 충격으로 몰아넣었다. 로마제국의 붕괴는 "모든 길은 로마로 통한다"며 세계의 패권을 자랑하던 로마 제국의 세계인들(Cosmopolitans)뿐만 아니라, "로마제국=기독교 세계"라는 등식을 당연한 현실로 받아들이던 콘스탄티누스 대제 이후의 기독교인들에게 큰 충격을 주었다. 고트(Goth)족과 훈(Hun)족, 그리고 반달(Vandal)족들의 침략은 로마제국의 시민들로 하여금 타자(他者)의 존재에 눈뜨게 하였고, 성 아우구스티누스와 같은 대 신학자로 하여금 역사의 부침(浮沈) 가운데 역사하시는 하나님 나라의 모습을 신학화(神學化)하게 만들었다.

1492년 콜럼버스에 의한 신대륙의 발견이야말로 모든 유럽 기독교인들로 하여금 타자의 존재에 눈뜨게 만드는 또 다른 충격적인 사건이었다. 신대륙에 살고 있는 새로운 인류를 발견함으로써 유럽의 기독교인들은 자기들이 가지고 있던 성경적 세계관과 아리스토텔레스적 우주관에 일정 부분 결함이 있음을 처음으로 깨닫기 시작했다.[205] 이러한 16세기의 위기와 도전은 유럽 대륙의 한복판에서 전개된 종교개혁자들의 새로운 구원에 이르는 길에 대한 모

205) 신대륙 발견과 식민지 개척 및 16세기 라틴아메리카 선교가 유럽에 미친 영향에 대한 분석은, 앤서니 그래프턴, 서성철 역, 『신대륙과 케케묵은 텍스트들』 (서울: 일빛, 2000).

색과 더불어, 다사다난했던 16세기 교회사를 더욱 길게 느껴지도록 만들었다.

『하나님의 도성』에 나타난 아우구스티누스의 역사관과 혼돈스러웠던 시대의 질곡을 뒤로하고 은거와 묵상을 위해 "하나님께 돌아섰던(Return to God)" 중세의 수도원제도가 로마제국의 붕괴라는 역사적 충격에 대한 유럽 기독교인들의 신학적 반응이라고 볼 수 있다.[206] 특별히 중세 수도원제도는 로마제국의 붕괴라는 외부적 충격에 대한 유럽 기독교인들의 내면 지향적 반응이었다. 그렇다면, 콜럼버스의 신대륙 발견을 통해 촉진되기 시작한 전통적 세계관의 붕괴에 대해 당시 유럽 기독교인들은 어떻게 반응했을까? 지금까지 존재가 알려져 있지 않았던 타자의 발견은 16세기 유럽 기독교인들에게 어떤 역사적 반응을 유도했는가? 흔히 16세기 하면 가장 먼저 떠오르는 종교개혁(Reformation)이 역사적 위기의식에 대응했던 중세 기독교인들의 유일한 반응이었을까?

필자는 예수회(Society of Jesus)를 중심으로 한 가톨릭교회의 개혁수도회 창립과, 예수회를 필두로 시작된 16세기 중반이후의 해외선교야말로 교회사적 위기의식에 대응했던 중세 기독교인들의 외면 지향적 반응이었다고 본다. 중세 유럽의 수도원제도가 로마제국의 붕괴라는 역사적 위기를 견뎌내기 위한 초기 기독교인들의 내면 지향적 반응이었다면, 16세기 중반 이후부터 시작된 유럽 가톨릭교회의 활발한 해외 선교는 타자의 발견에 대응했던 유럽 기독교의 외면 지향적 반응이었다. 아시아, 아프리카, 그리고 라틴 아메리카에서 그들은 새로운 타자를 만나기 시작했다. 그 만남은

206) 로마제국 붕괴와 중세 수도원 제도 등장의 상관관계에 대한 연구는 Marlyn Dunn, *The Emergence of Monasticism: From the Desert Fathers to the Early Middle Age* (Oxford: Blackwell, 2000).

유럽 대륙의 한 복판에서 벌어졌던 종교개혁과 버금가는 역사적 중요성을 가지고 있다. 가톨릭교회의 16세기 선교를 통하여, 동(東)과 서(西)는, 그리고 유럽과 비(非)유럽은 처음으로 서로를 대면하게 되었다. 수도원 제도의 내면 지향적 성찰주의와 해외 선교를 통한 외면 지향적 만남의 시도는 역사적 위기에 대응하는 유럽 기독교인들의 두 가지 대응방식을 상징적으로 보여주고 있다.

신대륙의 발견은 단순한 지리적 발견을 넘어서는 기독교 역사의 중대한 사건이었다. 라틴아메리카에서 살고 있던 인류의 존재를 처음으로 깨닫게 됨으로써, 유럽의 신학자들은 인종의 기원에 대한 성서적 해석에 의문을 제기하게 되었다. 아브라함의 세 아들 셈, 함, 야벳을 시조로 유럽인, 아시아인, 그리고 아프리카인으로 확대되었다는 성서적 견해(창 9:18-19)는 더 이상 받아들여질 수 없는 견해였다. 하나님이 태초에 천지를 창조하셨고 아담의 후손들이 살고 있는 지구를 중심으로 태양이 움직인다는 천동설에 대해, 과학자들과 신학자들은 물음표를 던지기 시작했다. 둥근 지구의 반대쪽에 지금까지 존재를 알지 못하던 새로운 인류가 존재하고 있다는 타자의 발견은 중세 기독교인들의 전통적 세계관을 뒤흔드는 것이었다. 이러한 기독교 세계관에 대한 근본적인 도전은 가뜩이나 종교개혁으로 인해 소란스러웠던 16세기 유럽의 교회를 더욱 신학적으로 혼미하게 만들었다. 16세기는 위기의 시대였다. 독일과 스위스 등지의 종교개혁자들에 의해 구원에 이르는 길에 대한 전면적인 신학적 반성이 추구되면서 유럽 기독교 내부에서 위기가 몰아 닥쳤다면, 16세기부터 본격화된 가톨릭교회의 해외선교는 유럽 외부에서 초래된 인식의 위기를 향한 유럽 기독교인들의 외면 지향적 반응이었다.[207)]

16세기 기독교, 특별히 중부유럽의 종교개혁 운동에 일정 부분 격리되어 있었던 남부 유럽의 가톨릭교회는,[208] 마르틴 루터나 존 캘빈의 종교개혁과는 직접적인 연관 없이 자체적인 개혁운동(Catholic Reformation)을 활발히 전개하고 있었다. 십자가의 성 요한(St. John of the Cross)이나 아빌라의 성 테레사(St. Teresa of Avila)등의 스페인 신비주의에 기초한 개혁운동과 더불어 예수회(Jesuits)를 비롯한 카푸친회(Capuchins), 테아티노회(Theatines, 1524년 설립), 우르술라회(Ursulines, 1537년 설립) 등의 개혁파 수도회가 등장하여 대내외적으로 위기에 봉착한 가톨릭교회를 견인해 가고 있었다.

본 연구를 통해 필자는 16세기 가톨릭교회의 인식의 위기를 극복해 갔던 예수회의 설립자 이냐시오 로욜라(Ignatius Loyola)의 영성에 기초한 리더십을 논구하고자 한다.[209] 특별히 필자는 이 연구를 통해 "이 세상 모든 것에 역사하시는 하나님을 발견하는 것(Finding God in All Things)"을 영성과 사역의 근본 모토로 삼았

207) 예수회를 포함한 16세기 가톨릭 개혁운동과 개신교 종교개혁과의 역사적 상관관계를 모색한 연구는 John O'Malley, "Was Ignatius Loyola a Church Reformer? How to Look at Early Modern Catholicism", in *Catholic Historical Review*, vol. 77, no. 2 (April 1991), pp. 177-193.

208) 존 오말리 교수는 16세기 가톨릭 종교개혁의 기수였던 초기 예수회 운동이 반(反)종교개혁적 성향보다 가톨릭교회의 자체 개혁에 관심을 가지고 있었다고 본다. 오말리 교수에 의하면 초기 예수회의 관심은 비텐베르그(종교개혁)가 아니라 예루살렘(성지순례를 통해 영혼을 돕는 일)이었다. John O'Malley, *The First Jesuits* (Cambridge: Harvard University Press, 1993), p. 16.

209) 이냐시오 로욜라의 전기적 연구는 Philip Caraman, *Ignatius Loyola: A Biography of the Founder of the Jesuits* (New York: Harper & Row, 1990); 심리학적 입장에서의 연구는 W. W. Meissner, *Ignatius of Loyola: The Psychology of a Saint* (New Haven: Yale University Press, 1992).

던 이냐시오의 리더십이, 어떻게 예수회로 하여금 가톨릭교회 기존 수도회의 견제를 극복하고 초기의 조직적인 체계를 이루어 나갈 수 있었는지에 대해 분석하면서, 그의 리더십의 신학적 배경이 되었던 "이냐시오 영성(Ignatian Spirituality)"에 대해 논구하고자 한다. 뿐만 아니라, "이 세상 모든 것에 역사하시는 하나님을 발견" 하는 것을 사역의 목표로 삼았던 "이냐시오 영성"이 어떻게 16세기 후반 세계 각국의 선교 현장에서 예수회 선교신학의 모토로 확립되게 되었는지 대한 근본적인 원인을 탐구하고자 한다. 이냐시오 영성과 그의 탁월한 리더십이 16-17세기 세계 선교 현장에 미친 영향을 분석함에 있어, 필자는 이냐시오가 가졌던 도시와 문화에 대한 견해를 집중 논구할 예정이다. 도시의 번잡스러움을 거부하지 않고 오히려 적극적으로 도시의 한 복판으로 진출할 것을 독려했던 그의 리더십과, 선교 현지의 토착문화를 거부하거나 백안시하지 않고 오히려 이를 하나님의 주권이 역사하시는 활동 무대로 보았던 이냐시오의 영성이야말로 오늘날 우리에게 필요한 선교 리더십의 선례를 제공하고 있다. 이냐시오 영성에 의거한 이냐시오 로욜라의 선교 리더십에 대한 이해 없이 마테오 리치(Matteo Ricci), 호세 데 아코스타(Jose de Acosta), 로베르토 드노빌리(Roberto de Nobili) 등과 같은 초기 예수회 선교사들의 선교신학을 이해할 수 없기 때문에 이 연구는 선교 역사적 측면에서도 의미가 있는 작업으로 여겨진다.

예수회의 태동(1540년)과 설립자 이냐시오 로욜라의 리더십

16세기 가톨릭교회의 개혁의 최첨단에 섰던 예수회는 이냐시오의 개인적 영성과 종교적 리더십에 의해 출발했다. 1491년 스페인 로욜라에서 태어난 이냐시오는 원래 군인으로서의 입신(立身)을 꿈꾸던 전형적인 중세의 인물이었다. 그러나 그의 원대한 계획은 프랑스 군대와의 팜플로나(Pampeluna) 전투에서 심각한 좌절을 맞게 된다. 적진에서 날아온 포탄이 터져 다리에 큰 부상을 입고(1521년), 평생 불구의 몸으로 다리를 절며 살아가야 했기 때문이다. 그는 회복의 병상에서 중세 성인의 열전과 루돌프 데 삭소니아(Ludolph of Saxony)의 『그리스도의 생애』(Vita Jesu Christi)를 읽으며, 처음으로 회심의 순간에 다가간다. 가까스로 회복한 몸을 이끌고 순례의 길에 오른 이냐시오는 몬세라트(Montserrat)의 베네딕트 수도원과 만레사(Manresa)의 동굴에서의 명상과 신비체험을 통해 그 영성의 깊이를 더해 간다(1522년). 특별히 만레사 동굴에서의 묵상과 수련 경험은 이후 이냐시오의 『영신 수련』(Spiritual Exercises)을 저술하는데 기본적인 토대가 되었다.[210] 짧은 기간의 예루살렘 성지 순례를 마치고(1523년),[211] 바르셀로나로 돌아온 이냐시오는 33세의 만학도로서 학문의 길에 들어선다. 당시 스페인 최고의 명문이었던 알칼라 대학과 살라망카 대학에서 라틴어 수업을 포함한 인문교육을 받았던 이냐시오는,[212] 재학시절 종교재판

210) 『영신 수련』의 내용과 방법은 이냐시오가 만레사 시절에 탐독한 토마스 아켐피스의 『그리스도를 본받아』에 많은 영향을 받았다. 『영신 수련』에 대한 간략한 소개와 분석은 O'Malley, *The First Jesuits,* pp. 37-50.

211) 당시 예루살렘 순례자는 먼저 로마에서 교황의 순례허가와 축복을 받는 전통이 있었다. 이런 전통에 따라 이냐시오도 먼저 교황 아드리아누스 6세의 축복을 받고 예루살렘에 도착했지만, 프란치스코 수도원 관구장의 단호한 입장으로 인해 예루살렘 체류가 거부되어 스페인으로 귀국할 수밖에 없었다. 이에 대한 이냐시오 자신의 기록은, 이냐시오 로욜라, 『이냐시오 로욜라 자서전』 (서울: 이냐시오 영성 연구소, 1997), pp. 77-79.

212) 이 당시 이냐시오는 "소토(Soto)의 논리학, 알베르토(Albert)의 물리학, 피터 롬바르드(Peter Lombard)에 대해서 배웠다"고 스스로 기록하고 있다. *Ibid.*, p. 90.

(Spanish Inquisition)에 회부되어 투옥되는 시련을 겪었다. 고행자의 모습인 맨발로 다니는 것을 금지하자 신발에 구멍을 뚫어 스스로에게 고통을 주었던 이냐시오의 철저한 고행수도는 많은 사람들의 관심과 주목을 받기 시작했다. 주위의 사람들, 특별히 어느 명문가문의 부인에게 실시한 영신 수련 때문에, 이냐시오는 당시 스페인 종교재판소의 경계대상이었던 계몽파(Alumbrado) 이단이라는 혐의가 씌워졌다. 42일간 투옥되었던 알칼라에서는 전통적인 학생의 복장을 착용할 것과 4년간 신앙에 대한 강론이나 영신 수련을 베풀지 않는 조건으로 석방되었다. 살라망카에서도 비슷한 혐의로 투옥되었던 이냐시오는 결국 스페인을 떠나, 프랑스 파리 대학에서 신학 수업을 받기로 결정한다(1528년). 그는 몽테귀 대학(Collège de Montaigu)과 상트 바르브 대학(Collège Sainte-Barbe)을 거치며 7년 동안 파리 대학에 머물면서, 주로 도미니코회 사제로부터 신학 수련을 받는다.[213] 프랑스 인문학의 대표적인 교육기관이었던 상트 바르브에서 수업하고 있을 무렵, 이냐시오는 스페인 출신의 프란치스코 하비에르(Francisco Xavier)와 사보이 출신의 피에르 파브르(Pierre Favre)와 함께 교류하면서, 그리스도를 향한 사랑과 헌신의 결의를 나누게 된다. 이들의 모임에 스페인 출신이었던 디에고 라이네스(Diego Laínez), 알폰소 살메론(Alfonso Salmerón), 니콜라스 보바딜랴(Nicholás Bobadilla), 그리고 포르투갈 출신인 시몬 로드리게스(Simão Rodrigues)가 합류하여 이냐시오를

213) 이냐시오는 1534년 상트 바르브에서 석사학위를 얻었는데, 같은 시기에 그는 상작크(Saint-Jacques)의 도미니코 수도원에서 트마스 아퀴나스의 신학을 공부했다. 당시 이 수도원에서는 피에르 크로케르(Pierre Crockaert)와 프란치스코 데 비토리아(Francisco de Vitoria)에 의해 "제2토미즘(Second Thomism)"이 태동하고 있었다.

중심으로 한 새로운 수도(修道)공동체가 형성되었다. 마침내 이들 일곱 명은 1534년 8월 15일 파리의 중심에 있는 몽마르트 언덕의 작은 성당에서 청빈과 정결, 그리고 예루살렘 성지 순례를 목표로 하는 수도공동체 조직을 결의함으로써 장차 16세기 가톨릭 종교개혁의 최첨단에 서게 될 예수회가 태동하게 되었다.214)

초기 예수회의 운영은 이냐시오 개인의 영성에 의해 주도되었다. 이냐시오는 기존의 탁발수도회 소속 신부들이나 수도원 소속의 수사들과는 달리 사역(Ministry)과 영성(Spirituality)을 분리하지 않았다. 초기 예수회 수도사들은 가는 곳마다 가난하고 소외 받고 있는 자, 예를 들면 파리와 로마의 창녀들이나 박해받던 유대인을 돌보는 사역을 게을리 하지 않으면서, 동시의 자신의 영성을 숙고하는 "사역 중의 관상(Contemplation in Action)"을 중시했다. 초기 예수회 수도사들의 영성은 이냐시오가 만세라 동굴에서 체험한 명상과 수련경험에 뿌리를 두고 있는 『영신 수련』을 통해 정착되어갔다.215) 이냐시오는 『영신 수련』에 대하여 "양심의 성찰, 묵상, 관상(Contemplation), 소리 내어 하는 기도나 침묵으로 하는 기도 등을 포함한 여러 다른 종류의 영적인 훈련을 위한 모든 방법"에 대한 지침이라고 설명했다.216) 4주간 실시되는 개인적 영신 수련은 초

214) 몽마르트 언덕의 작은 성당에서 최초의 예수회가 구성되었으므로 이를 "몽마르트의 서원"이라고 부른다. 이냐시오 본인을 포함한 이들 일곱 명의 초기 멤버는 1537년, 세 명의 추가 멤버 영입으로 확대되었다. 이들의 이름은 파샤스 브로에(Paschase Broët), 클로드 르 제(Claude Jay), 장 코뒤르(Jean Codure)이다.

215) 『영신 수련』의 한국말 번역은 윤양석, 『성 이냐시오의 영신 수련』 (서울: 한국천주교중앙협의회, 1967).

216) Ignatius of Loyola, *The Spiritual Exercises and Selected Works*, ed., George E. Ganss (Mahwah: Paulist Press, 1991), p. 121.

창기부터 모든 예수회 수도사들의 의무사항이었다. 설립초기부터 중북부 및 동부 유럽으로 급속히 확장되면서 동시에 전 세계의 선교 현장으로 소속 선교사를 파송했던 예수회 조직은 이 규칙적인 영신 수련을 통해서 단체의 영적인 정체성과 보편성을 유지할 수 있었다. 영성의 중요성을 자신의 신앙체험을 통해 확신하고 있던 이냐시오는 약 20년에 걸쳐 『영신 수련』의 내용을 가다듬어 예수회의 공식 『영신 수련』을 1548년에 라틴어로 출간했다. 간략하고 추상적인 『영신 수련』의 내용이 예수회 신부들의 영적 훈련에 직접적으로 사용되기에는 모호한 부분이 있다는 지적 때문에, 『영신 수련』의 수련시행 지침은 『영신 수련 지침』(Directorium) 이라는 이름의 책자를 통해 다시 구체화 되었다. 이런 『영신 수련』의 문제에 대해 잘 알고 있던 이냐시오 본인이 직접 『영신 수련 지침』을 비서였던 후안 데 폴랑코(Juan de Polanco)를 통해 짧게 구술하기도 하였고,[217] 후안 알론소 데 비토리아(Juan Alonso de Vitoria)에 의해 보다 확대된 이냐시오의 『영신 수련 안내』가 1555년경에 구술되었으며,[218] 이냐시오의 사망이후 예수회 4대 총장이었던 에베라르도 메르쿠리안(Everard Mercurian)에 의해 체계적인 『영신 수련 지침』이 발표된 것을 미루어 볼 때 이 영신 수련이 초기 예수회의 영성을 결정하는데 얼마나 지대한 역할을 했는지 잘 알 수 있다.[219] 16세기 후반부 동안 많은 예수회 신학자들과 지도자들에 의해 여러 가지 종류의 『영신 수련 지침』이 발표되었고, 예수회 5대 총장

217) Martin Palmer, *On Giving the Spiritual Exercises: The Early Jesuit Manuscript Directories and the Official Directory of 1599* (St. Louis: Institute of Jesuit Sources, 1996), p. 11.

218) *Ibid.*, pp. 15-23.

219) *Ibid.*, pp. 101-113.

클라우디오 아콰비바(Claudio Aquaviva)에 의해 예수회의 공식적인 『영신 수련 지침』이 채택된 것(1599년)은 종교집단으로서의 초기 예수회가 얼마나 영성훈련에 깊은 관심을 가지고 있었는지를 잘 설명해 주고 있다.[220]

몬세라트의 베네딕트 수도원과 만레사 동굴에서의 묵상과 영신수련이 이냐시오의 개인적 영성을 고양했고, 그의 개인적 모범에 의한 영성이 초기 예수회 멤버들의 "사역 중의 관상(Contemplation in Action)"과 같은 특유의 이냐시오 영성(Ignatian Spirituality)으로 확대되었다면, 1537년 로마를 향해 가던 중 이냐시오가 경험한 라 스토라타(La Storta) 성당에서의 체험은 조직을 이끌어 가야 하는 지도자가 가져야할 "영성의 리더십"을 발견한 계기가 되었다.[221] 이냐시오의 일기에 나타난 이때의 기록에 의하면, 그는 환상 중에 하나님에 의해, 십자가를 지고 가는 예수 옆으로 이끌리게 되는데, 이때 하나님으로부터 "나는 로마에서 너희들 편이 되어 주겠다(Ego vobis Romae propitius ero)"라는 음성을 듣게 된다. 로마 교황청으로부터 새로운 수도회 설립을 허락받기 위해 발걸음을 옮기고 있던 이냐시오에게, 장차 닥칠 기존 수도회의 견제와 질시, 그리고 교황청 주변의 정치적 역학관계는 그에게 너무나 부담스러운 것이었다. 종교개혁의 여파로 인해 새로운 종교집단에 대한 의심의 눈초리가 날카롭기만 했던 16세기 중반에, 로마 교황청으로부터 새

220) 총 284항목으로 구성된 공식적 『영신 수련 안내』의 전문은 *Ibid.*, pp. 289-349.

221) 라스토르타에서의 신비체험을 중심으로 이냐시오 영성에 대한 다각적인 분석을 편집한 연구서는 Peter-Hans Kolvenbach, *The Road from La Storta: Peter-Hans Kolvenbach, S.J., on Ignatian Spirituality* (St. Louis: Institute of Jesuit Sources, 2000).

로운 수도회 설립을 공식적으로 허락받는 것은 결코 쉬운 일이 아니었다. 『이냐시오 로욜라 자서전』의 끝 부분은 예수회가 로마에서 활동을 시작하던 1538년 시점에서 마감되고, 그 이후의 역사에 대해서는 "그 뒤로 일어난 일들은 나달(Nadal) 선생이 이야기 할 것이다"라는 표현으로 자서전이 끝나고 있다.[222] 이 자서전의 끝 부분에는 이냐시오가 로마활동의 초기에 경험했던 박해와 시련에 대한 중요한 기록들이 남아있다. 이냐시오는 여기서 로마에서 예수회의 활동을 시작하던 바로 그 해부터 로마 총독에게 즉각 소환되었고, "스페인과 파리, 그리고 베니스에서 축출당한 인물이라는 소문" 때문에 어려움을 겪었다고 토로하고 있다. 또한 당시에 집필된 이냐시오의 편지에서 그가 로마에서 당했던 초기의 어려움을 확인할 수 있다.

> "그 일이란 바로 지난 8개월 동안 우리가 이 생활을 하면서 겪어왔던 가장 심한 반대와 박해를 참는 것이었습니다. 그것은 사람들이 우리 개인들의 괴롭혔다거나 법정에 세웠다는 말이 아닙니다. 오히려 사람들은 헛소문을 퍼트리고 금시초문의 이야기들을 날조해서 우리를 사람들 눈에 의심스럽고 증오스러운 존재로 만드는 것입니다. 마침내는 커다란 물의를 일으키게 되어 우리는 이 도시의 총독과 교황사절 앞에 출두하지 않을 수 없게 되었습니다. 우리 측에서는 우리를 적대하는 사람들

222) 여기서 "나달(Nadal) 선생"은 이냐시오의 개인비서였던 후안 데 폴랑코와 함께 초기 예수회 조직을 이끌었던 실질적인 지도자였다. 1507년 아죠르카에서 태어난 헤로니모 나달(Jerónimo Nadal)은 알프스 산맥이북의 유럽 지역을 책임지는 총장 보좌로 활동했으며, 『예수회 회헌』을 결정하는데 중추적인 역할을 했으며, 예수회를 대표하여 트리엔트 공의회에 참석하기도 하였다. 흔히 예수회의 두번째 창립자로 간주되는 인물이다. 나달에 대한 정보는 후안 카트레트, 『예수회 역사』 (서울: 이냐시오 영성연구소, 1994), pp. 37-38.

의 이름을 대고 그들을 출두시켜 우리의 생활과 가르침에서 찾아낸 죄상을 정확히 윗사람들 앞에서 진술하게 하였습니다."[223)]

예수회 조직이 교황 파울로 3세에 의해 공인되기 불과 2년 전만 해도 예수회는 로마에서 이런 조직적인 반대와 견제에 부딪히고 있었다. 알칼라와 살라망카에서는 계몽파의 혐의를 받고 투옥되기도 하였으며, 파리와 베니스에서는 이냐시오와 그를 따르는 초기 멤버들에게 이단이라는 꼬리표가 달려있었다. 로마에서도 그들의 시련은 계속되었다. 심지어 일부 사람들은 예수회의 초기 멤버들이 종교개혁파의 일원이라는 소문까지 퍼트리고 있었다.

그렇다면 10명 미만의 적은 숫자로 시작한 예수회가 16세기 중반이후 가톨릭교회의 종교개혁을 이끌어 가는 기수로 등장할 수 있었던 배경은 무엇이었을까? 16세기에 설립된 수도회 중 가장 강력한 종교적 리더십이 발휘되었던 이 새로운 수도회의 기본정신은 무엇이었을까? 전쟁의 상흔(傷痕)을 간직한 채 불편한 다리를 끌며 다녔던 만학도 이냐시오가 명문 파리 대학의 청년들을 "영혼을 구하는 일(Saving Souls)"에 그들의 전 생애를 걸 수 있도록 만든 원동력은 무엇이었을까? 이냐시오의 영성의 핵심은 무엇이었으며, 그의 리더십은 어디서 나온 것일까?

---

223) 이냐시오의 이 개인 편지는 바르셀로나의 이사벨 로세(Isabel Roser)에게 보내졌다. 『이냐시오 로욜라 자서전』의 부록으로 첨부되어 있다. 이냐시오 로욜라, 『이냐시오 로욜라 자서전』, pp. 144-145. 예수회 초기의 상황에 대한 중요한 정보를 담고 있는 이 편지의 영문 번역전문은 Ignatius of Loyola, *St. Ignatius' Own Story* (Chicago: Henry Regnery Co., 1956), pp. 73-77.

이냐시오와 초기 예수회의 선교방법론: 도시의 중심부를 향하여

이냐시오에 의해 초안이 마련되었던 『예수회 회헌』은 예수회 소속 사제들의 사명을 "세상의 모든 곳을 향해, 세상 어느 곳에서든지 살아가는 것"이라고 규정하고 있다.[224] 예수회가 교황 파울로 3세에 의해 설립이 공식적으로 허락되었을 때(1540년) 이미 예수회의 주변에는 베네딕트, 프란치스코, 도미니크 수도회와 같은 전통적인 수도회가 공고한 조직으로 운영되고 있었다. 잘 알려져 있는 대로 이들 수도회들은 일정한 수도원을 중심으로 지역주의에 의해 활동하고 있었고 지역거점으로서의 수도원은 자급자족적 형태로 운영하는 관례를 유지하고 있었다. 중세 수도원 제도의 대표적인 모델이었던 『베네딕트 수도회 규범』(The Rule of St. Benedict)에 의하면 일단 수도원에 들어온 수도사들은 바깥세상과 단절되며,[225] 공무(公務) 때문에 수도원 밖으로 출타했던 수도사들은 바깥세상에서 보고 들은 것에 대해, 어느 누구에게도 발설할 수 없다는 규정을 엄격히 고수하고 있었다.[226]

이러한 중세 수도원 제도의 자급자족 운영체계를 통한 지역정착주의나 외부세계와의 철저한 단절은 13세기 후반부터 프란치스코와 도미니크 수도회가 유럽의 중심도시로 진출하면서 새로운 국면에 접어든다. 각 탁발수도회는 유럽의 여러 중심도시에서 좋은 자리에 대성당 건물(Main Cathedral)을 건축하기 위해 경쟁을 시작했다. 도심의 좋은 건축 부지를 차지하기 위한 프란치스코와 도

224) 『예수회 회헌』 304조.

225) 『베네딕트 수도회 규범』 제60조, "수도원에 거주하기 원하는 사제에 대하여."

226) 『베네딕트 수도회 규범』 제67조, "공무로 출타했던 수도사에 대하여."

미니크 수도회의 양대 경쟁 구도에서 아우구스티누스(Augustinians) 수도회가 추가로 뛰어듦으로써 탁발 수도회의 대성당 건물들은 유럽의 중심도시에서 삼각구도의 패턴(Triangular Pattern of Emplacement)으로 배치되기 시작했다.227) 이때부터 도심의 청사(廳舍)나 도심광장(Plaza)을 중심으로 세 개의 수도회의 대성당이 삼각구도로 배치되는 중세도시의 전형적인 종교건물 배치(Religious Zoning)가 북부 이탈리아와 유럽의 중세 도시에서 보편적으로 등장한다.

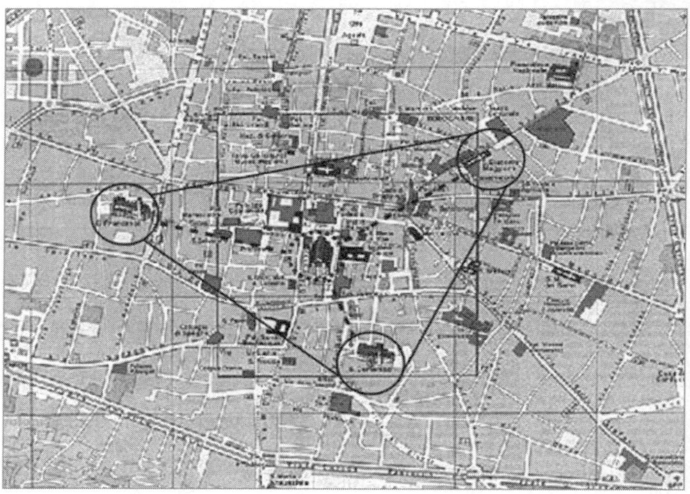

삼각 구도 패턴에 따른 볼로냐(Bologna) 도심의 각 수도회 성당 배치도

227) Thomas M. Lucas, *Landmarking: City, Church and Jesuit Urban Strategy* (Chicago: Loyola Press, 1997), p. 69. 이러한 삼각구도 배치는 1265년 발표된 교황의 교서에 의해 각 수도회의 주 성당은 각각 650미터 안에 건축될 수 없다는 원칙이 세워졌다.

대표적인 중세 유럽도시의 하나인 볼로냐는 도심건물과 광장을 중심으로 탁발수도회 대성당이 삼각구도를 형성하고 있는 전형적인 중세도시의 모습을 보여준다. 위의 그림에서 도심의 시정부 건물(S. Petronio)를 중심으로 성 프란치스코 성당이 왼쪽에, 아래쪽에 성 도미니크 성당이, 그리고 오른쪽에 성 아우구스티누스 성당(S. Girolamo Maggiore)이 삼각구도로 배치되어 있음을 볼 수 있다.[228] 이러한 탁발수도회 대성당의 삼각구도 배치는 예수회가 활동을 시작했던 16세기 중반 이후의 이탈리아와 남부유럽의 대다수 도시에서 확인된다.[229]

중세도시의 대성당 건물배치가 삼각구도 패턴으로 이미 완료된 상태였기 때문에 새로 설립된 예수회는 유럽의 각 도시와 아시아와 신대륙 선교 현지의 중심도시에서 대성당 건축부지나 선교본부 건물 확보에 어려움을 겪게 된다. 이미 도심을 중심으로 한 삼각구도 형태로 다른 수도회의 대성당들이 건축되어 있었고, 이에 따른 종교 활동 영역이 암묵적인 교계 분할(教界分割, Comity) 형태로 지켜지고 있던 시점에, 후발주자인 예수회가 유럽의 중심도시에서 새로운 사역을 펼치는데 많은 제약과 견제를 받았던 것은 당연한 일이었다. 초기 예수회가 당면했던 타 수도회와 교권의 견제는 16세기 유럽의 중심도시들에서만 제기된 것이 아니다. 포르투갈의 파드로아도(Padroado) 관할권이었던 아프리카, 아시아, 그리고 브라질에서, 그리고 스페인 파드로아도 관할권이었던 브라질을

228) 이에 대한 상세한 분석은 Lucas, *Landmarking*, p. 71.

229) 탁발수도회 주성당의 삼각구도 배치는 Perugia, Siena, Riete, Narni, Todi, Pistoia, Castiglione Fiorentino, Cortona, Montefalco, Prato, San Sepulcro, Lucca, Bologna, San Giminiano, Orvieto, Città di Castello, Massa Marittima, Florence, Colmar 등의 도시에서 확인할 수 있다. Lucas, *Landmarking*, p. 70.

제외한 라틴아메리카와 필리핀의 여러 도시에서 초기 예수회 선교사들은 선교 활동의 전개하는 데 많은 어려움을 겪었다. 예를 들면, 산토 도밍고의 프란치스코 수도회 소속 대주교였던 앙드레스 데 카르바할(Andrés de Carvajal)은 라틴아메리카에서 막 선교 활동을 개시한 예수회 선교사들에 대한 날카로운 비판과 견제를 숨기지 않았다.

> "당신들은 스스로를 '예수의 조직(Order of Jesus)'이라고 부르는가? '예수의 조직'이라고? 도대체 어떤 근거로 스스로를 그렇게 부를 수 있단 말인가? 내가 보기에 당신들은 전혀 '예수의 조직'으로 불릴 수 없다. 예수는 가난했으며, 그는 거지와 함께 살지 않았던가...그런데 지금 보라. 자칭 '예수의 조직'에 속한 사람들은 부유한 자와 많이 배운 자들만을 자기 모임에 끌어 들이고 있다. 가난한 사람과 배우지 못한 사람을 무시하는 자들이 '예수의 조직'이라니!"[230)]

기존 수도회들의 조직적인 방해와 견제에 대응했던 초기 예수회 지도자들의 리더십은 유럽의 중심도시와 선교 현장 도시에서 상징적으로 드러난다. 이냐시오와 초기 예수회 지도자들의 선택은 도심을 향한 정면 돌파였다. 도심을 중심으로 삼각 구도의 등거리(等距離)를 유지하고 있던 기존 수도회 대성당의 삼각배치 구도에 밀리지 않고, 그들은 오히려 도심의 중심건물(도심청사 건물이나 도시 광장) 바로 옆에 예수회의 본부와 성당을 설립하기 시작했다. 도심을 중심으로 사각 구도를 요구하거나 삼각 구도 밖으로 밀려나서 대성당이나 예수회 활동본부를 설립한 것이 아니라, 기존의

---

230) G. Stewart McIntosh, "The Life and Times of José de Acosta", in José de Acosta, *De Procuranda Indorum Salute* (Tayport: Mac Research, 1995), vii에서 재인용.

삼각 구도 패턴에 개의치 않고 도심을 향한 과감한 정면 돌파를 시도한 것이다. 예수회가 로마에서 활동을 개시했을 무렵부터 이러한 도심을 향한 정면 돌파가 시도되었음으로 확인할 수 있다. 1577년의 기록에서 우리는 초기 예수회의 도심을 향한 과감한 정면 돌파의 모습을 확인할 수 있다.

> "몇 달 후부터 그들[예수회로 공인되기 전 이냐시오를 따르던 수도사들]은 이곳저곳으로 이동하기 시작했다. 더 큰 수도처를 찾아 옮기다가, 더 활동이 용이한 곳으로 옮겨 다녔다. 이냐시오의 주장에 따라, 그들은 사람들의 왕래가 없던 오래되고 협소한 수도처를 떠나 도시의 중심부로 거처를 옮겼다. 그들은 도시의 중심부에서 보다 적절한 예수회의 사역을 감당할 수 있다고 보았다."231)

이미 유럽의 중요 도시를 삼각구도 패턴으로 장악하고 있던 기존의 수도회와 경쟁할 수밖에 없었던 초기 예수회는 이냐시오의 단호한 리더십에 따라 "오래되고 협소한 수도처를 떠나 도시의 중심부로 거처를 옮겨가기" 시작했다. 이냐시오의 이러한 리더십과 판단력은 그의 전향적인 도시관(都市觀)에 의해 비롯된 것이다. 이냐시오에 의하면 도시는 회피해야 할 죄인들의 소굴이 아니라, 하나님의 역사가 살아 움직이는 무대이며, "영혼의 돕기 위한(Helping Souls)" 최적의 장소였다. 따라서 도시는 영원한 도피성을 향해 뒤돌아서야 할 곳이 아니라 오히려 적극적으로 찾아나서야 할 곳이며, 기존의 수도회들이 삼각구도 패턴으로 기득권을 차지하고 있다면, 오히려 정면 돌파를 시도해 도심 한가운데로 진입해야 할 그런 곳이었다.

231) Rodrigues, "Commentarium de origine et progressu Societatis Iesu", (1577), pp. 78-79. 자세한 정보는 Lucas, *Landmarking*, p. 87.

초기 예수회의 도심을 향한 과감한 정면 돌파는 로마에서 처음 시도되었다. 예수회의 조직은 교황 파울로 3세에 의해 발표된 1540년의 교서(Regimini militantis ecclesiae)에 의해 공식적으로 출범하게 된다. 교황에 의해 가톨릭교회의 공식적인 수도회로 공인되었지만, 기존의 수도회가 이미 공고한 조직을 갖추고 있던 로마에서 새로 활동본부를 정하고 수도회 활동을 개시하는 것은 결코 쉬운 일이 아니었다. 따라서 예수회가 교황의 교서를 받고 수도회 활동을 시작하기 위해 제일 먼저 착수해야 할 것은 로마에 예수회의 총본산을 설립하는 것이었다. 여기서도 이냐시오의 도심을 향한 정면 돌파의 리더십이 발휘되었다. 로마 외곽에 위치한 상타 기로라모(S. Girolamo) 성당을 본부로 사용하라는 교황청의 제안이 있었음에도 불구하고, 그는 교황의 숙소 바로 인근에 위치한 작은 채플 "상타 마리아 델라 스트라다(S. Maria della Strada)"를 예수회의 로마본부로 삼았다. 굳이 이냐시오가 교황청과 바로 인접한 시설을 예수회의 로마본부로 사용한 것은 도심의 한 가운데에서 활동하면서, 도시의 한복판에서 예수회의 사역을 펼치고자 했던 그의 판단 때문이었다. 이런 이냐시오의 리더십과 판단력은 그의 비서였던 후안 데 폴랑코(Juan de Polanco)에 의해 여러 번 목격되었고, 구체적인 기록으로 남겨졌다.232) 이냐시오의 판단에 의해 예수회 로마본부로 사용되기 시작한 이 성당은 1542년 교황 파울로 3세가 인접한 3동의 채플 건물(Ss. Vincenzo ed Anastasio, S. Nicolò, S.

232) 예를 들어 올란디니(Orlandini)의 1614년 기록(Historiae Societatis Iesu prima pars)에 의하면, 후안 데 폴랑코(Juan de Polanco)는 "상타 마리아 델라 스트라다 성당의 선택은 이냐시오 신부님의 개인적 선택으로 결정되었는데, 그의 선택 기준은 장소의 크기나 사용의 편리함보다, 도심에 위치해 있는 유서 깊은 곳을 선호하던 신부님의 판단으로부터 연유했다"라는 기록을 남겼다. Lucas, *Landmarking*, p. 93.

Andrea della Frate)을 추가로 예수회에 할당해 줌으로써, 명실상부한 예수회의 로마본부로 성장할 수 있게 되었다.[233)]

도심을 향한 정면 돌파에 나타난 이냐시오의 리더십은 단순히 조직을 운영하기 위해 고안된 정책적 판단력에 기초한 것이 아니었다. 그의 리더십은 흔히 "이냐시오 영성(Ignatian Spirituality)"로 불리는 그의 신학, 즉 "이 세상 모든 것에 역사하시는 하나님을 발견하는 것(Finding God in All Things)"에서 태동한 것이다.[234)] 이냐시오에게 이 세상은 하나님의 현존과 역사하심으로 인해 언제나 개방되어 있는 곳이다. 중세의 수도원제도와 기존의 수도사들이 풍진(風塵) 세상을 뒤로하고 하나님께로 돌아섰다면, 그는 하나님의 현존과 역사하심을 찾아 세상으로 나아갔던 인물이었고, 그의 리더십의 진수는 이 점에서 발견된다. 이냐시오의 이러한 신학적 기초에 의하면 도시는 "하나님의 활동무대"라 불리기에 충분한 곳이었다. 도시는 외면해야 할 죄악의 소굴이 아니라, 그 가운데서 하나님의 현존하심을 목격하고 그의 역사하심을 증거 해야 할 곳(Opera Pietatis)이었다. 이냐시오의 리더십은 "이 세상 모든 것에 역사하시는 하나님을 발견"하고자 했던 그의 영성에 기초한 것이었고, 그의 영성은 초기 예수회를 "도시의 수도회"로 자리매김하게 만들었다.[235)]

233) 이 건물은 제3대 총장 프란치스코 데 보르하의 재임기간 중 현존하는 제수(Gesu) 예수회 성당 건물로 재건 확장되었다. 이 제수 예수회 성당은 17세기 바로크 건축의 대표작으로 간주되고 있다.

234) 이냐시오 영성에 대한 자세한 분석은 Jack Costello, "Ignatian Spirituality: Finding God in All Things", *Grail*, vol. 8 (1992), pp. 13-33.

235) 오늘날까지 전해져 내려오는 예수회의 속담에 의하면, "클레르보의 버나드는 계곡을 좋아하고, 베네딕투스는 산을 좋아하고, 프란치스코는 작은 마을을 좋아했지만, 이냐시오는 거대한 도시를 사랑했다." 라틴어 원문으로는 Bernadus valles, montes Benedictus amavit, oppida Franciscus, mangnas Ignatius urbes.

예수회 선교의 특징을 이루는 상위층이나 지배층 우선 선교원칙 또한 이런 맥락에서 이해되어져야 한다. 어느 특정 지역을 선교함에 있어 상위층이나 지배층을 먼저 복음화시킴으로써 선교의 파급효과를 극대화하는 전통적인 예수회의 선교정책은 도시, 특별히 선교국가의 수도를 중시하고 국왕이나 황제를 먼저 개종시키는 것에 선교의 우선권을 두는 것으로 유명하다. 1583년부터 중국에서 활동한 예수회 선교사 마테오 리치(Matteo Ricci)가 명나라 신종(神宗)에게 접근 하기 위해 명 황실에 자명종을 헌사 한 것이나, 베이징에 선교본부를 마련하기 위해 동분서주했던 이유는 모두 이런 예수회의 기본적 선교 원칙에서 연유한다. 또한 17세기 초반 남부 인도에서 활동한 로베르토 드노빌리(Roberto de Nobili) 선교사가 자신을 "서구에서 온 브라민(Brahmin from the West)"라고 소개하면서 인도 카스트 제도의 최상위 계급에 접근했던 것도 이러한 초기 예수회선교의 상위층 우선 선교원칙 때문이었다. 이러한 상위층 선교 우선 정책은 1538년 로마에서 새로운 수도회의 터전을 마련하고 있던 이냐시오와 초기 예수회 멤버들의 활동에서 이미 나타나고 있다.

> "저(이냐시오)는 로마 안팎에서 사람들에게 영신 수련을 지도하고 전수시키는 일에 전심하고 있었습니다. 우리는 학식 있는 사람 또는 저명인사들을 우리 편에 확보하기로 의견을 모았지요. 더 정확히 말하자면 우리 주 하나님의 영광과 명예를 위해 그분 편으로 확보한다는 표현이 더 지당하겠습니다... 주 하나님의 도우심으로 영신 수련을 통해서, 우리의 열의와 의견에 환심을 갖고 학식과 명망 있는 몇 사람을 얻은 후, 그러니까 우리가 이곳(로마)에 도착한지 넉 달 째가 될 무렵 본회의 회원들 전부를 이 도시로 불러 모으기로 결정했습니다."[236]

위의 인용문에서 확인하는 바와 같이, 초기 예수회의 상위층 우선 선교원칙은 이냐시오의 도시관(都市觀)과 밀접하게 연관되어 있다. 초기 예수회 선교신학의 성립에는 도시와 문화를 거부하지 않고 오히려 그 가운데서 역사하시는 하나님의 현존을 확인하고자 했던 이냐시오의 영성과 리더십에 크게 영향 받았기 때문이다.[237]

초기 예수회 선교사들의 문화관(文化觀)에 미친 이냐시오의 선교 신학적 리더십

이냐시오의 영성에 기초한 초기 예수회의 리더십은 선교 현장에서 더욱 구체적으로 전개되었다. "이 세상 모든 것에 역사하시는 하나님을 발견"하는 것이 예수회 선교신학의 핵심이었기 때문에, 16세기 중반부터 라틴아메리카와 아시아에서 활발한 선교 활동을 펼쳤던 예수회 선교사들은 선교지의 토착문화와 종교를 무조건 죄악시하지 않았다. 오히려 초기 예수회 선교사들에게 선교 지역의 토착문화는 살아서 현존하시는 하나님을 발견할 수 있는 "선교의 접촉점(The Point of Missionary Contact)"이었다. 이냐시오의 영성에 기초한 예수회의 문화 이해는 토착문화의 긍정이라는

236) 이냐시오 로욜라, 『이냐시오 로욜라 자서전』, p. 145.

237) 물론, 상위층이나 지배층에게 먼저 접근하여 "위에서 아래로(Top-down)"의 선교 방식을 채택했던 예수회의 선교신학에 대해 의문을 제기하고 오히려 농민이나 가난한 사람들에게 먼저 복음을 전해야 한다고 주장했던 탁발 수도회의 선교신학도 발전되고 있었다. 예수회와 탁발수도회 선교방식의 상세한 비교는 J. Cummins, "Two Missionary Methods in China: Mendicants and Jesuits", in *España en Extremo Oriente Filipinas China Japon: Presencia Franciscana, 1578-1978* (Madrid: Publicaciones Archivo Ibero-Americano, 1979), pp. 33-108.

단순한 평가를 넘어, 세계화(Globalization)시대로 접어든 오늘날, 동(東)과 서(西) 혹은 서구와 비(非)서구사회의 만남이 어떻게 조화롭게 진행될 수 있는 지에 대한 귀중한 역사적 선례를 남기고 있다.

예수회는 선교에 대한 관심과 더불어 출발했다. 교황 파울로 3세로부터 수도회 설립의 공식적 허락을 받기 전에 이미 예수회의 창립 멤버들은 성지 예루살렘을 순례하면서 그 곳의 이방인(Infidels)에게 복음을 전하고자 하는 열망을 가지고 있었다(1538년). 1539년에 이미 "아시아 선교의 아버지"라고 불리는 프란치스코 하비에르(Francis Xavier)는 아시아 지역의 선교를 책임지고, 리스본에서 포르투갈의 인도(印度)행 무역선을 기다리고 있었다. 예수회 설립에 관한 교황의 공식적 승인(1540년)이 내려지던 그 순간에, 총 10명의 예수회 창립 멤버 중 로마에 거주하고 있던 사람은 단 세 사람뿐이었다. 나머지 일곱 명은 유럽 각지에 흩어져 복음을 전하는 일에 이미 착수하고 있었다.[238)]

예수회가 공식적으로 설립 된지 불과 2년 후에 하비에르는 인도의 고아(Goa)에 도착해 인도 동남부 해안, 말라카, 자바, 일본등지에서의 활발한 선교 활동을 전개한다.[239)] 비록 중국 선교를 향

238) Alen Farrell, *The Jesuit Code of Liberal Education: Development and Scope of the Ratio Studiorum* (Milwaukee: Bruce Publishing Co., 1938), p. 8. "Laynex at Parma, Bobadilla at Calabria, Faber at Germany, Le Jay at Brescia, Broet at Siena, and Xavier and Rodríguez in Portugal awaiting an opportunity to embark for the Indies."

239) 프란치스코 사비에르에 대한 연구는 George Schurhammer, *Francis Xavier: His Life, His Times*, 4 vols. (Rome: Jesuit Historical Institute, 1973-1982)가 대표적인 연구이다. 또한 James Brodrick, *Saint Francis Xavier, 1506-1552* (New York: Wicklow Press, 1952); 앙드레 라비에, 『성 프란치스코 사베리오의 생애』(서울: 가톨릭출판사, 1988); 알베르 주, 『성 프란치스코 하비에르』(서울: 성바오로, 1996) 등을 참고할 수 있다.

한 원대한 꿈은 그의 짧은 생애로 성취되지 못했지만(1552년), 그가 중국의 상추안(上川) 해변에서 쓸쓸히 숨을 거두었던 바로 그해에, 이탈리아의 작은 마을 마체레타에서 장차 중국 선교의 문을 열고 동아시아 선교의 새로운 시대를 개척했던 마테오 리치가 태어났다(1552년). 리치가 중국에 도착하기 무려 20년 전에 이미 예수회 선교사들은 마카오에 도착하여(1563년) 조심스러운 선교의 첫걸음을 내딛고 있었고, 라틴아메리카에서도 예수회 선교사들의 발걸음이 옮겨졌다. 1568년부터 페루에서 시작된 예수회 선교의 역사는 호세 데 아코스타(José de Acosta)와 같은 탁월한 선교 신학자를 배출하기도 하였다.240)

16세기 후반부터 시작된 예수회의 조직적이며 광범위한 해외선교는 우연의 결과가 아니었다. "이 세상 모든 것에 역사하시는 하나님을 발견하는 것(Finding God in All Things)"을 강조했던 이냐시오의 영성에 의해 선교신학의 기초가 마련되어 있었고, 이냐시오의 조직적인 리더십과 상위층 선교에 대한 정확한 목표의식이 있었기 때문에, 마테오 리치나 로베르토 드노빌리와 같은 중요한 선교 신학적 발전이 가능할 수 있었다. 이냐시오가 작성한 『예수회 회헌』 제622조에 이런 초기 예수회 선교의 정확한 청사진과 우선 원칙이 제시되어 있음을 발견할 수 있다.

> "우리 선교사들을 세계 여러 곳으로 파송시킴에 있어, 이들의 사역을 보다 성공적으로 이끌려면, 우리는 반드시 '하나님을 섬기기 위한 보

240) 호세 데 아코스타의 선교신학에 대해서는 김상근, "'그들도 우리처럼': 페루 종교와 문화에 대한 초기 예수회 선교사 호세 데 아코스타(José de Acosta, 1540-1600)의 이해와 오해", 『현대와 신학』 28집 (2004년 5월), pp. 303-329.

다 위대한 사역과 보다 보편적 선행(The Greater Service of God and the More Universal Good)'이라는 근본 목적을 유념해야 하고, 이 목적을 위해서 우리는 원칙을 주목해야 한다. 세계라는 이 광활한 주님의 포도밭 중에서 우리가 활동한 곳을 선택할 때 다음과 같은 원칙이 지켜져야 한다. 만약 여러 곳이 선교 후보지로 추천되었다면, 우리는 더 많은 도움이 필요한 곳을 먼저 선택해야한다... 이와 같은 이유로, 우리는 선교의 후보지를 선택함에 있어 인도(Indies)와 같은 거대한 나라,[241] 중요한 도시, 혹은 대학이 있는 곳을 먼저 고려해야 한다. 그런 곳은 보다 많은 사람들이 활동하고 있고, 그들을 도움으로써 다른 사람을 돕고자하는 우리들의 목적이 달성되기 때문이다."[242]

선교후보지를 선택함에 있어 "인도와 같은 거대한 나라, 중요한 도시 혹은 대학이 있는 곳"을 먼저 고려해야 한다는『예수회 회헌』의 규정은 초기 예수회 지도자들의 선교방침이 얼마나 이냐시오의 영성에 기초해 있었고, 토착문화의 중심부로 들어가 "세상 모든 것에 살아 역사하시는 하나님을 발견"하는 것을 중시했는지 잘 보여주고 있다.

1583년부터 중국에서 활동한 리치는 이냐시오 영성에 기초해 중국문화에 접근했다. 물론 스페인 살라망카 대학에서 활동한 프란치스코 데 비토리아(Francisco de Vitoria, 1485-1546)와 도밍고 데 소토(Domingo de Soto, 1494/5-1560)와 같은 도미니코 수도회 소속 신학자들의 제2 토미즘(Second Thomism)의 영향도 무시할 수 없는 예수회 신학의 근본기조이고[243] 이러한 스페인 토미즘(Spanish Thomism)의 전통은

241) 이때 "거대한 나라"로 표현된 "인디스(Indies)"는 인도를 포함한 포괄적인 아시아를 지칭한다. 당시 아메리카는 "서인도(West Indies)"로 불렸다.

242) *Constitutions of the Society of Jesus*, 622. 영어 원본의 출처는 George E. Ganss, *Ignatius of Loyola: The Spiritual Exercises and Selected Works* (New York: Paulist Press, 1991), pp. 307-308.

프란치스코 톨레도(Francisco Toledo, 1532-1596), 프란치스코 수아레즈(Francisco Suarez, 1548-1617), 그리고 로베르토 벨라미노(Roberto Bellamino, 1542-1621)등에 의해 예수회 대학의 본산인 로마대학(Collegio Romano)에 전수되어, 리치를 위시한 초기 예수회 선교사들의 선교신학 형성에 지대한 영향을 남겼다. 그러나 토마스 아퀴나스 신학의 재해석을 통해 선교 현지 주민들이 가지고 있던 하나님 이해(Knowledge of God)에 대해 긍정적인 접근을 가질 수 있었던 것은 "이 세상 모든 것에 역사하시는 하나님을 발견(Finding God in All Things)" 하고자 했던 이냐시오의 영성이 있었기 때문에 가능한 일이었다.

초기 예수회의 중국선교에 나타난 이냐시오 영성의 리더십은 이미 많은 학자들의 연구에 의해 밝혀졌다.[244] 특별히 중국의 전통 유교문화와 기독교의 유비적 관계를 선교의 접촉점으로 보았던 리치에 대한 연구는 이미 홍수를 이루고 있고,[245] 조선 후기 실학

243) 프란치스코 데 비토리아의 제2 토미즘에 대해서는 김상근, "조직신학자를 위한 선교학: 16세기 라틴아메리카 선교가 제2 토미즘 등장에 미친 영향을 중심으로", 『신학사상』, 2004년 여름호. 이냐시오 르욜라는 알칼라 대학에서 도밍고 데 소토의 논리학을 수학했다. 이냐시오 로욜라, 『이냐시오 로욜라 자서전』, p. 90.

244) Andrew Ross, *A Vision Betrayed: The Jesuits in Japan and China, 1543-1742* (Maryknoll: Orbis Books, 1994); Arnold Rowbotham, *Missionary and Mandarin: The Jesuits at the Court of China* (Berkeley: University of California Press, 1942); Paul Rule, *K'ung-tzu or Confucius? The Jesuit Interpretation of Confucianism* (Sydney: Allen & Unwin, 1986).

245) 예를 들면, Jonathan Spence, *The Memory Palace of Matteo Ricci* (New York: Viking Penguin, 1984). 이 책은 한국어로 번역되어 있다. 또한 히라카와 스케히로, 『마테오 리치: 동서문명교류의 인문학 서사시』 (서울: 동아시아, 2002); Sangkeun Kim, *Strange Names of God: The Missionary Translation of the Divine Names and the Chinese Responses to Matteo Ricci's Shangti in Late Ming China* (New York: Peter Lang Publishing, 2004)이 있다.

사상에 미쳤던 리치의 유학이해에 대한 한국학자들의 연구도 이미 상당한 수준에 이르렀다.[246] 그러나 이러한 선학자(先學者)의 연구가 리치 선교 이후의 현상과 전개 과정에만 집중되어 있는 반면, 리치나 초기 예수회 선교사들의 보유론(補儒論)적 선교신학이 태동하게 된 신학적 배경이 무엇인지에 대한 역사적 연구가 미흡한 실정이다. "이 세상 모든 것에 역사하시는 하나님을 발견(Finding God in All Things)"해야 한다는 이냐시오의 영성에 대한 이해 없이 리치의 선교신학을 이해하는 것은 불가능한 일이다.

호세 데 아코스타(José de Acosta)로 대표되는 초기 예수회의 라틴아메리카 선교와[247] 로베르토 드노빌리로 대표되는 17세기 인도에서의 예수회 초기 선교도[248] 이냐시오 영성에 대한 이해 없이 논구하는 것은 불가능한 일이다. 페루와 남부에서 활동했던 이들 초기 예수회 선교사 역시 라틴아메리카와 인도 문화 가운데서 살

246) 예를 들면, 송영배 교수의 『천주실의』와 『교우론, 스물 다섯 마디 잠언, 기인십편: 연구와 번역』의 작업을 들수 있고 차기진, 『조선 후기 서학과 척사론 연구』 (서울: 한국교회사연구소, 2002); 최소자, 『동서문화교류사연구』 (서울: 삼영사, 1987); 원재연, 『조선왕조의 법과 그리스도교』 (서울: 한들출판사, 2003); 강재언, 『서양과 조선: 그 이문화 격투의 역사』 (서울: 학고재, 1998); 강재언, 『조선의 서학사』 (서울: 민음사, 1990)등이 있다. 이 밖에도 이원순, 최석우, 금장태, 김옥희, 주재용 등의 학문적 성취가 돋보인다.

247) 예수회의 라틴아메리카 선교에 대한 연구는 Joseph Gagliano and Charles Ronan, eds., *Jesuit Encounters in the New World: Jesuit Chroniclers, Geographers and Missionaries in the Americas* (Roma: Institutum Historicum S. I., 1997).

248) 예수회의 인도선교에 대한 연구는 James Moore, *Indian and Jesuit: A Seventeenth-century Encounter* (Chicago: Loyola University Press, 1982); Ines Zupanov, *Disputed Mission: Jesuit Experiments and Brahmanical Knowledge in Seventeenth-century India* (New Delhi and Oxford: Oxford University Press, 1999).

아 역사하시는 하나님을 발견하기 위한 유비론적 접촉을 끊임없이 시도하였기 때문이다.

로욜라를 통한 선교학과 리더십 연구의 만남

기존 수도회의 견제를 무릅쓰고 도시의 중심을 향해 과감한 정면 돌파를 시도했던 이냐시오의 리더십은 도시와 문화를 거부하지 않았던 그의 영성에서 출발한 것이었다. 영성에 기초한 리더십, 그것이 바로 이냐시오가 추구했던 예수회의 리더십이었다. 격동의 16세기 중반에 설립된 예수회의 초대 총장으로서, 그는 창립자의 이름에 따라 수도회의 이름을 붙이던 중세의 전통, 즉 베네딕트, 도미니크, 프란치스코 수도회라는 이름의 전례를 깨고, "예수회"라는 이름을 사용했다. 만세라 동굴에서의 신비 경험과 상타 마리아 델라 스트라타 성당에서의 체험을 통해 그는 영신 수련의 중요성을 예수회 리더십의 핵심으로 정착시켰다. 계몽파라는 억울한 혐의를 쓰고, 스페인의 이단재판소에 회부되어 투옥당하는 수모를 겪고 있을 때도 그는 영신 수련을 중단하지 않았다.[249]

예수회 설립자이자 초대총장으로서 방대한 조직을 이끌어 가고 있었지만, 이냐시오는 자상한 마음을 가진 지도자였다. 그는 세계 각국에 파송되어 사역하고 있는 예수회 신부들에게 자주 서신

249) 『이냐시오 로욜라 자서전』, p. 93, p. 101. 알칼라의 한 귀부인과 그 딸이 이냐시오의 영성수련을 받은 다음 탁발수도와 순례에 올랐다는 소문이 퍼져 이냐시오는 42일간 투옥되었다. 학생 신분으로서의 복장을 착용할 것과 4년간 신앙에 대한 전파하지 말라는 판결을 받고 석방되었다. 살라망카 법정에서는 신학적 의미의 죄에 대한 이냐시오의 해석이 문제가 되어 체포되기도 했다. 살라망카 감옥에서 석방된 다음 이냐시오는 파리 대학으로 이동했다.

을 보내 안부를 묻고,[250] 어떻게 하면 암탉이 달걀을 많이 낳게 할 수 있는지에 대한 자상한 조언도 아끼지 않았으며, 벼룩 때문에 고생하는 동료들에게 자상한 관심을 보이기도 했다.

> "이냐시오가 써 보낸 편지에는 그의 넓은 마음이 나타나 있는데, 파견된 어느 회원에게 보낸 편지에 '매일 저녁 당신에게 벼룩이 얼마나 달려드는지를 될 수 있다면 알고 싶다'라고 애정이 담긴 말을 전했다. 또한 한 인간으로서의 이냐시오는 아주 강한 사람이었으며 특히 어려운 때에 그 힘을 발휘하였다. 만사를 명쾌하게 좋은 방향으로 해석하고 사람을 나쁘게 말하는 일이 없었다. 사람과의 균형이나 하나님께 봉사하는 것, 다른 사람들이 하나님께 봉사하도록 이끌어 주는 일에 뛰어난 재능을 가지고 있었다."[251]

이냐시오에게 도시는 회피해야 할 죄인의 소굴이 아니라 하나님의 활동무대였으며 선교지의 토착문화는 부정되어야 이교(異敎)의 신앙체계가 아니라 오히려 그 가운데서 살아 역사하시는 하나님의 현존을 발견할 수 있는 선교의 접촉점이었다. 이러한 초기 예수회 선교 리더십은 "이 세상 모든 것에 역사하시는 하나님을 발견"하고자 했던 이냐시오 영성에서 태동하였다. 이냐시오의 영성과 리더십에 따라 아시아 선교를 위해 한 평생을 바쳤던 프란치

250) 토마스 루카스의 연구에 의하면 이냐시오 로욜라는 16세기 기독교 지도자 중 가장 많은 편지를 발생했던 인물이다. 루카스의 통계에 의하면, 에라스무스는 1,980통(1519-1536), 루터는 3,141통(1520-1546), 캘빈은 1,247통(1548-1564), 피터 카시니수스(Peter Canisius)는 1,414통(1548-1571), 아빌라의 성 테레사는 457통(1576-1582)의 편지를 발송했는데 이냐시오 로욜라는 1548년부터 1556년 동안 무려 6,815통의 편지를 발송했다. Lucas, *Landmarking*, p. 131.

251) 후안 카트레트, 『예수회 역사』 (서울: 이냐시오 영성연구소, 1994), pp. 23-24.

스코 하비에르는 이냐시오의 편지를 읽거나 답장을 쓸 때 언제나 바닥에 무릎을 꿇고 썼다는 유명한 이야기가 전해져 내려오고 있다. 초기 예수회 선교사들에게 미친 이냐시오의 영성과 리더십의 영향을 가늠해 볼 수 있는 일화이기도하다.

제6장

선교학과 인구통계학

인구의 증감과 선교학의 상관관계

급변하고 있는 21세기 세계 기독교의 모습에 관심을 가지고 있는 사람은 9 · 11 이후, 언론매체와 지식사회에서 자주 거론되고 있는 이슬람 근본주의(Islam Fundamentalism)의 대두와 함께 21세기 기독교의 미래를 견인해 갈 아프리카, 라틴아메리카, 그리고 남태평양 군도의 폭발적인 기독교 인구 성장에 대한 보고를 자주 접하게 된다.[252] 9 · 11 이후, 세계 평화를 위협하고 있는 근본주의적 종교관의 대립은 이미 많은 종교사회학자들과 정치학자들, 그리고 신학자들에 의해 분석된 바 있다.[253] 다소 과장된 측면도 있고, 부분적인 문제에 대한 견강부회

252) 예를 들면, 2001년 4월 16일자 『뉴스위크』지의 특집 기사. Kenneth Woodward, "The Changing Face of the Church: How the Explosion of Christianity in Developing Nations Is Transforming the World's Largest Religion, in *Newsweek* (April 6, 2001), pp. 46-52.

(牽强附會)가 비판받기도 하지만 사무엘 헌팅턴 교수의 『문명의 충돌과 세계 질서의 재편』(The Clash of Civilizations and the Remaking of World Order)은 미래 사회의 갈등의 원인을 문화권간의 종교적 갈등으로 예측해 내면서, 미래 사회에 종교가 차지할 비중에 대한 중요한 이론적 분석의 틀을 제공하고 있다.[254] 펜실베이니아 주립대학에서 역사와 종교를 가르치고 있는 필립 젠킨스 교수의 『새로운 기독교 제국: 세계 기독교의 도래』(The Next Christendom: The Coming of Global Christianity)는 또 다른 각도에서 미래의 세계 기독교가 당면할 문제를 진지하게 논의하고 있다. 오대양 육대주에서 명실상부한 세계기독교(Global Christianity)의 면모를 갖추고 있는 기독교 인구의 증감을 예의 주시하면서, 젠킨스 교수는 21세기의 기독교는 더 이상 유럽의 종교가 아니라, 아프리카와 라틴아메리카, 그리고 일부 아시아 지역을 총괄하는 "남반부 기독교(Southern Christianity)"가 도래했음을 알리고 있다. 사실 급격한 쇠퇴의 징후를 보이고 있는 유럽 교회는 과거의 찬란했던 기독교 문명의 흔적을 보관하고 있는 박물관이나 관광명소로 전락하고 있다. 젠킨스 교수의 견해에 의하면, 21세기 기독교의 미래는 "들판의 불"처럼 타오르고 있는 아프리카 교회의 역동성에 의해 그 새로운 모습이 새롭게 그려질 것이다.

253) 근본주의적 종교관의 갈등과 대립, 특별히 이슬람과 힌두 근본주의를 다룬 명저는 Bruce Lawrence, *Defenders of God: The Fundamentalist Revolt Against the Modern Age* (London: I. B. Tauris & Co. 1990); Mark Juergensmeyer, *The New Cold War?: Religious Nationalism Confronts the Secular State* (Berkeley: University of California Press, 1993) 등이 있다.

254) Samuel Huntington, *The Clash of Civilizations and the Remaking of World Order* (New York: Simon & Schuster, 1996).

> "[아프리카 독립교단 교회인] 해리스(Harris)교회나 킴방구(Kimbangu) 교회, 시온주의(Zionist)파나 알라두라(Aladura)파의 신앙 전통은 이제 서구세계 밖의 사람들에게 영감을 주는 기독교의 진정한 모습을 보여주고 있다. 이 아프리카의 교회는 전통적인 기독교가 대대로 향유했던 신화를 당혹스럽게 만들고 있으며, 이런 혼란스러운 교회의 이해를 수동적이고 폐쇄적이었던 제3세계에 널리 소개하고 있다. 최소한 지난 2백 년 동안 기독교는 유럽의 제국들에 의해 전 세계로 전파되었는데, 이제 이러한 운동은 통제할 수 없는 들판의 불처럼 반대방향으로 옮겨가고 있다."[255]

"들판의 불처럼" 무서운 속도로 성장하고 있는 아프리카 교회의 비약적인 수적인 증가는 기독교 인구가 급속도로 감소하고 있는 유럽 기독교와 현저한 차이를 보여주고 있다.[256] 2001년에 출간된 『세계기독교 총람』에 의하면, 1965년 이래 아프리카 기독교인의 숫자는 무려 46%의 신장세를 계속하고 있으며, 이를 단일 숫자로 환산하면, 하루에 약 23,000명이 기독교로 개종하고 있고, 이 숫자를 1년으로 환산하면 무려 840만 명이 매년 기독교로 개종하고 있다.[257]

지금 아프리카 교회가 받고 있는 것과 같은 세계 기독교의 주목을 한때 한국교회도 받은 적이 있었다. 1970년대 초반부터 1980년대 후반까지 한국 기독교가 이룩한 폭발적인 양적 성장은 세계교회 지도자로 하여금 경이로운 눈으로 한국 교회를 바라보도록 만들었다. 불과 선교 100년의 역사를 가지고 있던 한국교회가 한국 총 인구의 4분의 1에 육박하는 약 1천만 명의 인구를 기독교화 시켰

255) Philip Jenkins, *The Next Christendom: The Coming of Global Christianity* (Oxford: Oxford University Press, 2002), p. 53.

256) "세계 종교별 인구 분포"나 "대륙별 기독교 인구의 증감"에 대한 비교 도표는 김상근, 『교회사의 흐름을 바꾼 30인의 인물들』 (은성출판사, 2003), pp. 294-296.

257) Philip Jenkins, *The Next Christendom*, p. 56.

다는 사실은, 경이로운 선교의 사례로 학계에 보고되곤 했다.[258] 특별히 인근 중국과 일본의 기독교 인구 분포와 비교해 볼 때, 당시 한국교회의 성장은 선교역사상 전례를 찾아보기 힘든 사건이었다. 또한 세계최다 교인 수를 자랑하는 여의도 순복음 교회 등 한국의 수많은 대형교회들은 교회성장을 연구하는 학자들의 많은 관심을 끌었다.[259]

그러나 1990년대에 접어들면서 상황은 반전되었다. 모든 대한민국의 영혼들에게 그리스도의 복음을 전할 것만 같았던 교회확장의 열기는 식어가고 있고, 과거의 영광은 빛을 잃은 채 여기 저기서 걱정과 우려의 음성이 들려오고 있다. 경이로운 교회성장과 세계 최다의 교인 수를 가진 순복음교회, 장로교회, 감리교회가 모두 서울에 위치하고 있음을 자랑하던 한국의 선교 보고서들은 이제 그 자취를 감추고, 오히려 기독교 인구 감소에 따른 우려의 목소리가 높아지고 있는 실정이다. 수적인 성장을 자랑하던 것에 익숙했던 한국 교회는 이제 한국 내에서의 성장보다 세계 선교의 주역으로서, 얼마나 많은 선교사가 해외에 파송되어 있는지에 대한 선교 보고서를 세계교회에 제시하고 있을 뿐이다.[260]

본 연구에서 필자가 논구하고자 하는 것은 IMF 경제위기 이후 한국사회의 사회적 현상으로 나타나고 있는 출산율(Fertility Rate) 저

258) 이영훈, "한국 교회의 전도와 교회 성장" 『신학사상』 100집 (1998년 봄), p. 232.

259) 이에 대한 명성훈의 연구는 Sung-Hoon Myung, "Spiritual Dimensions of Church Growth as Applied in the Yoido Full Gospel Church" (Ph. D. diss., Fuller Theological Seminary, 1990).

260) 한국 선교사들의 양적 성장에 대한 연구는 Steve Moon, "The Recent Korean Missionary Movement: A Record of Growth, and More Growth Needed", *International Bulletin of Missionary Resecrch*, vol. 27, no. 1, (January 2003), pp. 11-17.

하현상이 한국 기독교 인구감소에 미치고 있는 영향을 분석하는 것이다. 한국의 기독교 인구가 감소하고 있다는 견해는 이미 여러 학자들에 의해서 발표되었지만,[261] 대부분의 기독교 인구 증감에 대한 인구통계학적 연구는 구체적이고 과학적인 자료를 참고하지 않았다는 한계를 가지고 있다. 감정적으로 느끼는 있는 기독교 성장의 둔화를 침소봉대(針小棒大)한 흔적까지 발견되는 형편이다. 과연 한국의 기독교 인구는 학계나 교계 지도자들의 주장대로 감소하고 있는지에 대해, 먼저 통계청의 인구센서스 결과로 검토한 다음, 1997년 IMF 경제위기가 한국 사회에 남긴 중요한 영향들이 한국 교회성장에 어떤 결과를 초래했는지에 대한 과학적인 분석을 시도하고자 한다. 특별히 IMF 경제위기이후 실제적인 통계자료의 지표상에 나타나고 있는 결혼율과 출산율 감소, 그리고 이혼율의 급증이 한국교회의 미래에 어떤 영향을 미칠지에 대해 분석하고, 이에 대한 선교학적 대응을 제시하는 것이 이 연구의 목적이다.

본 연구의 기본 가설은 기독교 인구의 성장은 출산율의 증감과 밀접한 연관을 맺고 있다는 것이다. 선교학적 측면에서의 기독교 인구 성장에는 결혼과 출생을 통한 자연적 성장(Natural Growth)과 밀접한 연관을 맺고 있으며, 현재 진행 중인 아프리카 교회의 폭발적 증가는 아프리카 가임(可姙) 여성들의 높은 출산율(Fertility Rate)과 연계된 인구 증가의 원인을 무시할 수 없다는 것이다. 최근 언론에서 자주 보도되고 있는 한국 사회의 낮은 출산율과 고령화 사회의 진입에 대해서 선교학적 분석을 제시하는 것을 통해 선교학과 인구 통계학의 학문적 교류 가능성을 모색키로 한다.

261) 예를 들면, 김영한, “교회 성장 둔화에 따른 대안,” 『월간목회』 1997년 1월호.

한국 기독교 인구의 감소에 대한 분석

한국교회와 신학계는 생명과학이나 인간 복제의 윤리적 문제, 혹은 고령화 사회로 접어들고 있는 한국 사회에 대한 목회 신학적 문제 제기와 대응책에 대해 자주 논의해 왔다.[262] 최근 한국사회에서 새로운 사회 문제로 급부상하고 있는 광범위하고 지속적인 가정의 붕괴와 이혼율의 증가가 목회에 미치는 영향에 대한 분석도 제시된 바 있다.[263] 그러나 한국 기독교 인구의 감소를 우려하는 목소리는 자주 들리지만, 이에 대한 정밀하고 과학적인 분석 작업은 아직 미흡한 실정이다. 교회성장의 둔화를 바라보는 학자들의 접근이 다분히 추상적이거나 신학적인 원인 분석에만 집중해 있다. 예를 들면, "한국교회의 성장과 정체에 대한 교회성장학적 진단과 그 대안"이란 논문에서 정병관은 한국교회 성장의 둔화 이유를 아홉 가지로 설명하고 있는데, "진보주의 신학의 영향으로 하나님 없는 종교를 가진 세속주의 기관화"와 "많은 사람들에게 과거와 같은 명료성을 제공해 주지 못하는 '신학적 혼란'"을 첫번째와 두번째 이유로 제시한다.[264] 보수적인 신앙관에 기초해서 내려진 그의 판단에 의하면, "교회 성장 자체를 거부하고 방해하는 지극히 방어적인 신학이 진보적인 교회에서, 동시에 부분적으로 보수적인 교회 안에서 영향력을 발휘하기 때문"이라고 단언하면서[265] 한국교회 성장의 둔화에 대한 책임을 진보적인 교회와 신학자

262) 예를 들면, 생명과학과 지놈 프로젝트, 유전자 조작 등에 대한 특집호였던 기독교사상 2001년 2월호라든지, "고령화 사회와 노년화된 교회"라는 특집으로 엮어진 기독교사상의 2001년 11월호 등이 있다.

263) 최근, "이혼 가정이 늘고 있다"는 특집호로 출간된 기독교사상 2002년 5월가 대표적인 예이다.

264) 정병관, "한국교회의 성장과 정체에 대한 교회 성장학적 진단과 그 대안", 『신학지남』 (1998년 1월), p. 129.

들에게 돌리고 있다. 한편 조직신학자인 김영한은 "교회성장 둔화에 대한 대안"이란 글에서 한국교회의 성장 둔화를 인정한 다음, 목회 갱신이나 목회자의 자기개발, 신자 양육 프로그램, 평신도 의식개혁, 개교회주의 극복, 청년 프로그램 개발, 교회성장 신학의 정립, 신학교육 수준의 향상, 성령의 생동적 역사, 건전한 기도원과 은사운동, 교회의 정체성 확립, 인본주의 제거 등이라는 원칙론을 제시한다. 한국교회 성장둔화를 극복하기 위한 김영한의 해법은 아래와 같은 결론으로 끝맺고 있다.

> "우리 한국교회는 이러한 성장의 둔화 내지 침체에서 벗어나기 위하여 제도화 내지 기구화 된 모습을 갱신하고 영적 각성을 해야 하겠다. 그것은 목회자들과 신학자들이 새벽 일찍이 낮 한가운데 또는 깊은 밤, 가장 조용한 시간에 하나님 앞에 무릎 꿇고 독대하여 기도하면서 성령 안에서 그리스도를 통하여 하나님과의 인격적 관계를 회복하는 것이다."[266)]

정병관이나 김영한이 제시하고 있는 보수 신학적 혹은 이상주의(理想主義)적 해법은 한국 교회의 성장둔화라는 절실한 문제를 안고 오늘도 목회 현장에서 고민하고 있는 목회자들에게 일시적 위로의 말이 될 수는 있어도, 문제의 원인과 대책에 대한 전문적인 분석으로는 미흡한 면이 있다. 실제로 한국교회의 기독교 인구가 감소하고 있다면 그 감소의 폭은 어느 정도이고, 그 감소의 직접적인 동기는 무엇일까?

이 문제에 대한 명확한 해답을 위해서는 한국사회의 기독교 인구가 실제적으로 감소하고 있는지, 구체적인 자료로 분석해 보

---

265) *Ibid.*, p. 134.

266) 김영한, "교회 성장 둔화에 대한 대안", p. 83.

아야 한다. 그러나 아쉬운 것은, 한국의 종교 인구 변동을 과학적으로 분석하기 위해서 꼭 필요한 자료인 각 종교단체별 인구통계를 신뢰할 수 없다는 것이다. 만약 한국의 각 종교단체가 주장하는 종교 인구 숫자를 더하면, 한국의 총인구를 훨씬 상회하는, 웃지 못할 현상이 나타날 정도이다.

따라서 한국 종교 인구 변동과 기독교 인구의 증감을 확인할 수 있는 가장 과학적인 자료는 한국 통계청에서 매 10년마다 실시하는 총인구센서스의 결과와 1984년, 1989년, 그리고 1997년에 실시된 한국 갤럽의 무작위 표본추출 조사 결과를 분석하는 것이다. 다행히 한국 통계청의 1985년과 1995년 인구센서스에 종교 관련 항목이 포함되어 있고,[267] 한국 갤럽의 조사는 과학적인 보고서가 따로 출간되었으므로,[268] 이를 바탕으로 분석하는 것이 가장 합리적인 접근이라고 할 수 있다. 아쉽게도 2005년 한국 통계청의 종교인구 발표는 이 책이 출간되는 시점인 2006년 8월 말 현재 공식적으로 발표되지 않고 있다. 다만 총인구 중 종교인구의 비율(53.1%)과 대표적인 종교집단인 불교(22.8%, 1,072만 명), 기독교(18.3%, 861만 명), 천주교(10.9%, 514만 명) 등의 총괄적인 통계만 "2005년 인구주택 총 조사 전수 집계 결과"를 통해 임시로 발표되었다 (2006년 5월 25일). 이 총괄적 통계가 발표된 이후 한국 기독교에서는

267) 매 5년마다 실시되는 인구센서스에 종교관련 설문이 포함된 것은 1985년과 1995년이었다. 1990년과 2000년도 인구센서스에는 종교난이 포함되지 않았다. 따라서 2005년 정부의 공식 인구센서스에 반드시 종교관련 설문이 포함되도록 관련당국자들을 설득해야 할 것이다.

268) 박무익 편, 『한국인의 종교와 종교의식: '84년, '89년, '97년 조사결과와 비교한 종교연구서』 (서울: 한국갤럽, 1998). 이 조사의 모집단은 전국 만 18세 이상의 남녀이며 표본크기는 1,613명, 그리고 사용된 표본추출방법은 다단층화 무작위 추출(Multi-Stage Stratified Random Sampling)이었다. 자세한 표본추출 과정과 자료 처리방법에 대해서는 pp. 13-14 페이지 참조.

신자의 감소 현상이 통계지표로 확인되었다며 난리법석을 떨었다. 기독교 미디어는 특별히 1995년보다 약 74% 가량 성장한 천주교의 약진세에 주목하면서 반(反) 에큐메니칼적인 보도를 쏟아 내는 추태를 부렸다.

그러나 필자는 기독교 미디어의 선동주의와 교계의 일시적인 흥분을 경계하면서, 통계청의 공식적인 최종 결과를 기다릴 것을 촉구하고자 한다. 아직 성급하게 결론을 내릴 수 없을 만큼 통계 숫자에 약간의 문제가 있는 것으로 판단되기 때문이다. 예를 들면 74 %에 달하는 천주교의 급격한 성장은 인구 통계학적으로 문제가 있는 것으로 사료된다. 한국 천주교 중앙협의회에서 2006년 6월 10일에 발표한 자체 숫자(466만 명)보다 통계청 조사의 숫자가 무려 48만 명 정도 적다는 발표는 필자의 이런 의구심을 뒷받침하고 있다. 이렇게 통계 지표가 현격하게 차이가 나는 이유에 대해서 좀 더 엄밀한 조사가 필요한데 이를 위해서는 통계청의 최종 결과 발표가 전제되어야 한다. 통계청의 발표는 피조사자 스스로가 밝힌 종교적 정체성(비록 교회나 성당, 혹은 사찰에 등록되어 있지 않다하더라도)을 의미하는 반면, 각 종교단체의 통계는 세례, 입교, 시주, 헌금 등을 통해 밝혀지는 구체적인 멤버십의 숫자를 의미하기 때문에 이런 차이가 발생한다고 볼 수 있다. 그렇다면 여기서는 우선 1985년과 1995년의 통계를 중심으로 살펴볼 수밖에 없다.

먼저 통계청과 한국갤럽의 인구센서스와 표본조사 결과를 분석해 보면, 한국 기독교 인구의 감소는 사실과 거리가 멀다는 것을 확인할 수 있다. 한국 교회 지도자들이나 신학자들이 자주 거론하는 것처럼, 대대적인 기독교 인구의 감소는 일어나지 않고 있다. 1985년부터 1995년까지의 종교별 인구 변동 추이를 분석해 보면, 한국교회의 성장이 1970년대와 비교했을 경우 성장세가 둔화되고 있는 것은 사실이지만, 일부에서 우려하는 것처럼 급격한 감소는 발생하지 않았다. 대부분의 학자들은 한국 기독교 성장이 최고점에 이르렀을 때를 1980년대 말로 본다. 이영훈의 최근 분석은 이런 학자들의 입장을 대변하고 있는데, 그의 분석에 의하면 한국 기독교의 최대 부흥기는 1980년대 말이었다.

> "그리하여 한국 교회는 '73 빌리 그래함 대전도대회, '74 엑스폴로 대회, '77 민족성회, '80 세계복음화대회, '84 선교 100주년 대성회, '88 복음화성회 등 굵직한 대회를 치르면서 놀랍게 부흥되었다."[269]

그러나 최대 부흥기였다는 1980년대 말 이후에도 교회의 성장은 계속되었다. 통계청의 인구센서스 자료에 의하면 1985년 이후부터 1995년까지 10년 동안 한국의 기독교(개신교) 인구는 전체 인구 당 퍼센티지였던 16.4%에서 19.6%로 성장했다.[270] 따라서 1990년대에 접어들면서 한국 교회의 성장이 둔화되었다는 학계의 보고는 사실과 다르며, 한국 교회는 여전히 지속적인 성장을 계속하고 있다. 이를 확인하기 위해 7세 이상 인구의 종교 변화 추이(1985-1995)를 전체 인구의 퍼센티지로 나누었을 때 각 종교별 인구는 아래와 같다.[271]

269) 이영훈, "한국교회의 전도와 교회 성장", p. 27.

270) 한국갤럽의 조사는 약간 다르게 나타났다. 1984년의 기독교 인구는 17.2%, 1989년의 19.2%, 그리고 1997년은 20.3%로 각각 성장했다. 지표상의 숫자는 통계청의 인구센서스와 다르지만, 지속적인 증가가 있었다는 점은 공통적으로 나타났다. 박무익 편, 『한국인의 종교와 종교의식: '84년, '89년, '97년 조사 결과와 비교한 종교연구서』, p. 17.

271) 통계청의 1985년과 1995년 인구센서스 발표를 바탕으로 은기수가 정리한 도표임. 출저는 김두섭, 박상태, 은기수 편, 『한국의 인구』 2권 (대전: 통계청, 2002), p. 560.

종교별	1985년	1995년
불교	21.8	24.9
개신교	16.4	19.6
천주교	4.7	6.8
유교	1.4	0.5
원불교	0.3	0.2
천도교	0.1	0.1
대종교	0.0	0.0
대순진리회	0.1	0.1
기타	0.4	0.4
무종교	54.8	47.4
합계	100%	100%

이 도표의 자료를 사용하여 1985년과 1995년 사이의 종교별 인구 증감을 그래프로 비교해 보면 10년간의 한국 종교 인구의 변동을 한 눈에 비교 분석해 볼 수 있다.

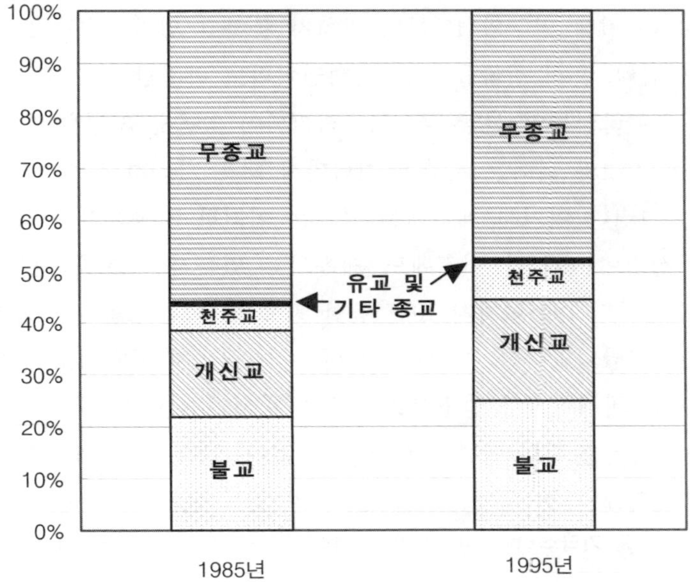

위의 그래프에서 발견할 수 있는 매우 흥미로운 사실은 불교, 개신교, 천주교의 퍼센티지는 1985년부터 1995년까지 10년간 지속적으로 성장했고, 이와 반대로 무(無)종교 인구는 지속적으로 감소했다는 것이다. 다른 나라의 일반적 종교 현상과 비교해 볼 때, 무종교 인구가 무려 50%를 상회하는 것은 한국의 특이한 종교 현상이다. 1995년의 인구센서스에 의하면 한국의 무종교 인구는 처음으로 50% 이하로 떨어졌다. 더욱 중요한 것은 이런 무종교 인구의 감소는 곧바로 불교, 기독교, 천주교인의 점진적인 증가로 나타나고 있다는 것이다. 한국갤럽의 표본조사에서도 같은 현상이 확인되었다.[272)]

272) 박무익 편, 『한국인의 종교와 종교의식: '84년, '89년, '97년 조사 결과와 비교한 종교연구서』, pp. 17-18.

또한 유교를 포함한 원불교, 천도교, 대종교, 대순진리회, 기타 종교는 전체 인구의 1%에도 미치지 못하고 있다는 사실도 매우 흥미롭다. 흔히 한국을 유교 문화권이라고 하지만, 종교로서의 유교는 한국인들의 신앙생활과는 격리되어 있음을 확인할 수 있다. 이들 종교의 쇠퇴는 시간이 지나면서 더욱 가속화되고 있다.

그러나 여기서 제기되는 문제는 이러한 지속적인 기독교 인구 성장이 1995년 이후에도 계속되고 있는지에 대한 의문이다. 1985년부터 1995년까지 10년 동안 전체 인구의 3.2%가 기독교 인구로 편입되었다면, 이러한 증가율은 지금까지 계속되고 있는가? 필자는 미래학자나 인구학을 전공한 학자가 아니기 때문에 이 질문에 대한 정확한 답변을 제시할 수 없다. 일단 2005년의 인구센서스 결과에 대한 통계청의 최종 결과 발표(현재 전체 종교인구와 종교집단 별 숫자만 발표된 상태임)와 한국갤럽의 후속조사를 기다려야 할 것이다. 그러나 필자가 확신하는 것은, 만약 현재 한국 사회의 문제로 대두되고 있는 가임여성의 낮은 출산율(Low Fertility Rate)이 지속되거나 가속화된다면, 한국 교회는 앞으로 수십 년 후에 아주 심각한 기독교 인구의 감소를 경험하게 될 것이란 것이다. 2002년, 불과 1.3 이하를 기록했던 한국의 낮은 출산율(한 여성이 평생 동안 출산하는 아이의 숫자)은 매년 감소하여 2006년 현재 1.1(미국의 인구통계소[PRB] 발표) 혹은 1.08(파이낸셜 타임즈 2006년 7월 10일 기사)이라는 충격적인 발표가 있었다. 이러한 파국적인 추세가 계속된다면, 오늘날 유럽의 교회가 경험하고 있는 급격한 기독교 인구의 감소현상이 한국에서 재현될 것이 불 보듯 당연한 일이기 때문이다. 그렇다면 한국 가임여성의 출산율 저하와 기독교 인구의 감소가 어떻게 연관되어 있을까?

한국 가임(可妊) 여성의 출산율(Fertility Rate) 변동 추이

한국 가임 여성의 출산율은 세계 인구 통계학자들의 연구 대상이었으며 지금도 학계의 관심분야로 알려져 있다. 사반세기 만에 고 출산율(High Fertility Rate)에서 저 출산율(Low Fertility Rate) 구조로 급격히 변동된 한국 가임 여성의 출산율 변등은 출산율 변동의 사회적 원인과 영향을 연구하는 인구학자들에게 다양한 연구 자료를 제공하기 때문이다. 미국 하와이에 있는 래스트-웨스트(Last-West) 인구 연구소의 렐르(J. R. Rele)박사는 1916년부터 1985년까지의 한국 가임 여성들의 출산율 변동을 연구한 논문을 발표한 바 있다.[273] 그의 연구에 의하면 1916년부터 1920년 사이 한국의 가임여성 출산율은 5.92였는데 이러한 5.0 이상의 높은 출산율은 1960년대 후반까지 이어지다가 1980년 전반에 이르러 2.4로 떨어졌다는 것이다. 렐르는 한국의 가임여성 출산율 변동은 다른 아시아 국가들에게 찾아볼 수 없는 사례라고 지적하면서, 1950년대 후반의 고 출산율(High Fertility Rate)시대에서 1980년대 전반의 저 출산율(Low Fertility Rate)시대로 무려 61%의 출산율이 감소했다고 분석하고 있다.[274]

본 연구의 주된 목적은 1990년대 이후, 특별히 IMF 경제위기 이후에 나타난 출산율 변동에 따른 한국교회 성장의 변동을 예측하고 이에 대한 선교 신학적 대응을 마련하는 것이다. 그렇지만 1980년대 전반까지의 지속적인 출산율의 감소가 한국교회의 기독교인구의 증감에 어떤 영향을 미쳤는지에 대한 연구도 매우 중요

273) J. R. Rele, “70 Years of Fertility Change in Korea: New Estimates from 1916 to 1985”, *Asia-Pacific Population Journal*, vol 3. no. 2, pp. 29-54.

274) *Ibid.*, p. 53.

한 추가 연구 과제임을 밝혀둔다. 특별히 서울을 중심으로 한 대도시와 지방 소도시 혹은 농어촌 마을의 기독교 인구 증감의 대조연구를 통해, 도시교회의 지속적인 성장과 함께 진행된 지방과 농어촌교회의 기독교 인구 감소가 서로 연관되어 있을 가능성이 크기 때문이다.

2003년 3월 7일, 일본에서 열린 인구와 사회보장제도를 위한 국립연구소(National Institute of Population and Social Security Research) 학회에서 은기수 박사는 렐르의 연구기간 이후의 한국 가임 여성 출산율 변동 추이를 분석하고 있다. 은기수가 발표한 "최근 한국의 출산율 감소에 대한 이해"(Understanding Recent Fertility Decline in Korea)는 한국 인구의 단순한 생물학적 출산율 변동 분석에 머무르지 않고 IMF 경제위기와 출산율 증감의 상관관계를 연관시켜 분석함으로써 최근 한국사회의 출산율 변동의 원인에 경제적 원인이 중요한 변수로 작용하고 있음을 이론적으로 확인시켜 주었다. 은기수의 연구에 의하면, 이미 렐르의 연구에서 확인된 것처럼 1980년 전반기에 2.4까지 떨어졌던 한국 가임여성의 출산율은, IMF 경제위기이후 더 큰 폭으로 떨어졌다. 그의 연구에 의하면 1980년대의 출산율 저하는 1987년에 이르러 1.55를 기록함으로써, 한때 최저점을 기록했다.[275] 그러나 이러한 하강 일변도의 출산율은 소폭이나마 점진적으로 상승하기 시작해 1992년에 다시 1.78로 회복되었다. 그러나 그 이후부터 한국 가임여성의 출산율은 지속적으로 감소하기 시작하였다가 IMF 경제위기가 닥쳤던 1997년 이후 큰 폭으로 하락하기 시작하여, 2001년 통계에 의하면

275) Ki-Soo Eun, "Understanding Recent Fertility Decline on Korea", *Journal of Population and Social Security*, Supplement to Volume 1, p. 574.

불과 1.30의 출산율을 기록하고 있을 뿐이며,[276] 이러한 하락세는 2006년까지 계속되고 있다. 일부 언론(파이넨셜 타임즈 2006년 7월 10일자 기사)은 2006년의 한국 여성의 출산율을 1.08로 보도했다. 은기수의 자료와 각종 언론 보도를 바탕으로 1970년부터 2006년 사이의 한국 가임여성 출산율을 도표화하면 아래 그림과 같다.

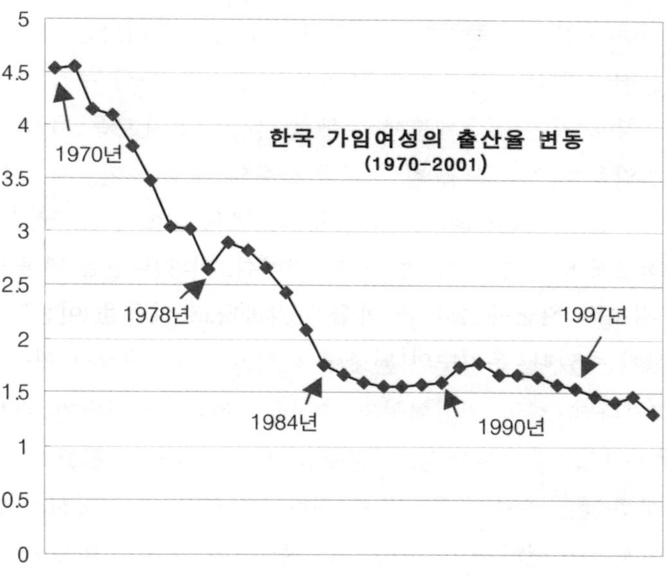

어느 사회에서든지 출산율의 변동은 그 사회의 구조적인 문제와 밀접하게 연관되어져 있다. 특별히 한국의 출산율을 한국 사회의 특징을 이루고 있는 전통적 가족제도의 존립과 밀접하게 연계되어 있다. 성인남녀가 결혼을 통해 가족을 구성하고 그 가족의

276) 1970년부터 2001년까지의 출산율 변동에 관한 도표는 *Ibid.*, p. 575.

단위로 출산이 이루어지는 한국의 사회적 가치는 곧바로 한 여성이 평생에 걸쳐 아이를 출산하는 숫자를 나타내는 출산율(Fertility Rate)과 직접적인 상관관계를 형성한다. 성의 자유가 확보되어 있는 서구사회에서의 인구 증가나, 입양이나 해외근로자의 (밀)입국, 혹은 이민자의 과다한 출산으로 인한 인구 분포의 변동과 같은 외적인 인구변동이 미미한 한국 사회에서는, 전통적인 결혼제도를 매개로 증감되는 인구변동이 주종을 이루고 있다. 가족의 범위 안에 발생하는 출산의 증감만이 인구변동의 의미를 지니는 사회이기 때문에 결국 한국 가임여성의 출산율의 감소를 통해 우리는 가족제도의 붕괴 혹은 결혼제도에 대한 한국사회의 새로운 해석이 내려지고 있음을 반증한다. 최근 한국 사회의 새로운 현상으로 받아들여지고 있는 이혼율의 증가가 가족의 범위 내에서의 출산율 감소에 직접적인 영향을 미치고 있는 것이다. 이 점에서 인구통계학자들은 결혼(Marriage)과 실제출산(Childbearing), 그리고 이혼(Divorce)을 출산율을 결정하는 3대 요소라고 본다.[277)]

그렇다면, 한국 가임여성의 출산율 급감을 분석하기 위해서 출산율과 더불어 결혼률 및 이혼율을 비교 검토해볼 필요가 있다. 현재 매우 낮은 수준의 출산율을 유지하고 있는 한국 사회의 결혼율과 이혼율을 연대순으로 대조 비교할 경우, 특정한 연도에 출산율의 변동을 초래할 만한 요인들, 즉 결혼율과 이혼율의 증감 시점을 확인해 낼 수 있기 때문이다. 아래는 한국통계청(KNSO)의 2002년과 2003년 통계자료를 이용한 1980년부터 2002년까지 연도별 출산율, 결혼률, 이혼율의 변동 상황이다.[278)]

277) *Ibid.*, p. 577.

278) *Ibid.*, p. 578.

연도	출산율	결혼률	이혼율
1980	2.83	10.6	0.6
1981	2.66	9.4	0.6
1982	2.42	9.2	0.7
1983	2.08	9.2	0.7
1984	1.76	8.9	0.9
1985	1.67	9.2	1.0
1986	1.60	9.2	1.0
1987	1.55	9.1	1.0
1988	1.56	9.2	1.0
1989	1.58	9.4	1.0
1990	1.59	9.3	1.1
1991	1.74	9.6	1.1
1992	1.78	9.6	1.2
1993	1.67	9.0	1.3
1994	1.67	8.7	1.4
1995	1.65	8.7	1.5
1996	1.58	9.4	1.7
1997	1.54	8.4	2.0
1998	1.47	8.0	2.5
1999	1.42	7.7	2.5
2000	1.47	7.0	2.5
2001	1.30	6.7	2.8
2002	1.17	6.4	3.0

위의 도표를 자세히 검토해보면 우선 출산율은 1980년대에 지속적으로 감소하다가 1990년대 초반에 조금의 상승기를 거쳐 1997년부터 다시 감소하는 것을 발견할 수 있다.[279] 인구 천 명당 결혼의 숫자를 나타내는 결혼률(CMR: Crude Marriage Rate)은 1996년까지 등락을 계속하다가 역시 1997년부터 지속적인 폭으로 하락하고 있음을 확인할 수 있다. 인구 천 명당 이혼숫자를 나타내는 이혼율(CDIR)은 1996년까지 1.7이하였다가 1997년부터 2.0을 넘기 시작하여 급격한 상승폭을 기록하고 있다. 출산율, 결혼률, 그리고 이혼율의 변동추이를 나타내는 위의 도표를 그래프 상에 옮겨 놓으면, 이 세 가지 지표상의 변화가 일어나는 시점을 확인할 수 있다. 그것은 1997년에 한국의 출산율과 결혼률은 동반하여 급격히 감소하기 시작했고, 같은 1997년부터 이혼율은 급격히 상승하기 시작했다는 것이다.

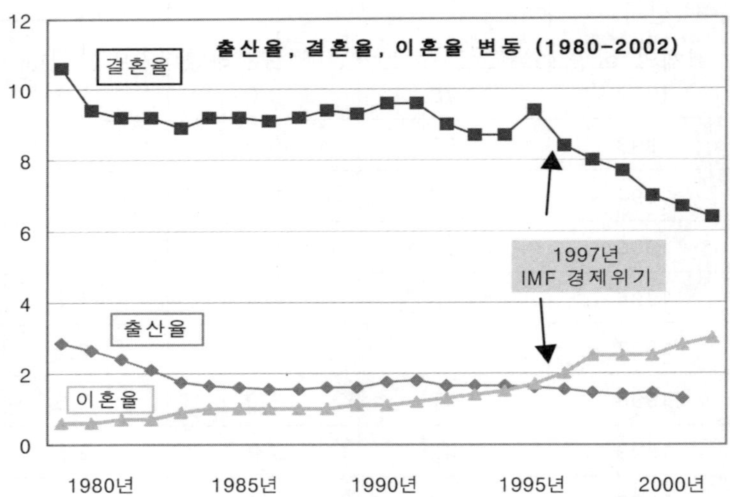

279) 한국통계청 자료에 의하면 2003년의 출산율은 1.19, 2004년은 1.16, 2005년은 1.08로 계속 떨어지고 있다.

IMF 경제위기가 한국 사회에 남긴 후유증은 매우 심각하다. 문제는 그 후유증이 단기간에 끝나지 않고 지속적으로 한국사회의 온갖 역작용을 부추기도 있다는 것이다. 한국의 전통적 가족제도는 IMF 경제위기의 충격을 직접적으로 받고 심각한 역작용이 초래되고 있다. 위 도표에서 확인할 수 있는 바와 같이 1997년 IMF 경제위기를 시점으로 출산율과 결혼률은 빠른 속도로 내려가는 대신, 이혼율은 매우 빠른 속도로 증가하고 있다. 이러한 현상은 1997년 이후 시간이 갈수록 더 심각한 현상으로 전개되고 있다는데 더 큰 문제가 있다.

IMF 경제위기에 대한 한국 신학계의 반응이 미미했다. 한국의 대표적 대중 신학논문집인 『신학사상』은 IMF 경제위기가 한국사회를 강타했을 때, 경상대학교 경제학교수인 장상환의 "국제 금융기관의 본질과 IMF 세계경제 체제"라는 논문을 급히 게재하고,[280] 신학자인 손규태의 "오늘날의 경제윤리: 신자유주의 세계경제 체제의 비판"이란 논문을 1998년에 출간하였다.[281] 그러나 더 이상의 대응은 없었다. 2000년 봄에 <국민일보>의 논설위원인 조용래가 "한국경제의 위기와 새로운 모색: 갈등구조를 넘어서"라는 논문을 발표했지만,[282] 신학적 분석이 아닌 경제학적 접근이었다. IMF 경제위기가 초래된 경위에 대해 신학자들의 식견이 한정되어 있으므로, 이 부분의 논의가 확대될 수 없었다 할지라도, 그 결과

280) 장상환, "국제 금융기관의 본질과 IMF 세계경제 체제", 『신학사상』(1998, 여름), pp. 5-50.

281) 손규태, "오늘날의 경제윤리: 신자유주의 세계경제 체제의 비판", 『신학사상』(1998, 여름), pp. 58-88.

282) 조용래, "한국경제의 위기와 새로운 모색: 갈등구조를 넘어서", 『신학사상』(2000, 봄), pp. 34-60.

가 초래하고 있는 제반 문제에 대한 신학적 대응과 목회 신학적 접근이 없었다는 아쉬움이 남아있다. 특별히 지금까지 그 영향력이 남아있는 1997년 IMF 경제위기 이후부터 시작된 한국 가족구조의 급격한 변동과 출산율의 감소에 대한 신학적 분석과 대응이 시급한 실정이다.

출산율 감소가 한국교회 성장 둔화에 미칠 영향에 대한 선교학적 진단과 제안

출산율의 증감은 교회의 성장과 둔화에 직접적인 영향을 미친다. 예를 들면, 기독교 인구의 폭발적인 증가를 기록하고 있는 우간다의 경우 출산율은 2002년 기준 7.1이며, 콩고의 경우에도 6.3에 이르고 있다.[283] 생육하고 번성하는 곳에서 기독교 인구는 증가한다. 이른바 자연출산에 의한 선교이다. 반면 기독교 인구의 급격한 감소가 진행 중인 유럽의 경우, 매우 낮은 출산율을 보이고 있다. 예를 들면 영국(1.6), 스웨덴(1.6), 포르투갈(1.5), 스위스(1.4), 오스트리아(1.3), 독일(1.3), 그리스(1.3), 스페인(1.2), 이탈리아(1.2), 불가리아(1.1)등 전통적 기독교 국가에서의 출산율이 보편적으로 매우 낮게 나타나고 있다. 유럽의 기독교 인구 급감은 주로 지중해 연안의 여러 나라에서 확인되고 있다. 그리스, 스페인, 이탈리아와 같은 국가들의 낮은 출산율은 기독교 인구의 감소로 바로 연결되어, 심각한 종교적, 사회적 우려를 야기하고 있다. 우리입장에서 더 우려되는 것은 한국의 가임여성 출산율이 2001년도에 이미 1.3으로 떨어졌으며, 이들 남부유럽 국가들과 동등한 수치를 유지하

283) 세계보건기구(World Health Organization)의 2003년 발표.

고 있고, 더 나아가 이러한 감소 추세가 멈추지 않고 있다는 것이다. 앞에서 언급한 대로 2006년의 한국의 출산율은 1.08에 불과한 실정이다.

IMF 경제위기 이후 급격히 감소하기 시작한 출산율과 결혼률, 그리고 1997년을 기점으로 급상승하기 시작한 이혼율은 한국 교회의 지도자들과 목회자들이 반드시 주목해야할 사회적 현상이다. 현재와 같은 낮은 출산율이 계속된다면, 한국교회에 심각한 성장의 둔화가 나타날 것은 물론이고, 유럽교회가 경험하고 있는 급속한 기독교 인구의 감소를 경험할 수 있기 때문이다. 이 문제에 대한 교회론적, 목회 신학적 입장에서의 토론과 연구를 제안하면서, 선교학적 입장에서의 진단을 아래와 같이 제시한다.

1) 경제적 문제에 대한 목회 상담적 관심

1997년 IMF 경제 위기 이후, 이혼율의 증가를 비롯한 한국 가정의 급속한 붕괴는 언론과 미디어에 의해 자주 거론되어 왔다.[284)] 늦게나마 한국 교회의 지도자들과 목회자들이 이 문제를 직시하면서, 상담과 치유를 통한 가정의 회복을 주도하고 있는 것은 반갑고 다행한 일이다. 그러나 위의 자료 분석에서 확인할 수 있는 바와 같이, 현재 1997년 이후부터 나타나고 있는 가족제도의 변화, 즉 출산율과 결혼율의 감소 및 이혼율의 증가는 경제적인 영향이 가장 중요한 변수로 작용하고 있음을 주목해야 할 것이다. 한국사회의 전통적 가족제도까지 흔들어놓은 IMF 경제위기의 여파는 참으로 심각한 결과를 초래하고 있으며, 이러한 영향은 곧 목회의 현장

284) 예를 들면, “이혼, 그 뒤를 아세요?” 『한겨레신문』 2004년 2월 26일 18면.

에서 교인 수의 급감으로 나타날 것이다. 가정의 붕괴를 막기 위한 1997년 이후의 상담과 치유의 목회에 경제적인 문제에 대한 보살핌과 실제적인 도움이 없다면 그 상담과 치유는 일시적 해결책에 그칠 공산이 크다. 경제적 위기에 봉착한 가정들의 위기를 정확하게 인식하고, 동반적인 현상으로 나타나고 있는 결혼율과 출산율의 저하를 막기 위해 교회는 인력과 물질을 아낌없이 사용해야 한다. 그렇지 않으면 박물관이나 관광지로 전락하고 있는 유럽 교회의 전철을 한국교회가 반복하게 될 것이기 때문이다.

2) 고령화 사회를 위한 노년목회(Silver Ministry) 준비

인류 통계학자들은 출산율 저하로 인한 인구의 감소는 여러 가지 사회적 부작용을 낳게 된다고 지적한다. 15세부터 64세까지의 노동인구 감소로 인하여 자연히 생산단가는 높아가고, 소비시장은 축소됨으로써 결국 그 경제적 부담은 그 사회의 구성원들이 고스란히 부담하게 된다. 인구 통계학자들의 분석에 의하면 한국사회는 이미 2000년 이후부터 노동인구의 감소가 시작되었으며, 유엔개발부(UNPD)의 예측을 따르면 1995년 대비 2050년의 한국 노동인구는 무려 640만 명 정도 감소할 것으로 예상되고 있다.[285)] 이러한 노동인구의 급격한 감소는 현재 유럽 대부분의 국가들이 시행하고 있는 것처럼, 임금이 싼 다른 나라의 단순 노동자를 수입해야 할 것이고, 이로 인한 만만치 않은 사회적 비용이 지출되어야

285) Ik Ki Kim, "Policy Responses to Low Fertility and Population Aging in Korea", Paper presented at Expert Group Meeting on Policy Responses to Population Aging and Population Decline (October 2000), UN. New York, p. 3.

할 것이다. 출산율의 저하는 결국 노동인구의 감소와 고령화 현상으로 귀결된다. 널리 알려진 대로 한국사회는 현재 경제협력개발기구(OECD) 회원국 가운데 가장 빠른 속도로 고령화 사회로 진입하고 있다.[286] 한국은 이미 2000년에 65세 이상 노년 인구의 비중이 7%를 넘어서면서 고령화 사회로 진입했다. 지금과 같은 고령화 추세가 계속된다면, 2019년에서 14.4%가, 그리고 2026년에서는 20%가 노년 인구가 차지하게 되면서, 소위 "초 고령 사회"로 진입할 것으로 예상되고 있다.[287]

목회적 차원에서 고령화 문제를 접근할 때 제일 먼저 인정해야 할 것은 결국 앞으로 30년 후의 목회는 노년목회가 한국교회와 목회의 중심이 될 수밖에 없다는 것이다. 현재의 낮은 출산율이 계속되면 앞으로 30년 후 한국교회의 대다수 구성원들은 노년층이 될 것이며, 노년 목회(Silver Ministry)가 목회의 가장 현실적인 과제로 대두될 것이다. 이것은 현실적인 문제이기 때문에, 목회 현장에서 이 문제에 대한 현실적인 준비가 필요하다. 노년층을 위한 독거노인아파트 단지를 조성하거나, 노인대학과 같은 노년층 교인을 위한 프로그램, 호스피스 사역, 교회 묘지 확보, 장례문화의 개선, 화장(火葬)에 대한 신학적 재조명, 죽음에 대한 신앙 교육 등이 시급한 과제로 대두될 것이다.

286) Kyunghee Chung, "Aging and Social Welfare Policies: Health Care and Income Maintenance Programs", Paper presented at International Symposium on Population and Development Policies in Low Fertility Countries (1998).

287) 『동아일보』, 2004년 10월 1일자 기사.

3) 새로운 세대를 위한 주일학교 및 청소년 목회

출산율의 저하는 결국 주일학교 및 청소년 교회의 양적 성장 둔화로 연결될 것이며, 늘어나는 노년인구와 대비하여 역삼각형의 연령별 세대분포를 이루게 될 것이다. 여기저기서 솟아오르고 있는 대형교회의 빌딩들을 자라나는 다음 세대들이 채울 수 있을지에 대해 좀 더 신중하게 검토해야 할 시점에 이르렀다. 낮은 출산율로 인한 젊은 세대인구의 감소는 주일학교와 청소년 교회의 양적인 감소로 이어질 것이 분명하기 때문이다. 한국 교회는 지금부터 건물에 투자하지 말고, 자라나는 새로운 세대에 직접 투자해야 한다. 건물에 투자할 것이 아니라 사람을 키워야 한다. 어린이들과 청소년을 위한 전문 사역자를 양성하는 일에 시급히 눈을 돌려야 하고, 이들을 위한 신학교육과 전문교육에 투자를 아끼지 말아야 한다. 자라나는 세대를 향한 미래적 투자는 목회자 양성을 위한 장기적인 계획 수립도 포함된다. 현재 유럽의 가톨릭교회가 당면하고 있는 성직자 부족사태는 낮은 출산율의 문제와 밀접하게 연관되어져 있다. 낮은 출산율로 인한 노동인구의 감소는 성직자 부족 사태로 연결되기 때문이다.

4) 해외 이주 노동자를 위한 선교와 목회

이미 해외 이주 노동자들의 인권과 복지의 문제는 한국 교회의 중요한 선교적 사명으로 떠올랐다. 해외 이주 노동자들에 대한 선교적 사명으로 깨닫고 활발한 활동을 벌이고 단체나 교회가 속속 등장하고 있다. 그러나 해외 이주 노동자들에 대한 거시적 안목의 선교는 앞으로 20년 내에 한국 교회에 새롭게 맡겨진 중요한 선교적 사명으로 등장할 것이다. 현재의 낮은 출산율이 지속된다면, 노동인구의 감소는 피할 수 없는 현실이 될 것이며, 결국 유엔 개발부(UNPD)가 제시하고 있는 해외 이주 노동자 유치를 통한 문제의 해결책이 유일한 대안이 될 것이다.[288] 저 출산율과 고령화 사회 진입은 노동 인구의 감소, 노동 생산성 저하, 연금 수급자 증가로 인한 재정악화를 초래하게 된다. 물론 통일이란 변수와 중국 경제의 전개라는 외적 변수가 자리 잡고 있지만 낮은 출산율로 인한 노동력의 감소를 해결할 수 있는 유일한 방법은 해외 이주 노동자를 통한 공장의 가동 외에 다른 대안이 있을 수 없다. 결국 해외 노동자들의 유입은 계속될 것이고, 이들을 위한 선교 차원의 준비와 목회적인 관심이 요구되고 있다.

5) 교회성장과 출산율의 상관관계에 대한 재인식

한국 교회 지도자들과 목회자들은 기존의 교인들로 하여금 가정과 결혼의 중요성을 강조하고 출산의 중요성을 환기시킬 필요가 있다. "생육하고 번성하여 땅에 충만하라(창 9:1)"는 창세기의 말씀이 얼마나 중요한 선교적 사명인지 재삼 강조할 필요조차 없다. 자연출산을 통한 교회성장이야말로 가장 오래되었지만 가장 시급한 한국교회의 선교적 사명이다.[289] 고물가, 감당하기 힘든 사

288) Kyunghee Chung, "Aging and Social Welfare Policies: Health Care and Income Maintenance Programs", p. 6.

289) 자연 출생으로 인한 선교의 중요성에 대해서 논의한 것은 아니지만 1970년대의 인구 증가가 한국 기독교 인구 증가에 기여한 바가 크다는 학계의 의견이 있다. 서우석, "한국종교의 성장과 위기: 한국갤럽 1997년 종교의식조사에 대한 보론", 박무익 편, 『한국인의 종교와 종교의식: '84년, '89년, '97년 조사 결과와 비교한 종교연구서』, p. 223.

교육비의 증가, 입시 지옥, 아파트 가격 폭등 등의 문제와 씨름하면서 "생육하고 번성하여 땅에 충만하기"를 주저하고 있는 한국교회의 교인들을 격려하는 목회가 필요하다. 출산을 가로막는 사회심리적 요인들에 대한 신학적 성찰이 계속 되어야 할 것이고, 한국사회 전체의 문제해결과 병행되어야 할 문제들에 대한 범 교회적인 대처가 요구되고 있다. 출산을 장려하고 육아를 지원할 수 있는 교회 교육이나 탁아방과 같은 시설적인 지원도 교회에서 관심을 가져야 할 목회의 부분으로 판단된다. 우리가 생육하고 번성하여 땅에 충만하기를 그친다면, 2030년 후의 한국 교회의 미래는 매우 심각한 인구 감소의 문제를 목회의 최우선 당면 문제로 접하게 될 것이다.

제7장

선교학과 의학

의료선교학 정립을 위한 선교학과 의학의 만남

한국 기독교가 세계선교의 중심 국가로 우뚝 솟아오르고 있다.[290] 통계지표상의 숫자가 모든 것을 말하는 것은 아니지만, 현재 한국교회는 미국에 이어 세계에서 두번째로 많은 선교사를 해외에 파송하고 있으며, 공식적으로 파악된 선교사의 숫자만 해도 만 명을 훨씬 능가하고 있다. 문상철 박사의 최근 통계에 의하면 그 숫자가 매년 최소한 1천 명 정도 증가하고 있다고 한다.[291] 선교 120주년을 기념하는 한국 교회의 짧은 역사를 감안할 때 이와 같은 한국교회의 해외 선교에 대한 뜨거운 열기는 참으로 경이로운 것이다. 한국교회에서 최근 주목을 받고 있는 의료선교, 교육선

290) Rob Moll, "Mission Incredible," in *Christianity Today* (March, 2006).

291) Steve S. C. Moon, "The Recent Korean Missionary Movement: A Record of Growth, and More Growth Needed," *International Bulletin of Missionary Research* vol. 27, no. 1 (Jan. 2003), pp. 11-16.

교, 컴퓨터 선교, 무선통신 선교, 출판인쇄 선교, 성서번역 선교 등을 포함한 전문인 선교에 대한 관심도 높아지고 있다.[292] 특별히 미개발국가나 문명의 손길이 미치지 않는 오지(奧地)를 향한 장단기 의료선교의 필요성과 선교 방법에 대한 한국교회의 관심이 증가되고 있다.[293]

한국 선교의 역사는 사실 의료선교와 함께 시작되었다.[294] 1884년 미국 북장로교회 소속 의료선교사였던 호레스 알렌(Horace N. Allen)이 조선에 도착하여 이듬해 고종 황제로부터 광혜원(廣惠院)을 개원할 수 있도록 윤허를 받음으로써 조선에서의 기독교 선교역사가 펼쳐지게 되었다.[295] 조선 최초의 서양식 의료시설이었던 광혜원은 1904년 올리버 에비슨(Oliver Avison, 1860-1956) 박사에 의해 세브란스 병원과 의학전문학교로 확대, 발전되었다가 1915년 설립된 호레스 언더우드(Horace Underwood, 1859-1916)의

292) 이에 대한 연구는 한국전문인선교협의회, 『선교의 패러다임이 바뀐다』 (서울: 창조, 2000). 한국에서는 한국전문인선교협의회가 2004년에 창립 10주년을 맞이했으며 40여 개의 전문인 선교단체가 소속되어 활동하고 있다.

293) 의료선교에 대한 학문적 연구는 아직 미흡한 실정이다. 한국교회사 연구와 연관된 의료선교에 대한 몇 권의 저술을 제외하면 전희근의 연구가 기초적인 작업을 수행하고 있다. 전희근, 『선교와 의료』 (서울: 생명의말씀사, 1997). 또한 한국 최초의 의료선교기관이자 최초의 서양식 의료기관인 세브란스 병원과 연세대학교 의과대학을 중심으로 활발한 의료선교 활동이 전개되고 있는데 최근 전우택 교수가 이를 바탕으로 의료선교에 대한 지침서를 발간하였다. 전우택 편, 『의료선교사가 현장에서 쓴 의료선교학』 (서울: 연세대학교출판부, 2004).

294) 한국에서의 의료선교의 역사에 관한 최근의 연구는 이만열, 『한국기독교의료사』 (서울: 아카넷, 2003).

295) 호레스 알렌의 생애에 대한 전기적 연구는 민경배, 『알렌의 선교와 근대한미외교』 (서울: 연세대학교출판부, 1991). 또한 박형우, 『제중원』 (서울: 몸과 마음, 2002).

조선기독교대학과 1957년 합병한 다음 연세대학교 의과대학과 세브란스 병원이라는 한국의 대표적 의료기관과 의과대학으로 성장해왔다. 120여 년 전 벽안(碧眼)의 미국 의료선교사로부터 복음의 빚을 진 한국의 우수한 의료진들이 이제 그 복음의 빚을 갚기 위해 장단기의 의료선교에 헌신하고 있다.

그러나 사명감과 기대에 부풀어 선교지에 도착한 의료선교사들은 일정한 기간이 지나면서 현실적인 선교 신학적 문제와 직면하게 된다. 병원 문만 열면 원주민들이 치료를 받고 기독교로 쉽게 개종할 것이란 예상이 처음부터 어긋나면서 의료선교사는 번민에 빠지게 된다. 연세대학교 의과대학 교수로 몽골 의료선교에 참여하고 있는 전우택 교수는 자신의 경험을 이렇게 나누고 있다.

> "몽골의 상황은 우리가 막연히 예상하고 있었던 것과는 너무도 달랐다. 우리가 도와준다고만 하면, 몽골 사람들은 쉽게 모든 것을 협조하며 우리의 도움을 받아들이리라 생각했던 가장 기본적인 예상부터 사실은 빗나갔다. 전 세계 역사상 가장 거대한 영토를 가졌던 제국을 건설한 경험이 있던 이 위대한 몽골 민족의 사람들은 강한 자존심을 가졌었고, 우리가 제공하려는 것을 무조건 받으려 하지는 않았다."[296]

문제는 여기서 그치지 않는다. 의료선교사들 내부에서도 의료선교의 목적과 방법에 대해 서로 다른 견해를 가지고 있다는 점이 더 큰 문제로 다가 온다는 것이다. 인용하기에 다소 긴 문장이지만, 의료선교 현장에서 부딪히는 내부적인 문제점에 대해 전우택은 매우 치밀하고 정확하게 분석하고 있다.

296) 전우택 편, 『의료선교사가 현장에서 쓴 의료선교학』, p. 21.

"그러나 모든 의료선교사들이 가지고 있는 선교의 개념과 정의가 달랐다. 어떤 사람은 그야말로 슈바이처식 의료선교 개념이 강하였다. 돈도 받지 않고, 몽골에서 가장 소외된 사람에게 무료 진료를 다니는 것, 그것을 이상적인 의료선교로 생각하였다. 어떤 사람은 정상적인 서구식 병원을 몽골에 빨리 정착시켜, 몽골의 의료 체계에 있어 하나의 모델이 되는 것이 중요하다고 보았다. 어떤 사람은 의료를 통하여 결국은 교회가 몽골에 세워지는 것을 가장 중요한 것으로 보았다. 그리고 그런 일에 헌신하였다. 어떤 사람은 의과대학에서 학생들과 젊은 교수들을 양육하여 다음 세대를 키워 내는 것이 가장 중요하다고 보았다. 이런 다양한 생각과 활동에 어떤 원칙과 질서, 그리고 조화가 필요하였다. 그 모든 이야기는 다 맞는 것이었고, 그러나 몽골의 상황 속에서 어떤 것에 우선순위를 두어야 할지, 방향이 있어야 했기 때문이었다. 의료선교사 뿐만 아니라 일반 선교사님들도 이런 혼란 속에서 각자 자신의 길을 걷는 모습도 있었다. 그것은 몽골 현지의 어려운 상황이나 현지인들과의 갈등보다도, 훨씬 더 선교사들의 힘을 빠지게 하는 것이었다."[297]

전우택 교수가 경험하고 지적한 이러한 의료선교의 선교학적 방향 설정의 문제는 전혀 새로운 문제가 아니다. 거의 동일한 문제가 이미 170년 전 서구교회가 의료선교를 시작할 때부터 제기되었다. 의료선교의 정의와 범위는 무엇인가? 복음전파가 우선하는가 아니면 환자를 위한 진료가 우선하는가? 장기 의료선교사는 목사 혹은 선교사 안수를 반드시 받아야 하는가? 의료선교사는 선교사인가 아니면 의사인가? 의료선교사와 복음증거를 주된 임무로 하는 일반선교사와 어떤 관계를 유지해야 하는가? 선교단체에서 파송된 경우, 의료선교사는 어떤 내용을 선교본부에 보고해야 하는가? 단기 의료선교의 가능성과 유의점은 무엇인가? 선교 현지에서 원주민을 진료했을 경우 일정한 치료비를 부과할 수 있는가?[298]

297) *Ibid.*, p. 24.

남성 의사가 여성 환자의 몸을 치료하는 것을 금기시하는 문화권에서 여성 의료선교사의 역할은 무엇인가? 선교 현지의 토속적인 민간 신앙이나 샤머니즘적 치유가 서양식 의술과 상치될 경우에는 의료선교사는 어떤 입장을 취해야 하는가?[299] 신유(神癒)의 은사를 인정하고 기적의 병 고침을 긍정적으로 수용하는 오순절 신앙이 자리 잡은 지역에서 의술과 신앙은 어디까지 조화를 이룰 수 있는가?[300]

이 연구는 유럽의 의료선교가 가장 활발했던 20세기 초반, 인도와 중국에서 다년간 의료선교사로 활동했으며 의료선교 역사의 초기에 선교 이론과 의료선교 방법론을 각각 제시했던 더글라스 크리스티(Douglas Christie, 1855-1936)와 존 로우(John Lowe, 1835-1892)의 저술을 바탕으로 초기 의료선교의 현장에서 제기되었던 선교 신학적 쟁점들에 대한 문제들을 분석하고자 한다. 오늘날 우리가 당면하고 있는 선교 신학적 난제들 대부분이 이미 의료선교역사에서 제기되었던 문제들이었다면, 선배 의료선교사들의

298) 광혜원이 개원한 후 1년 동안 지출한 경상비가 $2,171.87, 약품 및 시설비가 $1, 012.00 (합계 $3.183.87)이었다. 이 금액은 조선왕실에서 지급했다. 또한 유료 진료를 원칙으로 하고 있었다. 진찰권이 엽전 20푼, 약값으로 1인당 엽전 100푼, 키니네 10그램에 엽전 500푼이 부과되었다. 진료비 자체의 부과라는 의미보다 환자수를 적절히 유지하기 위한 수단이었다. *Ibid.*, p. 154.

299) 이 문제에 대한 집중적인 연구는 J. Samuel Hofman, "Using Indigenous Principles in Medical Missions", in *Missiology*, vol. 10 (1982), pp. 49-55; Ruby Mikulencak, "Science and Magic Collide in African Medicine", in *Evangelical Missions Quarterly*, vol. 23 (1987), pp. 358-363.

300) 특별히 이러한 현상은 아프리카 기독교 지역에서 발견되고 있다. Paula Werner, "African Healer vs. Missionary Physician", in *Evangelical Missions Quarterly*, vol. 26 (1990), pp. 396-404.

경험과 조언을 통해 해결을 위한 출발점을 마련할 수 있을 것이다. 먼저 두 선교사의 간략한 생애와 의료선교의 현장 경험을 설명한 다음, 1896년에 출간된 존 로우(John Lowe)의 『의료선교: 의료선교의 위치와 능력』(Medical Missions: Their Place and Power)과 1907년 상하이에서 열린 "중국선교 백주년 기념 선교대회(China Centenary Mission Conference)"에서 더글라스 크리스티가 발표했던 "의료선교(Medical Missions)"에 관한 보고서를 내용별로 분석하고, 여성 의료선교사의 문제와 서구 의학의 관점과 토속문화의 질병과 치유에 대한 문화적 차이에 대한 문제를 차례대로 논구하고자 한다.

더글라스 크리스티의 생애와 의료선교

중국에서의 개신교 의료선교 역사는 1834년에 광둥(廣東)에 도착해, 이듬해 안과진료소를 개원했던 피터 파커(Peter Parker, 1804-1888)에 의해 시작되었다.[301] 미국 해외 선교위원회 (American Board of Commissioners for Foreign Mission) 소속으로 중국에서 처음으로 서양식 의술을 소개한 파커는 1838년, 중국 의료선교협회(Medical Missionary Society in China)를 결성하고 영국과 미국 교회로부터 재정적인 도움을 호소하는 과정에서 영국 의료선교의 구심점이 되었던 에딘버러 의료선교협회(Edinburgh Medical Missionary Society)의 설립에 직접적인 영향을 미치기도 했다.[302]

301) 피터 파커에 대한 연구는 George Stevens, *The Life, Letters, and Journals of the Rev. and Hon. Peter Parker, M.D.* (Boston: Congregational Sunday School and Publishing Society, 1896). 이 책은 1972년에 재출간되었다. 또한, Edward Gulick, *Peter Parker and the Opening of China* (Cambridge: Harvard University Press, 1973).

"위대한 선교의 세기"였던 19세기 동안, 의료선교는 가장 효과적인 선교방법으로 간주되었다. 외국인에게 극도로 배타적이었으며 기독교에 대한 강한 반감을 가지고 있던 중국의 청(淸)왕조에서도 의료선교는 가장 효과적인 선교방법으로 받아들여졌다.[303] 서양 선교사들의 복음전파 활동에 대해 극도로 부정적이었던 중국 사람들조차 의료선교사들의 진료행위나 선교병원 설립에의 호의적인 반응을 보이고 있었기 때문에, 중국에서의 의료선교는 빠른 속도로 성장하고 있었다. 1895년의 통계에 의하면, 중국에서 활동하던 의료선교사의 숫자는 총 143명이었고, 그중 남자가 96명, 여자가 47명이었다. 총 71개의 선교병원이 환자를 들보고 있었으며, 중국 전역에 111개의 약국 겸 간이진료소가 설치되어 있었다. 또한 당시 중국사회의 심각한 사회 병리적 현상이었던 아편중독증 환자들을 수용하는 36개의 기독교 관련 보호시설이 있었으며(1893년), 총 1,088명의 아편중독자들이 이 기관에서 치료를 받고 있었다. 또한 같은 해를 기준으로 151명의 중국 남자들과 28명의 중국 여성들이 의과대학에서 서양식 의술을 배우고 있었다.[304]

중국 의료선교사의 제2세대에 속하는 더글라스 크리스티

302) Kenneth Latourette, *A History of the Expansion of Christianity,* vol. 6 *The Great Century: North Africa and Asia* (New York: Harper & Row, 1944), pp. 302-303. 또한 William Lockhart, *The Medical Missionary in China: A Narrative of Twenty Years' Experience* (London: Hurst and Blackett, 1861), p. 139.

303) 런던 선교협회(LMS)의 랄프 톰슨 총무는 "의료선교 보다 확실한 성공의 가능성과 선교의 이득을 가져다주는 선교방법은 없다" 단언한 바 있다. Ralph Thompson, *London Missionary Society, Deputation to China* (London: Alexander & Shepheard, 1985), p. 5.

304) 각 통계는 Kenneth Latourette, *A History of the Expansion of Christianity,* vol. 6, p. 352.

(Douglas Christie, 1855-1936)는 1855년 스코틀랜드의 글렌코(Glencoe) 지방에서 목축업에 종사하는 부모 밑에서 태어났지만 일찍 부모를 여의고 고아로 자라났다. 그는 스코틀랜드 장로교회의 종교적 영향력이 미치지 않았던 변두리 지역에서 성장했다. 글래스코(Glasgow)에서 포목상에 취직하여 실무를 배우던 크리스티는 장차 의사가 되겠다는 꿈을 키우고 있었다. 자신의 꿈을 실현하기 위해 에딘버러(Edinburgh)에서 의료기술을 배우고 있었지만 당시 사회제도에 의하면 크리스티는 정식으로 의사가 될 수 없었다. 그의 집안은 의사가 될 수 있는 높은 사회적 신분에 미치지 못했기 때문이다. 1874년, 크리스티는 스코틀랜드 지역을 순회하며 부흥집회를 인도하던 드와이트 무디(D. L. Moody)목사의 부흥집회에 참석하여 의료선교사가 되기로 헌신한 다음, 1877년부터 에딘버러 의료선교협의회(Edinburgh Medical Missionary Society)에 가입한다.[305]

중국 동북부 만주 지역의 기독교 선교는 1838년 가톨릭 선교사들에 의해 시작되었지만, 개신교 선교가 시작된 것은 이보다 약 40년 후인 1877년부터였다. 에딘버러에서 의료선교사 훈련을 마친 크리스티는 스코틀랜드 연합 장로교회(United Presbyterian Church of Scotland) 소속으로 1882년, 의료선교사 신분으로 만주지역에 파송되었다. 그는 1885년에 지금의 선양(瀋陽)시 지역인 목단(牧丹)에 첫 선교진료소를 개원함으로써 본격적인 의료선교에 착수했다.[306] 그러나 크리스티의 초기 의료선교는 시련의 연속이었다. 특

305) 19세기 중반 이후부터 시작된 스코틀랜드 교회의 선교는 1843년의 분열(The Disruption of 1843)을 계기로 태동한 스코틀랜드 자유교회(Free Church of Scotland)가 파송한 선교사와 그 이전에 파송된 선교사(예를 들면 1824년 인도로 파송된 알렉산더 더프)와 구별된다. 1947년에는 스코틀랜드 연합 장로교회(United Presbyterian Church of Scotland)가 설립되었으며 존 로스(John Ross) 박사가 최초의 선교사로 중국에 파송되었다.

별히 1882년에 결혼했던 아내 엘리자베스 크리스티의 1888년 죽음은 그를 극도로 좌절시켰다. 또한 1884년부터 1895년까지 진행된 중일전쟁동안 만주 지역이 양국의 전쟁터로 변함에 따라 일시 선교지에서 철수해야하는 어려움을 겪었다. 1899년부터 1900년까지 진행되었던 의화단(義和團)사건(Boxer Rebellion)동안 크리스티를 포함한 중국에서 활동하던 모든 서양 선교사들에게 더 큰 위기가 닥쳐왔다.[307] 1900년 6월경, 의화단이 목단지역을 무력으로 장악하면서 크리스티를 포함한 모든 선교사들 추방시켰고 병원을 포함한 모든 선교 시설이 방화의 피해를 입고 잿더미로 변했다. 목단지역은 의화단 사건의 충격에서 채 벗어나기도 전에 다시 전쟁의 소용돌이에 휘말려 들었다. 1904년부터 1905년까지 치러진 러일전쟁

306) 만주의 목단지역은 한국교회사와도 연관이 있다. 스코틀랜드 교회에서 파송을 받은 존 로스(John Ross)가 1875년 이곳에서 활동하고 있었다.

307) 의화단 사건은 서방 열강들의 중국침탈에 대항하여 산둥반도에서 시작된 민중봉기의 성격을 띠고 있었다. 최초의 봉기는 산둥반도의 가뭄과 기근으로 인한 청 왕조에 대한 종교적 저항으로 시작되었으나 곧 외세에 대한 배격운동으로 확대되었다. 당시 중국에 거주하고 있던 외국인들은 의화단원들이 중국무술을 배운 사람들로 생각했기 때문에 "박서(Boxer)"로 불렀다. 약 2만 명의 의화단이 중국 자금성 인근의 외국인 거주지를 약 두 달간 공격하는 동안 76명의 외국인이 살해당했다. 의화단 사건은 8개국 연합군의 베이징 진입으로 수습되었다. 약 2,500명의 군대를 파견한 미국은 의화단 사건을 통해 중국에서의 서구 열강으로 부상했다. 의화단 사건으로 중국 가톨릭교회가 큰 피해를 입었다. 베이징의 북당(北堂) 성당에 은거해 있던 1만 5천 명에서 2만 명 정도의 중국 천주교인들과 사제들이 죽임을 당했고 몽골에서는 약 3천명, 그리고 만주에서는 1,400명에서 1,500명 정도 살해당했다. 목단에서는 주교, 두 명의 신부와 두 명의 수녀, 그리고 수 백 명의 중국 천주교인들이 죽임을 당했다. 19세기말 기독교 선교사들에 대한 중국사회의 배척운동에 대한 연구는 Paul Cohen, *China and Christianity: The Missionary Movement and the Growth of Chinese Antiforeignism, 1860-1870* (Cambridge: Harvard University Press, 1983).

동안 목단지역은 다시 양국의 전쟁터로 변했고 특별히 1905년의 2월과 3월 동안 치러진 유명한 목단전투는 러시아와 일본의 대격전장이 되면서 크리스티의 만주 선교는 최악의 궁지에 몰리기도 했다.[308)]

그러나 세 번의 전쟁과 반란이 스쳐갔던 목단 선교지로 크리스티는 복귀했고 1907년, 다시 선교병원의 문을 열었다. 그 해는 상하이에서 중국선교 일백주년을 기념하는 선교대회가 열렸던 해이다. 그는 이 선교대회에 참석하여 의료선교의 이론과 방법에 대한 인상적인 주제발표를 한다. 이듬해인 1908년, 만주에서 심령 부흥운동이 시작되었다. 평양과 미국의 아주사 거리(Azusa Street)에서 대 부흥이 일어났던 비슷한 시기에 만주지역에 심령 부흥운동이 일어난 것은 매우 흥미로운 일이다. 크리스티는 같은 해 목단의과대학(Moukden Medical College)을 설립을 결정하고 의과대학 건물을 신축하기 시작한다. 1910년에는 폐렴형 페스트(Pneumonic Plague)가 만주지역에 창궐하면서 중국 원주민과 선교사들 가운데 피해가 속출했다. 목단지역의 선교사들은 동료 의료선교사였던 아서 잭슨 박사(Dr. Arthur Jackson)가 폐렴으로 임종하는 슬픔을 당하였다. 1912년은 만주 목단지역 선교를 위해 대내외적으로 매우 중요한 해였다. 외부적으로는 간신히 명맥을 유지해 오던 중국 청나라의 마지막 황제 부의(溥儀)가 폐위되던 그 해에 그동안 건축 중이던 목단 의과 대학(Moukden Medical College)이 공사를 완성하고 개교하게 된 것이다. 중국 현지 의료인 양성을 위해 의과대학의 전 과목이 개설되면서, 목단 의과대학은 만주 지역의 의술 발전에 지

308) 러일전쟁의 결과는 서방 열강들의 예측과는 달리 일본의 승리로 끝났다. 러일전쟁의 결과는 일본을 세계 열강의 일원으로 등극시켰고 전쟁에서 패한 러시아에서는 1905년 러시아 혁명이 일어났다.

대한 공헌을 남기게 되었다. 크리스티는 목단 병원을 운영하면서 선교본부와 일정한 거리를 유지하면서 독자적인 운영을 계속했다. 1923년 만주의 선교 현장에서 은퇴한 크리스티는 스코틀랜드 에딘버러로 돌아가 1936년 운명했다. 그가 남긴 자서전으로 『목단에서의 30년』(Thirty Years in Moukden, 1914)이 있고, 1892년 재혼했던 연합장로교회 선교사 출신의 리사 잉글리스(Lisa Inglis)가 쓴 『만주에서의 더글라스 크리스티』(Douglas Christie of Manchuria, 1932)가 있다.

존 로우의 생애와 의료선교

더글라스 크리스티와 비교할 때 존 로우(John Lowe, 1835-1892)에 대한 전기적 연구는 거의 전무한 실정이다. 약 10년 동안 남부 인도에서 의료선교사로 활동하다가 스코틀랜드로 돌아온 로우는 주로 의료선교사 훈련과 의료선교 행정가로서의 삶을 살았기 때문에 특별한 전기적 연구가 수행되지 않았던 것으로 사료된다. 존 로우는 스코틀랜드 동북부 에버딘 지역의 밴쵸리(Banchory)에서 태어났다는 것만 알려져 있다. 신학과 의학 두 분야에 모두 학위를 가지고 있었던 그는 1861년부터 1870년까지 런던 선교회(London Missionary Society)의 소속 의료선교사로 인도의 네요르(Neyoor)에서 활동했다. 인도 선교 현지에서 풍토병에 걸린 아내 때문에 1871년 스코틀랜드로 귀국한 그는 에딘버러 의료선교협의회(Edinburgh Medical Missionary Society)에서 의료선교사들의 훈련시키는 책임을 맡았다. 계속해서 그는 1883년부터 에딘버러 의료선교회의 상임총무로서 활동하면서 선교 행정가로서의 삶을 살게 된다. 존 로우는 선교 현지에서의 의료선교 경험을 바탕으로 현지에 투입될 의료선교사들의 훈련에 대한 교육지침을 제시한 인물이며, 특별히 그의 저서인 『의료선교 : 의료선교의 위치와 능력』(Medical Missions: Their Place and Power, 1896년 출간)은 당시 영미(英美)권 의료선교사들의 지침서로 사용되었다.

의료선교, 어떻게 할 것인가?

더글라스 크리스티가 활동했던 1885년부터 1923년까지 영국과 스코틀랜드 교회에 의해 추진된 의료선교의 방법에 대한 일차 참고 자료는 1896년에 출간된 존 로우의 『의료선교: 의료선교의 위치와 능력』과 1907년 상하이에서 열린 중국선교 백주년 기념 선교대회(China Centenary Mission Conference)에서 더글라스 크리스티가 발표한 "의료선교"에 대한 보고서였다. 이 두 권의 지침서는 의료선교의 현장 경험을 가지고 있는 두 베테랑 선교사에 의해 발표되었고 의료선교가 당면하고 있는 각종 문제를 진지하게 다루었기 때문에 영미권 의료선교의 교과서로 읽혀졌다. 더글라스 크리스티와 존 로우는 각자의 의료선교 현장 경험과 선교지원 행정업무 경험을 바탕으로 (1) 의료선교의 성서적 근거와 당위성 (2) 선교의 입장에서 본 의료선교사를 위한 훈련 (3) 효과적인 의료선교를 위한 조직과 프로그램 등을 상세히 분석하고 있다.

(1) 의료선교의 성서적 근거와 당위성

존 로우 선교사는 "복음은 하늘 아래에 있는 모든 피조물에게 전파되어야"는 성서의 가르침(골로새서 1장 23절)을 일반 선교이론에서 강조하고 있는 것보다 훨씬 더 전인적(全人的)으로 접근한다. 의료선교사는 단순히 복음을 전파할 뿐 아니라, 모든 피조물들의 영육(靈肉)을 포괄하는 전인적인 복음을 선포해야 한다고 강조한다. 즉 로우에게는 피조물의 병든 몸도 선교의 대상이며, 전인적인 선교는 본질적으로 의료선교적이어야 한다고 본다. 로우 선교사가 특별히 강조하는 의료선교의 특징은 문명의 유용성과 편리성을 강조하는 실제적인 측면이다. 기독교 복음이 서구문명의 과학적이며 진보적인 의술과 함께 소개되면서, 선교 현지의 주민들은 문명의 계몽적 측면과 편리성을 처음 체감하게 되고 이러한 서구문명과 기독교의 조화로운 결합은 선교를 위해 유익한 것이란 것이 로우 선교사의 주장이었다. 그는 의료선교가 실제적인 선교(Practical Mission)임을 강조하면서, 복음의 전파를 위해 객관적이며 가시적인 유익을 가져다주는 의료선교를 십분 활용해야 한다고 본다. 로우 선교사는 이러한 주장의 근거를 성서의 가르침에서 찾는다. 신약성서에 나타난 예수 그리스도의 사역은 본질적으로 의료선교적이다. "소경이 보며 앉은뱅이가 걸으며 문둥이가 깨끗함을 받으며 귀머거리가 들으며 죽은 자가 살아나며 가난한 자에게 복음이 전파"(마태복음 11장 5절)되도록 하셨던 예수 그리스도의 사역은 다분히 의료선교사가 담당해야 할 일차적 사명과 닮아 있다. 로우에 의하면, 그리스도의 공생애와 사도들에 의한 초대교회의 역사는 본질적으로 의료선교의 역사였다.

> "신약성서를 읽으면서 우리는 주님의 개인적인 사역과 초대 교회 사도들의 선교 사역이 본질적으로 의료선교였음을 발견하면서 놀라지 않을 수 없습니다."[309]

309) John Lowe, *Medical Missions: Their Place and Power* (New York: Fleming Revell Co., 1896), p. 11.

신약 성서에 나타난 예수 그리스도의 집중적인 의료선교 행위는 단순히 예수 그리스도의 절대적 권능과 신성(神性)을 나타내는 것이 아니라, 그리스도께서 전파하고자 했던 복음의 핵심 내용을 드러내고 있다고 강조한다.[310] 따라서 의료선교야 말로 예수 그리스도의 선교사역과 가장 닮아 있는 선교방식이란 것이다.[311] 제자들에게 병을 고칠 수 있는 능력으로 주시며 선교를 명령하셨던 예수 그리스도의 가르침은(누가복음 9장 1절) 지금도 유효한 선교 사명이며, 의료선교는 이러한 예수 그리스도의 선교 사명을 따르는 직접적인 방법인 것이다.[312]

더글라스 크리스티도 실제적인 측면에서 의료선교의 당위성에 접근한다. 크리스티에 의하면 의료선교는 복음이 한 번도 소개된 적이 없는 오지의 마을에 선교의 기초를 놓기 위한 개척 선교(Frontier Mission)의 도구로써 그 첫번째 당위성을 가진다. 의료선교사는 일반선교사들의 선교지 개척을 위한 선교 개척자인 셈이다. 또한 병원과 진료소를 찾아온 영과 육이 병든 사람에 복음을 전할 수 있는 기회를 쉽게 확보할 수 있다는 점에서 의료선교는 두번째 당위성을 가진다. 병으로 입원해서 영육으로 상처받고 있는 사람은 복음을 받아들일 수 있는 최적의 조건을 갖추고 있기 때문에 의료선교의 효과는 증대된다. 크리스티는 마지막으로 의료선교를 통해서 기독교 복음이 가지고 있는 박애주의 정신을 구체적인 예증으로 소개할 수 있다는 점에서 그 당위성을 가진다고 보았다. 결국 크리스티에게 의료선교는 복음을 전하기 위한 제도적

310) *Ibid.*, pp. 14-15.

311) *Ibid.*, p. 16.

312) *Ibid.*, p. 20.

접촉점(Instrumental Point of Contact)이었다고 할 수 있다.

크리스티가 주장하던 의료선교의 출발점은 로우 선교사의 견해와 약간의 미묘한 차이를 보이고 있었다. 의료선교의 성서적 근거를 모색하던 크리스티의 입장은 로우 선교사와는 달리 예수 그리스도의 치유의 사역을 “예수 그리스도를 통한 하나님의 본질인 사랑”을 드러내는 것이라고 보았다.[313] 따라서 예수 그리스도의 선교적 모범을 따라야 할 의료선교사들은 자신의 의료선교 활동을 통해서 병든 영과 육의 아픔에 대해 하나님의 사랑을 드러내야 하는 사명을 가지고 있다. 크리스티는 16세기 종교개혁자들이 말씀의 중요성을 지나치게 강조하면서, 육신의 아픔을 치유하고 상처를 싸매주는 복음의 한 측면이 소홀하게 취급되고 있다고 보고, 치유와 선포(Healing and Preaching)는 선교 현장에서 함께 추구되어야 함을 강조한다. 존 로우가 의료선교를 예수 그리스도의 복음전파 사역과 동일시했다면 더글라스 크리스티의 아래 입장은 보다 광범위한 신론적(Theocentric)인 접근이라고 볼 수 있다.

> “우리 모두 힘 모아, 의료선교를 통해 주님의 생애와 사역이 드러날 수 있는 선교 현장을 만들도록 합시다. 그 의료선교의 현장에는 반드시 교회의 사역도 함께 나타나야 합니다. 우리가 병든 자를 치료할 때 어두움에 처한 그 형제에게 하나님의 계시의 빛이 임하는 것임을 기억해야 합니다. 만약 그 형제가 하나님의 메시지에 아무런 관심을 기울이지 않는다 해도 우리는 이 일을 계속해야 합니다.”[314]

313) Douglas Christie, “Medical Missions” in *China Centenary Missionary Conference Records* (Shanghai: China Centenary Missionary Conference Committee, 1907), p. 250.

314) *Ibid.*, p. 252.

(2) 의료선교사의 자격과 준비 교육 과정

존 로우에 의하면 의료선교사는 인도주의 차원에서 선교지로 파송된 것이 아니라 그리스도를 믿지 않는 이방인을 개종시키기 위해 보내심을 입는 선교사이다.[315] 하지만 의료선교를 위한 일차적 수단은 질병의 치료이기 때문에 의료선교사는 특별한 준비 과정을 거쳐야 한다. 의료선교사들은 최고의 의학적 지식과 의료기술을 가진 사람만이 파송되어져야 한다는 것이 로우의 견해였다. 왜냐하면 선교 현지에는 진단에 대한 조언을 구할 수 있는 동료의사도 없고, 의존할 만한 의료도구나 최신의 수술 장비가 준비되어 있지 않기 때문이다. 열악한 환경에서 불충분한 도움을 가지고 의료선교 활동을 펼치지만, 오히려 나쁜 환경에 처하면 처해 있을수록 의료선교의 진가가 드러나게 되고, 또한 이러한 열악한 환경에서의 의료선교가 기독교 개종으로 이어지는 경우가 많다는 것이 그의 경험에서 우러난 판단이었다.[316] 따라서, 의료선교사 훈련을 위해 부분적인 의과대학 수련 과정만을 요구하는 것은 부적절한 결과를 초래할 것이라고 보았다. 로우는 최고의 의학지식과 진료 경험을 가진 의료선교사를 현지로 파송해야 한다는 입장을 강조했다.

또한 존 로우는 의료선교사들의 신분문제에 지대한 관심을 가지고 있었다. 파송을 결정한 선교본부는 의료선교사들에게 확고한 신분상의 보장을 해 주어야 한다고 주장했다. 당시 모든 의료선교사들에게 목사안수를 받기 위한 정규 신학교육을 의무화하고 있

315) John Lowe, *Medical Missions: Their Place and Power*, p. 28.

316) 의료선교의 초기 단계에는 복음전파의 효과를 극대화하기 위해 대 수술이나 가시적인 치료결과가 드러나는 치료 활동이 강조된 바 있다. Peter Parker, *The Fourth Quarterly Report of the Ophthalmic Hospital at Canton* (n.p.; 1837), pp. 4-5.

었다. 로우는 이러한 규정이 의학지식과 의료기술을 집중적으로 연마하는데 장애가 될 뿐 아니라 선교 현장에서 목사로서의 사명을 수행하기 위해 당초에 맡겨진 의료선교의 기회를 덜 갖게 될 것이라는 우려를 표명하였다. 본래의 의료선교적 기능에 전념하기 위해 의료선교사는 목사가 아니라 "복음전파자(Evangelist)"라는 독립된 직책이 주어져야 하며, 교회의 공식적인 안수 과정 없이 선교사로 활동하되, 일반 선교사가 없는 오지(奧地)에서만 예외적으로 성직자의 임무를 수행해야 한다고 역설했다. 만약 의료선교사들에게 과도한 성직자의 의무까지 강요하거나 의료선교사로서의 특성을 인정해 주지 않으면 의료선교사들의 선교지 이탈이나 선교 현지에서의 영리를 위한 사적인 개업과 같은 부작용을 낳게 될 것이라고 경고하고 있다.

더글라스 크리스티는 의료선교사를 특수한 선교사 직무로 분리해서 간주하는 견해에 반대하면서, 단지 선교의 방법과 수행하는 임무만 다를 뿐 본질상 의료선교사도 선교사임을 강조한다. 따라서 비록 정규 신학교육을 모두 이수하지 않는다고 해도 모든 의료선교사는 성서와 신학에 대한 기본적인 훈련을 반드시 받아야 하고, 인문학 전체에 대한 지식도 배양해야함을 강조한다. 그러나 의료 지식에 관한 한 존 로우의 견해처럼 크리스티도 최정예의 의과대학 수련 과정을 강조한다. 보통 의과대학 학생들의 수준보다 뛰어난 의료 지식을 가진 의사들만이 선택되어져야 하고 이들은 선교 현지로 파송되기 전에 의과 대학원 수업이상의 수준에서 의학수업을 추가로 받아야만 한다고 보았다. 크리스티가 이렇게 양질의 의료선교 교육을 강조한 이유는 의료선교사가 현지에서 직면하게 될 현실적인 문제를 고려했기 때문이었다.

"생소하고 때로 적대적인 분위기 아래에서 시술해야 하는 의료선교사들은 매우 조심해서 치료해야 합니다. 단 한 번의 의료 실수는 매우 부정적인 인상을 남길 수 있기 때문입니다. 단 한 번의 실수 때문에 몇 달간 성공적으로 시술한 모든 명성이 일순간에 날아가 버릴 수 있기 때문입니다."[317]

또한 크리스티의 제안에 의하면 모든 의료선교사들은 선교 현지 언어 숙달을 위해서 처음 2년 동안 현지어 수업을 먼저 이수해 한다.[318] 선교 현지어 교육 과정에는 반드시 중국어 성서에 대한 내용과 유교 경전에 대한 내용도 포함되어야 한다. 안수 문제와 관련하여, 의료선교사에게 일반선교사들의 안수와 별개의 과정을 통해 특별한 의료선교사 안수를 줌으로써 의료선교의 특수성을 인정해야 한다고 보았다. 의료선교사들에 대한 안수 문제는 존 로우와 더글라스 크리스티가 비슷한 입장을 취했다. 만약 의료선교사들의 안수 문제에 대한 공식적인 인정과 분리가 실시되지 않을 경우, 의료선교사들의 선교지 이탈이나 자체병원 개업과 같은 부작용이 양산될 것이라고 보았기 때문이다.[319]

317) Douglas Christie, "Medical Missions", p. 253.

318) *Ibid.*, p. 255.

319) 실제로 중국의 선교지에서 의료선교사와 거리를 유지하면서 일반 의료 활동을 펼쳤던 외국의사들은 의료선교사들의 진료에 상당한 거부감을 가지고 있었다. 선교를 위해 필요없는 수술을 하거나 종양의 제거와 같은 가시적인 결과를 보여줄 수 있는 의술에 너무 많은 관심을 가지고 있다고 비난하기도 했다. 이와 관련하여, Patrick Manson, *Report of the Amoy Chinese Hospital for the Year 1873* (Amoy: Marcal, 1874).

(3) 효과적인 의료선교를 위한 조직과 프로그램

존 로우 선교사는 효과적인 의료선교를 위해 다음 세 가지 행정적 단계를 밟아가야 한다고 주장한다. 서둘러서 선교병원을 설립하는 것이 의료선교의 목적이 아니기 때문에, 단계적으로 절차를 밟아 점진적인 의료선교를 실시해야 한다고 보았다. 첫째 단계는 주로 의료선교사들의 훈련과 관련된 부분이다. 의료선교사에 대한 파송결정이 내려지면 반드시 그 의료선교사는 1년 동안 현지 언어 교육을 이수해야 한다. 1년 후 언어시험에 통과하지 못할 경우, 파송을 유보하고 시험을 통과할 때까지 현지어 교육을 계속 실시한다. 두번째 단계는 병원을 설립하기 전에 먼저 간이 의료보건소를 설립하는 것이다. 선교지에 파송되면 먼저 간이 의료보건소를 개설하고 현지인 중에서, 진료행위를 돕고 복음을 전할 수 있는 조수를 임명한다. 의료보건소의 하루는 반드시 아침예배로부터 시작하도록 권면한다. 의료보건소의 조직이 커지면 더 많은 젊은 현지인들을 고용하면서 조직을 확대해 나가는데, 이 현지인 조수들을 잘 활용함으로써 의료선교사는 본인의 선교사역에 더 매진할 수 있게 된다. 세번째 단계는 정식 선교병원을 개원하는 것이다. 선교의 목적을 위해서 선교병원은 "가장 만족스럽고 성공적인 의료 활동을 가능하게 할 뿐 아리라, (현지인들에게) 가장 깊은 인상과 일반 대중들의 관심을 유도"하게 된다.[320] 이런 점진적인 과정을 거쳐 의료선교가 현지에 정착되게 되면, 의료선교사들은 일반 복음증거를 위한 선교사들과 함께 "의료 진료를 겸한 순회전도 (Medico-evangelistic tours)"를 시도하여 선교의 지경을 넓혀 가도록 한다.[321]

320) John Lowe, *Medical Missions: Their Place and Power*, p. 48.

선교병원의 설립과 운영을 통해 의료선교의 전초기지를 마련하고자 하는 점에서 더글라스 크리스티의 견해는 존 로우의 입장과 동일하다. 그러나 크리스티는 의료선교의 초기정착 단계에 될 수 있으면 더 많은 순회 진료를 실시하도록 권장한다. 의료 보건소가 어느 정도 성공적으로 운영되고 있는지에 대한 평가는 얼마나 많은 환자들이 재진료를 위해서 다시 진료소를 찾는지에 대한 통계를 통해 판단할 수 있다. 만약 원주민들이 한번 진료를 받고 난 다음 다른 질병이나 추가 진료를 위해 다시 찾아오지 않으면 그 의료 보건소나 병원운영에 문제가 있다는 것을 깨닫고 병원의 운영을 포함한 전반적인 재검토를 실시해야 한다.

병원은 복음을 전하기 위한 최적의 장소이다. 그러나 당시 중국에서 크리스티가 주목했던 의료선교의 최대 문제점은 "병원을 찾아 온 현지 환자들이 주님이 누구이며 어떤 복음을 선포하셨고 우리가 무엇 때문에 그 분을 섬기는 지에 대해 듣게 될 것이란 사실"이 특별하게 강조되지 않고 있다는 것이었다.[322] 또한 불충분하거나 잘못된 진료가 성공적인 선교에 막대한 타격을 입히고 있다. 따라서 크리스티는 열악한 시설과 불충분한 의료진으로 인해 문제를 일으키는 다수의 병원보다, 최정예의 소수 선교병원을 설립할 것을 강력히 제안한다. 병원의 숫자가 문제가 아니라 비록 소수이지만 선교병원이 보여주는 양질의 의료기술이 보다 더 효과적이며 성공적인 선교를 보장한다고 보았다. 간이 진료소의 경우 반드시 두 명의 의료선교사가 배치되어 진료시간을 함께 나누고 선교사역을 동시에 추진해야 한다는 것을 강조했다.

---

321) *Ibid.*, p. 49.

322) Douglas Christie, "Medical Missions", p. 257.

크리스티는 선교병원의 운영에 있어서 보다 실제적인 문제에 관심을 기울인다. 예를 들면, 선교병원에서의 진료비 부과여부에 대한 문제이다. 선교병원에서 채택할 수 있는 진료비 부과 원칙은 두 가지이다. 즉, 진료와 처방을 모두 무료로 하는 경우와 진료에 대해서만 무료로 봉사하고 나머지 처방약이나 수술 재료 등에 대해서는 일정한 금액을 부과하는 방법이다. 물론 진료와 처방 모두에 비용을 부과시키는 것이 서양의술에 대한 가치를 높이는 것이지만, 원래 의료선교의 본래 취지에 어긋나고 또한 당시 중국현지의 의료법을 위반하는 것이기도 하다.[323] 크리스티는 이 문제를 선교병원과 현지인들의 문제가 아니라 의료선교를 바라보는 선교본부와 선교파송 교회의 문제라고 보았다. 만약 선교본부나 파송교회가 의료선교를 현지의 복음화를 위한 부수적인 기관으로 본다면 병원은 자체 운영되어야 하고, 의료비를 원주민들에게 부과할 수 있다. 그러나 만약 선교본부나 파송교회가 의료선교를 복음화 그 자체의 중심수단으로 본다면 병원은 반드시 선교본부나 파송교회가 병원에 대한 재정적인 부담을 해야 하고 따라서 현지인들에게 무료로 진료할 수 있게 된다. 의료선교를 복음화를 위한 부수적인 방법이 아니라 선교자체로 보았던 크리스티는 당연히 후자의 방법을 지지하고 있다.[324]

---

323) *Ibid*., pp. 261-262. 당시 중국영토 안에서 외국의 의사가 중국인을 상대로 의술을 베풀고 치료비를 부과하는 것은 중국 법률로 금지되어 있었다.

324) 그러나 1926년 발표된 동아시아 선교현황에 대한 로버트 스피어(Robert Speer)의 선교보고서에 의하면 미국 장로교회가 운영하는 선교병원은 수입자 부담의 원칙에 따라 치료비가 부과되었다. 스피어의 보고서에 의하면 미국 장로교회의 총 의료선교 관련 비용은 $403,894였는데(의료선교사와 간호사들에 대한 급여제외), 이중 $337,678 (83.5%)가 현지인의 치료비로 충당되었다. Robert Speer and Hugh Kerr, *Report on Japan and China of the*

그렇지만 현지인 환자들이 입원해 있을 동안 지출되는 음식비와 환자들이 자발적으로 내는 치료비, 그리고 현지교회의 자발적인 기증은 반드시 장려되어야 한다. 크리스티는 이러한 과정을 통해 선교 현지의 원주민들과 현지 교회는 환자가 치료비를 부담하는 서양식 병원의 운영모습을 배우게 될 것이라고 확신했다. 실제로 크리스티의 목단병원은 원주민들의 기증에 의해 운영비의 일정부분을 충당하고 있었는데, 이는 병원의 운영을 원주민들에게 이양하기 위한 실질적인 준비단계였다. 크리스티에 의하면 결국 모든 선교병원은 원주민들에게 소유권이 넘어가야 하고, 선교병원의 운영 모델을 따라서 "가능하면 빨리 선교병원이 원주민들의 손에 의해 새롭게 설립되고 또 운영되어져야" 하기 때문이다.[325)]

여성과 의료선교

크리스티나 로우에 의해 진지하게 논의되지 않았지만, 초기 의료선교의 전개 과정을 통해 서구교회의 선교 공동체가 체득한 교훈 중의 하나는 의료선교에 차지하는 여성 의료진의 중요성이었다. 대부분의 선교 현장에서 발견되는 공통점 중의 하나는 비기독교적 문화가 가지고 있는 여성에 대한 심각한 차별과 여성의 건강에 대한 무관심이었다. 많은 비기독교 문화권에서 여성을 단순한 생식기능을 수행하고 자녀를 생산하는 존재로 보거나 가사노동을

Disputation sent by the Board of Foreign Missions of the Presbyterian Church in the U.S.A. to visit these fields and to attend a series of Evaluation Conferences in China in 1926 (New York: Board of Foreign Missions of the Presbyterian Church of the U.S.A., 1927), p. 405.

325) Douglad Kristie, "Medical Missions", pp. 262-263.

책임지는 열등한 존재로 보고 있기 때문에, 여성의 질병에 대한 이해나 치료에 대한 관심이 지극히 저조할 수밖에 없는 경우가 허다했다. 또한 자신의 아픈 부분을 의사에게 드러내야 하는 의료행위의 특성상, 남녀차별이나 여성에 대한 성적인 구속이 강한 문화권에서 여성이 남성의사에게 자신의 몸이나 상처를 드러내는 것에 대해 거부감을 가지고 있는 경우가 많았다. 따라서 비기독교 문화권의 여성을 진료하고 그들에게 복음을 전할 수 있는 여성 의료선교사의 필요성이 절대적으로 요구되었다. 로우나 크리스티와 함께 초기 의료선교의 신학적 초석을 놓은 무어스헤드(R. Fletcher Moorshead)는 여성의료선교의 필요성을 아래와 같이 강조한다.

> "가사노동을 위해 집안 깊숙이 감춰져 있을 뿐 아니라 긴급한 시술이 필요할 때조차 부적절한 치료나 무시에 의해 피해를 보고 있는 수많은 이방여인에 대한 선교의 필요성은 고귀한 기독교적 본성을 가진 기독교 국가의 여성 의료선교사들의 즉각적인 관심과 자원(自願)을 촉구하고 있다."[326]

비기독교 문화가 여성의 인권이나 치료받을 수 있는 권리를 박탈하고 있고 "격하된 여성의 권익과 내팽개쳐져 있는 어린이들의 상태야말로 비기독교 문명의 끔직한 징표"라고 강조하고 있는 무어스헤드의 전형적인 오리엔탈리즘적 견해는 20세기 초기의 시대적 한계를 반영하고 있다. 따라서 그에게 여성 전문 의료진들의 의료선교는 이러한 반(反)기독교적 문명을 갱신하고 소외된 여성의 인권을 보호하기 위해 반드시 추진되어야 할 서구 교회의 의무

326) R. Fletcher Moorshead, *The Appeal of Medical Missions* (London: Oliphants, 1913), "Women's Sphere in Medical Mission" 부분.

로 간주되었다.

선교 현장에 여성 의료진이 필요한 이유에 대해 무어스헤드는 비기독교 문화의 특징상 여성의 몸을 진찰하거나 치료할 수 있는 의사는 반드시 여성 의료진이어야 하기 때문이라고 보았다. 특별히 이슬람 문화권에서 남성 이교도(남성 의료선교사)는 절대로 여성 무슬림을 진찰하거나 치료할 수 없다는 종교적 신념이 강하기 때문에, 반드시 여성이 의료선교사로 파송되어야 한다. 인도와 중국의 여성 차별적 문화와 여성의 활동 공간에 대한 제한으로 인해 이곳에서도 여성 의료선교사들의 더 많은 자원이 기대되고 있다. 인도와 이슬람 여성에게 부과된 푸르다(Purdah)제도나 이슬람 문명의 오랜 풍습인 할렘(Harlem), 그리고 중국의 내당(內堂)의 존재 등으로 인해 남성 의료진이나 선교사들의 접촉이 제한되어 있는 여성들에게 다가갈 수 있는 사람은 여성 의료선교사들 뿐이기 때문이다.

무어스헤드는 여성 의료선교사들의 활동이 비기독교 문명의 여성들에게 여성으로서의 자긍심을 높여주고, 여성의 가치와 능력을 보여줄 수 있다는 점에서 여성 의료선교의 또 다른 당위성이 발견된다고 보았다. 여성을 차별하고 여성의 가치를 폄하해왔던 선교 현지의 남성들에게 커다란 교육과 계몽의 효과가 있기 때문이다. 결국 무어스헤드에게 여성 의료선교는 의료 활동을 통한 복음의 증거 외에 비기독교 문화를 계몽시키고 선교 현지의 열악한 여성들의 사회적 위치를 격상시키는데 반드시 필요한 선교 과제라고 보았던 것이다.

> "선교 현지의 남성들이 외국에서 여성 의사들이 자기 나라에 와서 질병으로 고통받고 있는 여성을 치료하는 것을 목격하고 아픈 여성만을

전문으로 치료할 수 있는 큰 병원을 설립하는 것을 볼 수 있다면 그것은 그들에게 혁명적인 사건이 될 것이다. 간접적으로나마 이러한 목격을 통해서 자기가 지금까지 가졌던 여성에 대한 일반적인 생각들을 수정할 수 있게 될 것이고 점차 과거와는 달리 여성의 권리를 더 높이 인정하게 될 것이다."[327]

토착문화의 질병에 대한 이해

오랜 전통을 가지고 있던 중국의 전통 의술은 명나라 말기부터 중국에 진출했던 예수회 선교사들과의 접촉을 통해서 서양의 의술을 처음 접하게 되었다.[328] 19세기에 이르러 서양의술의 눈부신 발전은 개신교 선교사들의 중국 입국과 더불어 새롭게 소개되었다. 새로 밝혀진 의학지식과 질병에 대한 치료술이 속속 소개되면서 중국의학은 큰 충격을 받게 된다. 서양 선교사들에 의해서 중국에 종두법(種痘法)이 처음 소개된 것이 1805년이었고, 최초의 외과수술이 1836년 광주(廣州)에서 실시되었으며, 최초의 전신 마취가 1847년에 소개되었다.[329] 중국인 의사와 의과대학 학생을 위한 최초의 서양식 시체부검 및 해부는 1861년 상하이에서 실시되었다.[330] 이런 서양식 의술을 중국에 소개한 사람들은 대부분 의료

327) *Ibid.*, p. 6.

328) 17-18세기에 중국에서 활동하던 서양 선교사는 Bernard Rhodes (1669-1715), Jean-Joseph da Costa (1679-1747), Etienne Rousset (1689-1758), Emmanuel de Mattos (1725-1764) 등이었다. Bernard Rhodes 선교사는 강희제의 심장을 진료했으며(1699년) 입술 위에 난 부스럼을 치료한 바 있다. Pierre Huard and Ming Wong, 『東洋醫學史 Chinese Medicine』 (서울: 대한교과서주식회사, 1985), p. 121. 허 정 번역.

329) *Ibid.*, p. 135.

선교사들이었다. 특별히 미국 해외 선교위원회 (American Board of Commissioners for Foreign Mission)에서 파송 받은 최초의 의료선교사로 "중국인의 벗"으로 불리며 광주기독교병원(廣州基督敎病院)을 설립했던 피터 파커(Peter Parker, 1804-1888),[331] 많은 서양의학서를 중국어로 번역했던 런던선교회 소속의 벤자민 홉슨(Benjamin Hobson, 1816-1873), 이홍장(李鴻章) 부인의 수술을 담당했던 영국 의료선교단의 소속이었던 존 케네스 맥켄지(John Kenneth Mackenzie, 1850-1888) 선교사 등의 활약이 두드러졌다.

그러나 의료선교의 시련과 부작용도 만만치 않았다. 20세기 초반에 이미 서구의 선교사들은 의료선교가 의도했던 바대로 운영되지 않거나 의료진의 선교지 이탈하고 보건소나 병원이 폐쇄되는 쓰라린 경험을 하기도 했다. 따라서 일부 의료선교사나 선교본부의 책임자는 의료선교의 실패 원인을 분석하고 새로운 대책을 제시한 바 있다. 위에서 잠시 언급한 1913년에 발표된 플레쳐 무어스헤드(R. Fletcher Moorshead)의『의료선교를 위한 호소』 (Appeal of Medical Missions)에는 "의료선교의 실패 원인(The Failure of Medical Missions)"이란 독립된 항목으로 의료선교의 실패원인에 대한 분석과 대책이 제시되어 있다. 무어스헤드의 분석에 의하면 의료선교가 실패하는 경우는 (1) 선교병원에 불충분한 의료선교사나 간호사들이 배정된 경우 (2) 의료시설이 부족할 경우 (3) 과도

330) *Ibid.*, p. 137.

331) 최초의 의료선교사인 피터 파커는 암이 생긴 팔을 절단하는 수술을 중국에서 최초로 실시하였으며 특별히 백내장 수술로 명성을 날렸다. 1838년 중국 의료선교협회(The Medical Missionary Society in China)를 설립했으며 미국정부의 임명을 받고 판무관으로 일하기도 했다. 동아시아 최초의 서양식 병원 설립자, 최초의 마취수술 시술자, 중국의료진 양성을 위한 최초의 의학 교육을 실시한 사람 등 수많은 업적을 남겼던 인물이다.

한 의료 활동으로 복음을 전할 시간이 없을 경우 (4) 한 지역에 너무 많은 의료시설을 건립했을 경우 (5) 충분한 현지어 숙달 없이 의료선교사를 파송한 경우 (6) 충분한 실전 진료 경험이 없는 의료선교사를 파송한 경우에 발생한다고 보았다.[332)]

특별히 의료선교사들이 선교 현장에서 자주 당면했던 문제는 현지의 토착문화에 대한 이해가 부족하거나 원주민들의 전통적인 질병관이나 치료법과 상치될 때 발생했다. 중국의 경우 음양(陰陽)의 조화와 조상으로부터 받은 신체에 대한 중시는 때로 서양 의술과 정면으로 충돌할 때가 있었고, 이러한 경우 불필요한 대립과 반발을 초래하기도 했다. 전통적인 중국의술에 대한 부정적인 평가가 아무런 안전장치 없이 의료선교사들에 의해 제기되었을 때, 중국인들은 서양 의사들의 지적 오만에 반발하기도 했다. 중국을 포함한 동아시아 사람들이 이해한 건강과 질병에 대한 이해가 서양 선교사들의 관점과 달랐기 때문이다.

> "동양의학을 이해하는 데 또 하나의 유의해야 할 중요한 문제점은 자신들의 이론에 절대적인 자신을 가진 서양인들이 흔히 우주를 비롯하여 모든 문제에 해답을 줄 수 있는 단 하나의 기호나 공식 또는 법칙이 존재할 것이라는 고정관념 내지 사고방식의 문제이다. 이와 반대로, 중국인들은 극단적인 귀납법에 의한 논리의 전개에 대해서는 노골적으로 혐오감을 나타내기 쉽다. 변명의 여지를 남겨 놓지 않는 논리는 지나친 부담이 되기 쉬우며, 참기 어려운 지적인 오만의 표시로 받아들이기 쉽다."[333)]

332) R. Fletcher Moorshead, *The Appeal of Medical Missions* (Oliphants, 1913), 제7장 "The Failure of Medical Missions" 부분.

333) Pierre Huard and Ming Wong, 『東洋醫學史 *Chinese Medicine*』, pp. 252-253.

의료선교가 다른 문화권의 환자들에게 의술을 베푸는 행위이므로, 의료선교가 타문화권에서 당면하는 문제는 위에 언급된 의료선교사들의 고압적인 태도나 타문화에 대한 기독교적 배타성만이 문제가 되는 것이 아니다. 이 문제는 보다 심층적인 접근과 연구가 요구되고 있다. 어떤 문화권에서는 서양 의술 혹은 기독교적 세계관과 전혀 다른 종교 문화적 이해를 가질 수 있을 뿐만 아니라, 질병의 원인이나 적절한 질병의 치료법에 대해 서양의술과 전혀 다른 이해를 가지고 있기 때문이다. 랠프 크로이져는 이 문제에 대해 심층적인 접근을 시도한다.

> "그렇다면, 한 문화권의 의술을 다른 문화권에 소개하는 것을 방해하는 장애물은 무엇인가? 보다 실재적으로 말한다면, 그 장애물은 정말로 위협적이다. 의술과 같은 가장 첨예한 과학적 지식도 사실은 문화의 영향을 받고 있으며, 의술이 사람을 통해 다른 사람에게 전달되는 과정 역시 이러한 영향권 아래에 있는데, 이러한 이유는 세상 모든 사람들은 육체적일 뿐 아니라 문화적 존재이기 때문이다. 따라서 어떤 치료법이 더 효과적이고 혹은 가능한 치료법인지, 어떻게 질병이 사람의 몸에 생기게 되는 지, 심지어 무엇이 건강한 것이고 어떤 상태가 병든 것인지에 대한 이해조차도 보다 광범위한 문화적 특성 가운데서 이해되기 마련이다. 물론 의학지식이라고 해서 외부의 영향을 받지 않는다는 것은 아니다. 그러나 인류학자들이나 공중보건 전문의들, 심지어 역사학자들까지 우리가 예상해왔던 대로 혹은 반드시 그렇게 되어야 한다고 믿어 왔던 대로 의학지식이 쉽게 문화권과 문화권 사이를 자유롭게 이동할 수 없다는 것을 잘 인식하고 있다."[334]

334) Ralph Croizier, "Medicine and Modernization in China: An Historical Overview", in *Medicine in Chinese Cultures: Comparative Studies of Health Care in Chinese and Other Societies*, eds. et al., Arthur Kleinman (Washington DC: National Institutes of Health, 1975), p. 22.

실제로 중국에서 활동했던 의료선교사들의 진료나 수술결과에 대해 중국 현지인들이 매우 부정적인 반응을 보였던 경우가 수없이 보고되었다. 1870년대 중국 푸젠(福建)성 남동부의 항만도시 아모이(夏門)에서는 의료선교사들이 환자들에게 마술을 걸고 자신들만이 고칠 수 있는 독이 든 약을 나눠주고 있다는 소문이 떠돌고 있었다.[335] 의료선교사들이 여성 환자를 성추행했다거나, 중국인을 대상으로 이상한 실험을 하고 있다는 소문이 끊이지 않았다. 중국학자 이상인(李尙仁)의 연구에 의하면, 서양 의료선교사들에 대한 이러한 중국인들의 반감은 청나라 중국인들이 가지고 있던 외세에 대한 저항의식, 18세기 중국 농촌에 창궐하던 미신에 대한 반발, 태평천국(太平天國)의 난(1851-1864년)에 미친 기독교의 부정적인 영향 등이 작용했다고 본다.[336] 실제적으로 중국에서 기독교 의료선교에 의존했던 사람들은 전통 유교적 세계관에 젖어있던 사대부나 중산층 계급이 아니라, 중국약재를 비싼 값을 주고 살수 없었던 가난한 대중들이었기 때문에 그 선교적 효과가 모든 계층에 광범위하게 미치지 못했다는 것이 최근 학자들의 연구 결과이다. 몸과 건강에 대한 중국인들의 전통적인 견해는 『효경』의 첫 부분에 나오는 "신체발부 수지부모 불감훼상 효지시야" (身體髮膚 受之父母 不敢毁傷 孝之始也)에 기초해 있었으므로 아픈 부분을 잘라내는 서양식 수술에 대한 중국인들의 문화적 반감이 지대했기 때문이었다.

---

335) Patrick Manson, *Report of the Amoy Chinese Hospital for the Year 1873* (Amoy: Marcal, 1874), p. 1.

336) Sang-Jen Li (李尙仁), "Miraculous Surgery in a Heathen Land: Medical Missions to Nineteenth-Century China", presented at SSHM Annual Conference, July 17-18, 2000 (University of Southampton), pp. 10-12.

그렇다면, 이런 의료선교의 현장에서 제기되는 질병과 건강의 이해에 대한 문화적 차이를 어떻게 극복할 것인가? 세계적인 선교학자인 독일 하이델베르크 대학의 데오 순더마이어(Theo Sundrermaier) 교수는 자신이 아프리카에서 경험했던 의료선교에 대한 아프리카 원주민들의 반응을 회고하면서, 비록 서양의 의술이 과학적이고 치료 상의 효과를 보이는 것이 사실이지만, 아프리카 원주민들에게 인강가(Inganga, 마술사)들의 치료법이 "비록 다른 원칙에 기초해 있지만 (자신이 속한 문화에 대한 해석의) 응집력이 있다는 것"을 인정해야 한다고 주장한다.[337] 순더마이어 교수는 아프리카에서의 경험을 통해 의료선교사들에게 다음과 같이 권면한다.

> "아프리카적 의술의 논리는 비유의 법칙에 종속되어 있고, 그것의 은유적인 중심은 인간의 몸이다. 인간은 의술 행위의 목적이며, 동시에 고갈되지 않는 상징의 저수지이다. 이 상징의 저수지와 함께 우리는 인간과 세계를 의술 속에서 파악될 수 있고 거래할 수 있는 것으로 만들 수 있다. 몸의 현상학은 세계의 비유가 될 수 있고, 그것의 도움으로 우리는 세계를 해명할 수 있다. [중략] 몸은 인간의 사회적 문화적 세계의 내부와 외부를 연결한다. 마술사는 의식적이라기보다는 훨씬 더 직관적으로 이것을 알고, 환자도 마찬가지다. 환자는 치유자의 상징적인 행동을 '이해'하고, 그래서 치유가 일어날 수 있다. 이해 없이는 치유가 있을 수 없다. [중략] 구원과 치유는 인간학적 개념만이 아니라 종교적인 개념이다. 그것은 모든 문화권에서 마찬가지다. 종교는 건강과 치유와 직접 관계되어 있는데, 그 까닭은 죽음과 소멸의 극복이 종교에게 위임되어 있기 때문이다. 사람이 어떻게 병과 건강에 반응하는지, 건강의 위협으로부터 어떻게 자신을 지키는지는 문화를 총체적으로 이해하는 데 중심적인 것이고, 그러기 때문에 각각 새롭게 상징적인 암호들 속에서 해명되어야 한다."[338]

337) 테오 순더마이어, 『선교신학의 유형과 과제』 (서울: 대한기독교서회, 1999), p. 166. 채수일 역.

다시 말하자면, 의료선교사들에 의한 질병에 대한 치료는 단순히 질병을 치료하는 기술적인 문제가 아니라 생명과 죽음에 대한 의미를 부여하는 종교적 행위가 될 때만 원주민들에게 치유의 의미를 전달할 수 있다는 것이다. 미개한 풍습으로 보이는 토착 주술사들의 치료법이 아직도 원주민들에게 효과를 보이고 있는 것은 이들의 전통적인 치료법이 자신들의 문화적 상징을 이해하게 만들고, 이를 통해 자신이 속한 문화적 세계를 이해할 수 있게 만들어 주기 때문이다. 그렇다면, 의료선교사는 먼저 원주민들의 문화적 상징이 무엇이며, 그들이 이해하는 몸과 건강, 그리고 삶과 죽음의 의미를 먼저 주의 깊게 관찰해야 한다. 이를 통해서 의료선교사들은 복음의 의료선교적 특성이 선교 현장의 토착문화가 가지고 있는 질병과 건강의 문제, 더 나아가 생명과 죽음의 문제와 어떤 접촉점을 가질 수 있을지에 대해 면밀히 검토함으로써, 보다 효과적인 의료선교를 전개할 수 있게 될 것이다.

의료선교학을 위한 선교학과 의학의 대화 가능성

1834년, 중국의 광둥(廣東)에서 피터 파커(Peter Parker, 1804-1888)에 의해 시작된 개신교 의료선교의 역사는 약 170년의 역사를 가지고 있다. 한국 기독교의 짧은 역사에서 전개된 의료선교 역시 120년의 역사를 통해 여러 가지 유익한 경험과 정보를 축적해 왔다. 지금 한국 교회에서 활발히 전개되고 있는 전문인 선교와 장단기 의료선교의 현장에서 제기되고 있는 여러 가지 선교신학적인 문제들은 지난 170년의 의료선교의 역사를 통해 그 해결의 실마리

338) *Ibid.*, pp. 166-167.

를 발견해 갈 수 있을 것이다. 그런 점에서 자신들의 의료선교 경험을 바탕으로 초기 의료선교의 이론적 고찰을 시도했던 더글라스 크리스티와 존 로우의 견해가 지금 우리들이 당면하고 있는 의료선교의 실제적 문제 해결에 많은 도움을 줄 수 있을 것이다. 의료선교의 성서적 근거, 의료선교사들의 안수 및 자격 문제, 의료선교를 위한 훈련 과정, 언어 및 문화 숙달 훈련, 진료비 청구여부, 선교 병원의 설립 순서 등에 대한 역사적 교훈은 오늘도 의료선교 현장에서 반복되고 있는 문제이기 때문이다. 또한 여성 의료선교사들의 역할과 타문화권이 가지고 있는 고유한 질병과 건강에 대한 이해를 의료선교 현장에서 어떻게 적용할 것인지에 대한 선교신학적 반성은 오늘날 세계 각국에 흩어져 치유와 선교에 헌신하고 있는 한국의 많은 의료선교사들에게 유익한 선교 신학적 교훈을 제시하고 있다.

의료선교는 단순히 의료혜택을 보지 못하는 선교지 원주민들을 위한 종교적 자선행위나 발달된 서구 의학지식을 이용한 비기독교 문명에 대한 계몽적 차원에 머물 수 없다. 영육(靈肉) 간의 아픔과 상처를 가지고 선교병원으로 찾아온 선교지 주민들의 문화적 상징체계를 먼저 이해하고, 그들에게 새로운 기독교적 생명의 의미를 부여함으로써 "소경이 보며 앉은뱅이가 걸으며 문둥이가 깨끗함을 받으며 귀머거리가 들으며 죽은 자가 살아나며 가난한 자에게 복음이 전파"(마태복음 11장 5절)되었던 그리스도의 사역을 따르는 의료선교가 되어야 할 것이다.

1885년 호레스 알렌(Horace N. Allen)이 광혜원(廣惠院) 설립으로부터 한국 기독교 역사가 시작된 것이 사실이지만, 이보다 앞선 1878년에 조선의 환자 한 사람이 만주 봉천에서 죽을 열병에 걸렸다가 선교병원에서 치료를 받으면서 복음을 받아들였던 사건이 있었다. 이후 존 로스(John Ross) 선교사와 함께 최초로 성서를 한글로 번역함으로써 한국 기독교의 초석을 놓았던 서상윤(徐相崙, 1848-1926)은 자신의 의료선교를 통한 개종의 과정을 아래와 같이 회고하고 있다.

> "나는 1878년 무인(戊寅)에 아우 상우(相祐)와 함께 장사 차 영구(營口)에 갔다가 열병에 걸려서 위지사경(危至死境)이 된지라, 이때에 동향 친구들의 주선으로 영국 선교사의 병원에 입원하여 치료할 새 마근태(馬勤泰, 매킨타이어) 목사가 매일 병원에 와서 절절이 위로하여 주면서, 예수를 믿으라 권하므로 병이 나으면 예수를 믿겠다고 약속하였더니 월요동안 의사의 정성어린 치료로 완쾌된지라. 약속대로 믿기로 작정하였더니 라(羅)목사(존 로스)가 영국에서 돌아오매 1879년에 그에게 세례를 받았고 그의 권고로 그 익년에 심양으로 올라가서 일편으로 성경을 우리나라말로 번역하고 일 편으로 번역된 성경을 인쇄하기 시작하였다."[339)]

서상윤에게 의료선교는 단순한 육체의 질병을 치료해 준 선교사들의 구호자선 활동이 아니었다. 열병이 걸려 죽게 되었을 때, 존 매킨타이어가 "매일 병원에 와서 절절이 위로해 주면서, 예수를 믿으라 권하므로" 새로운 기독교적 생명의 의미를 깨닫게 되었고, 이로 인해 서상윤이 새 생명의 종교인 기독교로로 개종하게 된 것이었다. 의료선교는 단순한 진료기술의 문제가 아니라, 기독교적 생명의 의미를 어떻게 새롭게 소개하느냐의 문제로 귀착된다는 것을 의료선교역사의 교훈을 통해 다시 한번 확인할 수 있다.

---

339) 서상윤, "예수 聖教가 朝鮮에 始入한 聖史", 『평양신학교 학우회보』, 제2호 (1921). 리진호, 『한국 성서 백년사 I』 (서울: 대한기독교서회, 1996), p. 104 에서 재인용. 마근태(馬勤泰) 목사는 존 맥킨타이어(John MacIntyre)를 지칭하며, 라(羅) 목사는 존 로스를 지칭한다. 존 로스의 중국이름은 羅約翰이었다. 맥킨타이어 목사는 존 로스의 여동생과 결혼했다.

제8장

선교학과 기호학

롤랑 바르트(Roland Barthes)의 기호학과 선교학

타자(他者)와의 만남은 선교학의 학문적 구성을 위한 기본적인 전제이다. 선교의 현장이 없으면 선교학이 있을 수 없다는 말은 결국 선교학이 선교 현장에서 필연적으로 일어날 수밖에 없는 타자와의 만남에서 출발한다는 말이다. 다른 종교를 믿고 있는 사람, 다른 언어 문화권에서 살아 왔던 사람, 혹은 기독교에 대해 부정적인 생각을 가지고 있는 사람들에게 기독교의 복음을 소개하기 위해서 선교학은 타자와의 만남에서 발생하는 제반 현상들에 대해 연구하지 않을 수 없다. 이런 학문적 전제조건 때문인지 선교학은 이론적인 요소보다 실천적인 요소가 늘 중요시되어 왔다. 선교 현장의 만남을 강조하다보니, 타자와의 만남에 대한 이론적 분석은 선교학자들의 연구에서 소홀해 지거나, 조직신학자들의 이론적 작업에 선교학적 연구 과제를 위임하는 경향까지 나타나고 있다.[340] 지금까지 선교학은 이론적인 학문이기 보다 실천신학의 한 종류로 간주되어 온 것이 사실이고, 정도가 심한 경우에는 "선교학(Mission Studies)"이 아니라 "선교사 훈련 프로그램(Missionary Training Program)"으로 전락하기도 했다.

그러나 이론적 분석의 중요성을 무시하고 모험주의적 실천만을 강조하는 "선교사 훈련 프로그램"이 "선교학"의 자리를 계속해서 차지한다면 한국 개신 교회에서 목격되고 있는 확장주의 해외 선교는 서구 가톨릭교회의 선교 역사를 포함한 지난 400여 년의 선교적 시행착오를 되풀이할 수밖에 없을 것이다. 지금까지 이 책에서 논구된 바와 같이 타자와의 만남에서 출발하는 선교학은 매우 종합적인 학문 영역을 다루는 학문이기 때문에 신학과 인문학의 여러 분야와 교류하여야 한다. 문화인류학이나 지역학 연구(Regional Studies), 그리고 종교학과의 교류를 제외한다면, 선교학 이론의 가장 시급하고 중요한 연구 과제중의 하나는 언어학 혹은 기호학과의 상호 교류이며 여기에 번역이론(Mission Translation Theory)의 연구가 포함된다. 왜냐하면 선교 현장에서 발생하는 타자와의 만남은 결국 기독교 복음의 현지어 번역이라는 언어학적 과제에 직면할 수밖에 없기 때문이다. 비기독교 문화권에서 다른 언어를 사용하는 사람에서 복음을 전하기 위해서는 먼저 기독교의 신앙의 내용을 선교 현지의 언어로 번역해야 하고 이때, 우리는 복잡하고 심각한 언어학적 문제에 노출되게 된다.

모든 선교 현장에서의 번역은 복잡하고 다양한 신학적 굴절을 수반한다. 기독교 복음이 선교 현지의 언어로 번역되어지는 과정에서 우리는 지금까지 아무런 불편함 없이 사용하던 기독교적

340) 예를 들면, 한국의 대표적 조직신학자의 한 사람인 김광식은 선교 현장에서 일어나는 복음과 타자와 만남을 토착화라는 용어로 "조직 신학화"하고 있다. 김광식, 『선교와 토착화』 (서울: 한국신학연구소, 1975).

용어들이 쉽게 번역될 수 없는 용어임을 깨닫게 된다. 번역되어져야 할 기독교적 용어나 개념이 즉자적으로 대응될 수 있는 용어나 개념이 현지어에서 발견되지 않을 경우가 대표적인 예이다. 예를 들어, 기독교 신앙의 핵심 용어/개념인 "죄(Sin)"나 "은혜(Grace)"와 같은 단어는 일부 선교 현지어로는 번역하는 데 상당한 어려움을 겪었다. 그리스 철학과 로마법의 사상적 틀에서 확립되었던 중세 교회의 "죄"와 "은혜"의 개념은 일부 선교 현지에서 도저히 번역될 수 없는 용어로 분류되어 선교학적 혼란이 일어나기도 했다. 명나라 말기인 1583년부터 본격적으로 중국 선교를 시작했던 예수회 선교사들이 중국 사대부들에게 "아내가 있는 사람이 축첩(蓄妾)하는 것은 명백한 죄(罪)입니다"라고 신앙적으로 권고했을 때, 그들은 선교사들의 가르침을 잘 이해할 수가 없었다. 중국인의 언어 의식 속에 있는 "죄"에 대한 개념이 유럽의 선교사들과 전혀 다른 전통에서 이해되어져 왔기 때문이다. 축첩을 하는 것이 죄가 된다는 것은 단지 기독교적 윤리의식의 발로였다. 가문의 대(代)를 이어 조상을 성심껏 모셔야 하는 전통적인 유교적 전통에서, 축첩은 죄(罪)로 성립될 수 없는 유교적 함의를 가지고 있다. 오히려 득자(得子)하지 못하여 대가 끊어지게 되었을 때, 중국의 사대부들은 자신을 "불효(不孝) 죄인(罪人)"으로 여겼다는 것을 고려하면, 기독교적 용어나 개념을 선교지의 토착언어로 번역하는 것이 결코 만만한 선교적 과제가 아님을 알 수 있다.

선교 현지에서 기독교 용어로 번역되거나 대체된 단어가 오랜 의미론(Semantic)적 역사를 가지고 있는 단어라면, 문제는 더욱 복잡해진다. 예를 들어, 예수회 선교사 마테오 리치(Matteo Ricci, 1552-1610)가 중국에서의 기독교 하나님의 이름을 유교의 절대신이었던 상티(上帝)로 번역했을 때, 이 새로 번역된 (엄밀한 의미에서 대체된) 하나님의 이름은 명나라 말기의 중국인들에게 상상을 초월하는 의미론적 혼란을 일으켰다. 필자는 이미 이 문제를 집중적으로 다룬 단행본을 출간한 바 있고,[341] 2004년 한국 종교학회에서의 학술발표와 『종교연구』의 지면을 통해서 선교 번역이론 분야 자체에 대한 시론적인 분석을 제시한 바 있다.[342] 필자는 종교학회의 발표 논문에서 선교학자 앤드류 월스(Andrew Walls)와 성서 번역이론가 유진 나이다(Eugine Nida), 그리고 해체주의 철학자 자크 데리다(Jacques Derrida)의 번역이론을 중심으로 선교 번역이론의 중요성에 대한 시론적인 연구를 시도한 바 있다.

선교학과 인접 학문의 교류 가능성을 타진하는 이 번 장의 마지막 연구는 2004년 한국 종교학회에서 발표되었던 내용에서 미흡한 부분으로 남아있던 선교 번역이론과 기호학(Semiology)의 상관관계를 분석하기로 한다. 이 연구를 통해 프랑스의 대표적 기호학자이며 후기 구조주의 문예평론가의 한 사람인 롤랑 바르트(Roland Barthes, 1915-1981)의 대표적 저서인 『신화학』(Mythologies)을 중심으로 그의 기호학 이론을 분석한 다음, 바르트의 기호학이 선교 번역 이론상에 어떤 시사점과 응용가능성이 있는지를 분석할 것이다. 롤랑 바르트의 문예 사상이나 기호학적 공헌에 대해서는 이미 한국의 불문학자를 중심으로 선행적인 연구가 되어져 왔다.[343] 그러나 선교학 분야에서는 국내외를 막론하고 한 번도 다

341) Sangkeun Kim, *Strange Names of God: The Missionary Translation of the Divine Name and the Chinese Responses to Matteo Ricci's Shangti in Late Ming China* (New York: Peter Lang Publishing, 2005).

342) 김상근, "선교 번역 이론의 고찰: 앤드류 월스, 유진 나이다, 자크 데리다를 중심으로", 『종교연구』 37집 (2004년 겨울), pp. 69-95.

학제(Multi-disciplinary)간의 대화가 시도된 바가 없다. 필자는 칼 바르트(Karl Barth)에게만 익숙한 국내외 신학자들과 선교학자들에게 프랑스의 대표적 지성이자 기호학자인 롤랑 바르트(Roland Barthes)를 소개하면서, 그의 기호학적 성취가 어떻게 선교 번역 이론에 응용될 수 있을 지에 대해 비판적으로 검토하고자 한다.[344] 롤랑 바르트가 신학계에는 아직 생소한 인물이기 때문에, 간략한 그의 생애에 대한 소개로부터 논의를 시작하는 것이 바른 순서일 것이다. 그러나 바르트의 생애에 대한 자세한 소개는 이 논문의 목적이 아니기 때문에 그의 생애에 대한 소개는 이 글의 주된 분석 자료로 사용될 『신화학』이 출간될 당시로 제한하기로 한다. 『신화학』이 발표된 이후로도 기호학자 롤랑 바르트의 사상은 여러 단계의 사상적 변천 과정을 거치면서 해체론적인 경향으로까지 발전되어 갔기 때문에, 후기의 생애까지 언급하는 것은 다른 지면의 기회로 미루기로 한다.[345]

343) 대표적 연구는, 서정철, 『기호에서 텍스트로: 언어학과 문학 기호학의 만남』 (서울: 민음사, 1998), pp. 339-482이다. 이 글은 서정철, "롤랑 바르트의 글쓰기와 언어학", 『불어 불문학 연구』, 25권 (1990), pp. 345-362에 기초하고 있다. 또한 김희영, "롤랑 바르트의 텍스트론과 그 실천", 『불어 불문학 연구』, 23권 (1988), pp. 109-123; 김치수, "롤랑 바르트의 기호학 II: Mythologies를 중심으로", 『불어 불문학 연구』 28권 (1993), pp. 89-107 등이 있다. 숙명여자대학교와 홍익대학교에서 바르트에 대한 석사학위가 각 한편씩 배출되기도 했다.

344) 프랑스의 기호학자이자 사회비평가, 문예평론가였던 롤랑 바르트는 "신학자들의 놀이터에 떨어졌던 폭탄"으로 불렸던 20세기 최고의 신학자 칼 바르트(Karl Barth)와 아무런 인척관계가 없는 사람이다.

345) 롤랑 바르트에 대한 가장 대표적인 전기적 연구는 Louis-Jean Calvet, *Roland Barthes: A Biography* (Bloomington and Indianapolis: Indiana University Press, 1994 [1990])이다. 그 외에 바르트의 생애와 사상에 대한 평가는 Philp Thody, *Roland Barthes: A Conservative Estimate* (London: MacMillan Press, 1977); Rick Rylance, *Roland Barthes* (New York: Harvester

롤랑 바르트의 생애 : 『신화학』이 발표될 때까지

20세기 후반에 활동했던 프랑스 사상가의 명단에서 빼 놓을 수 없는 롤랑 바르트는 미셸 푸코(Michel Foucault), 자크 라캉(Jacques Lacan), 자크 데리다(Jacques Derrida) 등과 함께 격동의 1960-70년대를 풍미하던 프랑스의 대표적 철학자이자, 창의적인 문화비평학과 촌철살인(寸鐵殺人)의 기호학으로 프랑스 언어학의 대중화를 선도했던 인물이다. 그는 1915년 11월 12일, 프랑스의 작은 도시 쉐르부르(Cherbourg)에서 어머니 앙리에뜨(Henriette)와 해군 장교였던 아버지 루이 바르트(Louis Barthes) 사이에서 태어났다. 특별한 고등교육의 기회를 갖지 못했던 부친 루이 바르트는 해군에 입대하기 전에 대서양 횡단 증기선의 선원으로 잠시 일했는데, 이때 승객이었던 앙리에뜨와 만나 결혼하게 되었다. 그러나 롤랑 바르트가 태어난 지 채 일년이 지나기 전에 아버지 루이 바르트는 북해 연안에서 벌어진 독일과 프랑스간의 해상전투에서 전몰(戰歿)하고 말았다. 아버지의 죽음 이후 바르트의 가족은 극심한 생활고에 시달리며 남부 프랑스의 바이욘느(Bayonne)로 이주한다. 그의 이모가 바이욘느에 살고 있었는데, 어린 시절의 바르트는 피아노 교습을 하던 이모로부터 피아노와 음악의 세계를 접하게 된다. 롤랑 바르트는 자신의 표현대로 "극심한 지루함"을 자주 느끼는 유년기를 보냈는데, 쉽게 싫증을 느끼고 몰두하던 일에 갑자기 염증을 느끼는 버릇은 평생 그를 따라 다녔다고 고백하고 있다.[346] 바르트의 가족

Wheatsheaf, 1994); Jonathan Culler, *Roland Barthes* (London: Fondana Press, 1983). 이 책은 시공사에서 한글로 번역 출판되었다. 또한 벵상 주브, 『롤랑 바르트』 (서울: 민음사, 1994).

346) Roland Barthes, *Roland Barthes by Roland Barthes* (Berkeley: University of California Press, 1977 [1975]), 앞부분의 화보에 나오는 내용. 페이지 번호 없음.

들은 1924년에 파리로 이주하고 계속해서 그 곳에서 생활했지만, 프랑스의 섬세함과 스페인의 열정을 공유하고 있던 바이욘느의 바스크(Basque) 문화는 어린 롤랑 바르트에게 가난과 고독, 그리고 “극심한 지루함의 기억”과 함께 오랫동안 남아 있게 된다.

바르트가 14세 되던 해에 그의 어머니는 화가이자 조각가인 앙드레 살제도(André Salzedo)를 만나, 이복동생(Michel Salzedo)을 낳았다. 바르트 어머니의 출산은 바르트 외할머니에게 큰 분노를 불러 일으켰고 둘 사이의 불화는 사춘기의 바르트에게 극심한 심적인 고통을 주었다. 파리에서 바르트가 느꼈던 가족 내의 불화와 경제적 궁핍함은 그의 사상에 영향을 끼칠 정도였다. 가족사의 불행은 계속되어, 바르트의 계부마저도 어머니의 곁을 떠나게 되었는데, 이후 그들은 평생 다시 만나지 않는 사이가 되고 말았다.

1934년, 명문이었던 파리 몽테뉴 중학교와 루이 르 그랑 고등학교에서 두각을 나타내면서 특유의 독창적인 문필실력을 키워가던 롤랑 바르트의 장래에 또 다른 먹구름이 몰려들었다. 청년기의 롤랑 바르트에게 끊임없는 고통을 안겨준 결핵이 발견되었기 때문이다. 가뜩이나 외로움과 고독에 힘들어 하던 바르트에게 피레네 산맥 중턱의 격리된 요양소 생활은 인내하기 힘든 시련이었다. 무엇보다 장기간의 격리 생활 때문에 대학을 중심으로 한 당대 프랑스 지식인들의 학문적 담론에서 점점 소외되고 있다는 초조감이 그를 무척이나 괴롭혔다. 이 시기의 격리생활과 학문세계로부터의 소외의식은 바르트에게 대학의 학문성에 대한 반감으로 발전되었다. 요양소에 수용되어 있을 동안 바르트는 음악에 대한 관심과 열정으로 지적 담론에 대한 갈구를 대신했다. 짧은 기간이었지만 잠시 병세가 호전되어 파리로 돌아온 바르트는 소르본느 대학에서 제 2 차 세계대전이 시작되기 전 1939년까지 고전문학을 전공했다.

그러나 다시 결핵이 악화되어 꿈에도 그리던 명문 에꼴 노르말(École Normale)에 진학하지 못하게 된다. 바르트는 다시 심한 좌절을 경험한다. 바르트가 5년 동안 결핵 환자 수용소에 격리되어 있는 동안 절친한 친구들은 무난하게 이 학교로 진학하게 되고, 그의 상실감은 더욱 커져갔다. 이 시기의 좌절감은 바르트에게 우울증의 증세로 나타나기도 했다.

결핵이라는 그 시대로서는 심각한 병력(病歷)으로 인해 1937년 군대소집에서 면제된 바르트는 헝가리와 그리스, 그리고 이탈리아를 여행하면서 그의 불안했던 장래를 모색하기로 하였다. 1939년, 히틀러와 무솔리니 정권에 대한 영국과 프랑스의 선전포고로 제2차 세계대전이 공식적으로 발발했다. 전쟁기간 동안 바르트는 문학교사로 잠시 일하다가 종전된 후 다시 대학으로 돌아가 그리스 비극에 대한 연구를 위해 대학원 졸업 후 연구 과정을 밟게 된다. 그러나 조모의 사망으로 인해 바르트는 최종 졸업 시험을 치르지 못하는 비운을 다시 겪게 되었다. 그는 계속해서 좌절의 고통 속에 있었지만, 친구였던 레베롤(Rebeyrol)은 여전히 학문적 두각을 나타내고 있었는데, 친구의 계속되는 지적 성공은 바르트에게 받아들일 수 없는 압박감으로 작용했다. 1942년 다시 결핵이 재발하여 요양소에 입소된 바르트는 침묵과 고독 속에서 생활하면서, 처음으로 독특하고 심오한 문체의 단편 몇 편을 발표한다. 이 요양소에 체류할 기간 동안 바르트는 사르트르와 칼 마르크스(Karl Marx), 소쉬르(Ferdinand de Saussure), 로만 야콥슨(Roman Jakobson, 1896-1982) 그리고 미하엘 바흐찐(Mikhail Bakhtine, 1895-1975)의 글을 집중적으로 읽었다.

1943년, 파리로 돌아왔지만 결핵이 재발하면서 바르트는 세번째로 다시 요양소로 보내졌다. 29살이 되던 해까지 아무런 직업 없이 스위스의 결핵 요양소에서 무료한 시간을 보내고 있던 바르트는 같은 요양소에 수용되어 있던 로베르 다비드(Robert David)에게 동성애적 관심을 가지게 된다. 그러나 로베르는 바르트의 접근을 단호하고 거부했다. 이미 로베르 다비드는 프랑솨즈(Françoise)라는 젊은 여성과 사랑을 나누고 있었기 때문이다.[347] 바르트의 결핵이 완치되었던 1946년까지 스위스의 결핵 요양소에서 바르트가 주로 관심을 기울인 철학 사조는 마르크스의 사회주의 이론이었다. 마르크스의 저술에 대한 연구와 더불어, 같은 요양소에 수용되어 있던 친(親)마르크스주의자들과의 교류를 통해 사회주의적 관점이 점점 증대되었다.

1946년, 다시 파리로 돌아온 바르트는 앙드레 지드에 관한 단편과 이후에 『글쓰기의 영도』(Writing Degree Zero)로 확대 출간된 까뮈에 대한 글을 발표하면서 "파리지엥"의 지적 활동에 처음으로 참여하기 시작한다. 당시 파리의 지식인들은 사르트르의 "실존은 본질에 앞선다"는 철학적 주장에 매혹되어, 그의 실존주의가 프랑스의 학문적 화두를 이루고 있던 때였다. 삼십대 초반이라는 늦은 나이에 처음으로 파리의 지적 세계에 진입하기 시작한 바르트는 이미 사르트르적 실존주의와 마르크스의 사회주의에 사숙(私淑)해 있었기 때문에 자연스럽게 그들의 학문적 분위기에 젖어 들게 되었다. 자연히 이 시기의 바르트가 주로 관심 가졌던 사상가는 사회주의 작가 까뮈와 실존주의 철학자 사르트르였다.[348] 그동안 아무

347) 이때 롤랑 바르트는 로베르 다비드에게 수많은 연서(戀書)를 보냈는데, 로버트는 이 편지의 내용에 대해 무관심했다. 이때 바르트가 느낀 좌절은 1977년에 출간된 『사랑의 단상』에 잘 표현되었다.

348) Louis-Jean Calvet, *Roland Barthes: A Biography* (Bloomington and Indianapolis: Indiana University Press, 1994 [1990]), p. 76.

런 직업도 없이 무명의 지식인으로 숨어 있던 바르트를 처음 발굴한 사람은 까뮈와 프랑스 마르크스주의의 대변지였던 『꽁바』(Combat)의 편집장, 모리스 나도(Maurice Nadeau)였다. 이 편집장의 위촉에 의해 두번째로 보내진 바르트의 글이 『꽁바』지에 처음으로 발표되면서 바르트라는 사람의 이름과 존재가 세상에 알려지게 되었다.[349] 이 때 발표된 그의 첫 학문적 데뷔작은 "글쓰기의 영도(Le Degré zéro de l'écriture)"였다. 편집장의 표현처럼 "미치광이의 글"과 같이 난해하기만 했던 바르트의 첫번째 글은 일부 파리의 지식인들에게 신선한 충격을 주었다. 1947년 9년 26일에 발표된 두번째 글, "문법의 책임", 그리고 그 뒤를 이어 계속 발표된 "부르조아 글쓰기의 승리와 패배", "예술적 작품으로서의 문체 스타일", "글쓰기와 침묵", "글쓰기와 말하기" "글쓰기의 비극적 의미" 등은 이후에 발표된 최초의 단행본 『글쓰기의 영도』에 포함되었다.[350]

1953년에 출간된 바르트의 첫 단행본인 『글쓰기의 영도』는 사르트르의 사상에 영향을 받고 있던 바르트의 "글쓰기"에 대한 자신의 견해를 간결한 문체로 전개하고 있는 작은 분량의 책자이다. 이 책의 제목은 1947년에 집필된 소논문에서 따왔지만, 내용은 대부분 1950년대 파리에서 『꽁바』를 중심으로 활동하던 바르트의 소논문들이 편집된 책이다. 이 책은 바르트 자신의 우려와는 달리 언론으로부터 대대적인 주목을 받으면서 파리의 지식인의 뜨거운 토론 대상이 되었다.[351] 그는 이 책에서 모든 글쓰기는 작가의 사

349) 바르트가 첫번째 보낸 글은 너무 난해했기 때문에 편집장의 결정으로 출간되지 않았다. 어떤 내용의 글이었는지 알려져 있지 않다.

350) 이 책의 영역 본은 Roland Barthes, *Writing Degree Zero* (New York: Hill and Wang, 1967 [1953])을 참고하였고 한글 번역은 롤랑 바르트, 조종권 옮김 『글쓰기의 영도/기호학의 원리』(서울: 영한문화사, 1994).

회적 위치와 전통적 관습에 의한 선택이며, "역사적 연대를 위한 행위"임을 강조하고 있다.[352)] 그러나 글쓰기에 대한 이념적인 분석보다 더욱 중요한 이 책의 가치는 바르트가 이미 첫번째로 발간한 단행본에서 이후에 외시적 의미(Denotation, 불어는 dénotirif)와 공시적 의미(Connotation, 불어는 connoatatif)의 차이를 통해 대응적 구별을 시도했던 기호학적 이론의 기초를 모색하고 있다는 것이다. 이러한 외시적 의미(Denotation)과 공시적 의미(Connotation)의 차이를 통한 기호학적 이론을 처음 발전시킨 인물은 덴마크의 언어학자 루이 옐름슬레우(Louis Hjelmslev)였다. 첫번째 단행본을 출간했을 당시 바르트는 옐름슬레우(Hjelmslve)의 기호학적 연구 결과에 대해 아는 바가 없었다. 대학이라는 학문의 공간을 통해 공식적으로 서로 영향을 주고받을 기회가 없었던 바르트가 이미 기호학 연구의 핵심으로까지 독자적으로 진입한 사실은 매우 특이할 만한 일이라고 하겠다. 『글쓰기의 영도』에 포함되어 있는 "시적 글쓰기는 존재하는가(Is There Any Poetic Writing)?"란 짧은 글에서 바르트는 기표(Sigifier)와 기의(Signified)가 어떻게 상호작용을 일으키며 의미를 형성하게 되는 지에 대해 아래와 같은 기호학적 분석을 제시하고 있다.

> "사고(思考)와 언어의 관계에 대한 통념은 사실 정반대로 나타난다. 고전적인 작품에서, 이미 존재하고 있던 준비되어진 일반적인 생각들에 의해서 "문장 표현" 혹은 "번역되어진 표현"등이 창출되는 것을 예로 들

---

351) 『르 레트르 누벨』(*Les Lettres nouvelles*)이나 『옵세르바테르』(*Observateur*)지는 바르트의 첫 저술을 높이 평가했지만 『르몽드』지는 대중들이 이해하기 힘든 책이라고 평가했다.

352) 이런 글쓰기는 "대화적인 글쓰기(Conversational writing)"와 "색깔 없는 글쓰기(Colourless writing)"로 나누어질 수 있다.

수 있다. 고전적인 생각은 오래가지 못하고, 고전적인 시적 표현은 기술적인 배열을 위해 필요로 하는 만큼만의 지속성을 가지고 있을 뿐이다. 반대로 현대 시(詩)의 경우, 단어는 지적이며 감정적인 느낌을 생성시키는 지속적인 형태를 만들어 가는데, 이러한 지속적인 형태의 유지는 지적이며 감정적인 느낌의 생성 없이는 불가능한 일이다. 따라서 말하기(Speech)는 보다 정신적인 태도에 대한 정형화된 시간성을 부여하며, '사고(思考)'가 준비될 수 있는 동안, 단어들의 새로운 대리적 기능에 의해 조금씩, 조금씩 의미론적 형태를 갖추어 간다. 단어의 의미를 부여하며 성숙시키는 이러한 말하기의 행운(This verbal luck)은 결국 (의미의) '조작'이라기보다, 가능성 있는 모험으로 전제될 수 있다. 말하기(Speech)가 가지는 이러한 가능성 있는 모험은 (언어) 기호와 (언어의) 의도(intention)가 만나는 지점을 이룬다."[353]

현대 기호학이 태동하기 전에 무명의 지식인에 불과했던 롤랑 바르트는 장차 『신화학』에서 전개될 기호학적 분석을 『글쓰기의 영도』에서 이미 시작하고 있다. 더 나아가 그는 언어학적 접근에만 머물러 있던 덴마크와 러시아의 기호학자들과는 달리 그의 초기 기호학은 이미 이념적인 요소와 문화비평적인 요소를 겸비한 종합적인 텍스트 비평이론으로 발전하고 있었던 것이다.

『글쓰기의 영도』에 이어 바르트가 1954년에 출간한 책은 결핵요양소 시절부터 습작해 왔던 『미슐레』(Michelet)였다. 이 두번째 단행본은 『글쓰기의 영도』가 받았던 언론과 학계의 주목을 다시 받지는 못했다. 그러나 이듬해인 1955년에 바르트와 까뮈(Camus) 사이에 문학의 사명에 대한 지상 논쟁이 일어나면서, 바르트와 그의 관점에 대한 대중적 관심이 높아지게 되었다. 바르트는 까뮈의

353) Roland Barthes, *Writing Degree Zero* (New York: Hill and Wang, 1967 [1953]), p. 43. 필자의 번역임.

문학작품에 대한 논평에서 유명한 『페스트』가 사회주의적 개념인 "연대"와 문학의 윤리적 함의를 소홀히 다루고 있다고 비판했다. 바르트의 이러한 비평에 대해 까뮈는 자신의 『이방인』과 『페스트』 사이에 관점의 전이(轉移)가 분명히 존재하고 있으며, 점진적으로 공동체의 저항과 사회주의적 "연대"에 대한 관심이 증대되고 있음을 조목조목 밝히면서 바르트의 공격을 피해갔다. 바르트는 두 달 후에 발간된 글에서 까뮈의 반론에 대한 재반론을 시도하면서, 자신의 관점과 비판이 마르크스주의에 기초한 것임을 다시 한번 강조한다.

롤랑 바르트의 문학적 재능을 높이 평가하고 있던 주위 친구들의 도움으로 바르트는 루마니아의 수도 부카레스트(Bucharest)에 있는 프랑스 연구소의 도서관 사서라는 첫 직장을 잡게 되었다. 늦은 나이에 루마니아에서 첫 직장생활을 하게 된 롤랑 바르트는 여전히 독창적인 글쓰기에 대한 자신만의 독자적인 연구를 계속해 나간다. 우연한 기회에 루마니아의 청중들 앞에서 실시한 네 번의 연속 강좌는 바르트를 특이한 프랑스 사상가로 자리매김하게 되었다. 이 시기의 글쓰기와 강연 스타일은 롤랑 바르트의 특유한 스타일로 정착되었다. 대학의 교수들이나 대학원생들 앞에서 학술강좌의 형식으로 강연을 할 기회가 거의 전무했던 초기의 바르트는 일반 대중들에게 다가갈 수 있는 쉬운 어투와 위트를 사용하며 날카로운 지적 통찰력을 보여주는 대중적인 글쓰기와 강연 스타일을 선호했다.[354] 그러나 루마니아에서의 아마추어적인 학문적 활동은 1949년 7월로 갑자기 중단되고 말았다. 루마니아 정부의 결정에 따라 제국주의자로 몰린 프랑스인들이 루마니아에서 축출되면서

354) Louis-Jean Calvet, *Roland Barthes: A Biography,* p. 85.

바르트가 몸담고 있던 부카레스트의 프랑스 연구소도 폐쇄되었기 때문이었다. 바르트는 다시 파리로 돌아왔지만, 루마니아에서 추방당한 도서관 직원들에게 이집트의 알렉산드리아에서 새 직장이 마련되었다. 바르트는 이집트로 이주했다.

그러나 알렉산드리아에서의 삶도 만만치 않았다. 지속적인 경제난과 열악한 생활환경 때문에 늘 힘들어하던 알렉산드리아의 바르트는 주변 환경의 어려움을 왕성한 지적 활동으로 보상받고자 했다. 그는 알렉산드리아에서 알지르다스 그레마스(Algirdas Greimas)와의 깊은 교분관계를 유지하면서 사르트르와 니체의 사상에 심취해 있었다. 1950년의 초반 몇 년 동안, 바르트는 새로운 친구 그레마스를 통해 소쉬르의 언어학과 러시아의 언어학자인 로만 야콥슨(Roman Jakobson)의 저술을 접하게 된다. 구조주의 언어학과의 만남을 통해, 그동안 문학 비평 쪽에 집중되어 있던 바르트의 언어학적 관심은 이때부터 새로운 방향으로 전환하기 시작한다.

그러나 파리를 언제나 지적 활동의 중심에 놓고 있던 바르트에게 알렉산드리아에서의 생활은 고통의 연속이었다. 다시 친구의 주선으로 바르트는 파리의 문화성에 직장을 얻게 되고, 그토록 그리워하던 파리로 다시 돌아오게 되었다. 그러나 무료한 파리에서의 공무원 생활은 바르트로 하여금 곧 싫증을 느끼게 만들었다. 다른 직장을 알아보다가 영국 케임브리지 대학의 하급 연구직과 이탈리아 볼로냐 대학의 강사 자리가 제시되었지만 어느 곳에도 특별한 열의를 보이지 않으면서, 바르트는 어느 듯 30대 후반을 넘기고 있었다.

파리로 돌아온 바르트를 다시 지적활동의 세계로 인도한 인물은 1950년대 초반에 『꽁바』의 편집장을 역임했던 모리스 나도(Maurice Nadeau)였다. 마침 그는 『꽁바』지를 사임하고 1953년 새로운 좌파 학술지인 『르 레트르 누벨』(Les Lettres nouvelles)를 창간하였고 바르트의 작은 단편들을 자신의 새로운 잡지를 통해 발표하기 시작했다. 1952년, 『에스프리』(Esprit)지에 레슬링 게임에 대한 기호학적 분석을 담은 작은 논문을 발표한 바 있는 바르트는 모리스 나도(Maurice Nadeau)가 제공하는 새로운 지면의 기회를 통해 지속적으로 기호학과 문화비평에 관한 소논문을 『르 레트르 누벨』에 발표하기 시작한다. 바로 이때의 소논문들이 함께 묶여져 편집된 책이 1957년에 발표되어 바르트를 일약 유명 인사로 만든 『신화학』이다. 미국의 기독교 부흥사 빌리 그래함(Billy Graham)부터 세탁세제 광고에 이르는 광범위한 주제를 다룬 1950년대의 지적 파노라마를 담고 있는 이 단행본은, 바르트 자신의 표현대로 "소자본주의자들(Petite Bourgeoisie)"의 기호와 상징들에게 조직적으로 제동을 걸기 위한 날카로운 문화비평적 내용을 담고 있다.[355) 사회적 통념이라는 조작에 의해 받아들여진 "신화"들이 가지고 있는 거짓과 위선을 까발리는 작업에 전념했던 이 시기의 바르트에 의하면, "신화"란 "실제 하는 것들에 대한 왜곡된 해석을 강요하는 모든 시도"들의 총칭이다.[356) 이런 강력한 이념적 동기에 의해 『신화학』 출간 이후부터 바르트의 기호학(Semiology)은 사회비평을 위한 수단으로 적극 활용되기 시작한다. 이러한 사회 비평적 경향은 여전히 알렉산드리아에서 활동하고 있던 그레마스(Greimas)와의 지속적인 교류와 상호 지지에 의해 강화되었다.

롤랑 바르트가 명실상부한 기호학자로서 학계에 데뷔하게 된 것은 1957년에 출간된 『신화학』 때문이었다. 특별히 기호학의 체

355) Louis-Jean Calvet, *Roland Barthes: A Biography,* p. 101.

356) *Ibid.*, "... myths attempts to impose a distorted interpretation of the real."

계적 이론을 제시한『신화학』의 마지막 논문인 "오늘의 신화(Le mythe aujourd'hui)"는 언어학의 이론가라기보다 문예 평론가로 평가되어 오던 바르트를 일약 프랑스 기호학의 중심인물로 부각시켰다. 다음 장은『신화학』에서 소개되어 있는 바르트의 기호학적 분석을 선교 번역 이론에 적용시키고자 하는 필자의 시론적인 견해를 담고 있다.

롤랑 바르트와 기호학과 선교 번역 이론과의 상관관계

실존주의와 사회주의 철학에만 머무르지 않고, 대중매체의 의미전달 과정과 정치적 기술(記述)을 통해 드러나는 기호의 이중적 의미에 대한 분석까지, 다양한 분야의 연구를 독자적으로 수행하던 롤랑 바르트는 1957년에 출간된『신화학』의 기호학(Semiology)적 이론을 통해 1960-70년대의 대표적인 프랑스 기호학자로 자리매김하게 되었다. 이차 대전 이전의 프랑스 사상가들이 실존주의 연구에서 출발하여 현상학적 연구로 자신들의 사상적 범위를 개척해 나갔다면, 같은 실존주의와 사회주의 이론에서 출발했던 롤랑 바르트는 소쉬르의 구조주의 언어학과 로만 야콥슨의 언어철학을 거쳐 기호학으로 인식의 지평을 넓혀간 인물이다.

굳이 학문의 계통을 따진다면, 롤랑 바르트의 기호학은 소쉬르와 레비-스트로스(Claude Levi-Straus)를 통해 발전된 구조주의 언어학(Structural Linguistics)을 기반으로 한다. 바르트가 자신의 기호학적 체계에 적용시킨 구조주의 언어학의 기본 전제는 "모든 기호들은 이미지건 몸짓 또는 정치적 구호이건, 따로 떨어져서 작용하는 것이 아니고 의미(意味)라는 기호들의 상호 관계 안에서 작용 한다"는 것이다.[357] 달리 표현하자면, 이 세상의 모든 기호는 의미화(Signification)

과정의 결과로 나타난다는 것이다. 의미하지 않는 기호는 없으며, 모든 기호의 의미는 다른 기호와의 자의적인 관계성 속에서 규정된다. 롤랑 바르트의 이런 기호학적 전제는 야콥슨 언어학의 기본 전제인 "사물은 존재하지 않고, 사물 사이의 관계만이 존재하는 것 뿐이다"란 이론을 적극 수용한 것이다. 이러한 맥락에서, 20세기 프랑스 사상사를 정리했던 리차드 커니는 롤랑 바르트의 기호학적 출발점으로 아래와 같이 세 가지 기본 전제로 설명한다.

> "첫째, 우리의 세계에서 모든 대상은 기호이다. 둘째, 모든 기호의 의미가 항상 그 기호가 다른 기호에 대해 갖는 구조적 관계 속에서 나타나는 한, 모든 기호는 언어적이거나 초언어적(Trans-linguistic)이다. 셋째, 이런 관계는 언어체계라는 숨겨진 기호체계에 의해 결정된다."[358)]

이러한 바르트의 기호학적 출발점은 선교이론을 연구하는 우리들에게 많은 것을 시사하고 있다. 일상적인 삶 가운데 우리가 의식적 혹은 무의식적으로 읽고 있는 모든 기호(Sign) 혹은 텍스트(Text)는 언어체계 속에서의 상호작용과 집단적인 의미화 과정을 통해서 이해되고 해독된다. 기호나 텍스트를 해석함에 있어서 독자의 관념주의적 전이해(前理解)나 의지적인 경험주의적 해석은 더 이상 설 자리가 없다. "개(Dog)"라고 불리는 동물을 나는 주관적인 의지와 판단에 따라 "닭"이라고 부를 수는 있다. 그러나 내가 "개"를 "닭"이라고 부를 수 있다고 해서, 그 "닭"이라는 기호가 원래의 "개"를 의미하지는 않는다. 인간의 심리적 이해나 주관적 의지보다 기호에 얽힌 사회적 상관관계가 오히려 기호나 텍스트의

357) 리차드 커니, 『현대 유럽 철학의 흐름』 (서울: 한울, 1992), p. 363.

358) *Ibid.*, p. 364.

의미를 미리 규정하고 있기 때문이다. 따라서 "텍스트는 언어 바깥에 존재하는 관념이나 사물을 지시함으로써 의미화 되는 것이 아니고, 사물이나 관념들에 앞서고 미리 결정되는 사회적 의미체계에 대한 관계에 의해 의미화"된다는 것이 바르트 기호학의 출발점을 이루고 있다."[359]

바르트의 이러한 기호학적 출발점을 선교 번역 이론에 적용시켜 볼 수 있다. 중국 선교는 1583년 입국한 마테오 리치의 선교로부터 본격화 되었다. 동(東)과 서(西)를 최초로 연결시킨 문화적 아이콘(Icon)으로까지 평가되고 있는 리치의 선교사적 공헌은 무엇보다 중국에서의 기독교 하나님의 이름(Deus)를 "상티(上帝)"로 번역함으로써, 그의 창의적인 선교 번역을 통해 기독교의 하나님(Deus)과 유교의 절대신(上帝)을 동일한 용어로 대체시켰다는 사실이다. 한 단어가 특정한 의미로 이해되기 위해서는 언어 바깥에 존재하는 관념이나 사물을 지시함으로써 의미화 되는 것이 아니고 사물이나 관념들에 앞서고 미리 결정되는 사회적 의미체계에 대한 관계에 의해 의미화(Signification) 된다는 것이 바르트의 기호학적 출발점이라면, 리치의 번역은 참으로 대담한 시도가 아닐 수 없다. 오랜 세월동안 "상티"는 중국 유교에서 절대신의 이름으로 의미화 되어 왔으며, 훈고학적 전통에 따라 읽혀졌던 수많은 유교 고전에서 "상티"는 분명히 중국 유교의 절대신이었다.[360] 이미 중국 역사와 전통, 그리고 사회적 합의에 의해 의미화되어 있는 "상티"의 의

359) *Ibid.*, p. 364.

360) 이에 대한 자세한 유교 문헌학적 분석은 Nicolas Standaert, *The Fascinating God: A Challenge to Modern Chinese Theology Presented by a Text on the Name of God Written by a 17th-century Chinese Student of Theology* (Rome: Pontifical Gregorian University, 1995).

미를 새로 소개된 종교인 기독교의 하나님으로 번역한 리치의 의도는 라틴아메리카에서 토착 종교의 절대신의 이름을 기독교 하나님의 이름으로 번역하지 않고, 라틴어의 데우스(Deus)를 그대로 음차(音借)하여 디오스(Dios)로 번역한 것과 극명하게 대비되는 선택이었다.[361] 리치의 혁신적인 선교 번역은 선교사 진영 내부에서 매우 심각한 신학적 토론을 촉발시켰을 뿐 아니라,[362] 명나라 말기 중국 지식인들도 매우 격렬한 반응을 보였다. 바르트 기호학의 출발점이 제시하는 대로 한 기호(단어, 텍스트, 사인)가 특정사회에서 특정한 의미를 확정하는 것은 그 기호 자체(Signifier) 혹은 그 기호가 내포하는 개념(Signified)보다 앞서, 미리 결정되어 있는 기존의 사회적 의미체계에 대한 관계에 의해 의미화(Signification) 되기 때문이다. 명나라 말기의 "기존의 사회적 의미체계에 대한 관계"에서 볼 때 "상티"는 결코 기독교 하나님으로 불릴 수 없는 중국 유교 절대신의 이름이었다.

앞에서 언급한대로 롤랑 바르트 1954년부터 2년 동안 『르 레트르 누벨』에 집단적 표상으로서의 기호가 어떻게 이데올로기적으로 왜곡되는지에 대한 짧은 단편을 지속적으로 발표했고 이 단편들은 "오늘의 신화(Le mythe aujourd'hui)"라는 개괄적인 논문과 함께 『신화학』이란 제목의 단행본으로 1957년 출간되었다. 표면적으로 『신화학』은 구조주의적 언어학을 통해 자본주의의 소비 상품에

361) 라틴아메리카에서 기독교 하나님의 이름이 "디오스"로 번역하는 과정에 대한 선교사들의 관찰 자료는 Bernabe Cobo, *Inca Religion and Customs by Father Bernabe Cobo* (Austin: University of Texas Press, 1990 [1653]), p. 22.

362) 이를 중국 전례논쟁(The Chinese Rites Controversy)라고 부른다. 이에 대한 연구는 David Mungello, ed., *The Chinese Rites Controversy: Its History and Meaning* (Nettetal: Steyler Verlag, 1994).

대한 자본주의적인 우상파괴를 시도한 책이다. "집단적 표상"으로서의 기호에 대한 이데올로기적인 비판을 시도함으로써, 바르트는 현대 자본주의 사회가 가지고 있는 "신화"의 허구성을 폭로한다.

바르트에 의하면, 우선 "신화"는 두 가지 의미를 지닌다. 첫번째 의미는 "신화"의 그리스 어원이 설명하고 있는 것처럼 인간과 세계에 관한 상징적인 해석, 즉 전설과 유사한 종교문학적 장르이다. 두번째 의미는 한마디로 신화화 작업(Mystification)에 의한 위선과 거짓의 왜곡된 기호의 총칭이다. 사회적 통념과 이데올로기적인 왜곡에 의해 정형화된 믿음, 혹은 천박한 자본주의자들의 음모에 의해 불변의 진리나 사실처럼 받아들여지고 있는 현실들, 아니 자본주의 세상에 존재하는 모든 기호들이 이 "신화"에 속한다. 그러나 바르트가 제기한 "사회적 기호"들의 위선과 거짓은 단지 표면상의 의미가 왜곡되거나 의미에 대한 잘못된 이해에서 그치지 않는다는데 더 큰 문제가 있다. 이러한 왜곡된 "기호"들은 다시 반복해서 그 왜곡의 정도를 심화시켜 나가는 것이 더 큰 문제라고 바르트는 보았다. 이러한 기호의 반복성(tautological)은 의미의 지속적인 반복으로 이어지면서, 그 사회의 불변하는 "신화"로 정착되는 과정을 거치게 된다. 바르트는 이러한 신화의 폭력성을 폭로하기 위해, 『신화학』의 54가지 에세이 단편을 통해,[363] 이데올로기적 왜곡이 진행되고 있는 현대 사회의 집단적 표상의 의미화 과정을 추적한다.

바르트의 주장에 따르면, 집단적 표상으로서의 의미화 과정은 "신화"라는 의미 체계 안에서 정확하게 포착해 낼 수 있다. 신화에서 중요한 것은 신화의 내용을 담고 있는 텍스트가 드러내는 지시

363) 1957년 프랑스 초판에서는 모두 54편의 에세이가 편집되었지만, 1972년의 영역본은 28편만이 발췌 편집되었다. 필자가 참조한 영역본은, Roland Barthes, *Mythologies* (New York: Hill and Wang, 1972).

물(referents)나 대상물(objects) 자체가 아니라, 신화의 텍스트가 의미화 되는 "보이지 않는 전달방법"인 것이다. 이러한 "보이지 않는 전달방법"이 결정되는 조건은 그 텍스트가 읽혀지고 해석되어지는 사회적 환경과 이데올로기적인 조건이다. 따라서 롤랑 바르트에게 "신화"는 고대인의 우주적 인식(Cosmogonic knowledge)의 원형이 아닐뿐더러, 종교적 세계관을 담고 있는 유사(類似) 신앙고백도 아니다. 오히려 바르트에게 "신화"는 사회적 통념을 언어적 표현으로 환치시키는 이데올로기적인 장치라고 볼 수 있다.

다시 말하자면, 롤랑 바르트의 신화학은 모든 기호의 의미작용을 포괄할 수밖에 없다. 이 점에서 롤랑 바르트는 소쉬르가 기호학의 출발점으로 삼았던 랑그와 빠롤의 단순한 구분에서 벗어나 있는 것으로 보인다. 소쉬르가 기호 자체에 천착했다면, 롤랑 바르트는 기호의 의미작용에 더 많은 관심을 보이면서 기표(Signifier)와 기의(Signified)의 연쇄작용에 의해 도출된 의미의 이데올로기에 대한 분석을 강조했다.[364] 만약, 모든 의미작용이 이데올로기적인 것이라면, 모든 신화학은 기호학이며, 모든 기호학의 대상은 이데올로기적인 재충전의 과정을 거치게 된다는 것이 바르트 기호학의 핵심이었다. 롤랑 바르트는 이 관계를 "이중적인" 의미화 과정으로 본다. 이러한 "이중적 의미화 과정"을 상세히 기술한 논문이 바로 『신화학』의 제일 마지막 장에 등장하는 "오늘의 신화(Le mythe aujourd'hui)"이다.

바르트는 "오늘의 신화"에서 신화가 의미를 획득하는 과정에는 반드시 삼차원적인 패턴(The Tri-dimensional pattern)을 거친다고

364) 서정철은 롤랑 바르트의 기호학이 소쉬르의 기호학에서 발전한 이유에 대한 옐름슬레우의 기호학에서 영향받은 것이라고 분석한다. 서정철, 『기호에서 텍스트로: 언어학과 문학 기호학의 만남』 (서울: 민음사, 1998), p. 401.

보았다. 그것은 기표(the signifier), 기의(the signified), 그리고 기호(the sign)의 상호 연관성에 기인한다.[365] 일반적인 언어체계에서는 기표와 기의의 상관관계는 기호(the sign)라는 매개를 통해 의미화된다. 이것을 "일 차적인 기호학적 체계"라고 부른다면, 바르트의 "신화"는 "이 차적인 기호학적 체계(a second-order semiological system)"를 통해 의미화가 진행된다. 즉, 일반적인 언어체계에서의 일 차적인 기호학적 체계를 통해 반복적으로 의미화가 진행되면서 기표와 기의를 매개하던 기호가 다시 새로운 기표로 작용하기 시작하고, 다시 한번 (반복을 통해 재 생성된 새로운) 기표와 기의간의 상호작용이 일어남으로써 새로운 기호가 성립되기 때문이다. 바르트는 이러한 과정을 "신화화"의 과정이라고 명명한다.[366]

대중적인 글쓰기와 강연 스타일로 유명했던 초기의 바르트는 다소 복잡하게 보일 수도 있는 "신화화" 과정을 두 가지 예로 쉽게 소개한다.[367] 첫번째 예는 유럽 사람들이 라틴어를 배울 때 주로 사용하는 라틴어 문법책의 예문인 "quia ego nominor leo(왜냐하면 나의 이름은 "사자"이기 때문이다)"라는 문장의 의미화 과정이다. 일반 언어체계의 "일 차적인 기호학 체계"에 의하면, 즉 일반적인 언어의 영역에 있어서, "나의 이름은 사자이다"라는 표현은 백수(百獸)의 왕자로 알려져 있는 아프리카의 포유동물 사자(lion)를 떠올리게 만들면서, 이 "사자"라는 기호가 의미하는 강하고 늠름한 사람의 이미지를 떠올리게 만든다. 이것은 일반적인 언어체계에서 일어나는 의미화 과정이다. 그러나 "quia ego nominor leo"라는 문

365) Roland Barthes, *Mythologies* (New York: Hill and Wang, 1972), p. 114.

366) 이 그림의 출처는 Roland Barthes, *Mythologies* (New York: Hill and Wang, 1972), p. 115.

367) 이 두 예문의 출처는 Roland Barthes, *Mythologies*, pp. 115-117.

장을 읽은 사람들의 마음에는 또 다른 차원의 의미화 작업이 동시에 진행된다. "신화(MYTH)"의 영역에 속하는 의미화 과정에 의하면, 라틴어 문법책에 자주 등장하는 "quia ego nominor leo"라는 표현을 반복적으로 읽은 사람들의 마음에는 "나의 이름은 사자이다" 혹은 "나는 사자처럼 강한 사람이다"라는 일 차적인 의미는 더욱 확대되어, "라틴어 문법책에 자주 등장하는 이 표현은 라틴어 문법을 설명하기 위한 도구이다"라는 의미로 확대 해석된다는 것이다. 다시 말하자면, 일반 언어체계에서 "나의 이름은 사자이다"라고 그 문장이 읽혀졌다면, "이 차적인 기호학적 체계(a second-order semiological system)"를 통해 의미화가 진행되는 신화의 영역에서 그 문장은 "나는 라틴어 문법을 설명하기 위한 예문이다"라는 식으로 이해된다는 것이다. 이러한 이 차적인 기호학 체계의 의미화 과정은 일 차적인 기호학 체계의 반복(tautological uses)을 통해 새롭게 형성된 기호("나의 이름은 사자이다")가 다시 새로운 기표(signifier)인 "나의 이름은 사자이다"가 형성되면서 비롯된다.

롤랑 바르트가 신화의 기호학적 의미화 과정을 설명하기 위해 두번째로 들고 있는 예문은 더 이해하기가 쉽다. 그는 『Paris-Match』라는 잡지의 표지에 등장하는 프랑스 국기를 향해 거수경례하는 흑인 병사의 사진을 통해 신화학적 의미화 과정을 간결하게 분석한다. 바르트에 의하면 『Paris-Match』의 표지 그림은 먼저 일차적으로 "흑인 병사가 프랑스 국기를 향해 거수경례를 하고 있다"는 첫번째 의미의 층(層)에 의해 해독된다. 이것은 일 차적인 기호학 체계에서 일어나는 현상이다. 그러나 그 첫번째 의미의 층 아래로 내려가면 두번째 의미의 층을 만나게 되는데, 그것은 "프랑스는 여러 식민 국가를 거느리고 있고 아프리카 식민지를 포함한 모든 프랑스의 영토에 살고 있는 사람들은 프랑스에 국가적 충성을 다짐한다"는 이 차적인 기호학 체계로 발전된다. 이러한 두 번째 의미의 층은 결국 프랑스에 대한 애국심은 아프리카 국가들에 대한 식민통치와 병존할 수 있다는 이데올로기적 의미를 다시 생성하게 된다. 아프리카 흑인이 프랑스 국기에 거수경례하는 일차적 의미의 층은 프랑스의 애국심과 식민주의가 서로 충돌 없이 받아들여질 수 있는 이데올로기적 의미생성을 위해서 그 자체의 "의미가 재충전되는 과정"을 거치게 된다. 개인으로서의 흑인 병사가 어떤 환경에서 어떤 목적으로 프랑스 국기에 거수경례를 붙이고 있는지에 대한 개별적 의미는 소멸될 수밖에 없다. 이러한 의미화 과정의 이데올로기적 이중성에 대해서 리차드 커니는 이렇게 정리하고 있다.

> "신화는 '숨겨진 설득자'로서 이데올로기적인 역할을 성취하는데, 간단히 말하면, 새로운 인위적 의미를 만들어내기 위하여 기호의 원초적 의미를 따로 떼어 내거나, 없애버린다(emptying). 이것은 이른바 기호의 '자연적' 의미와 '부과된' 이데올로기적 의미 사이의 모호한 전환의 구조적 상호작용을 요구한다. 따라서 우리는 프랑스 국기에 대해 경례하고 있는 흑인의 원초적 이미지와 동시에 그 이미지를 '훨씬 앞서는' 메시지로서 작용하는 프랑스 제국주의의 이데올로기적 메시지를 발견하곤 한다."[368]

기호의 의미는 흔히 생각하는 것처럼 단순히 기호를 읽는 사람의 주관적 판단에 따라 해석되면서 의미화 되지 않는다. 어떤 기호가 이데올로기적인 메시지로 의미화 되는 과정은 늘 역사적 과정을 수반하며, 따라서 이 과정은 매우 이중적이다. 다시 말하자면, 모든 신화화의 과정에 "이 차적인 기호학적 체계"가 작용한다는 것이다. 이때 "이중적"이란 표현은, 첫번째 의미의 층에 의해

368) 리차드 커니, 『현대 유럽 철학의 흐름』, p. 369.

형성된 기호가 반복을 통해 이데올로기적 의미화를 위한 재충전 과정을 거치는 동시에 새로운 기표로서 새롭게 형성된 기의와 긴밀한 상호작용을 일으킨다는 뜻이다.

흔히 생각하는 것처럼, 자연스럽게 의미를 내포하는 기호란 이 세상에 존재하지 않는다. 오직 모든 기호에 대한 이데올로기적인 이중적 의미화 과정만 있을 뿐이다. 롤랑 바르트에 의하면, "자연적으로 보이는 것은 실제적으로 고안된 것이고, 보편적 사실로 놓인 것은 특수한 이데올로기적인 가공물에 지나지 않는다는 것을 밝혀줄" 뿐이다.[369] 한 개 수백 만 원을 호가하는 명품 프라다 가방을 들고 다니는 여성이 있다면, 그 여성은 단지 립스틱이나 휴대전화와 같은 소지품을 넣어 다니기 위해 그 비싼 프라다 가방을 구매하지 않는다. 프라다라는 명품 가방이 가지는 사회의 이중적 의미, 즉 그 가방의 엄청난 가격에 대한 사회적 이데올로기가 개입되어 있기 때문에, 오늘도 그 가방은 "명품"이라는 이름으로 많은 사람들에게 팔리고 있다.

앞에서 이미 밝힌바와 같이, 롤랑 바르트의 『신화학』은 자본주의 사회의 소비체제나 대중매체가 시도하고 있는 이데올로기적인 은폐를 비판하고자 하는 마르크스주의적인 동기에서 비롯되었다.[370] 그러나 『신화학』에서 제시되고 있는 의미생성 과정에 대한

369) *Ibid.*, p. 370.

370) 롤랑 바르트를 이를 "부르조아 신화"로 명명하고, 기호학자들은 "풍자(Sarcasm)"를 통해 자본주의 체제 내에서의 이데올로기적 은폐를 비판할 수 있다고 보았다. 이미 지배적인 사회적 언어는 신화적이기 때문에 기호학자들의 사명은 이러한 기존의 사회적 언어가 가지고 있는 신화성을 풍자를 통해 없애버려야 한다고 보았다. 이런 점에서 롤랑 바르트는 해체주의의 선구적인 위치에 서있다고 하겠다. 데리다를 포함한 해체주의자에 의해 기존의 언어가 가지고 있는 이데올로기적인 은폐가 파괴되었다면, 바르트 역시 해체주의의 노선에 서 있다고 볼 수 있다.

기호학적 분석은 선교 번역이론에서 적용될 수 있는 많은 언어학적 교훈을 내포하고 있다.

일반 언어체계에서 일 차적인 혹은 표면적인 기호의 의미가 이해되는 과정(decode)인 외시적(Denotation) 의미에 대한 분석은 언제나 그 기호의 이차적 혹은 반복적(tautological) 의미화 과정을 통해 드러나는 공시적(Connotation) 의미화의 결과에 종속된다. 즉 기호의 일차적 의미는 언제나 기호의 이차적 혹은 반복적 의미에 의해 지배를 받게 된다는 것이다. "나의 이름은 사자이다"라는 라틴어 표현은 "사자와 같은 용맹스러운 사람"이라는 일차적 의미를 이탈하여, "나는 라틴어 문법을 설명하기 위한 도구이다"라는 이 차적인 기호학적 체계에서 새로운 기표가 되고, 이 새로운 기표는 결국 새로운 기의에 의해 이데올로기적인 기호로 전환되는 것이다.

여기서 다시 마테오 리치가 시도한 기독교 하나님 이름의 중국어 번역인 "상티(上帝)"의 예를 보자. 리치는 유명한『천주실의 天主實義』에서, "중국 유교 고전에서 말하는 상티(上帝)가 바로 우리가 말하는 천주(天主)이시니, 우리 서양 나라에서 말하는 '데우스(陡斯)'입니다 [夫卽天主 吾西國所稱 陡斯是也]"라고 밝히면서,[371] 라틴어 "데우스"의 중국어 음역(音譯)인 "陡斯"를 기독교 하나님의 이름으로 사용하지 않았다. 그는 대신, 유교의 절대신이었던 "상티(上帝)"를 기독교 하나님의 이름으로 소개하면서, "수많은 [유교의] 고전을 검토한 결과 '상티(上帝)'는 결국 우리[유럽 사람들]가 믿는 하나님[天主]이며 단지 이름만 다를 뿐입니다 [歷觀古書 而知上帝與天主特異以名也]"라는 매우 혁신적인 선교 번역을 시도했다.[372] "상티가 결국 기독교 하나님이며,

371) 마테오 리치,『천주실의』(서울: 서울대학교 출판부, 1999), p. 45. 송영배 외 역.

372) Matteo Ricci, *The True Meaning of the Lord of Heaven* (St. Louis: Institute of Jesuit Sources, 1985), pp. 124-125.

이름만 다를 뿐이다"라는 리치의 문장을 바르트의 『신화학』이 제시하고 있는 "신화"의 기호학적 의미화 과정을 추적해 볼 필요가 있다.

평범한 언어체계에서 일어나는 일 차적인 기호학적 체계에 의하면, "상티가 기독교 하나님이다"라는 표현은 완전히 모순되는 문장이다. 상티는 결코 기독교 하나님이 될 수 없다. 『中庸』에 기록된 공자의 가르침인 "교사(郊社)의 예는 상티를 섬기는 것이다 [孔子曰郊社之禮以事上帝也]"에서 보는 바와 같이 이미 상티는 유교 고전에서 절대신의 이름으로 호칭되어져 왔기 때문에,[373] "상티가 기독교 하나님이다"라는 리치의 주장은 실로 터무니없는 것이다. 고전적 유교의 가르침이 기록되고 정착되었던 주(周)왕조 이전의 은(殷)나라 갑골문자에서도 "(上)帝"는 중국 토착종교의 절대신으로 호칭되고 있었다.[374] 비록 송나라 시대의 주자학에 의해 상티의 신적 권위가 훼손되고, 함께 등장했던 태극(太極)의 개념에 의해 상티의 신성이 부정되었다 하더라도, 여전히 상티는 중국 명나라 말기의 일반적 언어체계에서 유교의 절대신으로 인식되고 있었다.[375] 그렇다면 리치의 기독교 하나님의 중국어 번역은 완전한 오역(誤譯)이었던가?

일 차적인 기호학적 체계에 의해 형성된 기호는 "이중적"이며 "반복적"인 의미화 과정을 거치면서 다시 기표(signifier)가 되고, 이것은 다시 기의(signified)와 결합하여 새로운 기호(sign)로 의미화

373)『중용 中庸』 제19장.

374) 은나라 시대의 중국 토속 신의 종류와 개념에 대해서는 David Keightley, *Sources of Shang History: The Oracle-Bone Inscriptions of Bronze Age China* (Berkeley: University of California Press, 1978), pp. 33-35.

375) 리치는 이 점 때문에 주자학이 원래 유교의 유일신 개념을 훼손했다고 비판했다. 리치는 또한 주자학에 의한 유교의 변질은 한(漢) 대에 유입된 불교의 다신론 때문이었다고 본다.

되는 신화화의 과정을 설명하기 위해 바르트는 일 차적인 기호학적 체계에 의해 형성된 기표를 “의미(meaning)”라고 표현하고, 신화학의 이 차적인 기호학적 체계에 의해 형성된 기표를 “형식(form)”으로 이름 붙였다. 그러나 기의(signified)의 경우 일차적이나 이 차적인 기호학적 체계에서 같은 작용을 하기 때문에 “개념(concept)”이라는 이름으로 통칭한다. 한편, 기표와 기의에 의해서 의미를 형성하게 되는 기호(sign)의 경우, 일 차적인 기호학적 체계에서는 그대로 “기호(sign)”로 명명하고, 이 차적인 기호학적 체계에서는 “의미화(signification)”라는 새로운 이름을 붙였다.[376)]

리치의 번역에 의해 기독교의 하나님 이름으로 소개된 “상티”는 바르트의 표현대로 “이 차적인 기호학 체계의 의미화(signification) 과정”을 거치게 된다. 기독교 하나님의 이름은 결코 중국에서 “상티”로 불릴 수 없었다. 왜냐하면 바르트의 표현대로, 상티에 담겨진 일차적 의미(meaning)는 “그 자체만의 독특한 언어 가치를 가지고 있으며, 그 사회가 공유한 역사의 몫”이기 때문이다.[377)] 상티는 유교의 절대신이다. 그러나 리치의 선교 번역에 의한 “상티”의 등장은 신화화를 통한 의미화 과정을 거치게 된다. 그가 중국에서 “기독교 하나님의 이름은 상티이다”라고 말했을 때, 그 기표는 “형식(form)”이 되면서 의미화 되기 시작했다. “기독교 하나님의 이름은 상티이다”라는 기표가 이 차적인 기호학적 체계에 의해 “형식”이 되면서 기독교 하나님은 “데우스”에서 “상티”로 이름을 바꾸기 시작한다. 기독교 하나님의 이름을 담고 있는 기표

376) Roland Barthes, *Mythologies*, p. 117.

377) *Ibid.*, p. 117. “As a total of linguistic signs, the meaning of the myth has its own value, it belongs to a history... In the meaning, a signification is already built, and could very well be self-sufficient...”

가 변하게 된 것이다. 롤랑 바르트는 이러한 기표의 변화에 대해서 아래와 같이 설명한다.

> "이것(기표의 의미)이 형식(form)이 되었을 때, 기존의 의미(meaning)는 이제 뒤로 물러설 채비를 한다. 기표의 의미는 스스로 의미를 비워간다. 그 기표의 의미는 스스로 미약하게 되는 동시에, 그 의미에 담겨진 역사는 흩어져 버리고, 단지 글자만 남게 된다."378)

"상티"라는 기표는 리치에 의해 기독교 하나님의 이름으로 번역되어 소개된 이후부터 "형식(form)"으로 변모해 갔다. 이 새로운 형식의 기표는 "'상티는 기독교 하나님의 이름이다'라는 번역은 리치 선교사에 의한 새로운 시도이다" 혹은 "상티는 리치가 말하는 기독교 하나님이다"라는 개념과 결합하면서 새로운 의미화(signification) 과정이 발생하게 된다. 이러한 의미화의 반복적인 과정을 통해 중국에서 기독교 하나님의 이름이 상티로 정착하게 된다. 의미화의 반복적인 과정이 무엇을 의미하는지 알기 위해 우리는 다시 한 번 롤랑 바르트을 인용할 필요가 있다.

> "그러나 이 과정의 핵심적인 부분은 형식(form)은 의미(meaning)를 결코 제압하기 않으며, 단지 미약하게 만들 뿐이고, 의미를 떼놓은 작업을 한다는 것이다. 사람들은 의미가 죽음처럼 사라진다고 믿는데, 사실 이때의 죽음이란 연기되는 것일 뿐이다. 왜냐하면 의미는 언제나 가치를 잃어가기 때문이다. 그러나 신화의 형식을 빌어서 의미는 새로운 자양분을 습득한다. [중략] 형식은 다시 지속적으로 의미에 뿌리를 내릴 수 있

378) *Ibid.*, 117. "When it becomes form, the meaning leaves its contingency behind; it empties itself, it becomes impoverished, history evaporates, only the letter remains."

어야 하고, 자양분이 필요한 곳으로 갈 수 있어야 한다. 무엇보다도, 형식은 의미 속에서 숨을 수 있어야 한다. 신화를 규정하는 것은 의미와 형식간의 끊임없는 숨바꼭질과 같은 것이다."[379]

그렇다면, 기독교 하나님이 중국에서 "상티"로 불릴 수 있었던 것은 신화화의 과정을 통해 "의미와 형식간의 끊임없는 숨바꼭질"이 진행되었기 때문이다. 이러한 숨바꼭질의 과정을 통해 상티는 새로운 언어적 의미라는 "자양분"을 습득하게 되었다. 리치의 선교 번역은 완전한 오류에서 출발했다. 그의 번역은 그만의 창의적인 번역이라기보다, 16세기 후반 예수회가 신학적 기조로 삼았던 토마스 아퀴나스의 신학에 대한 재해석과, "이 세상 모든 곳에서 활동하시는 하나님을 찾아서(Finding God in all things)"라는 이냐시오 로욜라(Ignatius Loyola)의 신학적 리더십,[380] 그리고 트리엔트 공의회 이후의 변모된 가톨릭교회의 신학기조에서 연유한 것이었다.[381] "상티"가 중국에서 기독교 하나님의 이름으로 의미화 될 수 있었던 "숨바꼭질"을 주역은 다름 아닌 중국 지식인 자신들이었다. 그들은 도저히 받아들일 수 없는 기독교 하나님의 이름을 앞에 놓고 고민에 빠질 수밖에 없었다. 서광계(徐光啓, 1562-1633)와 같은 초기 중국 기독교 지도자들조차 "상티"는 받아들이기 어려운

379) *Ibid*., 118. 롤랑 바르트의 이 분석은 자크 데리다의 차연(差延, Différance)의 개념과 매우 흡사하다. 자크 데리다의 차연과 선교 번역 이론에 대한 비교 연구는 김상근, "선교 번역 이론의 고찰: 앤드류 월스, 유진 나이다, 자크 데리다를 중심으로", 『종교연구』 37집 (2004년 겨울), pp. 69-95.

380) 김상근, "도시와 문화를 거부하지 말 것!: 예수회 설립자 이냐시오 로욜라 (Ignatius Loyola)의 선교 리더십 연구", 『한국기독교신학논총』 35집 (2004년 10월), pp. 335-361.

381) 김상근, "조직 신학자를 위한 선교학: 16세기 라틴아메리카 선교가 제 2 토미즘 등장에 미친 영향을 중심으로" 『신학사상』 2004년 여름호, pp. 143-174.

기독교 하나님의 이름이었다.[382] 수많은 반교사인(反教士人)들이 상티라는 기독교 하나님의 이름을 저주하기도 했고,[383] 수많은 유학자들이 상티는 유교의 절대신임을 항변하게도 했다. 그러나 이러한 갑론을박의 과정은, "상티"라는 새로운 형식(form)의 기표가 "의미와 형식 간의 끊임없는 숨바꼭질"을 통해 새로운 의미화를 거치는 과정이었다. 이러한 의미화 과정이 끝났을 때, 상티는 이제 중국에서 기독교 하나님의 이름으로 불리게 된 것이다.

나가면서: 롤랑 바르트 기호학의 선교 번역학적 함의

롤랑 바르트가 『신화학』에서 제시한 기호학적 이론은 선교 현지에서 기독교적 용어와 개념을 토착어로 번역해야하는 선교사 혹은 번역 선교사들에게 중요한 관점을 제공하고 있다. 조너선 컬러의 바르트 연구서를 번역한 이종인은 롤랑 바르트의 기호학과 "문학의 기표"를 비교 설명하면서, 아래와 같은 매우 인상적인 글을 남기고 있다.

---

382) 김상근, "서광계의 기독교 신앙과 상티(上帝)에 대한 제한적 이해" 『한국 기독교와 역사』 21호 (2004년 9월), pp. 207-228.

383) 반교사인(反教士人)의 활동에 대해서는 Sangkeun Kim, *Strange Names of God: The Missionary Translation of the Divine Names of the Chinese Responses to Matteo Ricci's Shangti in Late Ming China, 1583-1644* (New York: Peter Lang Publishing, 2005). 개신교 선교에 대한 중국 지식인들의 반발에 대해서는 Paul Cohen, *China and Christianity: The Missionary Movement and the Growth of Chinese Antiforeignism, 1860-1870* (Cambridge: Harvard University Press, 1963).

> "기호학의 과제는 사물에 '의미를 부여하는 것'이므로 고집스럽고 애매모호한 대상의 의미를 찾아내기 위해 씨름해야 한다. 그 과정에서 의미작용의 개념을 확대하고, 기존의 기호 체계의 규칙을 수정하거나 확장하고, 또는 두 가지 코드를 병치시켜 해석의 상호작용이 벌어지게 하는 것이다."[384]

여기서 언급되어 있는 기호학의 과제는 선교사들이 번역활동을 위해 선택해야 할 방법론과 그 번역 과정과 동반하는 의미화 과정에 대해 잘 설명하고 있다. 기독교 절대신의 이름이 중세 라틴어 문화권에서 "데우스(Deus)"로 표기되거나, 17세기 남부 인도에서 타밀(Tamil)어로 "사르베수란(Sarvēśuran)"으로 불리고, 혹은 마테오 리치의 중국어 번역을 통해서 "상티(上帝)"로 달리 표기되는 것 자체가 기독교 절대신의 본성(Godhead)에 어떤 제한을 가하거나 신성(神性)을 왜곡시킨다고 볼 수 없다. 이미 기호학자들의 분석에 의해 우리는 이미 기표(記標, Signifier)와 기의(記意, Signified)가 서로 자의적(恣意的)이며 임의적으로 연관되어 있다는 것을 알고 있기 때문이다. 기독교 절대신이 가지고 있는 기의(記意)는 상이한 문화언어권에서 (선교 과정에서 번역되어) 불리는 각기 다른 기표(記標)로 불릴 수 있고, 또 그렇게 달리 불리는 것이 당연한 일이다. 따라서 선교 현지에서 번역 선교사들의 임무는 기호학자의 사회적 임무처럼 "고집스럽고 애매모호한 대상의 의미를 찾아내기 위해 씨름해야 한다"는 것이다. 선교 현지의 토착 종교에 나타나 있는 신개념과 신의 명칭을 면밀하게 분석하고, 가장 적절한 절대신의 이름을 발견한 후에, 그 대상의 의미를 확대시켜 나가는

384) 조너선 컬러, 이종인 역 『바르트』 (서울: 시공사, 1999), p. 46. 인용문은 이종인의 역자 주이다.

과정이 필요하기 때문이다. 만약 동부 아프리카 반투(Bantu) 언어 지역의 절대신의 이름인 "물렝가(Mulenga)"를 발견했다면, 먼저 번역 선교사들은 물렝가에 포함되어 있는 의미를 포착하고 그 이름의 전통적 의미를 확대시켜 나가는 작업을 시도해야 한다.[385] 이때 "기존의 기호 체계의 규칙을 수정하거나 확장하고, 또는 두 가지 코드를 병치시켜 해석의 상호작용이 벌이지게"하는 것이 중요하다. 두 가지 코드의 병치를 통해 번역/대체된 신의 이름은 새로운 기독교적 의미를 내포하기 시작하는 과정이 필요하다. 그러나 이것으로 끝나지 않는다. 토착 문화적 관점에서 본다면, 이 과정은 롤랑 바르트가 공격했던 이데올로기적인 왜곡 과정인지 모른다. 기독교의 용어나 개념을 토착 문화에 소개하기 위한 "이데올로기적"인 요소가 선교에 당연히 개입하기 때문이다.

이미 언급한 대로, 롤랑 바르트의 기호학이 추구하는 것은 기표와 기의의 자의적이며 임의적인 연관성이 어느 특정한 이데올로기적인 의도에 의해 유일한 의미로 고착되는 것을 파괴하는 것이다. 따라서 다분히 우상파괴적인 요소를 가지고 있는 바르트의 기호학은 어떤 특정한 기표가 어떤 특정한 기의로 고착되는 것을 반대한다. 그렇다면 선교사들은 기호학의 결과를 악용하는 사악한 의도를 가진 기독교 이데올로기의 첨병 혹은 하수인에 불과한 것인가?

그러나 우리는 롤랑 바르트의 기호학에서 두번째 중요한 교

385) 물렝가를 포함한 아프리카의 신개념과 이름에 대해서는 Gilbert Ogutu, "Images of God in Cultural Diversity: A View from Africa", in *Dialogue & Alliance*, vol. 5, no. 4 (Winter, 1991-1992), pp. 38-47; 또한 Edwin Smith, ed., *African Ideas of God: A Symposium* (London: Edinburgh House Press, 1950).

훈을 얻을 수 있다. 선교 번역을 통해 소개된(번역/대체된) 새로운 기호가 형식(form)의 기표라는 신화화 과정을 거치면서 "의미와 형식간의 끊임없는 숨바꼭질"이 일어나는 과정이 결국 새로운 기독교 용어의 선교 현지 정착으로 이어지는 과정임을 알아야 한다는 것이다. 유교 절대신의 이름이었던 상티가 중국에서 기독교 하나님의 이름으로 정착되는 것처럼, 어떤 특정한 의미를 가지고 있던 기호가 다른 의미를 가진 기호로 대체되었을 경우, 혹은 특정 기호에 새로운 개념이 대체되었을 경우, 새로 대체된 기호의 숨겨진 이데올로기적인 의도가 폭로되었다고 해도, 그 기호 자체를 없앨 수는 없다는 것이 롤랑 바르트의 기호학적 결론이다. 오히려 대체된 기호는 새로운 이데올로기적인 의미화 과정을 거치면서 2차적인 의미를 가지게 된다. 이때 2차적인 의미화의 과정은 "의미와 형식간의 끊임없는 숨바꼭질"을 통해 발생한다.

그렇다면, 선교 번역자들이 현지에서 기독교적 용어를 현지어로 번역하면서 유념해야 할 사명은, 일단 번역된 기독교 용어에 대한 토론을 적극적으로 현지인들에게 위임해야 한다는 것이다. 번역된 용어를 현지인들이 받아들이게 하기 위해서 그들의 반대를 제압하는 것은 적절한 조치가 아니다. 오히려 번역된 용어에 대한 현지인들의 반대가 역설적으로 새로운 의미화 과정을 가속화 시킬 수 있기 때문이다.

롤랑 바르트의 기호학은 『신화학』의 결론에 머무르지 않고 시대사조의 흐름과 발맞추어 후기 구조주의적인 해체적인 글쓰기의 방향으로까지 발전되었다. 1980년, 불의의 교통사고로 목숨을 잃기 전, 콜레주 드 프랑스(Collége de France) 교수를 역임했던 후기 바르트는 이미 통제될 수 없는 텍스트의 의미를 이야기하고 있었다. 바르트의 후기 기호학은 "저자의 죽음"으로까지 확대되었지만, 초기 『신화학』에서 이야기했던 기호의 이데올로기성과 이중성에 의한 의미화 과정은 여전히 바르트 사상의 뼈대로 남아 있었다. 오히려 시간이 가면 갈수록 소위 자연스러운 문화적 현상에서조차 이데올로기적인 왜곡이 숨겨져 있음을 통렬히 비판하면서, 롤랑 바르트는 『신화학』의 기호학에 머물러 있었다. 비록 말년의 롤랑 바르트가 의미(意味)가 면제된 기호의 부재(不在)를 꿈꾸는 과격성을 보이기도 했지만,[386] 그것은 자신이 추구했던 기호학조차 새로운 의미를 부과하는 2차적 의미를 생성하고 있다는 판단에서 비롯된 것이다. 선교 현장에서 복음의 의미나 구체적인 기독교 용어를 현지어로 번역하는 선교사들은 롤랑 바르트가 『신화학』에서 말하고 있는 기호학적 분석을 토대로 과감하게 선교 현지의 전통 문화나 종교의 개념들을 이용할 수 있어야 하며, 동시에 현지인들에게 의미화 과정 전체를 위임하는 용기를 갖추어야 할 것이다.

386) 이러한 경향을 보이는 바르트 말기의 작품은 『S/Z』와 『텍스트의 즐거움』이다.

참고문헌

Acosta, José de, *De Procuranda Indorum Salute* (Tayport: Mac Research, 1995-1996[1588])

Acosta, José de, *Natural and Moral History of the Indies* (New York: Burt Franklin, n. d. [1604])

Alden, Dauril, *The Making of an Enterprise: The Society of Jesus in Portugal, Its Empire and Beyond, 1540-1750* (Stanford: Stanford University Press, 1996)

Allen, Belle J., *A Crusade of Compassion for the Healing of the Nations* (West Medford: Central Committee on United Study of Foreign Missions, 1919)

Allen, Roland, *Missionary Methods: St. Paul's or Ours?* (Grand Rapids: Eerdmans, 1962)

Allwood, Clifford, "Mission as Healing the Sick: Christian Medical Missions in South Africa", in *Missionalia*, vol. 17 (1989), pp. 115-125.

Altizer, Thomas, et al., eds. *Deconstuction and Theology* (New York: Crossroads, 1982)

Amaladass, Anand and Francis Clooney, "Introduction" to Roberto de Nobili, *Preaching Wisdom to the Wise*, ed. and trans. Anand Amaladass and Francis Clooney (St. Louis: Institute of Jesuit Sources)

Aristotle, Jonathan Barnes, ed., *The Complete Works of Aristotle* (Princeton: Princeton University Press, 1984)

Armstrong, R., *Primary and Secondary Precepts in Thomistic Natural Law Teaching* (The Hague: Martinus Nijhoff, 1966)

Askew, Thomas, "The New York 1900 Ecumenical Missionary Conference: A Centennial Reflection," in *International Bulletin of Missionary Research*, vol. 24.

Banton, Michael, *Anthropological Approaches to the Study of Religion* (New York: Tavistock Publications, 1966)

Barrett, David and Todd Johnson, "Annual Statistical Table on Global Mission,

2001," in *International Bulletin of Missionary Research* (January, 2001)

Barthes, Roland, *Mythologies* (New York: Hill and Wang, 1972)

Barthes, Roland, *Roland Barthes by Roland Barthes* (Berkeley: University of California Press, 1977 [1975])

Barthes, Roland, *Writing Degree Zero* (New York: Hill and Wang, 1967 [1953])

Beekman, John and John Callow, *Translating the Word of God* (Grand Rapids: Zondervan Publishing, 1974)

Bernard, Henri, *Matteo Ricci's Scientific Contribution to China* (Westport: Hyperion Press, 1935)

Boas, Fraz, *Race, Language and Culture* (Chicago: University of Chicago Press, 1940)

Bonvillain, Nancy, *Language, Culture and Communication: The Meaning of Messages* (Upper Saddle River: Prentice Hall, 2000)

Bosch, David, *Transforming Mission: Paradigm Shifts in Theology of Mission* (Maryknoll: Orbis, 1995)

Boxer, Charles R., *The Christian Century in Japan, 1549-1650* (Berkeley: University of California Press, 1951)

Boxer, Charles, *The Portuguese Seaborne Empire, 1415-1825* (London: Hutchinson & Co., 1959)

Brodrick, James, *Saint Francis Xavier, 1506-1552* (New York: Wicklow Press, 1952)

Burgaleta, Claudio, *José de Acosta (1540-1600): His Life and Thought* (Chicago: Loyola Press, 1999)

Byun, Chang Uk, "Comity Agreements Between Missions in Korea from 1884 to 1919: The Ambiguities of Ecumenicity and Denominationalism" (Ph. D. diss., Princeton Theological Seminary, 2003)

Calvet, Louis-Jean, *Roland Barthes: A Biography* (Bloomington and Indianapolis: Indiana University Press, 1994 [1990])

Camporeale, Salvatore, "Renaissance Humanism and the Origins of Humanist Theology" in *Humanity and Divinity in Renaissance and Reformation: Essays in Honor of Charles Trinkaus*, ed., et al. John O'Malley (Leiden: E. J. Brill, 1993)

Camps, Arnulf, *Jerome Xavier, S. J. and the Muslims of the Mugual Empire:*

Controversial and Missionary Activity (Schöneck: Nouvelle revue de science missionaire Suisse, 1957)

Caputo, John, *The Prayers and Tears of Jacques Derrida: Religion without Religion* (Bloomington: Indiana University Press, 1997)

Caraman, Philip, *Ignatius Loyola: A Biography of the Founder of the Jesuits* (New York: Harper & Row, 1990)

Carman, John, *Majestic and Meekness: A Comparative Study of Contrast and Harmony in the Concept of God* (Grand Rapids: William B. Eerdmans Publishing, 1994)

Ch'ien, Edward, "The Late Ming Neo-Confucian Synthesis in Chiao Hung (1540-1620)" (Ph. D. diss., Columbia University, 1978)

Ch'ien, Edward, *Chiao Hung and the Restructuring of Neo-Confucianism in the Late Ming* (New York: Columbia University Press, 1986)

Chan, Albert, *The Glory and Fall of the Ming Dynasty* (Norman: University of Oklahoma Press, 1982)

Chang, Carsun, *The Development of Neo-Confucian Thought*, vol. 2 (New York: Bookman, 1962), pp. 190-92.

Chen, Min-sun, "Hsü Kuang-ch'i (1562-1633) and His Image of the West," in *Asia and the West: Encounters and Exchanges from the Age of Explorations: Essays in Honor of Donald F. Lach*, eds. et al., Cyriac Pullapilly (n. p.: Cross Roads Books, 1986)

Chenu, Marie-Dominique, *Aquinas and His Role in Theology* (Collegeville: Liturgical Press, 2002)

Cheung, Y. W. and New, P. K. "Missionary Doctors vs. Chinese Patients: Credibility of Missionary Health Care in Early Twentieth Century", in *Social Science & Medicine*, vol. 21, no. 3: 20 (1985), pp. 304-317.

China Medical Commission, *Medicine in China: Report of China Medical Commission of the Rockefeller Foundation* (New York: China Medical Commission, 1914)

Christie, Douglas, "Medical Missions" in *China Centenary Missionary Conference Records* (Shanghai: China Centenary Missionary Conference Committee, 1907)

Christie, Douglas, *Thirty Years in Moukden, 1883-1913* (London: Constable & Co., 1914)

Chung, Kyunghee, "Aging and Social Welfare Policies: Health Care and Income Maintenance Programs", Unpublished paper, presented at International Symposium on Population and Development Policies in Low Fertility Countries (1998)

Clifford, James & George Marcus, eds., *Writing Culture: The Poetics and Politics of Ethnography* (Berkeley: University of California Press, 1986)

Clooney, Francis, "Roberto de Nobili, Adaptation and the Reasonable Interpretation of Religion," in *Missiology*, vol. 18 (January 1990)

Clooney, Francis, "Roberto de Nobili's Dialogue on Eternal Life and an Early Jesuit Evaluation of Religion in South India", in *The Jesuits; Culture, the Science and the Arts 1540-1773*, ed. John O'Malley (Toronto: University of Toronto Press, 1998)

Clooney, Francis, "Roberto de Nobili's Response to India and Hinduism in Practice and Theory", in *Third Millennium*, vol. 1, no. 2 (Fall, 1998)

Cobo, Bernabe, *Inca Religion and Customs by Father Bernabe Cobo* (Austin: University of Texas Press, 1990 [1653])

Cochrane, Thomas, ed., *Conquest by Healing* (London: LMS, 1918)

Cohen, Paul, *China and Christianity: The Missionary Movement and the Growth of Chinese Antiforeignism, 1860-1870* (Cambridge: Harvard University Press, 1963).

Columbus, *The Four Voyages of Columbus*, trans., Cecil Jane (London: Hakluyt Society, 1929)

Cooper, Michael, *Rodrigues the Interpreter: An Early Jesuit in Japan and China* (New York: Weatherhill, 1974)

Correia-Alfonso, John, ed., *Letters from the Mughal Court: The First Jesuit Mission to Akbar, 1580-1583* (St. Louis : Institute of Jesuit Sources, 1981)

Correia-Alfonso, John, *The Jesuits in India, 1542-1773* (Gujarat: Gujarat Sahitya Prakash, 1997)

Costain, A. J., *Arthur Jackson of Manchuria* (London: Hodder & Stoughton, 1911)

Costello, Jack, "Ignatian Spirituality: Finding God in All Things," in *Grail*, vol. 8 (1992), pp. 13-33.

Coward, Harold and Toby Foshay, eds., *Derrida and Negative Theology* (New York: SUNY Press, 1992)

Croizier, Ralph, "Medicine and Modernization in China: An Historical Overview", in *Medicine in Chinese Cultures: Comparative Studies of Health Care in Chinese and Other Societies*, eds. et al., Arthur Kleinman (Washington DC: National Institutes of Health, 1975)

Cronin, Vincent, *A Pearl to India: The Life of Roberto de Nobili* (New York: E. P. Dutton & Company, 1959)

Culler, Jonathan, *Roland Barthes* (London: Fondana Press, 1983)

Cummins, J., "Two Missionary Methods in China: Mendicants and Jesuits," in *España en Extremo Oriente Filipinas China Japon: Presencia Franciscana, 1578-1978* (Madrid: Publicaciones Archivo Ibero-Americano, 1979), pp. 33-108.

Cunningham, David, "On Translating the Divine Name" in *Theological Studies*, vol. 56 (1995)

D'Elia, P. M., ed., *Fonti Ricciane* (Rome: Liberia dello Stato, 1242-1249)

Dawson, Christopher, ed., *The Mission to Asia: Narratives and Letters of the Franciscan Missionaries in Mongolia and China in the Thirteenth and Fourteenth Centuries* (New York: Harper & Row, 1966)

De Nobili, Roberto, *Adaptation*, ed., S. Rajamanickam (Palayamkottai: De Nobili Research Institute, 1971)

De Nobili, Roberto, *Preaching Wisdom to the Wise*, ed. and trans. Anand Amaladass and Francis Clooney (St. Louis: Institute of Jesuit Sources)

De Nobili, Roberto, *Roberto de Nobili on Indian Customs*, ed. and trans. S. Ramamanickam (Palayamkottai: De Nobili Research Institute, 1972)

Dean, Carolyn, *Inca Body and the Body of Christ: Corpus Christi in Colonial Cuzco, Peru* (Durham: Duke University Press, 1999)

Delumeau, Jean, *Catholicism Between Luther and Voltaire: A New View of the Counter-Reformation* (London: Burns & Oates, 1997)

Derrida, Jacques, "From Des Tours de Babel", in *Theories of Translation: An Anthology of Essays from Dryden to Derrida*, eds., Rainer Schulte and John Biguenet (Chicago: University of Chicago Press, 1992)

Derrida, Jacques, *Margins of Philosophy*, trans., Alan Bass (Chicago: University of Chicago Press, 1982)

Díaz, Bernal, *The Conquest of New Spain* (Harmondsworth: Penguin Books,

1963)

Dodds, Russell, "Trends in Mission Hospitals", in *Christian Medical and Dental Society Journal*, vol. 21 (1990), pp. 17-19.

Dudink, Adrian, "A Previously Unknown Preface (1607) by Zhou Xianchen to Ricci's Tianzhu Shiyi", in *Sino-Western Cultural Relations Journal*, vol. 16 (1994)

Dunn, Marlyn, *The Emergence of Monasticism: From the Desert Fathers to the Early Middle Age* (Oxford: Blackwell, 2000)

Durkheim, Emil, *The Elementary Forms of Religious Life* (New York: Free Press, 1995)

Eun, Ki-Soo, "Understanding Recent Fertility Decline on Korea", in *Journal of Population and Social Security*, Supplement to Volume 1.

Evans, Alice, eds. et al., *The Globalization of Theological Education* (Maryknoll: Orbis Books, 1993)

Ewert, Merrill, ed., *A New Agenda for Medical Missions* (Brunswick: MAP International Monograph, 1990) [이 책은 오상백, 변창욱 공역으로 번역되었음. 메릴 에워트, 『의료선교를 위한 새로운 전략』 (서울: 예본, 1999)]

Farrell, Alen, *The Jesuit Code of Liberal Education: Development and Scope of the Ratio Studiorum* (Milwaukee: Bruce Publishing Co., 1938)

Fernández-Armesto, Felipe, *Columbus and the Conquest of the Impossible* (London: Phoenix Press, 1974)

Fernando, S. Vanatius, "The Portuguese Patronage (Padroado) and the Evangelization of the Pearl Fishery Coast," in *Indian Church History Review*, vol. 11 (1977), pp. 94-105.

Fichter, Joseph, *Man of Spain: Francis Suarez* (New York: MacMillan Co., 1940)

Fujita, Neil, *Japan's Encounter with Christianity: The Catholic Mission in Premodern Japan* (New York: Paulist Press, 1991)

Gagliano, Joseph and Charles Ronan, eds., *Jesuit Encounters in the New World: Jesuit Chroniclers, Geographers and Missionaries in the Americas* (Roma: Institutum Historicum S. I., 1997)

Gairdner, W., *Echoes from Edinburgh 1910: An Account and Interpretation of the*

World Missionary Conference (London: Fleming H. Revell Company, n. d.)

Ganss, George, ed., *The Constitutions of the Society of Jesus* (St. Louis: Institute of Jesuit Sources, 1970)

Ganss, George, *Saint Ignatius's Idea of a Jesuit University* (Milwaukee: Marquette University Press)

Garcilaso de la Vega, El Inca, *Royal Commentaries of the Incas and General History of Peru* (Austin: University of Texas Press, 1966)

Geertz, Clifford, *After the Fact: Two Centuries, Four Decades, One Anthropologist* (Cambridge: Harvard University Press, 1995)

Geertz, Clifford, *The Interpretation of Cultures* (New York: Basic Books, 1973)

Geertz, Clifford, *Agricultural Involution: The Process of Ecological Change in Indonesia* (Berkeley: University of California Press, 1963)

Geertz, Clifford, *Islam Observed: Religious Development in Morocco and Indonesia* (Chicago: University of Chicago Press, 1968)

Geertz, Clifford, *The Religion of Java* (Chicago: University of Chicago Press, 1960)

Geertz, Clifford, *Works and Lives: The Anthropologist as Author* (Stanford: Stanford University Press, 1988)

Gnanapragasam, V. M., "Inter-Religious Dialogue of Early Christian Missionaries in Tamil Nadu," in *Indian Church History Review*, vol. 27 (December, 1973), pp. 121-129.

Good, Charles, "Pioneer Medical Missions in Colonial Africa", in *Social Science & Medicine*, vol. 32 (1991), pp. 1-10.

Goodpasture, H. McKennie, *Cross and Sword: An Eyewitness History of Christianity in Latin America* (Maryknoll: Orbis Books, 1992)

Grahman, Joseph, ed., *Difference in Translation* (Ithaca: Cornell University Press, 1985)

Greenblatt, Stephen, *Marvelous Possessions: The Wonder of the New World* (Chicago: University of Chicago Press, 1991)

Griffiths, Nicholas, *The Cross and the Serpent: Religious Repression and Resurgence in Colonial Peru* (Norman: University of Oklahoma Press, 1996)

Grundmann, Christopher, "Proclaiming the Gospel by Healing the Sick", in *International Bulletin of Missionary Research* (1990), pp. 120-126.

Grundmann, Christopher, "The Role of Medical Missions in the Missionary Enterprise: A Historical and Missiological Survey", in *Missiology*, vol. 2 (1985), pp. 39-48.

Guaman Poma de Ayala, Felipe, *Nueva Cornica y Buen Gobierno* (Mexico: Fondo de Cultura Economica, 1993 [1612-1623])

Gulick, Edward, *Peter Parker and the Opening of China* (Cambridge: Harvard University Press, 1973)

Gunder, Andre, *ReOrient: Global Economy in the Asian Age* (Berkeley: University of California Press, 1998)

Gutiérrez, Gustavo, *Las Casas: In Search of the Poor of Jesus Christ* (Maryknoll: Orbis Books, 1993)

Gutiérrez, Ramón, *When Jesus Came, the Cone Mothers Went Away: Marriage, Sexuality, and Power in New Mexico, 1500-1846* (Stanford: Stanford University Press, 1991)

Hale, Thomas and Cynthia Hale, *Medical Mission: The Adventure and Challenge* (Richardson: Christian Medical and Dental Society Monograph, 1989). [이 책은 박재형에 의해 번역되었음. 토마스 헤일 외, 『의료선교의 모험과 도전』 (서울: 건생, 1996)]

Hambye, Edward, "Roberto de Nobili and Hinduism," in *God's Word Among Men*, ed. Joseph Putz (Delhi: Vidyajyoti, 1973)

Hanke, Lewis, "Viceroy Francisco de Toledo's Attack on Inca Rule," in *Latin American History: The Colonial Experience*, eds., Lewis Hanke and James Rausch (New York: Markus Wiener Publishing, 1993)

Hanke, Lewis, *All Mankind Is One: A Study of the Disputation Between Bartolomé de Las Casas and Juan Ginés de Sepúlveda on the Religious and Intellectual Capacity of the American Indians* (De Kalb: Northern Illinois University Press, 1974)

Hanke, Lewis, *Aristotle and the American Indians: A Study in Race Prejudice in the Modern World* (London: Hollis & Carter, 1959)

Herman, Christian, "Settlements: Spain's National Catholicism", in *Handbook of European History 1400-1600*, vol. 2. eds., T. Brady, H. Oberman and J. Tracy (Grand Rapids" William B. Eerdmans, 1995)

Hibbert, Eloise, *Jesuit Adventure in China during the Reign of K'ang Hsi* (New

York: E. P. Dutton, 1941)
Hiebert, Paul, *Anthropological Insights for Missionaries* (Grand Rapids: Baker Book, 1985)
Hiebert, Paul, *Anthropological Reflections on Missiological Issues* (Grand Rapids: Baker Book, 1994)
Hirudayam, Ignatus, *Christianity and Tamil Culture* (Madras: University of Madras Press, 1977)
Hocking, William, *Re-Thinking Missions: A Laymen's Inquiry After 100 Years* (New York: Harper & Brothers Publishers, 1932)
Hodgkin, Henry T., *The Way of the Good Physician* (London: United Council for Missionary Education, 1915)
Hofman, J. Samuel, "Using Indigenous Principles in Medical Missions", in *Missiology*, vol. 10 (1982), pp. 49-55.
Hsia, R. Po-chia, *The World of Catholic Renewal, 1540-1770* (Cambridge: Cambridge University Press, 1998)
Huard, Pierre and Ming Wong, 『東洋醫學史』(*Chinese Medicine*) (서울: 대한교과서주식회사, 1985)
Hummel, Arthur, ed., *Eminent Chinese of the Ch'ing Period* (Taipei: Cheng Wen Publishing Company, 1970)
Huntington, Samuel, *The Clash of Civilizations and the Remaking of World Order* (New York: Simon & Schuster, 1996)
Hutchison, William, *Errand to the World: American Protestant Thought and Foreign Missions* (Chicago: University of Chicago Press, 1987)
Ignatius of Loyola, *St. Ignatius' Own Story* (Chicago: Henry Regnery Co., 1956)
Ignatius of Loyola, *The Spiritual Exercises and Selected Works*, ed., George E. Ganss (Mahwah: Paulist Press, 1991)
Jedin, Hubert, *A History of the Council of Trent I-II* (St. Louis: B. Herder, 1957, 1961)
Jenkins, Philip, *The Next Christendom: The Coming of Global Christianity* (Oxford: Oxford University Press, 2002)
Jenkins, Robert, *The Jesuits in China and the Legation of Cardinal de Tournon* (London: Strand, 1894)
Jeyaraj, D., "The Contribution of the Catholic Church in Tamilnadu in the 17th-19th Centuries to an Understanding of Christ," in *Indian Journal of*

Theology, vol. 23 (1974), pp. 181-190.

Juergensmeyer, Mark, *The New Cold War?: Religious Nationalism Confronts the Secular State* (Berkeley: University of California Press, 1993)

Kamen, Henry, *Philip of Spain* (New Haven: Yale University Press, 1997)

Keeler, Floyd, ed., *Catholic Medical Missions* (New York: MacMillan Co., 1925)

Keightley, David, *Sources of Shang History: The Oracle-Bone Inscriptions of Bronze Age China* (Berkeley: University of California Press, 1978)

Kelly, Edward, "The Anti-Christian Persecution of 1616-17 in Nanking" (Ph. D. diss., Columbia University, 1971)

Kilborn, O. L., *Heal the Sick* (Toronto: Missionary Society of Methodist Church, 1910)

Kim, Ik Ki, "Policy Responses to Low Fertility and Population Aging in Korea", Unpublished paper presented at Expert Group Meeting on Policy Responses to Population Aging and Population Decline (October 2000), United Nations. New York.

Kim, Sangkeun, *Stange Names of God: The Missionary Translation of the Divine Name and the Chinese Responses to Matteo Ricci's Shangti in Late Ming China* (New York: Peter Lang Publishing, 2004)

Kolvenbach, Peter-Hans, *The Road from La Storta: Peter-Hans Kolvenbach, S.J., on Ignatian Spirituality* (St. Louis: Institute of Jesuit Sources, 2000)

Kraft, Charles, *Anthropology for Christian Witness* (Maryknoll: Orbis Books, 1996)

Kristeller, Paul, *Eight Philosophers of the Italian Renaissance* (Stanford: Stanford University Press, 1964)

Kroeber, A. and C. Kluckhohn, *Culture: A Critical Review of Concepts and Definitions* (New York: Vintage Books, 1952)

Ku, Joseph, "Hsü Kuang-ch'i" (Ph. D. diss., St. Johns University, 1973)

Küng, Hans and Julia Ching, *Christianity and Chinese Religions* (New York: Doubleday, 1989)

Kuper, Adam, *Culture: The Anthropologists' Account* (Cambridge: Harvard University Press, 1999)

Lach, Donald and Edwin Van Kley, *Asia in the Making of Europe, vol. III, A Century of Advance, Book 1* (Chicago: University of Chicago Press, 1993)

Lach, Donald, *Asia in the Making of Europe* (Chicago: University of Chicago Press, 1965-)

Lake, Frank, "The Realignment of Medical Missions: Spiritual Priorities in Changing Conditions", in *International Review of Missions*, vol. 38 (1949), pp. 211-219.

Lambuth, Walter, *Medical Missions: The Twofold Task* (New York: Student Volunteer Movement, 1920)

Las Casas, Bartolomé de, *History of the Indies* (New York: Harper & Row, 1971)

Las Casas, Bartolomé de, *The Devastation of the Indies: A Brief Account* (Baltimore: Johns Hopkins University Press, 1992)

Las Casas, Bartolomé de, *The Diario of Christopher Columbus's First Voyage to America, 1492-1493* (Norman: University of Oklahoma Press, 1989)

Latourette, Kenneth, *A History of the Expansion of Christianity, vol. 6 The Great Century: North Africa and Asia* (New York: Harper & Row, 1944)

Lawrence, Bruce, *Defenders of God: The Fundamentalist Revolt Against the Modern Age* (London: I. B. Tauris & Co. 1990)

Lee, Youngmin, "Geertzian Interpretive Anthropology and Cultural Geography," 『지리교육논집』, vol. 36. no. 1 (1996), pp. 207-218.

Legge, James, *The Chinese Classics, vol 4. The She King* (Hong Kong: Hong Kong University Press, 1960)

Li, Sang-Jen 李尙仁, "Miraculous Surgery in a Heathen Land: Medical Missions to Nineteenth-Century China", presented at SSHM Annual Conference, July 17-18, 2000 (University of Southampton)

Lillegard, Geo, *A History of the Term Question Controversy in Our China Mission and the Chief Documents in the Case* (Boston: n. p., 1930)

Lockhart, William, *The Medical Missionary in China: A Narrative of Twenty Years' Experience* (London: Hurst and Blackett, 1861)

Longobardi, Nicolo, *Responsio brevis super controversias de Xamti, hoc est de altissimo Domino, de Tien-chu, id est de spiritibus coelestibus, de Lim-hoen, id est de Anima rationali, De aliisque nominibus ac Terminis sinicis ad determinandum; qualia eorum uti possint vel non in hac Christianitate (1623)* (APF, Indie Orientali, Cina, 1623-1674 I, ff. 171-97)

Lowe, John, *Medical Missions: Their Place and Powe*r (New York: Fleming Revell Co., 1896)

Lucas, Thomas M., *Landmarking: City, Church and Jesuit Urban Strategy* (Chicago: Loyola Press, 1997)

Lukacs, Ladislaus, "A History of the Ratio Studiorum", in *Church, Culture and Curriculum: Theology and Mathematics in the Jesuit Ratio Studiorum*, ed. et al., Lukacs, Ladislaus (Philadelphia: Saint Joseph's University Press, 1999)

MacCormack, Sabine, *Religion of the Andes: Vision and Imagination in Early Colonial Peru* (Princeton: Princeton University Press, 1991)

MacGillivray, D., ed., *A Century of Protestant Missions in China (1807-1907)* (Shanghai: American Presbyterian Mission Press, 1907)

Mackay, John, *Ecumenics: The Science of the Church Universal* (Englewood Cliffs: Prentice-Hall, 1964)

Manson, Patrick, *Report of the Amoy Chinese Hospital for the Year 1873* (Amoy: Marcal, 1874)

Martin Palmer, *On Giving the Spiritual Exercises: The Early Jesuit Manuscript Directories and the Official Directory of 1599* (St. Louis: Institute of Jesuit Sources, 1996)

Martinez, John, *Not Counting the Cost: Jesuit Missionaries in Colonial Mexico: A Story of Struggle, Commitment, and Sacrifice* (Chicago: Loyola Press, 2001)

McIntosh, G. Stewart, "The Life and Times of José de Acosta", in *De Procuranda Indorum Salute* (Tayport: Mac Research, 1995)

Meissner, W. W., *Ignatius of Loyola: The Psychology of a Saint* (New Haven: Yale University Press, 1992)

Meyer, F. B., *Cecil Robertson of Sianfu* (n. p.: Carey Press, 1914)

Mikulencak, Ruby, "Science and Magic Collide in African Medicine", in *Evangelical Missions Quarterly*, vol. 23 (1987), pp. 358-363.

Mills, Kenneth, "The Limits of Religious Coercion in Midcolonial Peru", in *The Church in Colonial Latin America*, ed., John Schwaller (Wilmington: Scholarly Resources Inc., 2000)

Mills, Kenneth, *Idolatry and Its Enemies: Colonial Andean Religion and Extirpation, 1640-1750* (Princeton: Princeton University Press, 1997)

Milne, William, trans., *The Sacred Edict Contained Sixteen Maxims of the Emperor Kang-Hsi* (Shanghai: American Presbyterian Mission Press, 1870)

Minamiki, George, *The Chinese Rites Controversy: From Its Beginning to Modern Times* (Chicago: Loyola University Press, 1985)

Mitchell, Basil, "The Christian Conscience", *The Oxford Illustrated History of Christianity*, ed., John McManners (Oxford: Oxford University Press, 1992), 602-627.

Moon, Steve, "The Recent Korean Missionary Movement: A Record of Growth, and More Growth Needed", in *International Bulletin of Missionary Research*, vol. 27, no. 1, (January 2003)

Moore, James, *Indian and Jesuit: A Seventeenth-century Encounter* (Chicago: Loyola University Press, 1982)

Moorshead, R. Fletcher, *The Appeal of Medical Missions* (London: Oliphants, 1913)

Morison, Samuel Eliot, *Admiral of the Ocean Sea: A Life of Christopher Columbus* (Boston: Little, Brown, & Co., 1942)

Morris, Brian, *Anthropological Studies of Religion* (Cambridge: Cambridge University Press, 1987)

Mungello, David, ed., *The Chinese Rites Controversy: Its History and Meaning* (Nettetal: Steyler Verlag, 1994)

Myung, Sung-Hoon, "Spiritual Dimensions of Church Growth as Applied in the Yoido Full Gospel Church" (Ph. D. diss., Fuller Theological Seminary, 1990)

Nadal, Jerónimo, "De Studiis Societatis", in *Monumenta Historica Societatis Iesu, Monumenta Paedagogia Societatis Iesu, Quae Primam Rationem Studiorum* (1901)

Nida, Eugene and Charles Taber, *The Theory and Practice of Translation* (Leiden: E. J. Brill, 1969)

Nida, Eugene and William Reyburn, *Meaning Across Cultures* (Maryknoll: Orbis Books, 1981)

Nida, Eugene, "Principles of Translation as Exemplified by Bible Translating", in *On Translation*, ed. Reuben Brower (Cambridge: Harvard University Press, 1959)

Nida, Eugene, *Bible Translating: An Analysis of Principles and Procedures*, Revised ed. (New York: United Bible Society, 1961)

Nida, Eugene, *Customs and Cultures* (New York: Harper & Row, 1954)

Nida, Eugene, *God's Word in Man's Language* (New York: Harper & Row, 1952)

Nida, Eugene, *Message and Mission: The Communication of the Christian Faith* (New York: Harper & Brothers, 1960)

Nida, Eugene, *Morphology: the Descriptive Analysis of Words* (Ann Arbor: University of Michigan Press, 1949)

Nida, Eugene, *Religion Across Cultures: A Study in the Communication of the Christian Faith* (Pasadena: William Carey Library, 1968)

Nida, Eugene, *Toward a Science of Translating* (Leiden: E. J. Brill, 1964)

O'Malley, John, "Renaissance Humanism and the Religious Culture of the First Jesuits", in *Heythrop Journal*, vol. 31.

O'Malley, John, "Was Ignatius Loyola a Church Reformer? How to Look at Early Modern Catholicism", in *Catholic Historical Review*, vol. 77, no. 2 (April 1991), pp. 177-193.

O'Malley, John, eds. et al., *Ignatian Spirituality and Mission* (London: Way Publications, 1994)

O'Malley, John, *Religious Culture in the Sixteenth Century* (Hampshire: Variorum, 1993)

O'Malley, John, *Rome and the Renaissance Studies in Culture and Religion* (London: Variorum Reprints, 1981)

O'Malley, John, *The First Jesuits* (Cambridge: Harvard University Press, 1993)

O'Malley, John, *Trent and All That: Renaming Catholicism on the Early Modern Era* (Cambridge: Harvard University Press, 2000)

Ogutu, Gilbert, "Images of God in Cultural Diversity: A View from Africa", in *Dialogue & Alliance*, vol. 5, no. 4 (Winter, 1991-1992), pp. 38-47.

Olin, John, *Catholic Reform: From Cardinal Ximenes to the Council of Trent, 1495-1563* (New York: Fordham University Press, 1990)

Ortner, Sherry, "Think Resistance: Death and the Cultural Construction of Agency in Himalayan Mountaineering", in *The Fate of "Culture": Geertz and Beyond, 136-163*, ed., Sherry Ortner (Berkeley: University of California Press, 1999)

Osgood, Elliott, *Breaking Down Chinese Walls* (New York: Fleming H. Revell,

Co., 1908)

Padberg, John, et al., *For Matters of Greater Moment: The First Thirty Jesuit General Congregations* (St. Louis: Institute of Jesuit Source, 1994)

Pagden, Anthony, "The School of Salamanca and the Affair of the Indies," in *History of Universities*, vol. 1 (1981), pp. 71-84.

Pagden, Anthony, *European Encounters with the New World* (New Haven: Yale University Press, 1993)

Palm, Cobble, "Toward a World Mission Tribunal", in *International Review of Mission*, vol. 86, no. 342 (July, 1997)

Pals, Daniel, *Seven Theories of Religion* (Oxford: Oxford University Press, 1996)

Parker, Peter, *The Fourth Quarterly Report of the Ophthalmic Hospital at Canton* (n.p.; 1837)

Parry, J. H., *The Spanish Seaborne Empire* (Berkeley: University of California Press, 1990)

Peacock, James, "The Third Stream: Weber, Parsons, Geertz", in *Journal of the Anthropological Society of Oxford*, vol. 7 (1981)

Pegis, Anton, "General Introduction", to Thomas Aquinas, *Summa Contra Gentiles*, Book One: God (Notre Dame: University of Notre Dame Press, 1975)

Peill, J., *The Beloved Physician of Tsang Chou* (London: Headley Bros., 1908)

Phan, Peter, *Mission and Catechesis: Alexandre de Rhodes & Inculturation in Seventeenth-Century Vietnam* (Maryknoll: Orbis Books, 1998)

Rajamanickam, S., "De Nobili in the Madurai Jail: A Letter of Sebastian de Maya", in *Indian Church History Review*, vol. 18 (1987), pp. 87-93.

Rajamanickam, S., "Roberto de Nobili and Adaptation", in *Indian Church History Review*, vol. 1, no. 2, (December, 1967), pp. 83-91.

Rajamanickam, S., "The Goa Conference of 1619", in *Indian Church History Review*, vol. 2, no. 2 (1968), pp. 81-96.

Rajamanickam, S., "The Necrologue of Roberto de Nobili", in *Indian Church History Review*, vol. 4 (1970)

Rajamanickam, S., *The First Oriental Scholar* (Tirunelveli: De Nobili Research Institute, 1972)

Rele, J. R., "70 Years of Fertility Change in Korea: New Estimates from 1916 to 1985", in *Asia-Pacific Population Journal*, vol 3. no. 2.

Ricci, Matteo, *China in the Sixteenth Century: The Journal of Matthew Ricci*, trans. Louis Gallagher (New York: Random House, 1942)

Ricci, Matteo, *The True Meaning of the Lord of Heaven* (St. Louis: Institute of Jesuit Sources, 1985)

Rivera, Luis, "The Theological Juridical Debate", in *The Church in Colonial Latin America*, ed., John Schwaller (Wilmington: Scholarly Resources Inc., 2000)

Rivera, Luis, *A Violent Evangelism: The Political and Religious Conquest of the America* (Louisville: Westminster John Knox Press, 1992)

Robert, Dana, "Shifting Southward: Global Christianity Since 1945", in *International Bulletin of Missionary Research*, vol. 24 (April, 2000)

Rorem, Paul, *Pseudo-Dionysius: A Commentary on the Texts and an Introduction to Their Influence* (New York: Oxford University Press, 1993)

Ross, Andrew, *A Vision Betrayed: The Jesuits in Japan and China, 1453-1742* (Maryknoll: Orbis Books, 1994)

Rowbotham, Arnold, *Missionary and Mandarin: The Jesuits at the Court of China* (Berkeley: University of California Press, 1942)

Rule, Paul, *K'ung-tzu or Confucius? The Jesuit Interpretation of Confucianism* (Sydney: Allen & Unwin, 1986)

Russell-Wood, A. J. R., *The Portuguese Empire, 1415-1808: A World on the Move* (Baltimore: Johns Hopkins University Press, 1992)

Rylance, Rick, *Roland Barthes* (New York: Harvester Wheatsheaf, 1994)

Sanneh, Lamin, *Translating the Message: The Missionary Impact on Culture* (Maryknoll: Orbis Books, 1989)

Sanneh, Lamin, *Whose Religion Is Christianity: The Gospel Beyond the West* (Grand Rapids: Eerdmans, 2003)

Saulière, A., *His Star in the East* (Madras: De Nobili Research Institute, 1995)

Scaglione, Aldo, *The Liberal Arts and the Jesuit College System* (Amsterdam and Philadelphia: John Benjamins Publishing, 1986)

Schmidt-Biggeman, Wilhelm, "New Structure of Knowledge", in *A History of the University in Europe*, vol. 2.

Schofield, Alfred, *Memorials of R. Harold A. Schofield: First Medical Missionary to Shan-si, China* (London: Hodder & Stoughton, 1885)

Schurhammer, George, *Francis Xavier: His Life, His Times*, 4 vols. (Rome: Jesuit

Historical Institute, 1973-1982)

Schwaller, John, ed., *The Church in Colonial Latin America* (Wilmington: Scholarly Resources Inc., 2000)

Schwartz, Benjamin, *The World of Thought in Ancient China* (Cambridge: Harvard University Press, 1985)

Scott, James Brown, *The Spanish Origin of International Law: Francisco de Vitoria and His Law of Nations* (Oxford: Clerendon Press, 1934)

Servière, Joseph de la, "Le Cardinal Bellarmin et la mission de Chine", in *Gregorianum*, vol. 2 (1921), pp. 614-621

Sewell, William Jr., "Geertz, Cultural System, and History: From Syncrony to Transformation", in *The Fate of "Culture": Geertz and Beyond*, ed., Sherry Ortner (Berkeley: University of California Press, 1999), pp. 35-55.

Shenk, Wilbert, ed., *Enlarging the Story: Perspectives on Writing World Christian History* (Maryknoll: Orbis Books, 2002)

Silverman, Hugh, ed., *Cultural Semiosis: Tracing the Signifier* (New York: Routledge, 1998)

Slobada, Michael, "Xu Guangqi, 1562-1633, Scholar and Convert", in *Tripod* (July-August, 1992)

Slocum, Marianna, "Christianization of Vocabulary in the Translation of the Tzetal New Testament", in *Bible Translator*, vol. 9, no. 2 (April 1958)

Smalley, William, *Translation as Mission: Bible Translation in the Modern Missionary Movement* (Macon: Mercer University Press, 1991)

Smith, Edwin, ed., *African Ideas of God: A Symposium* (London: Edinburgh House Press, 1950)

Spalatin, Christopher, "Matteo Ricci's Approach to 16th Century Confucian China", in *International Symposium on Chinese-Western Cultural Interchange in Commemoration of the 400th Anniversary of the Arrival of Matteo Ricci, S. J. in China* (Taipei: Fu-jen University Press, 1983)

Speer, Robert and Hugh Kerr, *Report on Japan and China of the Disputation sent by the Board of Foreign Missions of the Presbyterian Church in the U. S. A. to visit these fields and to attend a series of Evaluation Conferences in China in 1926* (New York: Board of Foreign Missions of the Presbyterian Church of the U. S. A., 1927)

Spence, Jonathan, *The Memory Palace of Matteo Ricci* (New York: Viking Penguin, 1984)

Standaert, Nicholas, *Handbook of Christianity in China, vol. 1, 635-1800* (Leiden: Brill, 2001)

Standaert, Nicolas, *The Fascinating God: A Challenge to Modern Chinese Theology Presented by a Text on the Name of God Written by a 17th-century Chinese Student of Theology* (Rome: Pontifical Gregorian University, 1995)

Standaert, Nicolas, *Yang Tingyun, Confucian and Christian in Late Ming China: His Life and Thought* (Leiden: E. J. Brill, 1988)

Stevens, George, *The Life, Letters, and Journals of the Rev. and Hon. Peter Parker, M.D.* (Boston: Congregational Sunday School and Publishing Society, 1896)

Sullivan, Francis, *Salvation Outside the Church?: Tracing the History of the Catholic Response* (New York: Paulist Press, 1992)

Sundararaj, T., "The Relation between Jesuit Missionaries and the Native Powers in Tamil Nadu, 1595-1773", in *Jesuit Presence in Indian History*, ed., Anand Amaladass (Anand: Gujarat Sahitya Prakash, 1988), pp. 117-127.

Tatchhell, W. Arthur, *Wesleyan Medical Missions in China* (London: Robert Culley, 1909)

Taylor, Mark, *Erring: A Postmodern A/theology* (Chicago: University of Chicago Press, 1984)

Thekkedath, Joseph, *History of Christianity in India, vol. II, From the Middle of the Sixteenth to the End of the Seventeenth Century (1542-1700)* (Bangalore: Theological Publications in India, 1982)

Thody, Philp, *Roland Barthes: A Conservative Estimate* (London: MacMillan Press, 1977)

Tiliander, Bror, *Christian and Hindu Terminology: A Study in Their Mutual Relations with Special Reference to the Tamil Area* (Uppsala: Almqvist & Wiksell, 1974)

Tillich, Paul, *The Future of Religions* (New York: Harper & Row, 1966)

Todorov, Tzvetan, *The Conquest of America* (Cambridge: Harper & Row, 1984)

Van Kley, Edwin J., "Some Seventeenth Century European Protestant Responses to

Matteo Ricci and His mission to China", in *Asia and the West: Encounters and Exchanges from the Age of Explorations: Essays in Honor of Donald F. Lach*, ed. Cyriac Pullapilly (n. p.: Cross Roads Books, 1986)

Vitoria, Francisco de, *Political Writings*, ed., Anthony Pagden and Jeremy Lawrence (Cambridge: Cambridge University Press, 1991)

Wach, Joachim, *Introduction to the History of Religions* (New York: MacMillan, 1988)

Walls, Andrew, "African Christianity in the History of Religions", in *Christianity in Africa in the 1990s*, eds., Christopher Fyfe and Andrew Walls (Edinburgh: University of Edinburgh Press, 1996)

Walls, Andrew, "Old Athens and New Jerusalem: Some Signposts for Christian Scholarship in the Early History of Mission Studies", in *International Bulletin of Missionary Research*, vol. 21, no. 4 (October 1997)

Walls, Andrew, "The Christian Tradition in Today's World", in *Religion in Today's World*, ed. Frank Whaling (Edinburgh: T & T Clark, 1987)

Walls, Andrew, *The Cross-Cultural Process in Christian History* (Maryknoll: Orbis Books, 2002)

Walls, Andrew, *The Missionary Movement in Christian History: Studies in the Transmission of Faith* (Maryknoll: Orbis Books, 1996)

Walls, Andrew, *The Missionary Movement in Christian History: Studies in the Transmission of Faith* (Maryknoll: Orbis Books, 1996)

Walters, Ronald, "Signs of the Times: Clifford Geertz and the Historians", in *Social Research*, vol. 47, no. 3 (1980)

Wang Xiaochao, *Christianity and Imperial Culture: Chinese Christian Apologetics in the Seventeenth Century and Their Latin Patristic Equivalent* (Leiden: Brill, 1998)

Werner, Paula, "African Healer vs. Missionary Physician", in *Evangelical Missions Quarterly*, vol. 26 (1990), pp. 396-404.

Wierzbicka, Anna, *Semantics Culture, and Cognition: Universal Human Concepts in Culture-Specific Configurations* (New York and Oxford: Oxford University Press, 1992)

Williams, Peter, "Healing and Evangelism: The Place of Medicine in Later Victorian Protestant Missionary Thinking", in *The Church and Healing*, ed., W. Sheils (Oxford: Blackwell, 1982).

Willis, John, "Relations with Maritime Europeans, 1514-1662", in *The Cambridge History of China*, vol. 8.

Woodberry, J. Dudley, et al., eds., *Missiological Education for the 21st Century: The Book, The Circle and the Scandals* (Maryknoll: Orbis Books, 1996)

Woodward, Kenneth, "The Changing Face of the Church: How the Explosion of Christianity in Developing Nations Is Transforming the World's Largest Religion, in *Newsweek* (April 6, 2001), pp. 46-52.

Wu, Lei-ch'uan, "Christianity and Confucianism", in *Chinese Essays on Religion and Faith*, ed., Douglas Lancashire (San Francisco: Chinese Materials Center, 1981)

Xavier, Francis, *The Letters and Instructions* (St. Luis: Institute of Jesuit Sources, 1992)

Young, John, *Confucianism and Christianity: The First Encounter* (Hong Kong: Hong Kong University Press, 1993)

Young, John, "Sagehood, Salvation, and Social Change: Hsü Kuang-ch'i (1562-1669) and Christianity" 『珠海學報』[Reprinted in the following Chinese edition: 朱傳譽, 『徐光啓傳記資料』 (臺北: 天一出版社, 1981)]

Young, Richard, "Francis Xavier in the Perspective of the Saivite Brahmins of Tiruchendur Temple", in *Hindu-Christian Dialogue*, ed., Harold Coward (Maryknoll: Orbis Books, 1990), pp. 64-79.

Zerubavel, Eviatar, *Terra Cognita: The Mental Discovery of America* (New Brunswick: Rutgers University Press, 1992)

Zetzsche, Jost O., *The Bible in China: The History of the Union Version or the Culmination of Protestant Missionary Bible Translation in China* (Sankt Augustin: Monumenta Serica Institute, 1999)

Zupanov, Ines, *Disputed Mission: Jesuit Experiments and Brahmanical Knowledge in Seventeenth-century India* (New Delhi and Oxford: Oxford University Press, 1999)

Zürcher, Erik, "Wang Zheng's Humanitarian Society", in *Linked Faiths: Essays on Chinese Religions and Traditional Culture in Honour of Kristofer Schipper*, eds., Jan. A. M. de Meyer and Peter Engelfriet (Leiden: Brill, 2000), pp. 26-86.

강재언, 『서양과 조선: 그 이문화 격투의 역사』 (서울: 학고재, 1998)
강재언, 『조선의 서학사』 (서울: 민음사, 1990)
그래프턴, 앤서니, 『신대륙과 케케묵은 텍스트들』(서울: 일빛, 2000) 서성철 역
금장태, "조선 후기 유학-서학 간의 교리 논쟁과 사상적 성격" 『교회사연구』 제1집 (1979), pp. 89-137
금장태, 『조선후기 유교와 서학: 교류와 갈등』 (서울: 서울대학교출판부, 2003)
기어츠, 클리포드, 『문화의 해석』 (서울: 까치, 1998 [1973])
김광식, "선교 개념의 발전에 대한 연구", 김경재 외, 『종교다원주의와 한국적 신학: 변선환 학장 은퇴기념논문집』 (서울: 한국신학연구소, 1992)
김광식, 『선교와 토착화』 (서울: 한국신학연구소, 1975)
김두섭, 박상태, 은기수 편, 『한국의 인구』 2권 (대전: 통계청, 2002)
김명수, "민중 신학의 해체주의적 경향" 『기독교사상』 1994년 11월 (38권 11호)
김상근, 『교회사의 흐름을 바꾼 30인의 인물들』 (은성출판사, 2003)
김상근, 『세계사의 흐름을 바꾼 기독교 역사』 (서울: 평단문화사, 2004)
김상근, "네스토리안 기독교는 왜 중국에서 사라졌는가?: 소수 신앙공동체의 종교적 생명력에 대한 연구," 『신학논단』, 제43집 (2006년 2월), pp. 727-763.
김승철, 『해체적 글쓰기와 다원주의로 신학하기』 (서울: 시공사, 1998)
김열규, 『동북아시아 샤머니즘과 신화론』 (서울: 아카넷, 2003)
김영한, "교회 성장둔화에 따른 대안," 『월간목회』 1997년 1월호.
김영한, "해체주의신학과 개혁신학 I, II, 『기독교사상』 39권 8-9호 (1995년 8-9월)
김정숙, "신역사주의의 허와 실: 『광할한 싸가소 바다』를 중심으로," 『동서문화연구』, vol. 8. no. 1 (2000)
김치수, "롤랑 바르트의 기호학 II: Mythologies를 중심으로", 『불어 불문학 연구』 28권 (1993), pp. 89-107.
김학주 역, 『詩經』 (서울: 명문당, 2002)
김형효, 『데리다와 노장의 독법』 (서울, 한국정신문화연구원, 1994).
김형효, 『데리다의 해체철학』 (서울: 민음사, 1993)
김호동, 『동방기독교와 동서 문명』(서울: 까치글방, 2002)
김희영, "롤랑 바르트의 텍스트론과 그 실천", 『불어 불문학 연구』, 23권 (1988), pp. 109-123.

노리스, 크리스토퍼, 『데리다』 (서울: 시공사, 1999),
라비에, 앙드레, 『성 프란치스코 사베리오의 생애』 (서울: 가톨릭출판사, 1988)
리진호, 『한국 성서 백년사 I』 (서울: 대한기독교서회, 1996)
리치, 마테오, 『교우론, 스물다섯 마디 잠언, 기인십편: 연구와 번역』 (서울: 서울대학교 출판부, 2000), 송영배 역주
리치, 마테오, 송영배 외 역주,『천주실의』 (서울: 서울대학교 출판부, 1999)
메디나, 루이스 데 (Juan G. Ruiz de Medina), 『한국천주교 전래의 기원 (1566-1784)』 (서울: 서강대학교 출판부, 1989)
무어, 제리, 『인류학의 거장들』 (파주: 한길사, 2002), 김우영 역
문영빈, "정보화시대의 신학", 『종교연구』 vol. 31 (2003, 여름)
민경배, 『알렌의 선교와 근대 한미외교』 (서울: 연세대학교출판부, 1991)
바너드, 앨런, 『인류학의 역사와 이론』 (파주: 한길사, 2003), 김우영 역
바르트, 롤랑, 『글쓰기의 영도/기호학의 원리』 (서울: 영한문화사, 1994), 조종권 역
박무익 편, 『한국인의 종교와 종교의식: '84년, '89년, '97년 조사결과와 비교한 종교연구서』 (서울: 한국갤럽, 1998)
박형우, 『제중원』 (서울: 몸과 마음, 2002)
배영동, 『명말청초사상』 (서울: 민음사, 1992)
보쉬, 데이비드, 『변화하고 있는 선교』 (서울: 기독교문서선교회, 2000), 김병길 외 역
보프, 레오나르도, 『하나님은 선교사보다 먼저 오신다: 억압당하는 사람들의 입장에서 본 새로운 복음화』 (왜관: 분도출판사, 1993), 김수복 역
上海市文物保管委員會, 『徐光啓著譯』 (上海: 上海市文物保管委員會, 1983)
서광계, "이십오언의 발문", 마테오 리치, 『교우론, 스물다섯 마디 잠언, 기인십편: 연구와 번역』 (서울: 서울대학교 출판부, 2000)
서우석, "한국종교의 성장과 위기: 한국갤럽 1997년 종교의식조사에 대한 보론", 박무익 편, 『한국인의 종교와 종교의식: '84년, '89년, '97년 조사결과와 비교한 종교연구서』, pp. 210-232.
서정철, "롤랑 바르트의 글쓰기와 언어학", 『불어 불문학 연구』, 25권 (1990), pp. 345-362.
서정철, 『기호에서 텍스트로: 언어학과 문학 기호학의 만남』 (서울: 민음사, 1998)
徐宗澤, 『明淸間耶蘇會士譯著提要』 (上海: 中華書局, 1949)

손규태, “오늘날의 경제윤리: 신자유주의 세계경제 체제의 비판”, 『신학사상』 (1998, 여름), pp. 58-88.
순더마이어, 테오, 『선교신학의 유형과 과제』 (서울: 대한기독교서회, 1999)
신영창, “기어츠의 『문화의 해석』의 역사학적 적용에 관한 연구,” (한국교원대학교 석사학위 논문, 1999)
吳 澤, 『儒教叛徒李卓吾』 (上海: 華夏書店, 1949)
吳相湘, 『天主教東傳文獻續編』(臺北: 學生書局, 1966-1967)
王重民, 『徐光啓集』(上海: n. p., 1984)
원재연, 『조선왕조의 법과 그리스도교: 동서양의 상호인식과 문화충돌』 (서울: 한들출판사, 2003)
유동식, 『한국 무교의 역사와 구조』 (서울: 연세대출판부, 1975)
윤민구, 『한국천주교회의 기원』 (서울: 국학자료원, 2002)
윤양석, 『성 이냐시오의 영신 수련』 (서울: 한국천주교중앙협의회, 1967).
음비티, 존, “세계 기독교와 신학적 지평의 확장”, 『목회와 신학』, 2002년 1월호
이경하, “데리다의 차연” (연세대학교 대학원 석사논문, 2002), pp. 23-28.
이냐시오 로욜라, 『이냐시오 로욜라 자서전』 (서울: 이냐시오 영성 연구소, 1997)
이덕주, 『한국 그리스도인들의 개종이야기』 (서울: 전망사, 1990)
이덕주, 조이제 편, 『한국 그리스도인들의 신앙고백』 (서울: 한 들, 1997)
이만열, 『한국기독교 의료사』 (서울: 아카넷, 2003)
이영훈, “한국 교회의 전도와 교회성장”, 『신학사상』 100집 (1998년 봄)
이원순, “명청래 서학서의 한국사상사적 의의”, 『한국천주교회사논문집』 제 1 집 (1976), pp. 137-156
이정배, “마태오 릿치와 최병헌의 보유론적 기독교 이해의 차이와 한계”, 『신학사상』 122집 (2003년 가을), pp. 82-109
이향만, “마테오 리치 선교용어의 논리와 의미론적 문제점”, 『교회사연구』 제 15 집, pp. 143-164
張建業, 『李 贄 評傳』 (上海: 人民出版社, 1981)
장상환, “국제 금융기관의 본질과 IMF 세계경제 체제”, 『신학사상』 (1998, 여름), pp. 5-50.
전우택 편, 『의료선교사가 현장에서 쓴 의료선교학』(서울: 연세대학교출판부, 2004)
전재옥, “타문화권 선교,” 한국 선교신학회 편, 『선교학 개론』 (대한기독교서

회, 2001), pp. 132-148.
전희근, 『선교와 의료』 (서울: 생명의말씀사, 1997)
정병관, "한국교회의 성장과 정체에 대한 교회성장학적 진단과 그 대안", 『신학지남』 (1998년 1월)
조용래, "한국경제의 위기와 새로운 모색: 갈등구조를 넘어서", 『신학사상』 (2000, 봄), pp. 34-60.
주, 알베르, 『성 프란치스코 하비에르』 (서울: 성바오로, 1996)
주브, 벵상, 『롤랑 바르트』 (서울: 민음사, 1994)
朱傳譽, 『徐光啓傳記資料』 (臺北: 天一出版社, 1981)
지마, 페터, 『데리다와 예일 학파』 (서울: 문학동네, 2001 [1994])
차기진, 『조선후기 서학과 척사론 연구』 (서울: 한국교회사연구소, 2002)
천병석, "토착화 신학의 근거문제", 『신학사상』 vol. 122 (2003년 가을), pp. 140-166.
최기복, "명말청초 예수회 선교사들의 보유론과 성리학 비판", 『교회사연구』 제6집 (1988), pp. 45-118
최소자, 『동서문화교류사연구』 (서울: 삼영사, 1987)
카트레트, 후안, 『예수회 역사』 (서울: 이냐시오 영성연구소, 1994)
커니, 리차드, 『현대 유럽 철학의 흐름』 (서울: 한울, 1992)
컬러, 조너선, 『바르트』 (서울: 시공사, 1999), 이종인 역
푸엔티스, 카를루스, 『라틴아메리카의 역사』(서울: 까치, 1997 [1992]), 서성철 역
한국선교신학회 편, 『선교학 개론』 (서울: 기독교서회, 2001)
한국전문인선교협의회, 『선교의 패러다임이 바뀐다』 (서울: 창조, 2000)
한상복 외, 『문화인류학개론』 (서울: 서울대학교출판부, 1985)
히라카와 스케히로, 『마테오 리치: 동서문명교류의 인문학 서사시』 (서울: 동아시아, 2002)

찾아보기

※서양인의 이름의 경우 이름, 성의 순서로 표기함.